LORENZ JÄGER

WALTER
BENJAMIN

Das Leben
eines Unvollendeten

Rowohlt · Berlin

1. Auflage März 2017
Copyright © 2017 by Rowohlt · Berlin Verlag GmbH, Berlin
Satz aus der Minion Post Script, InDesign,
bei Dörlemann Satz GmbH, Lemförde
Druck und Bindung CPI books GmbH, Leck, Germany
ISBN 978 3 87134 821 1

Für Nora

INHALT

KAPITEL I

Das verbotene Zimmer:
Benjamins Herkunft   *11*

KAPITEL II

Der Strahlende:
Jugendbewegung und
Studentenschaft   *22*

KAPITEL III

Walter und der Zauberer:
Fragen nach dem Judentum   *47*

KAPITEL IV

Metaphysik und Messianismus:
Die erste Philosophie   *66*

KAPITEL V

Begegnungen in der Schweiz:
Benjamin und die Avantgarde   *80*

KAPITEL VI
Prosa siegt:
Die Doktorarbeit   *90*

KAPITEL VII
Das arme Deutschland:
Benjamin und F. C. Rang   *103*

KAPITEL VIII
Lehre vom Saturn:
Das Trauerspielbuch   *130*

KAPITEL IX
Im Weinberg der Ingenieurin:
Asja Lacis und die «Einbahnstraße»   *156*

KAPITEL X
Erleuchtungen in Paris:
Der Passagen-Plan   *179*

KAPITEL XI
Ein Theater der Gesten:
Benjamin und Brecht   *203*

KAPITEL XII
Stratege im Literaturkampf:
Presse und Rundfunk   *219*

KAPITEL XIII
Weimars Ende: Der Intellektuelle
im kleinen Bürgerkrieg   *237*

KAPITEL XIV
Kafka, Meskalin und Sprachtheorie:
Das Jahr 1934 *250*

KAPITEL XV
Über das Altern:
Benjamins Erfahrung des Exils *268*

KAPITEL XVI
Vom Verfall der Aura:
Der Kunstwerkaufsatz *297*

KAPITEL XVII
Zerfallende Hoffnungen:
Das letzte Lebensjahr *316*

KAPITEL XVIII
Ausweglos:
Die letzte Passage *333*

Anmerkungen *345*
Literatur *381*
Personenverzeichnis *389*
Dank *397*
Bildnachweis *398*

DAS VERBOTENE ZIMMER:
BENJAMINS HERKUNFT

Mein guter Vater war in Paris gewesen.

Karl Gutzkow, Briefe aus Paris, 1842,
von Benjamin zitiert 1935

I n einer großen, alten Stadt lebte einmal ein Kaufmann. Sein
Haus stand in einem der allerältesten Stadtteile, in einem engen
schmutzigen Gässchen. Und in dieser Gasse, wo schon alle Häuser
so alt waren, dass sie nicht mehr allein stehen konnten und sich alle
an einander anlehnten war das Haus des Kaufmanns das älteste. Es
war aber auch das größte. Mit seinem mächtigen gewölbten Tür-
bogen und den hohen und bogigen Fenstern mit den halberblinde-
ten Butzenscheiben, mit dem steilen Dach, in dem eine ganze Anzahl
schmaler Fensterchen angebracht waren sah es recht seltsam aus –
das Haus des Kaufmanns, das letzte Haus in der Mariengasse. Es war
eine fromme Stadt und viele Häuser hatten in schönem Schnitzwerk
das Bildnis der heiligen Jungfrau oder irgend eines Heiligen über der
Haustür oder am Dache angebracht. Auch in der Mariengasse hatte
jedes Haus seinen Heiligen – nur das des Kaufmanns stand kahl und
grau, ohne Schmuck da.»[1]

So beginnt der früheste Text, der von Walter Benjamin überliefert ist, er wurde nicht vor 1906 geschrieben. Benjamin mag damals
vierzehn Jahre alt gewesen sein. Ein Kaufmann in betont christlicher
Umwelt, eine gewisse kulturelle Differenz sieht man akzentuiert. Der
Kaufmann wird wohl ein Fremder dem Glauben nach sein, denn
obwohl er in der frommen Mariengasse lebt, vermeidet sein Haus

11

den Schmuck mit Heiligenfiguren. Das Haus fällt auf, es ist «seltsam». Und auch sein Eigentümer fällt aus dem gewohnten Kreis der Stadt heraus: «Der Kaufmann war kein gewöhnlicher Krämer, bei dem die Leute ihre Kleider und ihre Gewürze einkauften – nein! Er verkehrte nicht einmal mit den armen einfachen Bewohnern der Gasse. Tagaus tagein saß er in seiner großen Rechenstube mit den hohen Schränken und den langen Regalen und buchte und rechnete. Denn sein Handel erstreckte sich weit über das Meer, in ferne, entlegene Länder» – also womöglich in die Levante oder nach Spanien und Portugal. In einer Umwelt, die durch ihr Alter ausgezeichnet ist und in traditionellen Bahnen ihren Handel betreibt, vertritt dieser Kaufmann ein anderes Prinzip, das internationale, das des Fernhandels im großen Stil, durch den exotische Waren ins Land kommen. Damit wird das Jüdische angedeutet.[2]

Mit welchen Waren der Kaufmann handelt, erfahren wir nicht – nur dass er in seiner Tätigkeit ganz aufgeht, Kalkulation ist sein Leben. Abstrakt und monumental wird ein großer jüdischer Händler skizziert. Nun biegt die Geschichte ins Märchen- und Rätselhafte ab. In dem Haus nämlich lebt ein Mädchen: «Das Mädchen war nicht seine Tochter, aber es lebte bei ihm, er zog es auf und das Kind half in der Wirtschaft. Wie es aber in des Kaufmanns Haus gekommen war, das wusste niemand so recht.»

Die Herkunft des Mädchens ist nur der erste Teil des Rätsels. Der zweite weckt keine guten Ahnungen, er klingt nach dem bösen Ritter Blaubart und nimmt das alte Motiv des verbotenen Zimmers auf: «Eines Tages stand der Kaufherr wieder vor dem Mädchen und sagte ihr, er müsse wiederum auf einige Zeit die Heimat verlassen. ‹Ich weiß nicht, wann ich wieder zurückkehren werde sprach er. Sorge du wieder, wie früher für das Haus – aber, unterbrach er sich, ich sehe du bist jetzt groß genug, du kannst in meiner Abwesenheit nach deinem Willen im Hause walten. Hier nimm die Schlüssel.› Das Mädchen, das bisher schweigend vor ihm gestanden hatte und mit großen Augen die fremden bunten Blumen betrachtet hatte, die auf das Gewand des Kaufherrn gestickt waren, blickte empor und nahm die Schlüssel. Da plötzlich sah der Kaufherr sie streng an. Dann sprach er in scharfem Ton: ‹Du weißt wohl, dass du die Schlüssel nur für die Wirtschaftszimmer benutzen darfst. Lass dich nie versuchen, in das obere Stockwerk hinaufzusteigen. Verstehst du?› Schüchtern bejahte das Mädchen. Dann beugte der Kaufmann sich zu ihr nieder, küsste sie, blickte sie noch einmal durchdringend an, dann stieg er die Treppe hinunter und verließ das Haus. Hinter ihm fiel die Haustür dröhnend ins Schloss. – Immer noch stand das Mädchen träumend an der Treppe und betrachtete den großen Bund altertümlicher Schlüssel, den sie in der Hand hielt.»

Hier endet das Fragment. Der Kaufmann, eine bestimmende Macht, hinterlässt ein Rätsel. Das Mädchen kann das Rätsel nicht lösen, nur darüber nachgrübeln; es kann nur betrachten, und es betrachtet die Dinge mehr als den Menschen.

«Ich bin am 15. Juli 1892 in Berlin als Sohn des Kaufmanns Emil Benjamin und seiner Frau Pauline, geb. Schoenflies geboren. Beide Eltern sind am Leben. Ich bin mosaischer Konfession.»[3] Das Rätsel des Novellenfragments ist Benjamins eigenes. Emil Benjamin (1858 bis 1926) hatte ursprünglich eine Banklehre gemacht und war für einige Jahre in Paris in einer Bank tätig gewesen. Später wurde er Teilhaber von «Rudolph Lepke's Kunst-Auctions-Haus», einer der maßgeblichen Adressen des Berliner Kunsthandels, begründet hatte die Kunsthandlung schon Rudolph Lepkes Großvater Nathan Levi Lepke. Nach 1900 – das genaue Datum ist nicht feststellbar – verkaufte Emil Benjamin seine Anteile. Der Großvater väterlicherseits, Bendix Benjamin, geboren 1818, gestorben 1885, war zuletzt «Rentier»[4], vorher als Kaufmann tätig; in welcher Branche, lässt sich nicht mehr ermitteln. Der Urgroßvater Elias (später Emil) Benjamin, geboren 1769, gestorben 1835, aus wohlhabender Kaufmannsfamilie stammend, war Detailtuchhändler.[5] Der Großvater mütterlicherseits, Georg Schoenflies, war Tabak- und Zigarrenfabrikant.

Die Tätigkeit von Emil Benjamin muss uns interessieren, insofern sie dem Kunsthandel galt, der Kaufmannsberuf aber war zu dieser Zeit für deutsche Juden typisch. So schildert es Gershom Scholem in seiner Analyse der jüdischen Berufsstatistik: «Im Jahre 1907 waren von 100 Erwerbstätigen etwas über 50 Prozent im Handel und 21 Prozent in der Industrie tätig, dagegen damals immer nur noch etwa 7 Prozent in den freien Berufen, 1,5 Prozent in der Landwirtschaft, Tierzucht und Gärtnerei; fast 20 Prozent erklärten sich als Rentiers oder machten kein Berufsangabe – ein erstaunlich hoher Prozentsatz, zu dem man wohl die mit Finanzgeschäften, lies: Wucher, sich Befassenden zählen muss, die sich scheuten, ihre Geschäfte klar zu bezeichnen.»[6]

Benjamin selbst hat von einem Rätsel des Vaters gesprochen. In den autobiographischen Aufzeichnungen der «Berliner Chronik» heißt es dazu: «Die ökonomische Basis auf der die Wirtschaft meiner Eltern beruhte, war lange über meine Kindheit und Jugend hinaus von tiefstem Geheimnis umgeben.» Sein Vater habe an sich «die unternehmende Natur des großen Kaufmanns» gehabt. «Ungünstige Einflüsse verschuldeten, dass er sich viel zu früh von einem Unternehmen zurückzog, das seinen Fähigkeiten wahrscheinlich gar nicht schlecht entsprochen hat: dem Kunstauktionshaus von Lepke, das damals noch in der Kochstraße lag und an dem er Teilhaber war.» Nachdem er seine Anteile an Lepkes Unternehmen abgegeben hatte, sei der Vater «mehr und mehr zu spekulativen Anlagen seiner Gelder gekommen». Bezeichnend ist, dass Benjamin seinem Vater die unternehmende Natur des «großen Kaufmanns» zuspricht, und fast mag man einen leisen Vorwurf heraushören, wenn dann von den spekulativen Geldanlagen die Rede ist, die eine weitere kaufmännische Aktivität nicht mehr zu erfordern schienen.[7]

Wenn es stimmt, dass Söhne dazu neigen, einen Beruf zu wählen, der es ihnen erlaubt, in das Geheimnis des Vaters einzudringen – so deuten wir Freuds These vom Ödipuskomplex für unsere Zwecke um –, dann war die Lösung aller Rätsel des Kaufmannsberufes das,

*Walter Benjamin mit seinem jüngeren Bruder Georg und
den Eltern, Pauline und Emil Benjamin.*

was Benjamins Lebenswerk ausmachte. Sein Freund, der Philosoph Ernst Bloch, hat Benjamins Buch «Einbahnstraße» so charakterisiert: «Hier war eine (…) Ladeneröffnung von Philosophie mit den neuesten Frühjahrsmoden der Metaphysik im Schaufenster.»[8] Und der Zusammenhang – oder der Kontrast – zwischen dem Kaufmannshaus der Erzählung und den «frommen» Nachbarn kehrt wieder in Benjamins Überlegungen zu «Kapitalismus als Religion»: «Vergleich zwischen den Heiligenbildern verschiedner Religionen einerseits und den Banknoten verschiedner Staaten andererseits. Der Geist, der aus der Ornamentik der Banknoten spricht. Kapitalismus und Recht.»[9] Das Thema zieht sich durch Benjamins Werk – bis hin zur spätesten Epoche, in der Charles Baudelaire als Dichter in der Warenwirtschaft dargestellt wird.

Emil Benjamin war aber nicht nur im Kunsthandel tätig und muss insofern ein kennerschaftliches Urteil besessen haben, sondern er hatte auch andere kulturelle Interessen, wie Scholem überliefert: «Schon früh scheint er eine größere Autographensammlung angelegt zu haben, von der mir Walter Benjamin mehrfach erzählte. Er besaß darunter als besondere Kostbarkeit einen großen Brief von Martin Luther.»[10] Emils Schwester wiederum, Benjamins Tante Friederike, war «eine der ersten Graphologinnen, die bei Crépieux-Jamin studiert hatte, und offenkundig war sie es, die Benjamins graphologisches Interesse angeregt und befördert hat».[11]

Wir können uns nun die Familienkommunikation vorstellen, soweit sie sich aus dem Beruf und der Lebensgeschichte des Vaters ergab: Dabei müssen einerseits kaufmännische Fragen, andererseits künstlerische und vielleicht schon kunsttheoretische das Thema gewesen sein – Fragen nach Original, Kopie, Fälschung und Reproduktion, ja nach der später sehr berühmten «Aura» des Werks, wie sie einem Auktionator nahe genug liegen. So jedenfalls sah es Benjamins Cousin, der Philosoph Günther Anders, der sich kritisch und etwas spöttisch über die Aura äußerte: «Der Gedanke kommt aus dem Auktionshaus Lepke, dessen Miteigentümer B.'s Vater war; denn er behauptet, dass ein Produkt keine Reproduktion sei, nein: dass ihm diese Nichtreproduzierbarkeit unmittelbar angesehen werden könne.»[12] Unausgesprochen mögen die Handschriftensammlung des Vaters und die graphologische Passion der Tante Fragen nach dem Verhältnis von Schrift und Bild, nach dem Vordringen der Schrift ins Bild und nach ihrem eigenen Bildcharakter im jungen Walter Benjamin aufgeworfen haben – in jedem Fall lagen die Elemente bereit, wenn auch noch isoliert, die später, in dem Buch «Ursprung des deutschen Trauerspiels», zu einer ganzen Theorie der Schrift im Barock wurden.

Schließlich mag die Sammlung des Vaters (und sein berufsbedingter Umgang mit Sammlern) der Ausgangspunkt gewesen sein nicht nur für Benjamins eigene Sammelleidenschaft, sondern auch für seine theoretische Beschäftigung mit der Figur des Sammlers, der im späten «Passagenwerk» ein ganzes Notizenkonvolut gewidmet ist. Adorno hatte etwas davon bemerkt, als er die äußere Erscheinung seines Freundes schilderte: «Sein Gesicht war eigentlich sehr ebenmäßig geschnitten. Er hatte aber zugleich etwas – wiederum ist es schwer, dafür ein richtiges Wort zu finden – von einem Tier, das in seinen Backen Vorräte sammelt.»[13]

In der Familie muss auch über Paris immer wieder gesprochen worden sein: die Stadt, in der der Vater seine ersten Berufserfahrungen gesammelt hatte. Sie wurde später mehr und mehr zu Benjamins Lebensthema: «Paris, die Hauptstadt des XIX. Jahrhunderts», «Paris, capitale du XIXe siècle» lauten die Exposétitel des unvollendet gebliebenen Buches, das wir als Fragmentensammlung des «Passagenwerks» kennen. Die Hauptstadt des neunzehnten Jahrhunderts ist die Stadt des Vaters.

Kehren wir noch einmal zu dem Erzählungsfragment zurück. Dem Mädchen wird vom Kaufmann zugestanden, im Hause zu «walten». «Walten» bedeutet nach dem Deutschen Wörterbuch der Brüder

Grimm «Macht über etwas haben, regieren, besitzen, sich einer Sache annehmen». Das Wort stammt vom althochdeutschen «waltan» (herrschen) ab – und der es aufschreibt, heißt «Walter», der Name hat den gleichen Ursprung. Auch «Gewalt» führt auf diese Wurzel. Benjamin hatte zwei weitere Vornamen: Benedix und Schönflies. Der erste geht auf den Großvater väterlicherseits zurück, der zweite auf den Mädchennamen der Mutter – Pauline Schoenflies.

Walter Benjamin war der Älteste von drei Geschwistern. Sein Bruder Georg, geboren 1895, und seine Schwester Dora, geboren 1901, wählten später ebenfalls eine akademische Karriere, Georg als Mediziner (promoviert mit der Arbeit «Über Ledigenheime»), Dora als Wirtschaftswissenschaftlerin (promoviert mit der Arbeit «Die soziale Lage der Berliner Konfektionsarbeiterinnen»), beide waren in der politischen Linken engagiert. Keines der Geschwister erreichte das fünfzigste Lebensjahr: Georg wurde 1942 im KZ Mauthausen ermordet, Dora starb 1946 in der Schweiz an Krebs.

Auffällig ist, dass die Geschwister in Benjamins autobiographischer «Berliner Kindheit» keine Rolle spielen. Nur in einem Angsttraum taucht die Schwester auf, und auch hier nur als Abwesende. Das Stück handelt vom Mond: «Hoch überm Horizont, groß, aber blass, stand er am Himmel (…) über den Straßen von Berlin. Es war noch hell. Die meinigen umgaben mich, ein wenig starr, wie auf einer Daguerreotypie. Nur meine Schwester fehlte. ‹Wo ist Dora?› hörte ich meine Mutter rufen. Der Mond, der voll am Himmel gestanden hatte, war plötzlich immer schneller angewachsen. Näher und näher kommend, riss er den Planeten auseinander.»[14] Wir müssen uns schon den jungen Walter Benjamin als einen innerlich einsamen Menschen vorstellen.

Während der namenlose Kaufmann der einleitenden Erzählung Abstand zu den christlichen Heiligenfiguren der Nachbarschaft hält, war Benjamins Familie assimiliert. Man feierte Weihnachten, obwohl Christi Geburt an sich für Juden kein Fest sein kann. Vielfach erwähnt die «Berliner Kindheit» das Weihnachtsglück des Beschenkten, und dabei treffen wir ein erstes Mal auf einen Engel. Engel haben Benjamin sein Leben hindurch begleitet, vor allem in Gestalt von Paul Klees kolorierter Zeichnung «Angelus Novus». «Dann fiel mir wieder die Bescherung ein, die meine Eltern eben rüsteten. Kaum aber hatte ich so schweren Herzens, wie nur die Nähe eines sichern Glücks es macht, mich von dem Fenster abgewandt, so spürte ich eine fremde Gegenwart im Raum. Es war nichts als ein Wind, so dass die Worte, die sich auf meinen Lippen bildeten, wie Falten waren, die ein träges Segel plötzlich vor einer frischen Brise wirft: ‹Alle Jahre wieder, kommt das Christuskind, auf die Erde nieder, wo wir Menschen sind› – mit diesen Worten hatte sich der Engel, der in ihnen begonnen hatte, sich zu bilden, auch verflüchtigt. Doch nicht mehr lange blieb ich im leeren Zimmer. Man rief mich in das gegenüberliegende, in dem der Baum nun in die Glorie eingegangen war, welche ihn mir entfremdete, bis er, des Untersatzes beraubt, im Schnee verschüttet oder im Regen glänzend, das Fest da endete, wo es ein Leierkasten begonnen hatte.»[15]

In das Weihnachtsglück mischt sich ein Gefühl der Entfremdung und die Traurigkeit. So unproblematisch, wie die Generation der Eltern die Assimilation praktiziert hatte, konnte es nicht bleiben. Benjamins Generation stellte schärfere Fragen, und sie musste es tun. Denn was hieß es, 1892 geboren worden zu sein? In diesem Jahr kamen zur Welt: Martin Niemöller, der 1937 ins KZ kam, und Engelbert Dollfuß, der 1934 von österreichischen Nationalsozialisten ermordet wurde, nachdem er zuvor den alternativen «Austrofaschismus» begründet hatte. Es wurden geboren der antikommunistische spanische Generalissimus und Diktator Francisco Franco und der kommunistische jugoslawische Partisanenführer und Diktator Josip Broz Tito. Es wurden geboren Robert H. Jackson, Ankläger bei den Nürnberger Prozessen, und der von ihm zum Tode verurteilte Arthur Seyß-Inquart, «Reichskommissar» der besetzten Niederlande. Der Dichter Josef Weinheber, der sich am 8. April 1945 aus Verzweiflung über die deutsche Niederlage das Leben nahm, und der Dichter

Richard Huelsenbeck, der die Dada-Bewegung mitbegründet hatte. Der polnische Schriftsteller Bruno Schulz, der 1942 von einem SS-Mann erschossen wurde, und Oswald Pohl, einer der Organisatoren des Holocaust. Der SA-Führer Gregor Strasser, den Hitler 1934 liquidieren ließ, und der Schriftsteller Theodor Plievier, der im sowjetischen Exil den Roman «Stalingrad» verfasste. Fügen wir noch jene hinzu, die Benjamin als geistige Peergroup betrachten konnte: Erich Auerbach, Adrienne Monnier, Erwin Panofsky und Helmuth Plessner.

Es war ein Jahrgang, der sich wie kaum je ein anderer spätestens mit dem Erreichen der lebensgeschichtlichen Reife, mit etwa vierzig Jahren, also mit vollem Bewusstsein und ausgebildeter Gestaltungsfähigkeit, vor den Zwang zur Entscheidung gestellt sah. Die Zwischenkriegszeit war in Mittel- und Westeuropa geprägt von wirtschaftlicher wie politischer Instabilität, von faschistischen (wie in Italien) oder mindestens autoritären Regimen, zudem von vielfachen ungelösten Grenzfragen. Von der Zeit zwischen 1914 und 1945 spricht die Geschichtswissenschaft häufig als von einem «zweiten Dreißigjährigen Krieg». Benjamins Entscheidungen in jeder Lebensepoche nachzuzeichnen – die religiösen, die philosophischen, die ästhetischen und die politischen – darum wird es auf diesen Seiten gehen.

Ein letztes Mal wollen wir auf das Mädchen und den Kaufmann unserer Geschichte schauen und auf das Blaubart-Motiv des verbotenen Zimmers. Im Märchen vom Blaubart bilden alle Beteiligten einen familiären Zusammenhang: Die junge Frau ist mit Blaubart verheiratet, sie hat Eltern, Schwestern und Brüder. In Benjamins Variante (wenn wir sie nun so nennen dürfen) ist alles Familiale gestrichen, das Verhältnis der Menschen zueinander bleibt rätselhaft. Obwohl zusammen, sind sie einsam.

In der Version von Ludwig Bechstein heißt es in dem Märchen: «Nach einer Zeit sagte der Ritter Blaubart zu seiner jungen Frau:

‹Ich muss verreisen, und übergebe dir die Obhut über das ganze Schloss, Haus und Hof, mit allem, was dazu gehört. Hier sind auch die Schlüssel zu allen Zimmern und Gemächern, in alle diese kannst du zu jeder Zeit eintreten. Aber dieser kleine goldne Schlüssel schließt das hinterste Kabinett am Ende der großen Zimmerreihe. In dieses, meine Teure, muss ich dir verbieten zu gehen, so lieb dir meine Liebe und dein Leben ist. Würdest du dieses Kabinett öffnen, so erwartet dich die schrecklichste Strafe der Neugier. Ich müsste dir dann mit eigner Hand das Haupt vom Rumpfe trennen!›» Blaubart reist ab, natürlich siegt die Neugier über das Verbot: «Und so wurde der Schlüssel mit einigem Zagen in das Schloss gesteckt, und da flog auch gleich mit dumpfem Geräusch die Türe auf, und in dem sparsam erhellten Zimmer zeigten sich – ein entsetzlicher Anblick! – die blutigen Häupter aller früheren Frauen Ritter Blaubarts, die ebensowenig, wie die jetzige, dem Drang der Neugier hatten widerstehen können, und die der böse Mann alle mit eigner Hand enthauptet hatte.»[16]

Das Wort, das in Benjamins Geschichte nicht fällt, obwohl es jedem Leser auf der Zunge liegen muss, der sich fragt, was es mit dem verbotenen Zimmer auf sich hat, heißt: Leiche. Es wird nicht ausgesprochen, es staut sich, und eines Tages wird es so stark, dass es den Damm bricht und ganze Textpassagen überschwemmt. Das ist der Augenblick, da Benjamin sich (Jahre später) den barocken Trauerspielen widmet, die «mit blassen Leichen prangen».[17]

KAPITEL II

DER STRAHLENDE: JUGENDBEWEGUNG UND STUDENTENSCHAFT

Sie sprachen, nein predigten, in feierlichen, wohlklingenden
Sätzen von der Abkehr vom Bürgertum und dem Recht der
Jugend auf eine eigene, ihrem Wert angemessene Kultur.

Martin Gumpert, Hölle im Paradies.
Selbstdarstellung eines Arztes, 1939

Theodor W. Adorno berichtet von Benjamins Erscheinung, von
seinem Haar nämlich, das «etwas eigentümlich Flammendes
hatte».[1] Adrienne Monnier, die Schriftstellerin und Buchhändlerin,
die später im Pariser Exil Benjamins enge Vertraute wurde, sah es
ähnlich. Sie spricht von einem Haarwuchs, «dessen Form eher ungewöhnlich war: ein dichtes Büschel vorn zwischen zwei Kahlstellen,
die weit nach hinten reichten; die hinteren Strähnen standen ebenfalls dicht; auf dem gesamten Haupt loderten die Haare empor wie
die Flammen eines brennenden Dornbusches».[2] Adornos Bild wird
gesteigert zu einer biblischen Anspielung. Das lateinische *ardere* bedeutet Brennen, *ardor* ist Glut, Brand und Flamme; im übertragenen
Sinne das Blitzen der Augen, der feurige Blick; noch weiter dann
Hitze der Leidenschaften und Ausdruck geistiger Kraft.

«Ardor» war das schriftstellerische Pseudonym des jungen Benjamin, unter dem er bis 1914 dichterische Versuche und Prosatexte
in der Berliner Schülerzeitschrift «Der Anfang» veröffentlichte. Wer
sich mit dem Feuer und der Glut identifiziert, erklärt damit, für ein
Absolutes, sei es im Geistigen, sei es in der Liebe, mit aller Energie
einstehen zu wollen. Wofür Benjamin brannte, das war die Jugend.

Um 1900 hatte in Deutschland eine Jugendbewegung begonnen, die eigene Kulturformen stiften wollte. Jugend bedeutete eine vitale, umfassende Opposition gegen die bestehende Welt. Diese Jugendopposition war die erste Gestalt der sozialen Kämpfe in Benjamins Bewusstsein. Und das heißt auch: Er war von vornherein, seit dem Beginn seines Schreibens, auf einen Kampf um den Begriff der Kultur geeicht. Idee, Geist und Metaphysik waren die Waffen. Und die klassische Literatur, in der man – etwa im «Hamlet», der in eine aus den Fugen geratene Welt geboren wird und sie einrenken soll – Muster einer kämpfenden Jugend fand: «Denn wie kann ein junger Mensch, vor allem der Großstädter, den tiefsten Problemen, dem sozialen Elend gegenüberstehen, ohne, wenigstens zeitweise, vom Pessimismus übermannt zu werden? Da gibt es denn keine Gegenbeweise, da muss und kann nur helfen das Bewusstsein: und mag die Welt noch so schlecht sein, so kamst du, sie zu erheben. Das ist nicht Hochmut, sondern nur Pflichtbewusstsein.»[3] Ähnlich Benjamins damalige Lektüre der «Räuber» von Schiller: «Karl Moors Kämpfe sind unsere Kämpfe, die ewige Auflehnung der Jugend, die Kämpfe mit Gesellschaft, Staat, Recht.»[4]

Das erste Anliegen der Jugend sollte eine Schulreform sein, aber nicht als Flickwerk hier und da: «‹Die Schulreform ist eine Kulturbewegung›, das ist der erste Satz, der erfochten werden muss.»[5] Benjamin stand damals ganz im Bann des Reformpädagogen Gustav Wyneken (1875 bis 1964), dessen Unterricht er wohl für ein Jahr, zwischen 1905 und 1906, in Haubinda erlebt hatte.[6] Dieser Lehrer stand für eine Gegenelite, eine unbürgerliche Geistesaristokratie, wie sie damals allenthalben blühte; bei Wyneken lag der Akzent auf Jugend und Bildung. Er war der archetypische, charismatische und pädophile (später zu einer Gefängnisstrafe verurteilte) Reformpädagoge, wie er sich fast bis in unsere Tage etwa an der Odenwaldschule erhalten hat. In der Gemengelage der Lebensreformer, und auch bei Wyneken, mischten sich Sexualisierung (er forderte «sexuelle Erziehung» und warb für die damals revolutionäre Koedukation),

Angriffe gegen das Christentum wegen «Leibfeindlichkeit» und eine unverhohlene Rede vom «Führer». So behandelte auch Benjamins beziehungsweise «Ardors» Artikel «Erotische Erziehung», der 1914 in der linkslibertären Zeitschrift «Die Aktion» von Franz Pfemfert erschien, ein ureigenes Wyneken-Thema.

Die «Freie Schulgemeinde» Wickersdorf sei, so Benjamin, «nicht hervorgegangen aus dem Bedürfnis einer partiellen Reform; im Mittelpunkte steht nicht: ‹Weniger Griechisch – mehr Sport›, oder: ‹Keine Prügelstrafe›, sondern ein Verhältnis gegenseitiger Achtung zwischen Lehrern und Schülern. Wenn auch viele Forderungen der modernen Pädagogik in ihrem Programm enthalten sind, wenn auch vor allem ein freier, nicht durch dienstliche Autorität geregelter Verkehr zwischen Lehrer und Schüler zu den selbstverständlichen Voraussetzungen gehört, das Wesentliche der Gründung liegt überhaupt nicht auf engstem pädagogischen Gebiet, ein philosophischer, metaphysischer Gedanke ist ihr Mittelpunkt.»[7] Höher konnte man kulturpolitisch nicht greifen.

Für Benjamin bezeichnend ist es, dass er über persönliche Anliegen, persönliche Beziehungen nur auf der höchsten Stufe berichten kann. Alles Erlebte wird ihm sogleich philosophisch bedeutsam. Als Schüler lernt er in einem privaten Lesezirkel ein Mädchen kennen, Luise von Landau. Von ihr wissen wir nicht mehr, als die autobiographische «Berliner Chronik» berichtet: «Der Name (...) übte eine gewaltige Anziehungskraft auf mich aus und auf meine Eltern – manches gibt mir das Recht, das anzunehmen – wohl keine kleinere. Aber doch ist kaum das der Grund, aus dem ihr Name mir bis heute lebendig blieb, vielmehr der Umstand, dass er der erste war, auf den ich mit Bewusstsein den Akzent des Todes fallen hörte.»[8] Als Benjamin gegen Ende seiner Schulzeit unter dem Titel «Gedanken über den Adel» seinen ersten philosophischen Essay schrieb, «da stand neben Pindar, von dem ich ausging, unausgesprochen der verführerische Name meiner ersten Mitschülerin».[9]

Die Philosophie bindet sich an das Erlebte. Man erkennt Benjamins rezeptives Genie: Was er empfängt, wird ihm unmittelbar das Kostbarste. Freundschaften und Liebesverhältnisse werden in den Bereich des Metaphysischen versetzt, sie lassen ihr Zufälliges hinter sich. Sie gehören zur höheren Ordnung der Welt, die sich wiederum ohne diese persönlichen Beziehungen nicht beschreiben lässt. Die Freunde und die geliebten Frauen gelten gleichsam als Repräsentanten je eines Aspekts der höheren Weltordnung, jeder und jede unter ihnen bildet eine eigene metaphysische Provinz.

Der Essay «Goethes Wahlverwandtschaften» von 1924/1925 ist Jula Cohn gewidmet, der Benjamin, inzwischen Ehemann, unglücklich liebend verbunden war; die Konstellation des Lebens entsprach der in Goethes Roman. Die «Einbahnstraße» steht im Zeichen seiner Liebe zu Asja Lacis, das Trauerspielbuch ist Dora Sophie Benjamin gewidmet, seiner Frau, die Zeitschrift «Angelus Novus» sollte seinen Freundeskreis Anfang der zwanziger Jahre literarisch objektivieren. Und so ist es, als er, der Student, eine Abhandlung über «Das Leben der Studenten» schreibt: «Die jetzige historische Bedeutung der Studenten und der Hochschule, die Form ihres Daseins in der Gegenwart, verlohnt (…) nur als Gleichnis, als Abbild eines höchsten, metaphysischen, Standes der Geschichte beschrieben zu werden.»[10]

Ungeheuer hoch angesiedelt war auch die Freundschaft mit Christoph Friedrich Heinle (1894 bis 1914), genannt Fritz, den Benjamin als Student kennenlernte. «Fritz Heinle war Dichter und unter allen der einzige, dem ich nicht ‹im Leben› sondern in seiner Dichtung begegnet bin. Er ist mit neunzehn Jahren gestorben und man konnte ihm nicht anders begegnen.»[11] In Freiburg treffen sich die beiden zum ersten Mal. «Da ist Heinle, ein guter Junge. ‹Sauft, frisst und macht Gedichte.› Die sollen sehr schön sein – ich werde bald welche hören. Ewig träumerisch und deutsch. Nicht gut angezogen.» So schreibt Benjamin am 29. April 1913 an Herbert Blumenthal.[12] Und wenige Tage später nach einem gemeinsamen Ausflug: «Wir vertragen uns gut.»[13] Aber man darf sich die Höhe nicht als Ebene vorstellen. In der «Freien Studentenschaft» gab es heftige Konflikte, aus denen man eigentlich nur entnehmen kann, dass Benjamin von einem ausgeprägten Herrschbedürfnis bestimmt war. Auch Heinle wollte er einmal, wie er Carla Seligson am 17. November 1913 mitteilt, «aus der Bewegung» stoßen.[14] «Es war nach einer langen Trennung, der ein schweres Zerwürfnis zugrunde lag. Noch heute aber entsinne ich mich des Lächelns, das mir das Ungeheure dieser ganzen Trennungswochen aufwog und mit dem (er) eine, wahrscheinlich fast belanglose Wendung zu einem Zauberspruche machte, welcher den Verletzten heilte.»[15]

Nietzsche hat in der «Fröhlichen Wissenschaft» das Wort von der «Sternen-Freundschaft» geprägt. Und man sollte bei Benjamin jedenfalls nicht tiefer greifen, wenn man das Zusammenspiel von persönlichen Begegnungen und Philosophie verstehen will. In dem Sonettkranz, den Benjamin nach Heinles Selbstmord am 8. August 1914 als ein Denkmal für den Freund schuf, ist neben den typisierten Landschaften Berlin und Freiburg eine ausgiebige kosmische Bilderreihe bemerkenswert. Nicht nur wird die Figur des Himmels als «All», «Weltall» oder «Himmelszelt» immer wieder vergegenwärtigt.[16] Den «Stand der Sterne» beobachtet Benjamin ebenso wie ihren Aufgang, ihre Stellung im «Zenith» oder im «Wendekreis», an anderer Stelle hält er eine besondere Konstellation wie «das Kreuz der Sterne über Süden» fest.[17] Die Sonette schreiben das Gedächtnis von Heinle und Rika Seligson (die mit ihm in den Tod gegangen war) der Natur und dem Kosmos ein, der Himmel wird zum Zeugen des Furchtbaren: «Aus Sternen bildet namenlose Trauer / Das Denkmal deines Blicks am Himmelsbogen».[18] Die Natur wird in die Geschichte einbezogen, sie bleibt vom menschlichen Handeln nicht unberührt.

Eine religiöse Deutung tritt hinzu. Auf alles Bildliche der Erinnerung könne verzichtet werden, heißt es gleich im ersten Sonett. «Wenn nur in mir du deinen heilgen Namen / Bildlos errichtest wie unendlich Amen.»[19] Das Gebet ist ein wiederkehrendes Motiv. Benjamin ging nicht so weit wie Stefan George, der nach dem Tod seines jungen Freundes Maximilian Kronberger zur buchstäblichen Vergötterung des Dahingegangenen schritt: «Wir können nun gierig nach leidenschaftlichen verehrungen in unsren weiheräumen seine säule aufstellen uns vor ihm niederwerfen und ihm huldigen woran die menschliche scheu uns gehindert hatte als er noch unter uns war.»[20] Das war pseudoantik gedacht und konnte nicht Benjamins Anschauung sein. Aber das Pathos des Heinle-Gedenkens ist Georges Geste doch verwandt.

In Georges Gedichten fand die Jugend zur Sprache. Wenn Benjamin sich an einzelne Gedichte Georges erinnerte, dann stets im Zusammenhang mit einer Situation, einem Tonfall, einer Geste, mit der ein Freund, eine Freundin es gesprochen hatte. Heinle war es, der ihm eines aus dem «Jahr der Seele» aufsagte: «Gemahnt dich noch das schöne bildnis dessen / Der nach den schluchten-rosen kühn gehascht / Der über seiner jagd den tag vergessen / Der von der dolden vollem seim genascht? // Der nach dem parke sich zur ruhe wandte / Trieb ihn ein flügelschillern allzuweit · / Der sinnend sass an jenes weihers kante / Und lauschte in die tiefe heimlichkeit .. // Und von der insel moosgekrönter steine / Verliess der schwan das spiel des wasserfalls / Und legte in die kinderhand die feine / Die schmeichelnde den schlanken hals.»[21]

Heinle, so erinnert sich Benjamin, habe dem Gedicht «Züge von sich gegeben».[22] Es war eine prophetische Geste. Der, von dem das Gedicht handelt, fast noch ein Knabe, ist mit den heimlichen Dingen und mit der Natur verbündet. Vor allem aber ist er einer, der überhaupt nur noch in der Erinnerung lebt. Und über einen der letzten gemeinsamen Augenblicke mit Rika Seligson schreibt Benjamin, er sei ihm «unvergesslich durch die rätselhafte Gebärde (…), mit der sie auf Georges Gedicht: ‹Es lacht in dem steigenden Jahr dir› gewiesen hatte».[23] In dem Gedicht lesen wir: «Verschweigen wir was uns verwehrt ist · / Geloben wir glücklich zu sein · / Wenn auch nicht mehr uns beschert ist / Als noch ein rundgang zu zwein.»[24] Rika Seligson hatte ihm von einer Welt gesprochen, der ein baldiges Vergehen be-

27

stimmt war. Erst im Rückblick wurden die Winke lesbar, die in den Gedichten bereitlagen.

Ein prophetischer Wink lag auch in einem anderen Gedicht, das, im Munde von Jula Cohn, «die Gestalt einer Liebe annahm».[25] Sie nämlich las Benjamin in ihrem Münchner Atelier Dantes Geschichte der Francesca da Rimini vor, die einzige, die George aus dem fünften Höllenkreis, in den die unglücklich Liebenden – Kleopatra, Dido, Tristan – verbannt sind, übertragen hat. Paolo und Francesca sind vom eifersüchtigen Ehemann getötet worden. Und nun heißt es bei George: «Liebe die edlen herzen rasch sich künde / Zog jenen hin zu meinem schönen leibe / Den mir entriss – noch grämt mich welche – sünde.»[26]

Von der unerfüllten Liebe Benjamins zu dieser Frau wird noch zu sprechen sein, aber schon jetzt kann man eine Andeutung der Zukunft darin lesen, dass Jula Cohn gerade dieses Gedicht wählte. Das gemeinsame Lesen im Buch hatte die Flamme entzündet. «Wir lasen eines tages zum vergnügen / Von Lanzelot · wie liebe ihn bedrückte. / Ich war allein mit ihm und sah kein trügen. // Mehrmalen schon in unsren augen zückte / Dies lesen und verfärbte uns die wange. / Doch eine zeile wars die uns berückte: / Da stand wie unter dem sehnsüchtigen drange / Sotanen freundes sich die lippen heben – / Als er der nun auf ewig an mir hange // Mich auf den mund geküsst hat ganz in beben .. / Verführer war das buch und ders verfasste. / Den tag war unser lesen aufgegeben.»[27] Nach diesen Sätzen schluchzt Paolos Geist auf, und Dante, dem «vor weiche» die «besinnung schwand», «fiel hin als fiele eine leiche».[28]

Der Freundeskreis der Studentenzeit blieb für Benjamin eine Konstante und ein Stabilitätsanker: Alfred Cohn, Fritz Radt, dessen Schwester Grete, mit der er verlobt war, Ernst Schoen, in den sich später Benjamins Frau verliebte, der noch später Benjamin Möglichkeiten im Frankfurter Radio verschaffte; zu den entfernteren Bekannten von damals gehört Hans Flesch, Schoens Vorgänger in

Frankfurt, später Leiter der «Berliner Funk-Stunde» und in dieser Funktion Auftraggeber für viele von Benjamins Rundfunkarbeiten. Jula Cohn heiratete Fritz Radt, dessen Schwester Grete wiederum heiratete Jula Cohns Bruder Alfred.

Adorno hat von «einer Art von Nimbus» gesprochen, der Benjamin schon früh umgeben habe.[29] Nimbus (eigentlich: Wolke) ist ein Lichtschein um einen Menschen, um den Kopf zumeist.[30] Benjamin muss diese ihm eigene Strahlenkrone früh bewusst gewesen sein, sie gehört mit der Metaphysik zum Arsenal seines Geltungsanspruchs. An seinen Jugendfreund Herbert Blumenthal schreibt er Ende 1916: «Soweit auf unserm Wege uns das Wort erscheint werden wir ihm die reinste heiligste Stätte bereiten: es soll aber bei uns beruhen. Wir wollen es in der letzten kostbarsten Form bewahren die wir ihm zu geben vermögen; Kunst Wahrheit Recht: vielleicht wird uns alles aus den Händen genommen, dann soll es wenigstens Gestalt sein: nicht Kritik. Die zu leisten ist Sache der äußersten Peripherie des Lichtkreises um jedes Menschen Haupt, nicht der Sprache.»[31] Matthias Grünewald, so heißt es in einer frühen Abhandlung, habe «die Heiligen dadurch so groß gemalt, dass ihre Glorie aus dem grünsten Schwarz tauchte. Das Strahlende ist nur wahr, wo es sich im Nächtlichen bricht, nur da ist es groß, nur da ist es ausdruckslos, nur da ist es geschlechtslos und doch von überweltlichem Geschlechte. Der So Strahlende ist der Genius, der Zeuge jeder wirklich geistigen Schöpfung.» Das «Geisteszeichen des männlichen Genius» sei «an seinem Teile ein Strahlen».[32]

Das Haupt mit Flammenhaar, der Nimbus und die Strahlung wandern durch das ganze Werk. Im Trauerspielbuch sehen wir das Haupt des gekrönten Königs, und am Ende die auf der Straße verlorene Dichter-Aureole bei Baudelaire. Den Weg der Strahlenkrone zu verfolgen, heißt die innere Geschichte von Benjamins Werk zu beschreiben.

«Es erstrahlte das Wesen», schrieb Benjamin in der «Metaphysik der
Jugend». Strahlung, Aura, Krone und Aureole beschäftigten ihn zeitlebens.
Von Matthias Grünewald sagte er, dieser habe «die Heiligen dadurch
so groß gemalt, dass ihre Glorie aus dem grünsten Schwarz tauchte».
Das Bild zeigt Grünewalds Stuppacher Madonna (um 1518).

1913/14 verfasste Benjamin eine «Metaphysik der Jugend». Es treten auf: das Genie und der Schwätzer, der Genius und die Dirne, die Mädchen beim Ball, die Dichter und die Polizisten, der Feind und der Tod, die Geliebte, die Freunde, der Verzweifelte, die Frauen und deren Freundinnen, die Männer, der Sprechende und der Schweigende, der Betende. Die Orte des Geschehens: das Café und die Landschaft. Diese Metaphysik ist konkret, wenn auch erst in einer großen Skizze, in der sich die Begriffe treffen.

Das Café ist der angestammte Sitz des Literaten. Benjamin hatte periphere Berührungen mit den Berliner Literatenkreisen, er lernte Else Lasker-Schüler und Wieland Herzfelde (den späteren Malik-Verleger) in einem Café kennen, auch Menschen aus dem Umkreis des «Neopathetischen Cabarets», einer Urzelle der Berliner Avantgarde. In seinem «Dialog über die Religiosität der Gegenwart» entwickelte er schon um 1912 eine höchst merkwürdige Apologie des «Literaten» – eines Wortes und einer Lebensform, über die man sonst meist im Ton der Ablehnung sprach. Gesellschaftliche und kulturelle Veränderung, so glaubte Benjamin, werde «wieder einmal vom Geknechteten ausgehen – der Stand aber, der heute diese historische, notwendige Knechtung trägt, das sind die Literaten. Sie wollen die Ehrlichen sein, ihre Kunstbegeisterung, ihre ‹Fernsten-Liebe›, um mit Nietzsche zu reden, wollen sie darstellen, aber die Gesellschaft verstößt sie – sie selber müssen selber alles Allzumenschliche, dessen der Lebende bedarf, in pathologischer Selbstzerstörung ausrotten. Sie sind die, welche die Werte ins Leben, in die Konvention umsetzen wollen: und unsere Unwahrhaftigkeit verurteilt sie zum Outsidertum und zur Überschwenglichkeit, die sie unfruchtbar macht. Niemals werden wir die Konventionen durchgeistigen, wenn wir nicht diese Formen sozialen Lebens mit unserem persönlichen Geiste erfüllen wollen. Und dazu verhelfen uns die Literaten und die neue Religion.»[33]

Der «Literat» – das war der Intellektuelle.[34] Was Benjamin versuchte zu entwerfen, war eine Art metaphysisch-poetologischer

Klassentheorie dieser Schicht, und darin war ein Radikalismus eingeschlossen. Zugespitzt wurde dagegen die Ablehnung in Neuprägungen wie «Zivilisationsliterat» (bei Thomas Mann) oder «Asphaltliterat» (in der konservativen und rechtsextremen Kulturkritik der zwanziger Jahre). Aber noch 1913 hielt Thomas Mann in dem Essay «Künstler und Literat» den Gegensatz, den er in den «Betrachtungen eines Unpolitischen» wenig später aufs schärfste umdeuten sollte, in freundlicheren Formulierungen fest: Es sei das Talent des Literaten, «dem seine ethische Leidenschaft entspringt. Die Reinheit und edle Haltung seines Stiles spiegelt sich (es ist wahrscheinlich nicht umgekehrt) in seiner Anschauung und Empfindung der menschlichen, gesellschaftlichen, staatlichen Dinge. Er ist radikal, weil Radikalismus ihm Reinheit, Edelmut und Tiefe bedeutet. Er verabscheut die Halbheit, die logische Feigheit, das Kompromiss; er lebt im Protest gegen die Verderbnis der Idee durch die Wirklichkeit.»[35]

Benjamin ist später selten auf den Begriff zurückgekommen. Prominent tat er dies allerdings in seinem Essay über Karl Kraus aus dem Jahr 1931, einer theologisch-politischen Physiognomik des großen Wiener Polemikers. «Es ist im Grunde die vollkommene Entsprechung dieser Daseinsformen: des Lebens unterm Zeichen bloßen Geistes oder bloßer Sexualität, die jene Solidarität des Literaten mit der Hure begründet, deren unverbrüchlichstes Zeugnis wiederum Baudelaires Existenz ist.»[36] Und noch einmal schärfer: «Das Literatentum ist das Dasein im Zeichen des bloßen Geistes wie die Prostitution das Dasein im Zeichen des bloßen Sexus.»[37] Einen Kritiker seiner Thesen über «reinen Geist» und «reine Sexualität» – im Grunde die positivierende Wendung der denunzierenden Rede vom «Asphaltliteraten» – fand Benjamin in Werner Kraft. «Die Größe in Kraus», notierte dieser am 17. Juni 1934 nach Gesprächen mit Benjamin, sei es, dass «er diese Sphäre in Beziehung zur Liebe setzt, nicht theoretisch, sondern praktisch. Benjamin hat völlig Unrecht mit seiner Gleichung: Prostitution = Dekadenz, Kraus = Baudelaire.»[38]

Der Jugendfreund Herbert Blumenthal, der allerdings aus einer tiefen menschlichen Enttäuschung spricht – hatte Benjamin doch 1917, drei Jahre nach dem Ende seiner jugendbewegten Zeit, jeden Kontakt zu ihm abgebrochen – überliefert eine Erinnerung, die man im Licht von Benjamins Theorie des «Literaten» nicht für völlig unglaubwürdig halten wird: «Eines Tages, als er etwa neunzehn war, fragte ich ihn, wieso er übers Wochenende nach Paris fahre. Er antwortete voller Ernsthaftigkeit: ‹Für das Erlebnis der Dirne›. Das war nicht nur eine seltsame Formulierung – er war nicht auf ein Vergnügen oder erotisches Abenteuer aus, sondern war auf der Suche nach praktischen Erfahrungen zu theoretisch angestellten Überlegungen.»[39]

Die Bewegung der Jugend war die Suche nach einer Identität, auch und vor allem der sexuellen. Und die Prostitution war und blieb für Benjamin einer der zentralen Gegenstände seines Nachdenkens. In dem Aufsatz «Erotische Erziehung» schrieb er in einer Kritik dichterischer Versuche von Kommilitonen: «Solange (…) die Studenten ihre Poesie derart familiär durchfühlen, nicht wagen werden, die Erotik der Dirne, die ihnen zunächst ist, geistig zu sehen (anstatt mit graziösen Lüstchen zu spielen), solange werden sie in dumpfer Verhältnispoesie stecken bleiben und keine einzige geschaute und geformte Zeile produzieren.»[40]

Und so wurde, neben und gegen George, eine andere dichterische Welt für Benjamin aktuell: die von Charles Baudelaire. Für 1915 sind erste Übersetzungsversuche der «Fleurs du mal» belegt.[41] Auch Baudelaire begleitet ihn durchs Leben; 1923 erschienen seine Übersetzungen der «Tableaux parisiens» in einer prächtigen Ausgabe im Verlag von Richard Weissbach, «Über einige Motive bei Baudelaire» ist der Titel seines letzten, in der «Zeitschrift für Sozialforschung» erschienenen Aufsatzes. Und schon das Berlin seiner Jugend sah Benjamin mit Baudelaires Augen. Von den zahlreichen Passagen der «Berliner Chronik», die von der Prostitution handeln, sei nur diese eine zitiert, in der das Erwachen der Autonomie an die Erfahrung der Prostitution gebunden wird: «Kein Zweifel (…), dass ein Gefühl, die Schwelle der eignen Klasse nun zum erstenmal zu überschreiten an der fast beispiellosen Faszination, auf offener Strafte eine Hure anzusprechen, Anteil hatte. Stets aber war am Anfang dieses Überschreiten einer sozialen Schwelle auch das einer topographischen, dergestalt, dass ganze Straßenzüge so im Zeichen der Prostitution entdeckt wurden.»[42]

Auch die bestimmenden Eindrücke von Kunstwerken kamen früh. Am 11. Juli 1913 schrieb Benjamin an Franz Sachs: «Mittwoch in Basel gewesen. Ich sah die Originale der berühmtesten Dürerschen Graphik: Ritter, Tod u. Teufel, Melancholie, Hieronymus u. vieles andere. Zufällig waren sie ausgestellt. Erst jetzt habe ich eine Vorstellung von Dürers Gewalt und vor allem die Melancholie ist ein unsagbar tiefes ausdrucksvolles Blatt.» Am 22. Oktober 1917 berichtete er Scholem aus Bern über seine kunstphilosophischen Überlegungen: «Das Problem des Kubismus liegt von einer Seite her gesehen in der Möglichkeit einer, nicht notwendig farblosen, aber radikal unfarbigen Malerei in der lineare Gebilde das Bild beherrschen – ohne dass der Kubismus aufhörte Malerei zu sein und zur Graphik würde. Ich habe dies Problem des Kubismus weder von dieser noch einer anderen Seite berührt einerseits, weil es mir bisher vor einzelnen konkreten Bildern oder Meistern noch nicht entscheidend aufgegangen ist. Der einzige Maler unter den neuen, der mich in diesem Sinne berührt hat, ist Klee, andrerseits aber war ich mir über die Grundlagen der Malerei noch viel zu sehr im unklaren, um von dieser Ergriffenheit zur Theorie fortzuschreiten. Ich glaube, dass ich später dazu kommen werde. Von den modernen Malern Klee Kandinsky und Chagall ist Klee der einzige der offensichtliche Beziehungen zum Kubismus aufweist.»[43]

Das ist die Kunst, die fortan sein Leben prägt. In der «Melencolia» Dürers bündelte sich für Benjamin alle Welt- und Selbstverfinsterung, die ihn zu verschlingen drohte, diesem Kupferstich ist im Trauerspielbuch eine der entscheidenden Passagen gewidmet. Und Klees «Angelus Novus» wurde das Bild der erlösenden Kräfte, des «Engels der Geschichte» in den spätesten Thesen. Auch der Engel allerdings konnte sich verfinstern – in der autobiographischen Phantasie «Agesilaus Santander», wo er satanische Züge annimmt. Niemals aber hat Benjamin dieses Bild als Kunsthistoriker interpretiert, immer wurde der Engel in je verschiedenen Konstellationen zu einem Mediationsbild, einer Inspirationsquelle. Benjamin erwarb es 1921.[44] Schon ein Jahr früher hatte ihm seine Frau Dora Klees «Vorführung des Wunders» geschenkt, eine Gouache.

Im Juli 1914 verbrachte Benjamin die Ferien gemeinsam mit seiner Freundin Grete Radt in den Bayerischen Alpen. Dort verlobte er sich mit ihr, eigentlich auf Grund eines kuriosen Missverständnisses – so jedenfalls erzählte sie es später Scholem: «Ende Juli telegraphierte ihm sein Vater ein Warnungstelegramm ‹sapienti sat›» – dem Weisen ist es genug, keine weitere Erläuterung nötig, was sich auf den drohenden Krieg bezog – «wohl um ihn zu veranlassen, etwa in die Schweiz zu gehen. Benjamin missverstand aber die Depesche und teilte daraufhin förmlich mit, er sei in der Tat mit Grete Radt verlobt.»[45] Mit dem Beginn des Kriegs fand die Epoche der Jugendbewegung für Benjamin ein Ende. Er trennte sich von Wyneken, dem er einen scharfen Brief schrieb. Und in einem Brief an Ernst Schoen vom 25. Oktober 1914 heißt es: «Wir alle nähren doch das Bewusstsein hiervon: Dass Radikalismus zu sehr Geste war, dass ein härterer, reinerer, unsichtbarer uns unentrinnbar werden soll.»[46]

Anfang August 1914 hatte England eine Seeblockade gegen Deutschland verhängt, die mit Minen durchgesetzt wurde. Nun meldete sich der Hunger, schon vom 1. März 1915 an gab es Brotkarten. In der Heimat, so schildert es Hans-Ulrich Wehler, «trafen Hunger und Entbehrung, Krankheit und Trauer die Angehörigen fast aller Klassen, quer durch die Sozialhierarchie hindurch. Deprivation, wenn auch von unterschiedlicher Art, wurde zu einer klassenübergreifenden Erfahrung.»[47] Benjamin zeigte vor dem Hintergrund dieser Situation einen fast empörenden Mangel an Empathie. Am 4. Dezember 1915 schrieb er aus München an Fritz Radt: «Gestern waren wir in einer Aufführung des ‹Rosenkavalier›, unglänzend im ersten Akt, aber von immer steigender stimmlicher und orchestraler Schönheit. Die Ausstattung, mit Berlin verglichen, schäbig; das Publikum ebenso. Eine mondäne Atmosphäre kann in München nirgends aufkommen, in Bars Cafés Restaurants sucht man sie vergebens.»[48] Man denkt hier an eine Charakteristik, die Scholem von seinem Freund gezeichnet hat: «Benjamins Haltung zur bürgerlichen Welt war von einer Bedenkenlosigkeit, die mich aufbrachte, und trug nihilistische Züge. Moralische Kategorien erkannte er nur in der Lebenssphäre, die er um sich aufgebaut hatte, und in der geistigen Welt an.»[49]

Dann, ein anderes Mal, findet sich eine Bar, die Benjamin und Grete Radt zusagt. Zuvor hatten die beiden eine Lesung von Heinrich Mann besucht, der aus seinem soeben in den pazifistischen «Weißen Blättern» erschienenen Zola-Essay las. Hier wurde Benjamin Zeuge eines historischen Augenblicks. Die deutsche Intelligenz nämlich stand im dritten Kriegsjahr am Scheideweg; als Antwort auf den Zola-Essay des Bruders entwarf Thomas Mann seine «Betrachtungen eines Unpolitischen». Die Entscheidung zwischen patriotisch gestimmten Geistern auf der einen Seite und frankophilen auf der anderen nahm die Form eines Bruderkriegs an. Heinrich Mann las, wie wir Benjamins Schilderung entnehmen, den Abschnitt «Erdengedicht». «Die Absicht, mit der der letzte Krieg zum Anlass genommen war, vom gegenwärtigen zu handeln – und wie es geschah – wie er an einer, an der Stelle die Stimme gemäßigt aber unverkennbar hob, war im politischen Sinne groß und entflammend.»[50]

Wir wissen nicht, welche Passage Benjamin meinte, es mag jene gewesen sein, in der von der absehbaren Niederlage des Kaiserreichs Napoleons III. die Rede ist und von der defätistischen Stimmung im französischen Heer: «Und sie marschieren, marschieren wie gebannt, ohne Glauben, ohne Hoffnung, sie sagen: zur Abschlachtung. Gerüchte unerkennbaren Ursprungs greifen um sich von verlorenen Schlachten, einem Hinterhalt, einer Übermacht, gegen die kein

Heldenmut aufkommt. Was geht denn vor? Es stand doch fest, dass Preußen überrumpelt, von allen Seiten angefallen und in wenigen Wochen erdrückt sein würde? Statt dessen rühren sich weder Österreich noch Italien, – der Kaiser soll leidend sein und unentschlossen.»[51]

Thomas Mann antwortete 1918 mit der Polemik gegen den «Zivilisationsliteraten». Dieser habe «des Jakobiners Optimismus, seine vorgefassten Schäferideen von der Vernunft und dem schönen Herzen des Menschen, seine Neigung zur Demagogie größten Stils. Er hat des Jakobiners Hang zur Anarchie und zum Despotismus, zur Sentimentalität und zum Doktrinarismus, Terrorismus, Fanatismus und zum radikalen Dogma, zur Guillotine. Er hat seine schreckliche Naivität. Er ist, wie jener, ein Humanitätsprinzipienreiter mit der Vorliebe fürs Blutgerüst. Er hat auch des Jakobiners Operngeste, die generöse Dauerattitüde – eine Hand auf dem Herzen, die andere in der Luft.»[52]

In guter Stimmung aber klang der Abend für Benjamin aus: «Grete und ich gingen noch in die Bar und wir tranken französischen Champagner, wie es dem Abend gebührte.»[53] Französisch musste der Champagner an *diesem* Abend gewiss sein.

Ganz im Zeichen der Dichtung stand Benjamins Freundschaft mit Werner Kraft (1896 bis 1991), und dies mehr als in jeder anderen seiner Freundschaften. Bei großer Nähe der Gedankenrichtung waren die Spannungen so stark, dass Kraft sie zweimal – einmal 1922, einmal 1937 – nicht mehr ertrug. Über den Anfang der Freundschaft berichtet Kraft: «Benjamin war dreiundzwanzig Jahre alt, ich neunzehn. Der Unterschied des Alters war wirksam. (…) Er richtete sich auf ein strenges Leben des Geistes ein. Auf der Fahrt zum Studium nach München besuchte er mich in Hannover. Es war im Frühjahr 1916. Er wohnte eine Nacht bei meinen Eltern. Wir saßen im schönen Park von Herrenhausen an einem schönen Nachmittag. Ich sagte ihm Jugendgedichte von Borchardt, auch Gedichte von Karl

Kraus. Er hörte zu. Es ist sehr möglich, dass er es nur im Zusammenhang mit mir hörte, denn er hat bald darauf versucht, mich von ihm abzubringen, mit subjektivem Recht und doch vergebens. Das war wohl der letzte Grund dafür, dass es im Anfang der zwanziger Jahre zum Abbruch unserer Beziehung kam.»[54] Krafts Herzensidee war die Gerechtigkeit. Davon war alles bestimmt, was er tat und schrieb. Zwischen 1914, als er in der «Aktion» eine Besprechung von George und Rudolf Borchardt veröffentlichte, und 1930, als er sich, wieder in Form einer Rezension, erstmals zu Kafka äußerte, liegt, unterbrochen nur durch die Doktorarbeit, ein langes Schweigen, aus dem heraus Kraft zu einer höchst individuellen Schreibweise fand. Die Tätigkeit als Bibliothekar von 1927 bis 1933 legte den Grundstein für die anthologischen und editorischen Arbeiten, die erst nach Jahrzehnten erscheinen konnten; die motivgeschichtliche Arbeitsweise, die er in seiner 1925 verfassten Dissertation über die Päpstin Johanna praktizierte, mag zunächst konventionell anmuten, wird aber in den späteren Schriften zu einer frei gehandhabten Methode, den Text als ein Forum anzulegen, in dem die verschiedensten Zeugen unter divergierenden Aspekten aufgerufen werden. Kraft versah sein Amt als Literaturhistoriker zugleich als Kritiker. Die Überlieferung wird geprüft, Urteile werden gefällt, aber zugleich werden ältere Fälle neu aufgerollt und Revisionen zugelassen. Krafts Arbeiten sind imaginären Konversationen zu vergleichen, in denen Freunde und Gegner so lange befragt werden, bis sich eine begründete Feststellung treffen lässt.

1933 treffen sich Benjamin und Kraft in Paris wieder. Die Gespräche bilden eine Ellipse; Kafka ist der eine Brennpunkt, hier gibt es Möglichkeiten der Verständigung, der andere Brennpunkt ist der Klassenkampf, für Benjamin die Hauptsache. Kraft geht nicht mit. Er sieht bei Benjamin Züge des Zynismus, der die gemeinsame Bemühung um Wahrheit zerstört. Am 29. März 1937 kommt es zum zweiten Bruch, ausgehend vom Scheidebrief Krafts. Am 23. April 1937 notiert er: «Benjamin. Ein Kopf. Aber illoyal und hinterlistig. Mit

*«Wir sahen uns wieder», berichtet Werner Kraft, «nach dem Kriege,
in Berlin, in der schönen Wohnung seiner Eltern im Grunewald, das Haus
ist nun zerstört. Ein Kind spielt auf dem Teppich, die Mutter nahm es aus
dem Zimmer. Ich sehe das Zimmer mit der großartigen Bibliothek.
Er zeigte mir seine seltenen Bücher, die Originalausgabe des Balzac,
über Hofmannsthal sprach er zum ersten Male positiv, eben sein Aufsatz
über Balzac hatte ihn getroffen.» Unser Bild zeigt Kraft 1924 mit seiner
Frau Erna und dem gemeinsamen Sohn Caspar.*

einem Hintern auf zwei Hochzeiten, Hält nichts von mir. Vielleicht
hat er Recht. Nous verrons (oder nicht). Meine Beziehungen zu ihm
sind (nicht) abgebrochen.»[55]

Tatsächlich brachen die Beziehungen in einem gewissen Sinne nie
ab. Im Januar 1940 allerdings erreichte Kraft das Heft der «Zeitschrift
für Sozialforschung», in dem Benjamins Essay über Carl Gustav
Jochmann stand, mit Auszügen aus Jochmanns Schrift «Die Rückschritte der Poesie», auf die Benjamin erst durch Kraft aufmerksam

gemacht worden war. Kraft war empört: «Literarischer Banditismus. (...) Ich weiß heute, dass ich schon damals wusste: der Mann ist ein Schuft.»[56]

Und doch blieb Kraft auch hier um Gerechtigkeit bemüht. Als er 1940 von Benjamins Tod hört, ist die Erschütterung seiner Aufzeichnungen unübersehbar. Und im Geiste hörte Kraft nie auf, mit Benjamin zu sprechen.

Die akademischen Lehrer, vor allem die anerkannten unter ihnen, beurteilte Benjamin sehr streng. Über die Berliner Universität schrieb er am 25. Oktober 1914 an Ernst Schoen: «Es ist nur dies – was Sie tiefer wissen, weil Sie es niemals so erfuhren, wie ich – dass diese Hochschule fähig ist, noch unsere Abkehr zum Geist zu vergiften. Es ist wiederum nur dies: dass ich mich entschloss, die Anschläge der Vorlesungen durchzugehen. Die grelle Brutalität sah, mit der die Forschenden sich vor Hunderten ausstellen, gegenseitig sich nicht scheuen, sondern beneiden (...).»[57] Nur den Geschichtsphilosophen Kurt Breysig, der Stefan George nahestand, ließ Benjamin gelten: «An dieser ganzen Universität kenne ich nur einen einzigen Forscher, und dass er es dahin gebracht hat, dies wird nur durch seine gänzliche Verborgenheit und seine Verachtung dieser Dinge (vielleicht) entschuldigt. Diesem gegenüber stehend ist keiner gewachsen.»[58]

In München hört Benjamin den Kunsthistoriker Heinrich Wölfflin, den Verfasser der «Kunstgeschichtlichen Grundbegriffe»: «Jetzt bin ich darüber im Klaren, dass hier die unheilvollste Wirksamkeit vorgeht, der ich an deutschen Universitäten begegnet bin.»[59] Wölfflin nämlich sehe das Kunstwerk nicht, «sondern glaubt sich verpflichtet es zu sehen, fordert dass man es sehe, hält seine Theorie für eine moralische Tat; wird pedantisch, lächerlich catonisch, und richtet jede natürliche Begabung seines Auditoriums damit zu grunde.»[60]

Außenseiter dagegen zogen Benjamin an. Große Stücke hielt er auf den Sprachphilosophen Ernst Lewy, den er in Berlin hörte. Lewy hatte in Göttingen für einen Skandal gesorgt, als er seine Probevorlesung der «Sprache des alten Goethe» widmete und nachweisen wollte, dass in ebendieser Sprache «eine Verlagerung vom indogermanischen Sprachtypus zum finnisch-ugrischen» stattfinde.[61] In München besuchte Benjamin eine Lehrveranstaltung zur Geschichte der altkirchlichen Buße: «Der Saal ist leer», meldete er am 21. November 1915 an Fritz Radt, «bis auf die zweite Bank, in der nebeneinander, dem Katheder visavis, drei oder vier Mönche sitzen, und bis auf die dritte Bank, in der ich allein im Rücken der Mönche Platz nehme.»[62]

In der Privatwohnung des Mexikanisten Walter Lehmann gab es «schöne Vorlesungen über mexikanische Kultur und Sprache der alten Zeit». «Es sitzen da nur zwei richtige Studenten und eine Studentin, außerdem ein Professor der Universität ein sehr spaßiger bayerischer Katholik und Theologiedozent an der philosophischen Fakultät. Eine hübsche elegante junge Dame die irgendwie mit dem Dozenten bekannt oder verwandt ist, und eine ältere Frau, seine Mutter vielleicht, die unaufhörlich Notizen mitschreiben muss. Ferner ein Universalgenie, von dem ich Ihnen gleich erzählen werde; Dr. von Aretin, ein Astronom aus Göttingen, Rainer Maria Rilke, der sehr schläfrig und bescheiden schräg vor sich hinsieht, mit traurigen hängenden Schnurrbartspitzen und ich.»[63] Ferner hörte Benjamin in München Vorlesungen des Husserl-Schülers Moritz Geiger, die bei ihm, wie er noch 1940 in einem Lebenslauf bekannte, «einen nachhaltigen Einfluss hinterließen».[64]

Benjamin interessieren, so viel lässt sich aus seinem Studiengang ablesen: Geschichtsphilosophie, Ästhetik und Kunstgeschichte, Sprachphilosophie, Religionsgeschichte und Mythologie. Man erkennt die Themen, die sich in seinen späteren Arbeiten verbinden; geschildert aber werden sie in einer teils polemischen, teils skurrilen und pittoresken Manier.

Schon während der Beziehung zu Grete Radt war eine andere Frau in Benjamins Leben getreten. In einem seiner Briefe meint man die unbewusste Andeutung zu lesen, dass ihm Dora Pollak, die sich ihm nach einem Vortrag genähert hat, bald mehr bedeuten könnte: «Dora brachte mir Rosen, weil meine Freundin nicht in Berlin sei. Nun ist es wahr: noch niemals haben mich Blumen so beglückt, wie diese, die Dora gleichsam von Grete brachte. Wenn ich denke, dass ich Dir nur ein flüchtiges Wort von Dora und Max sagen konnte, ehe Du abreistest und dass ich sie damals erst einmal gesehen habe! Ich weiß auch jetzt nicht, was ich hinzufügen sollte, nachdem ich Donnerstag bei ihnen zu Abend gewesen bin, sprach, Max Gedichte las und Klavier spielte, wir Bilder uns ansahen und Dora mit mir von Franz sprach, nachdem wir später nachts am Montag ein Gespräch hatten.»[65]

Dora, geborene Kellner, war damals mit Max Pollak verheiratet und nahm lebhaften Anteil an studentischen Diskussionen. «Mittwoch begannen wir, es war ein Abend, an dem auch Simon Guttmann bei ihnen war, der Dora wundervolle rot-schwarze glänzende Tulpen mitbrachte. Weißt Du, dass ich das Vermögen, auf Blumen zu achten und mich über sie zu freuen, erst in diesem Jahre und plötzlich bei hundert Gelegenheiten zugleich entdeckte. […] Von neulich abend nun, wie erst Max und Guttmann eine Stunde im Schreibzimmer waren, und ich mit Dora in ihrem Zimmer von Sprechsaal, von Dr. Wyneken objektivem Geist und Religion sprach, wird Dir Dora geschrieben haben, wie es jetzt überhaupt für mich die einzige Sicherheit ist, dass Dora Dir von den Dingen hier schrieb.»[66]

Wer war diese Frau? «Dora Benjamin, die sehr schöne!», wie Werner Kraft sie emphatisch nannte, Dora, «das Schönste auf dieser Welt», wie Scholem mit gleicher Emphase notierte?[67] Herbert Blumenthal, zeitweise mit ihr befreundet, hat ein missgünstiges Porträt hinterlassen – wohl auch deshalb, weil Walter Benjamin und Dora 1917 endgültig mit ihm brachen, was er nicht verwinden konnte. «Da Benjamin die lebenswichtigen Instinkte fehlten, die uns bei allen wichtigen Entscheidungen im Leben leiten, ist es nicht verwunderlich, dass er die falsche Frau heiratete. Dora (…) zog mit ihrem [damaligen] Mann nach Berlin, den sie geheiratet hatte, weil er der klügste und reichste Mann in ihrem Zirkel war. Sie war zu dieser Zeit eine ehrgeizige Gans, die immer mit den modernsten intellektuellen Strömungen schwimmen wollte. Ihr Ehemann enttäuschte sie schon bald darauf (…). Nachdem sie Benjamin diskutieren gehört hatte, sah sie ihn als aufstrebenden Mann, der klüger war als ihr Ehemann und beschloss daher, ihn zu heiraten. (…) Durch eifriges Fragen erfuhr sie bald alle seine Theorien, Vorlieben und Eigenarten und überzeugte ihn schnell davon, dass, laut seiner Theorie, ihre alles verzehrende Liebe für ihn nicht unerwidert bleiben könnte.»[68]

Tatsächlich hatte Benjamin 1913 ein «Gespräch über die Liebe» verfasst. Darin fragt eine Figur mit dem Namen Agathon nach der unerwiderten Liebe: «Muss man sie nicht zum Schweigen verurteilen?» Worauf ihr Gesprächspartner Vincent mit einer Gegenfrage antwortet: «Es gibt unerwiderte Verliebtheit, Agathon – gibt es unerwiderte Liebe?»[69]

Eine «Gans» war Dora indes ganz gewiss nicht. Abgesehen davon, dass sie, wie alle Frauen aus gutem Hause, Klavier spielte, beteiligte sie sich etwa an Gesprächen zwischen Benjamin und Scholem über Hegel.[70] Sie übersetzte später Bücher aus dem Englischen und war während der Weimarer Republik journalistisch für die Zeitschrift «Die Dame» tätig, damit trug sie erheblich zum Lebensunterhalt der Familie bei. Charlotte Wolff erschien sie als «schöne, sinnliche, überempfindliche Frau»[71]: «Schon durch ihr auffälliges Aussehen war sie auf eine überwältigende Weise stets präsent. Doch mehr: Diese blonde Jüdin mit den leicht hervortretenden Augen, einem scharfgeschnittenen Mund und vollen roten Lippen, strahlte Vitalität und Lebensfreude aus.»[72] Viele Männer seien Anfang der zwanziger Jahre in sie verliebt gewesen. Die Bedeutung ihres Mannes sei Dora völlig bewusst gewesen, sie habe sich aber «von seinem zwanghaften Verhalten unterdrückt» gefühlt. «Sie war wie ein Komet, tauchte kurz auf und verschwand noch schneller.»[73] Am 17. April 1917 heirateten die beiden.

Der Erste Weltkrieg fand währenddessen ohne Benjamin statt. In den ersten Augusttagen 1914 hatte er mit seinen Freunden beschlossen, sich freiwillig zu melden, und zwar in der Garde-Dragoner-Kaserne in der Belleralliancestraße. Dort trat Benjamin kurz darauf tatsächlich an – «keinen Funken Kriegsbegeisterung im Herzen, aber so reserviert ich in meinen Gedanken war, denenzufolge es sich einzig darum handeln konnte, bei der unvermeidlichen Einziehung sich seinen Platz unter Freunden zu sichern, in dem Schwall von Leibern, der sich damals vor den Toren der Kasernen staute, war auch meiner. Freilich nur für zwei Tage.»[74] Ende 1914 gelang es Benjamin, vom Kriegsdienst als «Zitterer» freigestellt zu werden.[75] Vor einer Nachmusterung am 21. Oktober 1915 nahm er im Beisein von Scholem «beträchtliche Mengen schwarzen Kaffees zu sich (…), wie das vor Musterungen damals von vielen geübt wurde».[76] Ende 1916 kam eine erneute Nachmusterung, zum 8. Januar 1917 hatte er einen Gestellungsbefehl erhalten, denn am 28. Dezember war er «feldarbeitsverwendungfähig» geschrieben worden, «was zwar keinen Dienst mit der Waffe bedeutete, ihn aber sehr aufregte».[77] Hintergrund dieser neuen Behördenstrenge mochte die «Nachweisung der beim Heere befindlichen wehrpflichtigen Juden» gewesen sein, die berüchtigte sogenannte Judenzählung, die im Oktober 1916 angeordnet worden war.

Nun musste Dora ins Mittel treten. Scholem vertraute sie «als tiefstes Geheimnis an, sie rufe durch Hypnose, für die er [Benjamin] sehr empfänglich war, ischiasähnliche Symptome bei ihm hervor, die dem Arzt ermöglichten, ihm ein Attest für die Militärbehörde auszustellen».[78] Der Erfolg von Doras hypnotischer Behandlung ließ nicht auf sich warten. An Scholem berichtete Benjamin am 12. Januar 1917 von einem heftigen Ischiasanfall: «Meine nervösen Krämpfe sind leider so stark und haben mich in einen solchen Zustand versetzt, dass ich zu meinem großen Bedauern gar keinen Besuch empfangen kann.»[79]

Dora und Walter Benjamin 1917 in Dachau.

Zum Symptomenkreis des Ischias gehören auch Lähmungen; so ist
der Brief zu verstehen, den Benjamin am 30. Juni 1917 an Scholem
noch aus Dachau schrieb: «Es soll nun endlich etwas Entscheidendes
gegen die Lähmung und auch gegen die Schmerzen geschehen, die
mich in letzter Zeit völlig zermürbten. Der Arzt bestand durchaus
auf einem einmonatlichen Kuraufenthalt in der Schweiz und trotz
der Schwierigkeiten, die das jetzt hat, haben wir gestern die Pässe
bekommen.»[80]

Dies war die letzte Szene der Simulationskomödie, die Benjamin
aufführte. Seine erste Adresse in Zürich war das als Luxusherberge
bekannte Savoy-Hotel. Nicht weniger mondän St. Moritz, von wo er
am 30. Juli 1917 an Ernst Schoen schrieb: «Ich hoffe die beiden Jahre

vor dem Kriege als Samen in mich aufgenommen zu haben und von da an bis heute geschah alles zu ihrer Läuterung in meinem Geist. Wenn wir uns wiedersehen werden wir über die Jugendbewegung sprechen deren Sichtbares so vollkommen, mit so erschütternder Gewalt untergegangen ist. Alles, außer dem wenigen wodurch ich mein Leben zum leben bestimmen ließ, dem ich in den letzten beiden Jahren mich zu nähern suchte, war Untergang und ich finde mich hier in vielfachem Sinne gerettet: nicht zur Muße Sicherheit Reife des Lebens, wohl aber entronnen dämonischen gespenstischen Einwirkungen die wo wir uns hinwenden am Herrschen sind und entronnen der rohen Anarchie, der Gesetzlosigkeit des Leidens.»[81] Benjamin nahm bald sein Studium in Bern auf. Vom Ischias ward nichts mehr gehört.

KAPITEL III

WALTER UND DER ZAUBERER: FRAGEN NACH DEM JUDENTUM

Und er sagte: Es ist zu wenig, dass du mein Knecht bist, nur um die Stämme Jakobs wieder aufzurichten und die Verschonten Israels heimzuführen. Ich mache dich zum Licht für die Völker; damit mein Heil bis an das Ende der Erde reicht.

Jesaja 49,6

An Gershom Scholem schrieb Benjamin am 25. April 1930: «Lebendiges Judentum habe ich in durchaus keiner andern Gestalt kennengelernt als in Dir. Die Frage, wie ich zum Judentum stehe, ist immer die Frage wie ich – ich will nicht sagen zu Dir (denn meine Freundschaft wird hier von keiner Entscheidung mehr abhängen) – zu den Kräften, die Du in mir berührt hast, mich verhalte.»[1] Und so verwundert es nicht, dass Scholem in der Beschreibung, die er von der äußeren Gestalt des Freundes gab, seinerseits diesen Aspekt betonte: «Der Gesamteindruck der Physiognomie war durchaus jüdisch, aber auf eine stille, gleichsam eingezogene Weise.»[2] Niemand hat diese Züge liebenswürdiger und einfühlsamer gezeichnet als Adrienne Monnier, die in Paris zu einer engen Freundin wurde. «Walter Benjamin war wohl beides; Jude und Deutscher; er vereinigte in sich die Eigenschaften beider, ohne dass eine Identität ausgeprägter schien als die andere. Jude seines intelligenten Gesichtes wegen, in dem die List des Weisen zu lesen war, und auch eine seltsame Mischung aus Menschenscheu und Gutmütigkeit. Ein Gesicht in Verteidigungsstellung, so geschützt wie nur möglich: oft führte er die Hand zur Stirn, als solle sie ein Vordach bilden. Die Augen lagen hinter der Brille verborgen und verborgener noch hinter den Lidern, die den stechenden Blick nur vorsichtig durchließen. (…) Mit einem Bart hätte Benjamin viel jüdischer ausgesehen, auch wenn die Adlernase nur mäßig ausgebildet war.»[3] Benjamins zeitweilige Geliebte Anna Maria Blaupot ten Cate schrieb ihm am 24. April 1934 über den jungen Freund ihrer Schwester: «Er sieht Ihnen wirklich (…) in Vielem ähnlich – vielleicht auch nur durch gewisse jüdische Züge.»[4] Es fällt auf, dass es, abgesehen von Scholem, meist seine nichtjüdischen Freunde und Bekannten waren, die Benjamins jüdische Physiognomie zeichneten: Jean Selz spricht von seiner «im Profil unverkennbar jüdischen Nase», I. M. Lange von der «unverkennbar jüdischen Physiognomie».[5]

Das kulturelle Feld, in dem sich Benjamin zwischen 1915 und 1925 bewegte, war bestimmt von der Naherwartung ungeheurer weltgeschichtlicher Ereignisse und Wendungen. Der Zionismus ging daran, das fast zweitausendjährige Exil des jüdischen Volkes zu beenden. Theodor Herzls Buch «Der Judenstaat – Versuch einer modernen Lösung der Judenfrage» war 1896 erschienen und hatte eine gewaltige Resonanz gefunden. 1917 hatte die britische Regierung die Balfour-Deklaration verabschiedet, in der sie sich zu einer jüdischen «nationalen Heimstätte» in Palästina bekannte. Dora Pollak, geborene Kellner, die Benjamin 1917 heiratete, war die Tochter des österreichischen Anglisten und Shakespeare-Experten Leon Kellner, eines Freundes von Herzl, der dessen Tagebücher bewahrte und seine Schriften herausgab.[6]

Was man neben der Gründung eines jüdischen Staats erwartete, war eine Revolution, in sich noch weitgehend unbestimmt. Max Weber hat in seiner Studie zur Wirtschaftsethik der Weltreligionen festgehalten, dass das antike jüdische «Pariavolk», im Unterschied zu den indischen Parias, den Unberührbaren, nicht in einer geschichtslosen Kastenordnung lebte, die in Indien ein sozialkonservatives Verhalten begünstigt habe. «Für den Juden war die Verheißung gerade die entgegengesetzte: die Sozialordnung der Welt war in das Gegenteil dessen verkehrt, was für die Zukunft verheißen war und sollte künftig wieder umgestürzt werden, so, dass dem Judentum seine Stellung als Herrenvolk der Erde wieder zufallen würde. Die Welt war weder ewig noch unabänderlich, sondern sie war erschaffen und ihre gegenwärtigen Ordnungen waren ein Produkt des Tuns des Menschen, vor allem: der Juden, und der Reaktion ihres Gottes darauf: ein *geschichtliches* Erzeugnis also, bestimmt, dem eigentlich gottgewollten Zustand wieder Platz zu machen. Das ganze Verhalten der antiken Juden zum Leben wurde durch diese Vorstellung einer *künftigen gottgeleiteten politischen und* Sozialrevolution bestimmt.»[7]

Webers Ansicht entspricht nicht nur dem Blick von außen, Scholem äußerte sich sehr ähnlich: «Der jüdische Messianismus ist in seinem Ursprung und Wesen, und das kann gar nicht stark genug betont werden, eine Katastrophentheorie. Diese Theorie betont das revolutionäre, umstürzlerische Element im Übergang von jeder Gegenwart zur messianischen Zukunft.»[8] Das gab dem Zeithorizont einer Generation, die von den Assimilationshoffnungen ihrer Eltern Abschied genommen hatte, eine andere Färbung. «Historisch» bedeutete von nun an nicht mehr das Vergangene allein, sondern auch den gegenwärtigen Augenblick, der sich bis zum Zerspringen mit Bedeutung aufgeladen hatte.

Benjamin stand dem Zionismus zunächst eher fern, er beobachtete ihn, ohne sich zu ihm zu bekennen. Die große gesellschaftspolitische Idee, der er sich verschrieben hatte, war immer noch die reformatorische Schul- und Erziehungslehre von Gustav Wyneken. Aus deren Perspektive beurteilte er um 1912 schlechthin alles. Der Zionismus kam ihm aus mehreren Richtungen entgegen. Kurt Tuchler hat über den Sommer 1912 in Stolpmünde berichtet: «Während dieser ganzen Ferien war ich täglich, um nicht zu sagen stündlich, mit Benjamin zusammen, und wir hatten einen unerschöpflichen Gesprächsstoff. Ich versuchte, ihn in meinen zionistischen Vorstellungskreis einzuführen. Er versuchte seinerseits, mich in seinen Gedankenkreis zu ziehen. Wir setzten unseren Gedankenaustausch brieflich mit großer Intensität fort.»[9] Benjamin schilderte seinerseits diesen Austausch in einem Brief an Herbert Blumenthal: «Zum ersten Male ist Zionismus und zionistisches Wirken als Möglichkeit und damit vielleicht als Verpflichtung mir entgegengetreten. Wie ich trotzdem – wie natürlich – ganz bei der Wickersdorfer Sache bleiben werde – das in Berlin.»[10]

Ludwig Strauss (1892 bis 1953) war der andere wichtige Gesprächspartner in dieser Sache. Benjamin lernte ihn durch seinen Freund Fritz Heinle kennen, beide stammten aus Aachen. Strauss wurde ein bedeutender Dichter und Literaturwissenschaftler und heiratete später die Tochter von Martin Buber. Benjamin betonte eine universelle und geistige Mission des Judentums, der gegenüber die nationalen Anliegen der Zionisten wenn nicht zurückzutreten hätten, so doch nur pragmatische Gründe geltend machen könnten. Primär war Benjamins Selbstverständnis als Intellektueller: «Meine Erfahrung», schrieb er im November 1912 an Ludwig Strauss, «brachte mich zu der Einsicht: die Juden stellen eine Elite dar in der Schar der Geistigen. Bei ihnen setze ich den Sinn für die Idee als selbstverständlich voraus – soweit, dass ich mich außerordentlich freue, wenn ich im Geistigen einem Deutschen begegne. Denn das Judentum ist mir in keiner Hinsicht Selbstzweck, sondern ein vornehmster Träger und Repräsentant des Geistigen.»[11] Der Auswanderungszionismus kam erst an zweiter Stelle: «Man soll und muss für die bedrohten Juden in Palästina Existenzbedingungen schaffen. Für mich ist es müßig zu fragen, ob jüdische Palästina-Arbeit oder jüdisch-europäische Arbeit dringender sei. Ich bin hier gebunden. Auch stünde es schlimm um Europa, wenn die kulturellen Energien der Juden es verließen.»[12]

Aber eben das Geistige, Intellektuelle und Kulturelle vermisste Benjamin bei den Zionisten, wie er in einem Brief an Strauss festhielt: «Das Jüdische war ihnen Naturtrieb, der Zionismus Sache politischer Organisation. Ihre Persönlichkeit war im Innern keineswegs vom Jüdischen bestimmt: sie propagieren Palästina und saufen deutsch.

Vielleicht sind diese Menschen nötig: aber sie am allerwenigsten dürfen vom jüdischen Erlebnis reden. Sie stellen Halbmenschen vor. Haben sie Schule, Literatur, Gemütsleben, den Staat, jemals jüdisch durchdacht?»[13] Präziser umschrieb er seine eigene Stellung im Folgenden: «Ich sehe dreierlei zionistisches Judentum: Den Palästinazionismus (eine Naturnotwendigkeit). Den deutschen Zionismus in seiner Halbheit. Den Kultur-Zionismus, der die jüdischen Werte allerorten sieht und für sie arbeitet. Hier will ich stehen und wie ich glaube müssen auch Sie hier stehen.»[14] Es ist der Literat, der Intellektuelle, für den er eine Lösung sucht: «Im ganzen Komplex meiner Gesinnungen, die ja im Politischen in bestimmter Richtung zusammenzuziehen sind, spielt das Jüdische nur eine Teilrolle. Und eben nicht sowohl das National-Jüdische der zionistischen Propaganda ist mir wichtig, als der heutige, intellektuelle Literaten-Jude; soweit der Zionismus diesen Typus, den er im Grunde sogar bekämpfen muss, zum Selbstbewusstsein und zur Selbstbehauptung bringt, soll er mir (im Komplex des Politischen) auch irgendwie willkommen sein.»[15]

Weil Benjamin sich vornehmlich für die Schul- und Erziehungsreform einsetzte, schaute er nach links: «Der politische Energiepunkt liegt (…) irgendwo in der Linken. Kurz gesagt: vor allem müssen wir eine linke Mehrheit haben, damit die deutschen Staaten für Wynekensche Schulen frei werden. Dazu hilft der intellektuelle Jude (sofern er Politik treibt – und auch sofern er's nicht tut), dazu hilft, indem er diesen (vielleicht) erlebt und steigert, auch der Zionismus. Vor allen Dingen aber hilft der Organismus der linken Parteien. Nicht etwa, dass er die Idee Wickersdorfs fordere, vielleicht versteht und duldet er sie nicht einmal: aber hier muss sie in den stürmischen Zeiten unterkriechen – Politik ist die Kunst des kleinsten Übels. – Die heutige linke Politik hat in ihrer Kampfgesinnung (und die ist das Maßgebende – nicht die Partei-‹Theorie›) den Nationalismus bis auf Weiteres und Freieres abzulehnen. Von hier aus muss der politische Zionismus von einem liberalen Kulturboden aus abgelehnt werden.»[16]

Was aber konnte das Jüdisch-Sein bedeuten? War es eine bloße Konfession wie andere, oder doch mehr, ein wesenhaftes «Sein»? «Gerade die besten westeuropäischen Juden», schrieb er Strauss, «sind nicht mehr frei als Juden. Sie können sich der jüdischen Bewegung nur in dem Sinne anschließen, den Ihr Brief andeutet. Denn sie sind an die literarische Bewegung gebunden. Der Begriff ist noch zu eng gefasst, obwohl er das Wesentlichste sagt. Sie sind dem Internationalismus verpflichtet. Ich bilde mir nicht ein, dass es ganz leicht sei, die Werte des Internationalismus festzulegen. Oder vielmehr: ich weiß: er ist kein Wert, sondern er zählt zu den Zielen, denen wir unsere Arbeit weihen und die dadurch für die Späteren Werte werden. Durch Sein oder Wollen sind heute gerade die Juden, soweit sie die wissenschaftlich, literarisch und commerziell Führenden sind, an den Internationalismus gebunden.»[17]

Internationalismus, Intellektualität, Literatentum, die politische Linke – dies waren die Gehalte, die Benjamin von einer jüdischen Idee her durchdachte und als Möglichkeit neben dem Palästina-Zionismus entwickeln wollte. Wir finden genau diese Konstellation anderthalb Jahrzehnte später wieder.

Gershom Scholem und Benjamin lernten sich 1915 nach einer Diskussion über einen Vortrag von Kurt Hiller kennen: «Er trat an mich heran», so erinnert sich Scholem, «und sagte, er wolle mit mir persönlich weitersprechen. Und da habe ich ihn dann besucht, und seitdem haben wir einen zuerst stockenderen und nachher immer persönlicheren, intimer werdenden Verkehr aufgenommen.»[18] Und Scholem war es, der Benjamin von nun an immer wieder an das Jüdische erinnerte. Es habe sich klar herausgestellt, notierte er am 18. Juni 1916, «dass Benjamin beim Judentum angekommen ist, und es wird wohl nicht mehr lange dauern, bis er auch die Notwendigkeit, Hebräisch zu lernen, an sich erlebt».[19] Tatsächlich begann Benjamin mehrmals in verschiedenen Lebensepochen mit dem Erlernen des Hebräischen, was indes nie zu greifbaren Ergebnissen führte. Im

August 1916 notierte Scholem: «‹Wenn ich einmal eine Philosophie haben werde› – sagte er zu mir – ‹so wird es irgendwie eine Philosophie des Judentums sein.›»[20] Das Wort «irgendwie» jedoch sei «der Stempel einer werdenden Ansicht. Ich habe noch keinen Menschen dies Wort öfter gebrauchen hören als Benjamin. Aber eins hat er schon überwunden: Er ist nicht mehr nur ‹irgendwie› Jude. Das ist Herr Dr. Hiller, aber nicht er.»[21]

Benjamin eignete sich das Judentum auf eine eigentümliche Weise an, als Philosoph, der Begriffe umprägte. So heißt es etwa in einer nachträglichen Notiz zum Trauerspielbuch: «Bei dem Studium von Simmels Darstellung des goetheschen Wahrheitsbegriffs, insbesondere an seiner ausgezeichneten Erläuterung des Urphänomens (…), wurde mir unwidersprechlich deutlich, dass mein Begriff des ‹Ursprungs› im Trauerspielbuch eine strenge und zwingende Übertragung dieses goetheschen Grundbegriffs aus dem Bereich der Natur in das der Geschichte ist. ‹Ursprung› – das ist der theologisch und historisch differente, theologisch und historisch lebendige und aus den heidnischen Naturzusammenhängen in die jüdischen Zusammenhänge der Geschichte eingebrachte Begriff des Urphänomens. ‹Ursprung› – das ist Urphänomen im theologischen Sinne. Nur darum kann er den Begriff der Echtheit erfüllen.»[22]

Scholems Ziele waren andere. Man ist geneigt, die Sätze, die Benjamin dem Roman «Der Idiot» von Dostojewski widmete, auf Scholem zu beziehen, den engsten Freund, den er damals, um 1920, und wohl jemals hatte: «Das Schicksal der Welt stellt sich Dostojewski im Medium des Schicksals seines Volkes dar. Das ist die typische Anschauungsweise der großen Nationalisten, nach der die Humanität nur im Medium des Volkstums sich entfalten kann.»[23] Scholem lebte und dachte aus der Gewissheit des Judentums, das er freilich auf sehr eigene Weise auslegte, nämlich in der Gestalt seiner Mystik – aber ebenso als genealogische Kette und schließlich als «Zion», wie der Ausdruck lautete, den er für seine neue Heimat bevorzugte. Seine frühen Briefe schloss er mit der Formel: «Mit Zions-Gruß».

In der Familie Scholem finden wir unter den Brüdern drei exemplarische geistig-politische Optionen, die sich jungen Juden im Kaiserreich und in der Weimarer Republik eröffneten. Gershom wurde ein Zionist von mystischer Radikalität. Er hielt die Geschichte der Juden in Deutschland schon früh für beendet und wanderte Anfang der zwanziger Jahre nach Palästina aus. Blieb man aber hier, dann konnte man, wie Erich Scholem, ein Ende der Diskriminierung vom politischen Liberalismus erwarten, der die Gesellschaft durchlässiger machen würde. Erich schloss sich der konservativ-liberalen DVP an, der Partei Stresemanns. Oder man konnte schließlich, wie Werner Scholem, in eine sozialistische oder kommunistische Zukunft die Hoffnung setzen, mit allen anderen Ungleichheiten werde auch die von Juden und Nichtjuden enden. Werner gehörte innerhalb der Kommunistischen Partei zur Berliner «Ultralinken», der die Zentrale nicht militant genug war. 1924 wurden er, Arthur Rosenberg, Ruth Fischer (die Schwester des Komponisten Hanns Eisler) und Arkadi Maslow in die Parteiführung gewählt, Ernst Thälmann war der einzige Nichtjude in diesem Gremium; nur bis zum Oktober 1925 konnte sich die Ultralinke dort halten.[24]

Gershom Scholem verdanken wir eine Studie über die Vorfahren und Verwandten Benjamins, er war neben und mit seinen gelehrten Arbeiten auch ein passionierter Genealoge. Das Judentum stellte sich für ihn im sublimsten Überbau dar, in der Mystik, aber ebenso sehr als Zusammenhang der Geschlechter. Schon bei der zweiten Begegnung mit Benjamin am 21. Juli 1915 begann er, seine Ansichten auseinanderzusetzen. Überzeugt war er, dass «wir eine Blutreihe haben, die uns die geistige Substanz und gewisse Tendenzen vermacht, ferner, dass jeder einzelne gewisse, nicht zur Blutreihe gehörige geistige Ahnen hat (…). Ferner unser individueller Wille usf. Lange Diskussion über Blutreihe, Geist und Ähnliches.»[25]

Auch Franz Rosenzweig und Martin Buber, repräsentative Gestalten jüdischer Geistigkeit im damaligen Deutschland, wollten die Wirklichkeit des Judentums im «Blut» sehen. Der «Stern der Erlö-

«Lebendiges Judentum habe ich in durchaus keiner andern Gestalt kennengelernt als in Dir», schrieb Benjamin 1930 in einem Brief an Gershom Scholem, der sich (hier um 1925) in Palästina zum großen Erforscher der Kabbala ausbildete.

sung», das große systematische Werk Rosenzweigs, erkannte gerade darin die moralische Leistung des Judentums, dass es sich mit der Begrenztheit abgefunden habe, wo andere überschwänglich in die Menschheit ausgriffen. Und während das Christentum seiner Idee nach sich zu allen Völkern verbreite, bleibe das Judentum der Endlichkeit der Welt und der festen Kontur der Offenbarung treu, wenn es sich als Volk konstituiere. Jude ist man – Rosenzweig wurde nicht müde, es zu betonen – als Sohn oder Tochter einer jüdischen Mutter, eben durch das «Blut». Selten macht man sich klar, dass diese Akzentuierung ethnisch-genealogischer Gedankengänge auch im Judentum erst nach 1945 in den Hintergrund trat.

Warum war Scholem Zionist geworden? Die Frage hat viele Dimensionen. Er wollte sich, das war die Konsequenz, die er aus der Assimilation des Elternhauses gezogen hatte, für sein Jüdisch-Sein nicht mehr entschuldigen müssen. Nie mehr gefällige Apologien abgeben, sondern sagen, was wirklich und wer man wirklich ist. Das

schloss sein Forschungsgebiet ein, die Kabbala, die für die Aufgeklärten und Assimilierten eine peinliche Erinnerung bedeutete und
gegenüber dem sittlichen Monotheismus fast als ein Abgleiten ins
Mythische erscheinen musste. Aber die Kabbala war jüdische Wirklichkeit, eine über Jahrhunderte höchst vitale, und das zählte.

Seine Position hatte Scholem schon mit großer Schärfe in den Ju-
gendtagebüchern dargelegt. Zur Radikalisierung mochte der Kriegsausbruch 1914 beigetragen haben. Der europäische Krieg konnte
nicht der Krieg der Juden sein. «Jawohl, ich bin in meinem innersten
Herzen der Überzeugung, dass, wer sich freiwillig stellt, Hochverrat
an Zion begeht», notierte er im Dezember 1916. «Was der wahrhafte
Zionist zu tun hat, das ist vielleicht im letzten Sinne die Drückeber-
gerei, jedenfalls aber die unbedingte Enthaltung von allen Dingen,
die ihm nicht abgerungen werden, das Sich-Fernhalten von der Teilnahme am Morde.»[26]

So vermerkte Scholem mit Stolz jede Initiative der linkssozial-
demokratischen Kriegsgegner, in der er Juden prominent vertreten
sah. Über das aktivistische «Ziel»-Jahrbuch schrieb er: «Es ist nach
der ‹Internationale› der übrigens inzwischen aus dem Gefängnis
entlassenen Rosa Luxemburg die hervorragendste Veröffentlichung
der Kriegszeit: mit wahrhafter Gewalt der Opposition (NB: verständlich, denn die Mehrheit sind Juden!!).»[27] Mit gleichem Tenor
hatte er schon 1915 registriert, wer für und wer gegen die Kriegs-
kredite stimmte: «Unter den zwanzig Kreditverweigerern sind sechs
Juden!!»[28] Auch hier gab es eine spontane Übereinstimmung mit
Benjamin: «Dann Krieg! Ja, er steht vollständig auf dem Standpunkt
Liebknechts (…) und er wollte gleich irgendwas bei der Opposition
mitmachen. Morgen nachmittag kommt er, um die ‹Internationale›
zu lesen usf.»[29]

Alle jüdische Bindestrich-Identität war dem jungen Scholem ein
Greuel. «Ihr seid Orientalen und nicht Europäer», heißt es in einem
Entwurf des Siebzehnjährigen. «Ihr seid Juden und Menschen, nicht
Deutsche und Dekadente, euer Gott heißt Haschem» – das heißt:

«Name» als Inbegriff der Namen Gottes – «und nicht der Bauch.»[30] Als Student waren ihm Mathematik und Zion die höchsten Gegenstände. In der Kabbala fand er die Ellipse, die aus ihnen die beiden gesetzmäßigen Brennpunkte machte. Werner Kraft, der langjährige Freund, hat von einem Weg der Philosophie in die Philologie gesprochen und ihn dem umgekehrten Weg Nietzsches gegenübergestellt. Das lässt sich weiterführen: Während Nietzsche am Beginn seiner Laufbahn in der Abhandlung «Über Wahrheit und Lüge im außermoralischen Sinne» die Grenzen zwischen Wahrheit und Illusion auflösen wollte und in der Erwähnung des Verwirrten, Verrückten und Unvernünftigen schon eine Vorahnung des Wahnsinns zu geben schien, finden sich in Scholems Anfängen bizarre Sätze, die doch die künftige Wahrheit schon ankündigen.

Die «gutartige Verrücktheit», die die Militärärzte ihm 1917 bescheinigten, war gewiss simuliert – aber wird er ihnen grundsätzlich anderes erzählt haben als das, was er Ende 1916, und diesmal im Ernst, einem Freund mitgeteilt hatte? «Die Astronomie», so der junge Scholem, «sei die Lehre von den inneren Gesetzen des Zionismus und die ‹theoria motus corporum coelestium› von Gauß zionistischer als Bubers ‹3 Reden›.»[31] Aus diesem «Wahnsinn» spricht die Kantische ratio, die den gestirnten Himmel über mir und das moralische Gesetz in mir umgreift; die festen theoretischen Formulierungen geben einen Begriff von der Sicherheit, mit der Scholem sich *im* Wahnsinn schon von ihm abstieß.

Das Jüdisch-Sein äußerte sich durchaus auch im Sinne scharfer Abgrenzung gegenüber der nichtjüdischen Umwelt. Überraschend sind überlieferte Originaltöne. Im August 1916 notiert Scholem ein Gespräch über die mit Martin Buber verheiratete Paula Buber, geboren in einer christlichen Familie und erst später zum Judentum konvertiert: «Wir sprachen auch über Bubers Frau und hatten alle – d.h. Dora und ich – dasselbe an ihr entdeckt: ihr Goijentum.» In dieser Epoche führten er und Benjamin, bezogen auf die jüdische Besiedelung Palästinas, etwa auch Diskussionen darüber, ob Landwirtschaft «gojisch» sei. An Scholem schrieb Benjamin einmal: «Andere Märchen» – es waren die von Ernst Moritz Arndt – «die sich zum Geburtstage eingefunden haben, sind gojisch, haben uns aber sehr gefreut, da wir darin Quellen zu unserm gemeinsamen Lieblingsmärchenbuch, der Godin, haben.»[32] Und wiederum an Scholem über Antiquariatseinkäufe aus dem Bereich der Judaica: «Diese beiden Bücher sind im Besitze eines armen Goj, von dem einen Begriff zu geben 4 Seiten erfordern würde.»[33]

Das Wort «Goj» kommt bei Benjamin nicht unbedingt häufig, aber doch so regelmäßig vor, dass man aufmerksam wird. Der Historiker Fritz Stern hat seine Bedeutung so umschrieben: «Auch voll assimilierte Juden, die sich nichts mehr gewünscht hätten als Anerkennung seitens der Nichtjuden, konnten bei Gelegenheit, etwa bei einer Provokation – wenn auch nur bei sich – das Wort Goi murmeln, jene verächtliche Bezeichnung für den Nichtjuden, den Außenstehenden, die stumpfe Seele.»[34]

Das folgende Gedicht, es gehört zu einem Brief an Scholem, bezieht sich auf Paul Klees Bild «Angelus Novus» (das noch nicht bei Benjamin hing), auf Scholems spätere Frau Elsa, genannt Escha, und auf Benjamins Sohn Stefan: «Der Scholem schickt den Angelus / Nicht an den Ort wohin er muss / Der Gerhard [Gershom] denkt in seinem Groll / Dass er an diesen Ort nicht soll / Die Escha tut auf sein Geheiß / Als ob auch sie von garnichts weiß / Denn in dem Zimmer dieser Dame / Ist er befestigt als Reklame / Da nennt der Angelus sich Engel / Und flüchtet schnell aus solchem Zwengel / Denn er verweilt nicht in den Buden / Von abgefeimten Zauber-Juden / Zu der Behausung der Stefanze / Verfügt er sich in seinem Glanze / Man bettet ihn auf Rosenzweigen / Doch lieber wird er schwebend bleiben.»[35]

Gab es «Zauberjuden» in Benjamins Umkreis? Die Erneuerung jüdischer Traditionen, der sich Scholem auf dem Wege verantwortlicher Wissenschaft widmete, fand noch andere Parteigänger – solche, die wirklich und unmittelbar auf Zauberei hinauswollten. Auch zu ihren Kreisen stand Benjamin in näherer oder fernerer Beziehung.

1925 erschien Oskar Goldbergs Buch «Die Wirklichkeit der Hebräer». Der in Wien geborene, in Jerusalem lebende Rabbiner und Dichter Elazar Benyoëtz nennt Goldberg einen «göttlichen Terroristen» und das Werk selbst «ein mythologisches Kriegsbuch».[36] Tatsächlich kann der zunächst ganz zeitenthoben anmutende Charakter des Textes nicht verbergen, dass es sich um eine Kriegslehre handelt. Sicher spielt dabei die Entstehungszeit im und nach dem Ersten Weltkrieg – und nach der Balfour-Deklaration – eine Rolle. Scholem schildert Oskar Goldberg sehr kritisch: «Ein kleiner dicker Mann von der Erscheinung eines Ölgötzen, übte er eine unheimliche magnetische Kraft auf eine Gruppe jüdischer Intellektueller aus – nur am Rande waren auch zwei oder drei Nichtjuden dabei.» Goldbergs Formulierungen seien «von ungewöhnlicher Forschheit, Anmaßung und einem gewissen luziferischen Glanz» gewesen.[37]

Goldberg las die Heilige Schrift am Leitfaden einer und nur einer Frage: Wie muss die Beziehung zwischen Gott und seinem auserwählten Volk gedacht werden, um sicherzustellen, dass dieses Volk sich im Kampf gegen andere Völker durchsetzte? Mit dieser grundsätzlich politischen Lektüre grenzte sich Goldberg vom Esoterischen im herkömmlichen Verständnis ab: Esoterik betrifft prinzipiell nur den Einzelnen, den Virtuosen der Erkenntnis – der Mythos aber, um den es Goldberg geht, hat als sein Subjekt ein Volk. Goldberg gehörte zu jenen Denkern, die, wie René Guénon, Julius Evola und noch Mircea Eliade, eine verkannte Wahrheit des Mythos wieder ins Bewusstsein rufen wollten. «Mythologie», schreibt er, sei «keine Altertumswissenschaft, sondern aktuelle transzendente Realitätsforschung – die Völker selbst werden Gegenstand des wissenschaftlichen Versuchs: es ist eine ethnologische Experimentalwissenschaft.»[38] Damit ist eine wesentliche Umdeutung der Heiligen Schrift verbunden. Sie wird nicht theologisch, sondern fast technisch gelesen, Goldberg spricht von ihrer «unpathetischen Sachlichkeit». Ein «lieber» Gott ist eine, wie der Verfasser vielleicht gesagt hätte, liberale Illusion. Und alles, was sich im Kraftfeld des auserwählten Volkes ereignet, ist weniger moralisch bedeutend, als dass es einer Art von mythologischer Gesetzlichkeit folgt. «Völker = Götter = Welten» – so lautet die Gleichung, von der die «Wirklichkeit der Hebräer» ausgeht. Man könnte Goldbergs Idee (er hatte Medizin studiert und war später praktizierender Arzt) als eine Bio-Theo-Polemo-Politik bezeichnen, in ihr sind die Götter die biologischen Kraftzentren ihrer Gläubigen. Nur vom Mythos aus erschließen sich ihm die «eigentlichen ‹Weltmächte›, deren Handlungen die wahre ‹Weltpolitik› bedeuten».[39] Die religiöse Weltgeschichte, die Goldberg nachzeichnen will, erkennt er als einen Prozess der Götter- und Völker-Entmischungen, der Aufkündigung von Kompromissen unter den Völker-Göttern. Goldberg ist in diesem Sinne auch kein Monotheist; der eine Gott ist nicht mehr als *ein* transzendenter Akteur unter vielen, wenn auch ein besonders mächtiger. Auch deshalb ist der Krieg für seine Religionslehre konstitutiv: «Der ganze Auszug aus Ägypten ist überhaupt nichts anderes als der Kampf des Elohim IHWH mit den Elohim der Ägypter, ein Kampf, aus welchem der Elohim IHWH siegreich hervorgeht.»[40]

Schlägt man das Begriffsregister von Goldbergs «Wirklichkeit der Hebräer» auf, dann bemerkt man, dass das Wort «Krieg» schon gemessen an der Häufigkeit seiner Erwähnungen eines der wichtigsten ist. Goldberg kennt den «metaphysischen Krieg», den «Völkerkrieg als Krieg der Elohim», schließlich das «Kriegslager Gottes». Weil der rein militärische Krieg im Weltbild des Mythos nicht existiert, muss das gegnerische Volk auch und vor allem metaphysisch besiegt werden, in seinen Göttern. So deutet Goldberg die Einsetzung des Stammes Levi zum Hüter der Bundeslade vor allem als metaphysisch-militärische Maßnahme. Dafür spreche schon der Stammvater Levi, der mit seinem Bruder Simon die Bewohner Sichems erschlug. Die Leviten seien «ihrem Charakter nach rücksichtslos, jähzornig und gewalttätig»; Goldberg spricht von einem spezifischen

«Radikalismus» gerade dieser Gruppe, der sich etwa zeige, wenn ihre Mitglieder «rücksichtslos Vater, Mutter, Söhne und Brüder niederschlagen, sofern sie an dem Dienst des goldenen Kalbes beteiligt sind».[41]

Indes ist Goldberg nicht, wie man vermuten könnte, ein Rassist. Vom bloß stammesmäßigen Urvater Sem trenne sich das Volk der Hebräer durch einen originär politischen Akt, eine Unterbrechung. Das Buch spricht deshalb von einer «Gegenrichtung gegen die Fundamente oder Grundprinzipien der biologischen Naturordnung». Eine der Pointen von Goldbergs Werk ist die Idee einer die genealogische Linie des Volkes durchbrechenden, «eruptiven» Gründung am Sinai. Die «hebräische Metaphysik» sei deshalb die «eigentliche revolutionäre Metaphysik».[42] Es geht ein Strom von Radikalismus und Revolution, überhaupt von aggressiver, ja destruktiver Sprache durch dieses Werk. Wenn Goldberg die Wirkungsmacht der Religion verdeutlichen will, spricht er gern von «transzendenten Sprengstoffen» oder «Explosionen». Sehr zu Recht weist Manfred Voigts in seinem Kommentar zur Neuausgabe auf die engen Beziehungen Goldbergs zum modernsten Berliner Expressionismus der Zeit vor 1914 hin, zum «Neuen Club», den Kurt Hiller ins Leben gerufen hatte – einem Kreis, in dem die in der bürgerlichen Gesellschaft angehäuften Explosivstoffe erstmals gemustert wurden. Es war dieser Kreis, in dem das Epochengedicht des Jakob van Hoddis entstand: «Dem Bürger fliegt vom spitzen Kopf der Hut.» Van Hoddis und Goldberg kannten sich.

Benjamin war diese Welt vertraut, aber nicht geheuer. An Scholem meldete er einmal: «Das Hebräisch dieser Menschen kommt aus der Quelle eines Herrn Goldberg, von dem ich zwar wenig weiß, durch dessen unreinliche Aura ich mich aber so oft ich ihn sehen musste aufs entschiedenste, bis zur Unmöglichkeit ihm die Hand zu geben, abgestoßen fühlte.»[43] Während er zu Goldberg Abstand hielt, schätzte er einen von dessen Adepten sehr, das war Erich Unger, den er später zur Mitarbeit an seiner geplanten Zeitschrift «Angelus Novus» gewann. Goldberg und Unger riefen in den zwanziger Jahren die «Philosophische Gruppe» ins Leben, an deren Kolloquien Benjamin teilnahm. Auch bei Elisabeth Richter-Gabo trafen Benjamin und seine Frau gelegentlich mit Goldberg und Unger zusammen[44] – und Elisabeth Richter-Gabo wiederum war die Frau von Hans Richter, den wir noch im Zusammenhang mit der Dada-Bewegung kennenlernen werden. So gab es auch von Goldberg her Überschneidungen mit der extremsten Kunstavantgarde.

Nicht magisch wie Goldberg, sondern mystisch und theosophisch orientiert war Erich Gutkind, den Benjamin seit 1916 kannte und mit dem er nach 1920 in sehr engen persönlichen Kontakt kam. Gutkind wurde 1877 als Sohn einer wohlhabenden jüdischen Familie geboren. Er besuchte in Berlin das Gymnasium, wurde später von einem Privatlehrer erzogen und studierte ohne Abschluss Ethnologie, Anthropologie und manches andere; Scholem spricht von einer «mystisch gestimmten Seele, die ungefähr alle Wissenschaften studiert hat, um deren gemeinsames Zentrum zu finden, ohne irgendeine Berührung mit Jüdischem und fast bis an die Schwelle der Konversion zum Katholizismus gelangt».[45]

1910 erschien, unter dem Pseudonym «Volker», Gutkinds erstes Buch: «Siderische Geburt. Seraphische Wanderungen vom Tode der Welt zur Taufe der Tat». Es fand einige Aufmerksamkeit im Expressionismus, zu seinen Lesern gehörten Kandinsky, Gabriele Münther, Barlach, Kubin und Theodor Däubler, bis in die Kreise der Sozialdemokratischen Partei reichte seine Wirkung. Radikalismus, esoterisch-theosophische Lehren und polyhistorische Bildung waren die Ingredienzien. Die Theosophie Gutkinds hatte sich von jeder bestimmten, überlieferten Religion ebenso gelöst wie von allem Kontemplativen und sich dafür revolutionär aufgeladen. Am «Eingang des sozialistischen Zeitalters» sieht der Autor sein Buch, Gott ist ihm der «Urrevolutionär», der «Rahmen dieser Welt» soll «zersprengt» werden, gegen das Natürliche steht die «Tat gewordene

Ein neuer Mystiker und Künder «Siderischer Geburt»:
Erich Gutkind und seine Frau Lucie um 1910.

lebendige Durchbrechung», an anderer Stelle wird die «Revolution
aller Revolutionen» verkündet, ein «Neues, wie es schlechthin noch
niemals war».[46]

Kurz vor dem Krieg hatte Gutkind an einer der merkwürdigsten
Unternehmungen der deutschen Intelligenz teilgenommen, dem
«Potsdamer Kreis», den man auch als «Forte-Kreis» kennt. Scholem,
der mehrere der Teilnehmer später traf – neben Martin Buber auch
Florens Christian Rang und Gutkind –, hat in seinen Erinnerungen
über diese Verborgenen berichtet. Gutkind «war das wohl am wenigsten bekannte Mitglied des Forte-Kreises, jener kleinen Gruppe
von Männern, wie Frederik van Eeden, Buber, Walther Rathenau,
Theodor Däubler, Poul Bjerre, Christian Florens Rang und noch drei
oder vier anderen, die im Jahre 1913/14 den Gedanken gefasst hatten, der kaum glaublich scheint, wenn ich ihn nicht aus dem Munde

von so verschiedenen Menschen wie Buber und Gutkind mit fast gleichen Worten bestätigt bekommen hätte: dass es einer kleinen Gruppe von Menschen, die eine gewisse Zeit zusammen aus dem reinen Geist leben und ohne jede Zurückhaltung in einen schöpferischen Gedankenaustausch, ja mehr, in eine pneumatische Gemeinschaft treten würden, vielleicht gelingen könne, um es esoterisch, aber doch deutlich zu sagen, die Welt aus den Angeln zu heben.»[47] Auch der Anarchist Gustav Landauer nahm in den ersten Junitagen des Jahres 1914 an der Zusammenkunft des Kreises teil. Der Kriegsausbruch verhinderte weitere Treffen; auch der patriotische Rausch mancher Teilnehmer. So schrieb Rang an van Eeden: «Mein Lieber Freund, ich bin mit mobil gemacht, hurrah! und darf an diesem Kampfe des edelsten und friedfertigsten Volkes gegen Neid und Rachsucht, die ihm die Kehle zuschnüren wollen, im Felde mittun – Gott sei gedankt.»[48]

Während des Kriegs wandte sich Gutkind dem Judentum zu. An die Stelle der ungebundenen Theosophie der «Siderischen Geburt» trat eine Theorie des jüdischen Rituals als eines nicht zweckgebundenen, sondern den Menschen aus seiner Verhaftung an irdische Zwecke emanzipierenden Handelns. Scholem wurde – durch Benjamins Vermittlung – Gutkinds Hebräischlehrer; Gutkind seinerseits erteilte später Benjamin Unterricht. Benjamin muss Gutkind zeitweise sehr geschätzt und sich von der Begegnung dieses Enthusiasten mit dem nüchternen Scholem einiges versprochen haben: «Er sagte zu mir», so Scholem, «‹Sie sind das, was diesem Mann fehlt.›»[49]

Für kurze Zeit war Gutkind Leiter des Jüdischen Volksheims in Berlin. Er interessierte sich für die Kabbala und besaß eine beträchtliche Sammlung kabbalistischer Bücher, die auch Scholem rühmte. Anders als diesem ging es Gutkind aber nicht um die religionswissenschaftliche Erforschung der jüdischen Mystik, sondern um deren Fortsetzung in einer erneuerten Geheimwissenschaft. Er war der Ansicht, dass die Kabbala ebenso wie die christliche Theosophie eines Jakob Böhme die Kritik der bürgerlichen Gesellschaft, die er durch Marx und Freud vorbereitet sah, vertiefen, ja ihr im Grunde erst ein Bewusstsein ihrer «äonischen» Dimension geben könne. 1933 floh Gutkind unter dramatischen Umständen mit seiner Frau nach Holland. Die weiteren Stationen des Exils waren London (hier erschien 1937 «The Absolute Collective», das ihm die Bewunderung und Freundschaft von Henry Miller eintrug), dann Kanada und schließlich New York, mit Lehraufträgen an der «New School for Social Research». So sah der jüdische Umkreis des frühen Benjamin aus, sehr abenteuerlich und sehr farbig. Man denkt an eine geistvolle Bemerkung von Scholem: «Ich pflegte die drei Gruppen um die Bibliothek Warburg, um das Institut für Sozialforschung von Max Horkheimer und die metaphysischen Magier um Oskar Goldberg als die drei bemerkenswertesten Sekten zu definieren, die das deutsche Judentum hervorgebracht hat. Nicht alle haben es gern gehört.»[50] Zu allen dreien hatte Benjamin Berührungen. Die Forscher der «Kulturwissenschaftlichen Bibliothek Warburg» reagierten nicht auf Annäherungsversuche; sein Exemplar des Trauerspielbuchs gab Aby Warburg an Fritz Saxl weiter (Saxl allerdings äußerte sich, anders als Erwin Panofsky, freundlich über die Schrift); Goldberg wurde von Benjamin interessiert beobachtet, der sich aber zugleich abgestoßen fühlte. In den Kreis um das Institut fand er sich schließlich.

KAPITEL IV

METAPHYSIK UND MESSIANISMUS:
DIE ERSTE PHILOSOPHIE

> Die Metaphysik macht ihn wahnsinnig.
> Seine Wahrnehmung ist keine menschliche mehr,
> sondern die des Gott anheimgegebenen Irren.
>
> *Gershom Scholem über Benjamin, Juni 1918*

B enjamin war nicht, was man schön nennen könnte, aber durch die ungewöhnlich reine und hohe Stirn eindrucksvoll.»[1] So hat Gershom Scholem den Freund geschildert, und ähnlich sah ihn die große Porträtfotografin Gisèle Freund, die einen Blick für Gesichter gehabt haben muss: «Seine Stirn war hoch und gewölbt.»[2] Lisa Fittko spricht für die späteste Zeit von einem «durchgeistigten Gelehrtenkopf».[3] Und schließlich bestätigt Adrienne Monnier dieses Urteil: «Die Stirn war hoch und weit.»[4]

Was wir hier lesen, folgt einer alten Tradition und wird seit der antiken Darstellung von Philosophenköpfen fast zur Formel: die Denkerstirn. Keineswegs hat man es dabei bloß mit physiognomischer Küchenweisheit oder simplem Volksaberglauben zu tun. Paul Zanker führt die Denkerstirn in der bildenden Kunst darauf zurück, dass durch die Betonung von Augen und Stirn die Geist- und Gotterfülltheit der Intellektuellen von einst hervorgehoben werden sollte.[5] Hans Förstl, ein Münchner Psychiater, hat gezeigt, dass die Denkerstirn als Ausdruck großer Geisteskraft auch in der Neuzeit noch ihre Gültigkeit besitzt – was sich an den Büsten Goethes und Beethovens ablesen lasse.[6]

Benjamins hohe Stirn weist sichtbar auf den Denker. Aber Scholems Auslegung dieses Denkens ist eigentümlich anders nuanciert

66

als die von Adorno. Für Scholem war der Freund nicht einfach unbestimmt intellektuell, philosophisch oder wissenschaftlich ausgerichtet, sondern ein *Metaphysiker*: «Wenn ich mir vergegenwärtige, was uns (…) gemeinsam war, so waren das einige Dinge, die nicht leicht übersehen werden können. Ich würde sie als Unbeirrbarkeit in der Verfolgung des geistigen Ziels, als Ablehnung der uns umgebenden Sphäre, die ja im wesentlichen die der deutschjüdischen bürgerlichen Assimilation war, und als Bejahung der Metaphysik nur allgemein bestimmen können.»[7] Ausdrücklich weist Scholem die Ansicht zurück, sein Freund sei ein bloßer «Literaturschriftsteller» gewesen.

Adorno dagegen spielte den Begriff der Metaphysik meist etwas herunter und redete lieber von Philosophie – dieses Wort ist das Leitmotiv seiner Charakteristik –, aber auch ihm scheint schon Benjamins äußere Erscheinung alles gesagt zu haben: «Ich habe nie einen Menschen gesehen, bei dem die gesamte Existenz, auch die äußere, so völlig von Vergeistigung geprägt gewesen wäre.» Er spricht von der «beispiellosen Kraft sowohl der geistigen Anschauung wie der denkenden Konsequenz»; dabei ging ihm erst durch Benjamin auf, «was Philosophie sein müsste, wenn sie das erfüllen sollte, was sie verspricht».[8] Spät dann, in den sechziger Jahren, als die Streitigkeiten um die richtige Auslegung unter Benjamins Freunden entbrannt waren, notierte Adorno gegen die Deutung von Hannah Arendt: «H. A.s Hauptthese: W. B. war kein Philosoph. Was ist das für ein Begriff von Philosophie. Es ist der des Herrn Heidegger … etc. Zeigen worin Philosophie. Der Begriff der Kritik bei WB hat seine Substantialität nur vermöge seines philosophischen Gehalts; es bestünde sonst gar nicht der emphatische Anspruch dieser Kritik, durch dessen Erfüllung B über die übliche sich erhebt. Dafür Modell. H. A. möchte eben diese Verbindlichkeit ihm entziehen.»[9]

Um Verbindlichkeit ging es tatsächlich. Metaphysik ist der anspruchsvollste Begriff der Philosophie, der sich denken lässt; er bekundet den Willen, dass die Philosophie berufen sei, die objektiven Ordnungen der Welt, des Seins im Ganzen, zu ermitteln. Dieser Anspruch mutet heute fremd an. Jürgen Habermas hat deshalb für sein eigenes philosophisches Projekt den Begriff «nachmetaphysisches Denken» gewählt und damit die allgemeine Ansicht von den heutigen Möglichkeiten des Denkens getroffen: «Schon der erste Blick auf unseren wissenschaftlichen, kulturellen und gesellschaftlichen Kontext», sagt Habermas, «belehrt uns darüber, dass sich Philosophen nicht mehr im Kreise der Dichter und Denker aufhalten. Weise und Seher, die – wie noch Heidegger – einen privilegierten Zugang zur Wahrheit reklamieren, können sie nicht mehr sein.»[10]

Vergessen wir für einen Augenblick den etwas spöttischen Akzent, der hier Dichter, Denker, Weise und Seher samt Heidegger mit ihrem «privilegierten Zugang zur Wahrheit» treffen soll. Metaphysik widmet sich den letzten Fragen in der Gewissheit, vernünftige Antworten auffinden zu können. Für Scholem war Benjamin in der ersten Zeit ihrer Freundschaft «noch ein systematisch gerichteter Geist, dessen Sinn darauf ging, ein System der Philosophie zu schreiben, eine Metaphysik zu schreiben, für die er alle möglichen Entwürfe gemacht hatte. Sein metaphysisches Interesse war der bedeutendste Zug an ihm und das hervorstechendste Talent oder Genie, das er hatte.» Der Antrieb habe auch später weitergewirkt, sei aber «in dialektische Zersetzung geraten».[11]

Kein Titel könnte für einen Fünfundzwanzigjährigen, der noch nicht einmal promoviert war, höher gegriffen sein als jener, den Benjamin für seine metaphysischen Ziele wählte: «Programm der kommenden Philosophie». Er verfasste die Schrift im November 1917, hervorgegangen war sie aus einem Austausch mit Scholem. Im Wesentlichen nimmt sie ihren Ausgang von einer Kritik an Kant, und Kant hatten die beiden Freunde gerade gemeinsam gelesen. Am 6. Mai 1918 notierte Scholem in seinem Tagebuch: «Dann gingen wir spazieren und sprachen uns über Kant aus. Er fährt mit allen Segeln mir voran ins System ein. ‹Kant hat eine minderwertige Erfahrung begründet.›»[12]

Was hatte es mit dieser minderwertigen Erfahrung auf sich? Sie war vor allem der Trennung von Subjekt und Objekt der Erkenntnis verpflichtet, wie sie sich seit der Unterscheidung von Descartes eingebürgert hatte – hier denkende *res cogitans*, dort (irgendwo draußen) zu erkennende *res extensa* der Dingwelt, wobei es am Ende rätselhaft bleibt, wie das eine zum anderen kommt. Hier liege, so Benjamin, das erste Problem, das zu lösen sei: «Es ist die Aufgabe der kommenden Erkenntnistheorie für die Erkenntnis die Sphäre totaler Neutralität in Bezug auf die Begriffe Objekt und Subjekt zu finden; mit andern Worten die autonome ureigne Sphäre der Erkenntnis auszumitteln in der dieser Begriff auf keine Weise mehr die Beziehung zwischen zwei metaphysischen Entitäten bezeichnet.» Und daran anschließend: «Soweit Kant und die Neukantianer die Objektnatur des Dinges an sich als der Ursache der Empfindungen überwunden haben bleibt immer noch die Subjekt-Natur des erkennenden Bewusstseins zu eliminieren.»[13]

Benjamin sucht zunächst nach Anzeichen dafür, dass die herkömmliche Lehre vom erkennenden Subjekt falsch sein muss: «Wir wissen von Naturvölkern der sogenannten präanimistischen Stufe welche sich mit heiligen Tieren und Pflanzen identifizieren, sich wie sie benennen; wir wissen von Wahnsinnigen die ebenfalls sich zum Teil mit den Objekten ihrer Wahrnehmung identifizieren, die ihnen also nicht mehr Objecta, gegenüberstehend sind; wir wissen von Kranken die die Empfindungen ihres Leibes nicht auf sich selbst sondern auf andere Wesen beziehen und von Hellsehern welche wenigstens behaupten die Wahrnehmungen anderer als ihre eigenen empfangen zu können.» Hier also liegt eine andere Erkenntnislehre zugrunde als bei Kant und Descartes.

Mit diesem Ziel – ein neues Verhältnis von Subjekt und Objekt müsse gedacht, oder überhaupt ein anderer Begriff des Erkennens gefunden werden – hatte sich Benjamin in die vorderste Front der Philosophie gestellt, wenngleich sich 1917 das Medium der Lösung noch nicht abzeichnete. Zehn Jahre später ging auch Martin Heidegger in seinem Hauptwerk «Sein und Zeit» hinter Descartes zurück oder über ihn hinaus – dessen Voraussetzungen ergäben ein falsches Bild. Denn im *Dasein*, so Heidegger, seien uns die Dinge immer schon praktisch vertraut und nahe, ein Werkzeug etwa sei kein fremdes Ding, sondern *zuhandenes Zeug*, befinde sich in einem Sinnzusammenhang *besorgender* Praxis. «Zeug ist wesenhaft etwas ‹um zu …›.»[14] Das primäre «Wozu» ist nach Heidegger ein «Worum-Willen». Das «‹Um-Willen› betrifft aber immer das Sein des *Daseins*, dem es in seinem Sein wesenhaft *um* dieses Sein selbst geht».[15] Heidegger geht von einem Handlungszusammenhang aus, von einer Lebenspraxis, in der die scheinbar so rätselhafte Vermittlung von Subjekt und Objekt immer schon geleistet ist, weil ein Kontext des Umgangs besteht. Sein Lieblingsbeispiel ist der Hammer: «Je weniger das Hammerding nur begafft wird, je zugreifender es gebraucht wird, um so ursprünglicher wird das Verhältnis zu ihm, um so unverhüllter begegnet es als das, was es ist, als Zeug.»[16] Der Hammer ist nicht *vor*handen, sondern *zu*handen. «Zuhandenheit ist die ontologisch-kategoriale Bestimmung von Seiendem, wie es ‹an sich› ist.»[17] Das Ensemble solchen Umgangs ist die *Welt*. Man kann diese Überlegungen im weiteren Sinne dem philosophischen Pragmatismus zuordnen, der indes amerikanischen Ursprungs war und dessen engere Schule Heidegger ganz fremd blieb. Festzuhalten bleibt hier nur, dass auch Heidegger jene Erkenntnismetaphysik von Subjekt und Objekt aushebelte, die Benjamin problematisch geworden war.

Benjamin schlägt allerdings einen ganz anderen Weg ein. Nicht Praxis wie bei Heidegger, sondern Schicksal ist der Kontext, in dem Menschen und Dinge sich immer schon treffen. «Schicksalsmäßig» könne das Lebendige «den Karten wie den Planeten verkuppelt werden, und die weise Frau bedient sich der einfachen Technik, mit den nächst berechenbaren, nächst gewissen Dingen (mit Dingen, welche unkeusch mit Gewissheit geschwängert sind) dieses in den Schuldzusammenhang zu rücken. Dadurch erfährt sie in Zeichen etwas über ein natürliches Leben im Menschen, das sie an Stelle des benannten Hauptes zu setzen sucht; wie andrerseits der Mensch, der zu ihr geht, zugunsten des verschuldeten Lebens in sich abdankt» – so heißt es in der Abhandlung «Schicksal und Charakter».[18]

Von Schicksal im eigentlichen Sinne kann nach Benjamin nur gesprochen werden, wo sich die Dinge unheilvoll in die menschlichen Verhältnisse einmischen. Der vorzügliche Ort solcher Einmischung war für Benjamin das barocke Trauerspiel mit dem «fatalen Requisit». Das erste Mal formulierte er diese Idee in einer Abhandlung, die zwei Herodes-Dramen vergleicht, jenes von Calderón und das von Friedrich Hebbel. «Die Gewalt, welche die leblosen Dinge im Umkreis des schuldigen Menschen zu dessen Lebzeiten schon gewinnen, ist der Vorbote des Todes. Die Leidenschaft setzt die Requisiten in Bewegung; diese sind gleichsam nur die seismographische Nadel, welche die Erschütterungen des Menschen verzeichnet. Im Schicksalsdrama spricht sich in den Leidenschaften die Natur des Menschen wie in dem Zufall die der Dinge unter dem gemeinsamen Gesetz des Schicksals aus.»[19]

In die dramatische Aktion der Menschen tritt das Requisit ein. «Eine Wahrsagung steht am Anfang. Mariamne klagt dem Gatten den Spruch eines Zauberers. Er sagt doppeltes Unheil voraus: sie werde als Opfer des furchtbarsten Scheusals der Erde fallen und Herodes werde mit seinem Dolche töten, was ihm das liebste auf der Erde sei. Die Handlung ist so geführt, dass, sind diese Worte einmal gesprochen, der Dolch während des ganzen Vorgangs der Aufmerksamkeit des Beschauers nicht mehr entgeht. Herodes, durch die Prophezeiung wenig beunruhigt, wirft ihn, seine Freiheit zu bekunden, von sich ins Meer. Weheruf tönt ihm von dort entgegen; der Dolch verletzte den Boten, der die Nachricht von Octavians Sieg über die dem Antonius verbündete Flotte des Herodes bringt.»[20] Eigentlich ist es mehr die stete Präsenz des Dolches als ein tatsächlicher böser Willensakt, die Mariamne zum Opfer macht, nachdem mehrere unglückliche Zufälle – Herodes hatte unwillentlich mit dem Dolch schon ein Bildnis der Mariamne durchbohrt – das Ereignis angekündigt hatten: «Da sie nun, weiter verfolgt von Octavian, von neuem eintritt, ergreift Herodes den Dolch, stürzt sich auf seinen Gegner, trifft in der Dunkelheit aber die Gattin. Er endet sein Leben, indem er sich ins Meer stürzt.» Durch seine Eifersucht sei Herodes dem Schicksal verhaftet «und ihrer, als der gefährlich entbrannten Natur des Menschen, bedient es sich in seiner Sphäre nicht anders als der toten Natur der Dolche und Bilder zu Unheil und Unheilszeichen».[21]

Das barocke Drama gibt die Lösung des metaphysischen Problems, auf das Benjamin gestoßen war. Im Drama finden sich jene gesuchten Beziehungen von Mensch und Ding jenseits der cartesianisch-kantischen Erkenntnismetaphysik. Aber nicht in einer Tätigkeit im Sinne des Hämmerns wie bei Heidegger, sondern in einer katastrophischen Lebens- und Liebespraxis vermitteln sie sich. Man kommt zu dem paradoxen Schluss, dass Benjamin, gerade *indem* er metaphysisch dachte, immer schon und im gleichen Maße ein Denker der Dinge war. Und so kann es nicht mehr verwundern, wenn es in einem viel späteren Drogenbericht heißt, die Vorhänge seien Dolmetscher für die Sprache des Windes: «Sie geben jedem Hauch von ihm die Form und Sinnlichkeit weiblicher Formen. Und den Raucher, der sich in ihr Spiel versenkt, lassen sie alle Freude genießen, die ihm eine vollkommene Tänzerin gewähren kann.»[22]

Die kantische Lehre von der Erfahrung wird im «Programm der kommenden Philosophie» aber noch grundsätzlicher kritisiert. Die Erfahrung nach Kants Begriff, so Benjamin, war «eine singuläre zeitlich beschränkte und über diese Form hinaus die sie in gewisser Weise mit jeder Erfahrung teilt, war diese Erfahrung, die man auch im prägnanten Sinne Weltanschauung nennen könnte, die der Aufklärung. Sie unterschied sich in den hier wesentlichsten Zügen aber nicht allzusehr von der der übrigen Jahrhunderte der Neuzeit. Diese war eine der niedrigst stehenden Erfahrungen oder Anschauungen von der Welt.»[23]

Was aber macht das «erstaunlich geringe metaphysische Gewicht» der Erfahrung jener Zeit aus? «Es handelt sich dabei selbstverständlich um denselben Tatbestand den man als die religiöse und historische Blindheit der Aufklärung hervorgehoben hat ohne zu erkennen in welchem Sinne diese Merkmale der Aufklärung der gesamten Neuzeit zukommen.»[24] Nun wird erst die eigentliche Absicht Benjamins deutlich. Die «kommende Philosophie» wird ihren Abstand zur Theologie wieder einziehen und alle Aufklärung hinter sich lassen: «Ein in der Reflexion auf das sprachliche Wesen der Erkenntnis gewonnener Begriff von ihr wird einen korrespondierenden Erfahrungsbegriff schaffen der auch die Gebiete deren wahrhaft systematische Einordnung Kant nicht gelungen ist umfassen wird. Als deren Oberstes ist das Gebiet der Religion zu nennen. Und damit lässt sich die Forderung an die kommende Philosophie endlich in die Worte fassen. Auf Grund des Kantischen Systems einen Erkenntnisbegriff zu schaffen dem der Begriff einer Erfahrung korrespondiert von der die Erkenntnis Lehre ist. Eine solche Philosophie wäre entweder in ihrem allgemeinen Teile selbst als Theologie zu bezeichnen oder wäre dieser sofern sie etwa historisch philosophische Elemente einschließt, übergeordnet.»[25]

«Lehre» ist der oberste Sphärenort dieser Philosophie ihrer inhaltlichen Bestimmung nach. Benjamin *braucht* die Metaphysik, weil er theologisch und messianisch philosophieren will. Denn erst so kann er zum Kritiker werden: indem er seinen Abstand vom üblichen Philosophieren definiert. Der Gegenstand und Inhalt dieser Lehre, «diese konkrete Totalität der Erfahrung», heißt es dann weiter, «ist die Religion, die aber der Philosophie zunächst nur als Lehre gegeben ist. Die Quelle des Daseins liegt nun aber in der Totalität der Erfahrung und erst in der Lehre stößt die Philosophie auf ein Absolutes, als Dasein, und damit auf jene Kontinuität im Wesen der Erfahrung in deren Vernachlässigung der Mangel des Neukantianismus zu vermuten ist.»[26]

So wenig wie Mensch und Ding gehören Sprache und Ding zwei grundsätzlich getrennten Sphären an. Dies zu erläutern hatte Benjamin 1916 in der Abhandlung «Über Sprache überhaupt und über die Sprache des Menschen» unternommen. Die Dinge haben, indem sie dem Wort Gottes entstammen, an der Sprache teil. Aber: «Die Sprache selbst ist in den Dingen selbst nicht vollkommen ausgesprochen. Dieser Satz hat einen doppelten Sinn nach der übertragenen und der sinnlichen Bedeutung: Die Sprachen der Dinge sind unvollkommen, und sie sind stumm. Den Dingen ist das reine sprachliche Formprinzip – der Laut – versagt. Sie können sich nur durch eine mehr oder minder stoffliche Gemeinschaft einander mitteilen. Diese Gemeinschaft ist unmittelbar und unendlich wie die jeder sprachlichen Mitteilung; sie ist magisch (denn es gibt auch Magie der Materie). Das Unvergleichliche der menschlichen Sprache ist, dass ihre magische Gemeinschaft mit den Dingen immateriell und rein geistig ist, und dafür ist der Laut das Symbol.»[27]

Die Aufgabe des Menschen ist es, eine Übersetzung zu versuchen. Er überträgt die «stumme namenlose Sprache der Dinge» in den «Namen in Lauten». Eine unlösbare Aufgabe, «wäre nicht die Namensprache des Menschen und die namenlose der Dinge in Gott verwandt, entlassen aus demselben schaffenden Wort, das in den Dingen Mitteilung der Materie in magischer Gemeinschaft, im Menschen Sprache des Erkennens und Namens in seligem Geiste geworden wäre».[28]

Auch hier sehen wir die spätere Verwandlung des Motivs schon angedeutet: Aus der «Mitteilung der Materie» wird Materialismus, aus den «Dingen» werden die «Waren» der Passagen, deren Botschaft nach Übersetzung verlangt. Man mag auch an die folgende, viel spätere Formulierung denken: «Vexierbilder als Schematismen der Traumarbeit hat längst die Psychoanalyse aufgedeckt. Die Sürrealisten sind mit solcher Gewissheit der Seele weniger als den Dingen auf der Spur. Den Totembaum der Gegenstände suchen sie im Dickicht der Urgeschichte auf.»[29]

Neben der Denkerstirn gab es andere Züge in Benjamins Erscheinung, die den Freunden auffielen und uns zu Spuren werden können. So schildert ihn Adrienne Monnier: «Die nicht übermäßig fleischigen Lippen waren die eines empfindsamen Epikuräers.»[30] Ein Epikuräer im alltagssprachlichen Sinne (nicht im streng philosophischen) ist ein Genussmensch, der den Hedonismus predigt, der die Sinnenlust als höchsten Wert ansieht. Charlotte Wolff beobachtete Ähnliches: «Seine dicken sinnlichen Lippen, unter einem Schnurrbart schlecht verborgen, waren unerwartete Merkmale, die nicht zu ihm zu passen schienen.»[31] Und die Erinnerungen Adornos nehmen dieses Motiv auf: «Dennoch führte jedes Wort, das er sprach, eine Art von sinnlichem Glück durch den Geist mit sich, das als ein bloß sinnliches, unmittelbares, lebendiges Glück wahrscheinlich ihm versagt gewesen ist.»[32]

Tiefer in diese Glücksphilosophie führen die Erinnerungen von Pierre Klossowski, hier stoßen wir auf Benjamins späteres Interesse an Charles Fourier, dem phantastischsten Hedonisten in der Geschichte der Sozialutopien: «Dafür befragten wir ihn mit umso mehr Hartnäckigkeit darüber, was wir als seinen authentischen Hintergrund errieten, nämlich seiner persönlichen Erneuerung des ‹Phalanstères›. Manchmal sprach er davon wie von einem ‹erotischen und handwerklichen Esoterismus›, der sich hinter seinen expliziten marxistischen Konzeptionen verbarg. Die Vergesellschaftung der Produktionsmittel würde es erlauben, die abgeschafften sozialen Klassen durch eine Neueinteilung der Gesellschaft in *affektive Klassen* zu ersetzen. Eine freie, industrielle Produktion würde, statt die Affektivität zu unterdrücken, deren Formen entfalten und ihren Austausch organisieren; in dem Sinne, dass die Arbeit zum Komplizen der Begierde würde, und nicht länger deren strafender Ausgleich.»[33]

Nach Fourier, so Benjamin in den späten Thesen über den Begriff der Geschichte, «sollte die wohlbeschaffene gesellschaftliche Arbeit zur Folge haben, dass vier Monde die irdische Nacht erleuchteten, dass das Eis sich von den Polen zurückziehen [würde], dass das Meerwasser nicht mehr salzig schmecke» – es sollte stattdessen nach Limonade schmecken, was Benjamin hier verschweigt, es hätte im ernsten Kontext der Geschichtsthesen zu komisch gewirkt – «und die Raubtiere in den Dienst des Menschen träten».[34] In der Tat war eine der ersten geschichtsphilosophischen Ideen Benjamins von solchen Gedanken bestimmt. Im «Theologisch-Politischen Fragment» heißt es um 1920: «Die Ordnung des Profanen hat sich aufzurichten an der Idee des Glücks. Die Beziehung dieser Ordnung auf das Messianische ist eines der wesentlichen Lehrstücke der Geschichtsphilosophie. Und zwar ist von ihr aus eine mystische Geschichtsauffassung bedingt, deren Problem in einem Bilde sich darlegen lässt. Wenn eine Pfeilrichtung das Ziel, in welchem die Dynamis des Profanen wirkt, bezeichnet, eine andere die Richtung der messianischen Intensität, so strebt freilich das Glückssuchen der freien Menschheit von jener messianischen Richtung fort, aber wie eine Kraft durch ihren Weg eine andere auf entgegengesetzt gerichtetem Wege zu befördern vermag, so auch die profane Ordnung des Profanen das Kommen des messianischen Reiches.»[35]

Die Beziehung von Messianismus und Hedonismus mag zunächst rätselhaft erscheinen, aber sie ist durchaus wesentlich. Und es ist kein Zufall, dass gerade Nietzsche an dieser Stelle zur Polemik gegen die «letzten Menschen» ausholte. Die «letzten Menschen» sind die kulturindustriell und durch Selbstmanipulation befriedeten, die konfliktscheuen, risikolosen, gleichsam umfassend versicherten, demokratisch-sozialistischen, auf möglichst weitgehenden Ausgleich bedachten Wesen. «‹Wir haben das Glück erfunden› – sagen die letzten Menschen und blinzeln. Sie haben die Gegenden verlassen, wo es hart war zu leben: denn man braucht Wärme. Man liebt noch den Nachbar und reibt sich an ihm: denn man braucht Wärme. Krankwerden und Misstrauen-haben gilt ihnen sündhaft: man geht achtsam einher. Ein Thor, der noch über Steine oder Menschen stolpert! Ein wenig Gift ab und zu: das macht angenehme Träume. Und viel Gift zuletzt, zu einem angenehmen Sterben.» So liest man in Nietzsches «Zarathustra».[36] Seither hat noch jede konsequente konservative Revolutionskritik auf die Gefahr einer Verquickung von Veränderungswünschen innerhalb der «profanen Ordnung» und messianischer Absolutheit aufmerksam gemacht. Jacob Talmon sah in der Vermischung geradezu *das* herausragende Kennzeichen einer politischen Form, die er «totalitäre Demokratie» nannte: «Der Bezugspunkt des modernen Messianismus ist die Vernunft und der Wille des Menschen. Sein Ziel, das Glück auf Erden, ist durch soziale Umformung zu erreichen. Der Bezugspunkt ist weltlich, die Forderung aber ist absolut.»[37]

So stand es um Benjamin: Seine Metaphysik hatte von vornherein die Möglichkeit, ja mehr noch, die starke Tendenz, in einen eigentümlichen Materialismus der «Dinge» zu kippen – und sein Messianismus war seltsam verbunden mit innerweltlichen, säkularen Glückshoffnungen. Die Bahn dieses Kippens zu beschreiben heißt Benjamins Philosophie verstehen. Es gibt hier kein Erst-das-dann-das, und auch kein Entweder-oder. Es gibt nur Verwandlungen eines und desselben; Metamorphosen, in denen sich etwas nach einem Bildungsprinzip entwickelt. Wir werden sehen, wie aus der Veränderung der «profanen Ordnung» proletarischer Klassenkampf und kommunistische Partei werden.

In der Abhandlung «Zur Kritik der Gewalt» skizzierte Benjamin erstmals seine Unterscheidung von monotheistischer Offenbarung und heidnischem Mythos. Hier lässt er erkennen, was es bedeutet, im Horizont der «Lehre» zu philosophieren. Beide Theologien, die jüdische wie die heidnische, kennen und schildern Gewalt. Und es geht Benjamin keineswegs um eine Kritik der Gewalt an sich, sondern um ihre unterschiedlichen Ausprägungen und Legitimationen. Er ist alles andere als ein Pazifist. Die mythische Gewalt sei «rechtsetzend», die göttliche «rechtsvernichtend»; die mythische setze Grenzen, die göttliche vernichte «grenzenlos»; sei die mythische «drohend», so die göttliche «schlagend», die mythische «blutig», die göttliche «auf unblutige Weise letal».

Benjamin erläutert dies am Beispiel der griechischen Sage. Niobe,

Königin von Theben und durch die Abstammung von Tantalus fluchbeladen, hatte sieben Söhne und sieben Töchter. Als die Seherin Manto die thebanische Bevölkerung zur Verehrung des Apollo und der Artemis aufruft, der Kinder Latonas, erscheint Niobe und lässt sich zu einem Frevel hinreißen. Sieben blühende Töchter, sieben starke Söhne habe sie geboren. «Fraget nun, ob ich auch Grund habe, stolz zu sein! Waget es noch ferner, mir Latona, die unbekannte Titanentochter, vorzuziehen, welcher einst die breite Erde keinen Raum gegönnt hat, wo sie dem Zeus gebären konnte, bis die schwimmende Insel Delos der Umherschweifenden aus Mitleid ihren unbefestigten Sitz darbot. Dort wurde sie Mutter zweier Kinder, die Armselige.» Eine solche Grenzüberschreitung wird von den beleidigten Göttern gestraft, alle vierzehn Kinder der Niobe fallen durch die Pfeile Apollos und der Artemis. Ihr selbst aber bleibt nur die ewige Klage, denn sie stirbt nicht. «Da erstarrte sie vor Gram; kein Lüftchen bewegte das Haar ihres Hauptes; aus dem Gesichte wich das Blut; die Augen standen unbewegt in den traurigen Wangen; im ganzen Bilde war kein Leben mehr; die Adern stockten mitten im Pulsschlag, der Nacken drehte, der Arm regte, der Fuß bewegte sich nicht mehr; auch das Innere des Leibes war zum kalten Felsstein geworden. Nichts lebte mehr an ihr als die Tränen; diese rannen unaufhörlich aus den steinernen Augen hervor.»[38]

Die Sage ist für Benjamin das Paradigma der mythischen Gewalt, und nun kann er seine Theologie entfalten. Im Alten Testament wird die Geschichte des Mannes Korah erzählt, eines Leviten, der sich mit zweihundertfünfzig Gefolgsleuten gegen Moses empört hatte. Moses spricht zum Volk: «Wird aber der Herr etwas Neues schaffen, dass die Erde ihren Mund auftut und verschlingt sie mit allem, was sie haben, dass sie lebendig hinunter in die Hölle fahren, so werdet ihr erkennen, dass diese Leute den Herrn gelästert haben. Und als er diese Worte hatte alle ausgeredet, zerriss die Erde unter ihnen und tat ihren Mund auf und verschlang sie mit ihren Häusern, mit allen Menschen, die bei Korah waren, und mit aller ihrer Habe; und sie fuhren hinunter lebendig in die Hölle mit allem, was sie hatten, und die Erde deckte sie zu, und kamen um aus der Gemeinde. Und ganz Israel, das um sie her war, floh vor ihrem Geschrei; denn sie sprachen: dass uns die Erde nicht auch verschlinge! Dazu fuhr das Feuer aus von dem Herrn und fraß die zweihundertundfünfzig Männer.»[39]

Wie Oskar Goldberg die Geschichte der Rotte Korah als Muster göttlicher Gewalt sah, so auch Benjamin: «Der Niobesage mag als Exempel dieser Gewalt Gottes Gericht an der Rotte Korah gegenübertreten. Es trifft Bevorrechtete, Leviten, trifft sie unangekündigt, ohne Drohung, schlagend und macht nicht Halt vor der Vernichtung. Aber es ist zugleich eben in ihr entsühnend und ein tiefer Zusammenhang zwischen dem unblutigen und entsühnenden Charakter dieser Gewalt nicht zu verkennen.»[40] Nun ist das Schlüsselwort des Zeitalters gefallen: «Vernichtung». Das Verhängnis kann beginnen.

KAPITEL V

BEGEGNUNGEN IN DER SCHWEIZ: BENJAMIN UND DIE AVANTGARDE

Kroklokwafzi? Semememi!
Seiokrontro – prafriplo:
Bifzi, bafzi; hulalemi:
quasi basti bo…
Lalu lalu lalu lalu la!

Christian Morgenstern,
Das große Lalula, 1905

Martialische Proklamationen und steile Manifeste gehören zur Grundausstattung rechtschaffener Avantgardisten. Das «Futuristische Manifest» aus der Feder von Filippo Marinetti erschien 1909. Aber weil die deutschen Avantgarden einen grotesken Witz als nordisches Erbteil besaßen, durchschauten sie auch dieses Spiel sehr schnell. 1913 erließ Franz Pfemfert, Herausgeber der Zeitschrift «Die Aktion», einen «Aufruf zum Manifestantismus». Von nun an gehörte auch der Bluff zur Avantgarde-Strategie. Vermutlich war es wiederum Pfemfert, der 1915 den «Impertinentismus» proklamierte: «Wir tun so, als ob wir Maler, Dichter oder sonst was wären, aber wir sind nur und nichts als mit Wollust frech.» Benjamin kannte Pfemfert aus den Querelen um die Zeitschrift «Der Anfang», der absurde Ton war ihm vertraut.

Dies alles war vor Dada, es war der Nährboden einer Bewegung, die eine Attacke auf die Kunst mit künstlerischen Mitteln sein wollte. Das höchste Niveau der Verfeinerung war in der bürgerlichen Kultur erreicht; weiter ging es nur noch mit hochintelligenter Unterbietung, mit raffinierter Primitivierung. 1918 trug Richard Huelsenbeck das «Dadaistische Manifest» in Berlin vor, unterzeichnet wurde es von dem Rumänen Tristan Tzara, George Grosz, Franz Jung, Raoul Hausmann, Hans Arp und dessen Frau Sophie Taeuber. Aber schon vorher hatte Hugo Ball in Zürich am «Ersten Dada-Abend» ein «Eröffnungs-Manifest» verlesen: «Wie erlangt man die ewige Seligkeit? Indem man Dada sagt. Wie wird man berühmt? Indem man Dada sagt. Mit edlem Gestus und mit feinem Anstand. Bis zum Irrsinn, bis zur Bewusstlosigkeit. Wie kann man alles Aalige und Journalige, alles Nette und Adrette, alles Vermoralisierte, Vertierte, Gezierte abtun? Indem man Dada sagt. Dada ist die Weltseele, Dada ist der Clou, Dada ist die beste Lilienmilchseife der Welt.» Was die dichterischen Formen im Einzelnen angeht, so stand das sinnfreie Lautgedicht in höchstem Ansehen. Hugo Ball trug 1917 in Zürich bei einem der ersten Dada-Abende im «Cabaret Voltaire» in feierlich-priesterlicher Weise eines der bekanntesten vor: «Gadji beri bimba glandridi laula lonni cadori».

Der große Kosmos gegen- und antikultureller Bestrebungen, der sich in Deutschland schon vor dem Ersten Weltkrieg entfaltete, wies auf Dada voraus. Benjamin und Heinle hatten sich 1913/14 selbst in solchen Nonsens-Produktionen versucht, die Gedichtserie «Urwaldgeister» schrieben sie gemeinsam. Eines der Gedichte heißt «Der blinde König»: «Während in der fernen Gegend / Seiner Monarchie es regent / Liegen Szepter Kron und Schwert / Einsam über Thron und Herd.»[1]

Dada war, anders als der Surrealismus, eine sehr deutsche Bewegung. Während der auch auf Dada zurückgehende Surrealismus, französisch-romanisch geprägt, auf die Eroberung neuer Erfahrungsdimensionen ging, mit dem Traum und dem Unbewussten als Königswegen, überwog bei Dada die aggressive, manchmal auch gallige Geste. Ansonsten gab es Kraut und Rüben: echte Künstler wie Hannah Höch, Kurt Schwitters, Hans Arp und Raoul Hausmann, aber auch einen echten Verrückten wie den Architekten Johannes Baader, der sich selbst den «Oberdada» und «Präsidenten des Erdballs» nannte. Für einen kommenden «Internationalen interreligiösen Menschenbund» entwarf Baader 1906 eine Kathedrale: tausend Meter hoch, ebenso breit, «durchzogen und durchbaut von Sälen und Hallen, Kirchen und Kapellen, Nischen, Gängen, Mausoleen, Katakomben, Galerien, Treppen, Aufzügen und Laufbahnen.»[2] Albert Speers «Germania» nimmt sich dagegen regelrecht mickrig aus.

Wieder andere gingen 1918 sofort in die gerade gegründete Kommunistische Partei, wie die Brüder Wieland Herzfelde und John Heartfield, die dort im Sinne der kulturellen Propaganda Hervorragendes leisteten. George Grosz schloss sich ihnen an, ging aber bald eigene Wege im Fach des Blasphemischen und Brutal-Kritischen.

Hugo Ball, der schon als Dada-Performer eine priesterliche Attitüde pflegte, wurde katholisch; vom Lautgedicht zum Logos war der Weg nicht allzu weit. Sein bis heute bekanntestes Buch, «Zur Kritik der deutschen Intelligenz», 1919 in Bern erschienen, vertrat ein metaphysisches Antideutschtum und wurde von den diplomatischen Vertretungen der Entente in Bern finanziert. Pirmasens, die Geburtsstadt Balls, hatte zwischen 1793 und 1815 zu Frankreich gehört. Im Frühjahr 1919 reiste Ball im Tross von François-Émile Haguenin, einem französischen Diplomaten, der vor dem Versailler Vertrag in Berlin die Lage sondieren sollte. In Balls Aufruf vom 1. März 1919 «An unsere Freunde und Kameraden» las man, es gehe um die «Weltrevolution ‹gegen› Deutschland».

Hugo Ball, seine Frau Emmy Ball-Hennings und deren Tochter Annemarie wohnten 1919 in Bern Haus an Haus mit Benjamin, sie hatten sich Anfang des Jahres kennengelernt. Benjamin besuchte die Familie oft, er schätzte vor allem die Zeichnungen von Emmy Balls Tochter.[3] Noch in dem viel späteren Essay über das «Kunstwerk im Zeitalter seiner technischen Reproduzierbarkeit» spielten die Dadaisten eine prominente Rolle: «In der Tat gewährleisteten die dadaistischen Kundgebungen eine recht vehemente Ablenkung, indem sie das Kunstwerk zum Mittelpunkt eines Skandals

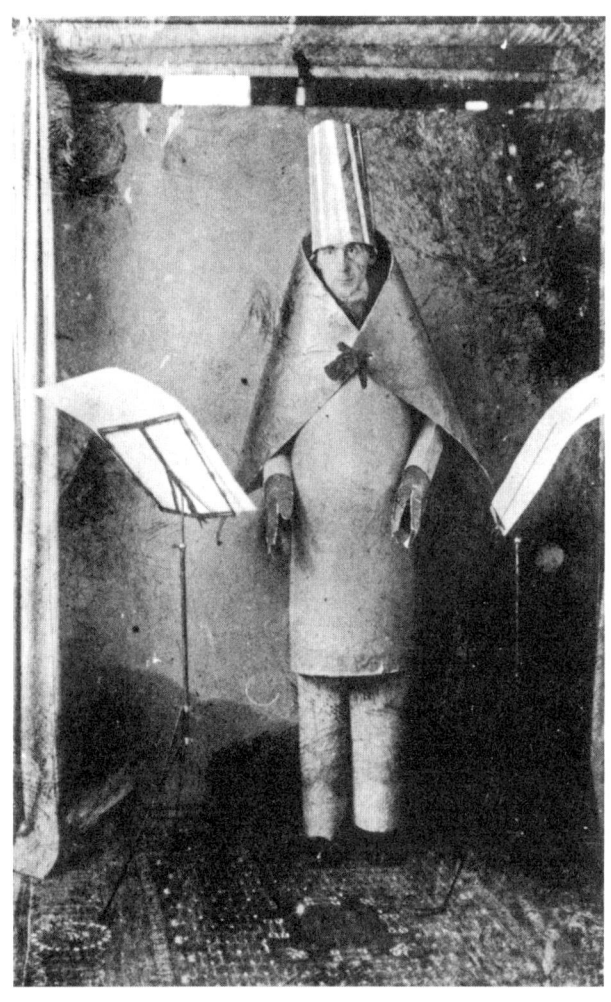

«jolifanto bambla o falli bambla / großgiga m'pfa habla horem /
egiga goramen / higo bloiko russula huju / hollaka hollala /
anlogo bung / blago bung blago bung / bosso fataka / ü üü ü /
schampa wulla wussa olobo / hej tatta gorem / eschige zun-
bada / wulubu ssubudu uluwu ssubudu / tumba ba-umf / kusa
gauma / ba – umf». Hugo Balls Gedicht «Karawane» gehört
zu den Dada-Produktionen, die er feierlich-priesterlich im
Zürcher «Cabaret Voltaire» zum Vortrag brachte.

machten. Es hatte vor allem einer Forderung Genüge zu leisten: öffentliches Ärgernis zu erregen. Aus einem lockenden Augenschein oder einem überredenden Klanggebilde wurde das Kunstwerk bei den Dadaisten zu einem Geschoss. Es stieß dem Betrachter zu. Es gewann eine taktile Qualität.»[4] Ball, so erinnerte sich Scholem später, «hegte einen fanatischen Hass auf alles Preußische.

Gegen Ende des Winters gab mir Benjamin ein dickes, leidenschaftliches Pamphlet *Zur Kritik der deutschen Intelligenz* zu lesen, das uns beiden teilweise ebensosehr durch die Scharfsicht des Hasses darin imponierte, wie es uns in anderen Teilen, wie etwa den maßlosen Ausfällen gegen Kant, nur ein Kopfschütteln übrig ließ.»[5] Was Benjamin dem Autor der «Kritik» verdankte, waren persönlichere Kontakte zur Kunstavantgarde. So hat sich ein Brief des Malers Francis Picabia (der am Zürcher Dadaismus mitgewirkt hatte) an Benjamin erhalten. Picabia arbeitete in dieser Zeit an Maschinenbildern, die ins Phantastische reichten. Und mit Hans Richter (einem weiteren Zürcher Dadaisten), den Benjamin ebenfalls über Ball kennenlernte, kam es später in der Zeitschrift «G» zu einer Zusammenarbeit. Richter druckte Benjamins Übersetzung von Tristan Tzaras Essay «Die Photographie von der Kehrseite» – und Tzara hatte die Dada-Gruppe mit Arp und Ball gemeinsam ins Leben gerufen.

Tzaras Essay behandelt nun nicht einfach die Fotografie als solche, sondern die Arbeiten von Man Ray, sogenannte Rayographien, bei denen – ohne ein Dazwischentreten der Kamera – Gegenstände auf lichtempfindliches Papier gelegt wurden. Tzara spricht von einem «neuen Verfahren», das Man Ray erfunden habe, als «alles was sich Kunst nennt gichtbrüchig geworden war».[6] Zentral ist der Gedanke, dass das Schöne nun ein reines «physikalisch-chemisches Erzeugnis» sei – und damit die «Gaunereien der Sensibilität, der Weisheit und der Intelligenz» verschwunden seien.[7]

Harry Graf Kessler, der in Bern in der deutschen Botschaft tätig war, notierte 1918: «Heute ein Dr. Ernst Bloch bei mir (…), der mir ein neues philosophisches System entwickelte, voluntaristisch-mystisch, wonach jedes Wesen, jedes Ding, in sich eine Utopie, eine unerfüllte Möglichkeit trage, die sich zu vollenden trachte, man müsse nur ihr Stichwort finden, die magische Formel, die es erlöse und der Vollendung zuführe. Novalis, Schopenhauer, Chassidim, Tausend und eine Nacht. Als Mensch ein fast erschreckend mächtiger Jude, mit einem Stiernacken, wilden, bösen, dunklen Augen hinter Zwickergläsern, und einem unbändigen Haarschopf; eine brutale Naturkraft, die sich nicht ohne Eitelkeit das Ziel gesetzt hat, die Welt umzudenken. Dabei, wie er behauptet, kriegsuntauglich.»[8] Das Wahre an dieser Beschreibung muss die vitale, nicht nur gedankliche Motorik gewesen sein, die Bloch eigen war.

In der Erinnerung glaubte Bloch, Benjamin schon 1918 kennengelernt zu haben, tatsächlich war es im Frühjahr 1919. Benjamin habe zurückgezogen gelebt, «steckte – wie seine Frau Dora sagte – bis über die Ohrwascherln in den Büchern».[9] Solche Zurückgezogenheit war Blochs Sache nicht. 1917 war er mit seiner Frau in die neutrale Schweiz gezogen, vorgeblich um über die dortigen utopischen Versuche auf dem Monte Verità zu schreiben. Tatsächlich aber verfasste er nun Entente-freundliche Artikel, die einer unbedingten Kriegsniederlage des Deutschen Reichs das Wort redeten. Die Niederwerfung Deutschlands wie Österreich-Ungarns, der Sieg der Entente, sei die einzige Chance für den gesellschaftlichen Fortschritt, schrieb Bloch unter mehreren Pseudonymen. Man müsse als deutscher Demokrat die Niederlage wünschen, so glaubte er, der Krieg der Entente sei eine «Polizeiaktion», ja ein Kreuzzug gegen die «Feinde der Menschheit».[10] Den Pazifismus der sozialistischen Bewegungen lehnte er als halbherzig ab.

Lange hat man sich gefragt, wer als Geldgeber hinter der «Freien Zeitung» stand, in der Bloch veröffentlichte und deren Mitarbeiter wie später Verlagsleiter Hugo Ball war. Martin Korol, der Blochs

Artikel und Essays 1985 mit einem ausgezeichneten Kommentar herausgegeben hat, hielt es für gesichert, dass die Zeitung «im Dienste der Ententepropaganda» stand.[11] Auch Arno Münster schreibt in seiner Bloch-Biographie, die «Freie Zeitung» sei von der französischen Gesandtschaft «mitfinanziert» worden. An anderer Stelle ist die Rede davon, das Blatt sei «überwiegend durch finanzielle Zuwendungen aus England und vor allem Frankreich» getragen worden.[12] Ein von Münster zitierter Geheimdienstbericht an die Stellvertretende Militärkommandantur in Berlin vom 13. Oktober 1918 behauptet, die Zeitung sei Teil einer «von der Entente großzügig finanzierten Propagandaaktion». Bloch selbst sprach später von «freundlichen Beziehungen zu Engländern, Amerikanern und Franzosen». Dass es diese Beziehungen gab, sprach sich herum. Als Bloch beim Heidelberger Soziologenkongress 1920 das Wort ergriff, verließ Alfred Weber den Saal und zischte, wie Alfred Sohn-Rethel sich später erinnerte, das Wort «Vaterlandsverräter».

1919 erschien Blochs erstes Hauptwerk, «Geist der Utopie». Es war aus dem Geist des Expressionismus geschrieben, des malerischen, gestalterischen, und des musikalischen. Ein Wunder-Ton war darin, den man in einem philosophischen Buch noch nie gehört hatte, ein Wort-Klang-Zauber wie aus vergessenen Kindertagen und zugleich direkt aus der Zukunft gekommen. So schließt der erste kurze Abschnitt: «Wir haben Sehnsucht und kurzes Wissen, aber wenig Tat und was deren Fehlen mit erklärt, keine Weite, keine Aussicht, keine Enden, keine innere Schwelle, geahnt überschritten, keinen utopisch prinzipiellen Begriff. Diesen zu finden, das Rechte zu finden, um dessentwillen es sich ziemt, zu leben, organisiert zu sein, Zeit zu haben, dazu gehen wir, hauen wir die phantastisch konstitutiven Wege, rufen was nicht ist, bauen ins Blaue hinein, bauen uns ins Blaue hinein und suchen dort das Wahre, Wirkliche, wo das bloß Tatsächliche verschwindet – incipit vita nova.»[13] Das Blau war das des expressionistischen «Blauen Reiters» und der blauen Blume der Romantik, Goethe hatte die Farbe gedeutet: «Wie wir einen angenehmen Gegenstand, der vor uns flieht, gern verfolgen, so sehen wir das Blaue gern an, nicht weil es auf uns dringt, sondern weil es uns nach sich zieht.»[14]

Die Schlusspassage des Buches lässt geradezu Orgeltöne erklingen. «Denn wir sind mächtig: nur die Bösen bestehen durch ihren Gott, aber die Gerechten – da besteht Gott durch sie, und in ihre Hände ist die Heiligung des Namens, ist Gottes Ernennung selber gegeben, der in uns rührt und treibt, geahntes Tor, dunkelste Frage, überschwängliches Innen, der kein Faktum ist, sondern ein Problem, in die Hände unserer gottbeschwörenden Philosophie und der Wahrheit als Gebet.»[15] *Gottbeschwörend* – man hört wohl etwas Frevelhaftes darin mit, in allem theologischen Überschwang einen übermäßigen, in Magieanspruch kippenden Willen zum «Ganz Anderen». Das Hauptstück des Buches war aber eine großartige Philosophie der Musik, und ihren Höhepunkt bildete die Deutung Gustav Mahlers: «Es ist, als ob das Blut vertauscht wäre. Mahler ist deutsch oder will wenigstens durchaus als deutscher Meister gelten, was ihm freilich nicht gelingt, denn das ist wahrhaftig Judentum in der Musik, jüdisches Weh und jüdische Inbrunst; und der Andere muss es sich gefallen lassen, mit Meyerbeer verglichen zu werden.»[16]

Benjamin las Blochs Werk 1919, noch im Jahr des Erscheinens. An Ernst Schoen schrieb er: «In diesem Buche ist der Gehalt vom Bedürfnis sich auszusprechen überall getrübt.»[17] Diese Beobachtung traf den Kern. Denn im Stil des Sich-Aussprechens, fast möchte man sagen: Sich-Aussingens war Bloch das Gegenstück zu dem an sich wahlverwandten Benjamin; dieser lebte eher in der Schrift, im Schriftbild, im Graphisch-Versponnenen. Bloch aber war ein Redner und Erzähler, ein Mann der Mündlichkeit. Er sei überrascht gewesen, schrieb Blochs Schüler Gert Ueding, «wie weit diese Stimme aus dem Rahmen des Gewohnten fiel, ja wie sie allen Tugenden professionellen Sprechens zuwider tönte, indem sich die Person ständig in die Sache einmischte, von der sie sprach, Dialekteigentümlichkeiten zuließ, Gefühlsbeteiligung verriet. Seine Stimme war oft rauh, konnte sich aus der Bariton-Lage plötzlich in die Höhe versteigen, sich dort auch überschlagen, manchmal wurden die Endsilben fast unhörbar, weil er den Haupton in einem Wort überstark hervorhob, niemals aber konnte man ein sinntragendes Signalwort überhören.»[18] Und ähnlich wie Benjamin, aber weniger kritisch akzentuiert, schrieb der Bloch-Schüler Gerd Irrlitz: «Diese Schriftsprache überschreitet den von der Jahrhundertinvasion der Texte ausgehobenen Graben zur Rede.»[19] «Geist der Utopie» war nicht nur ein Buch über Musik, sondern an sich selbst musikalisch.

Und so war das Verhältnis zwischen Bloch und Benjamin eines der großen Nähe – «Es mag Ihnen genügen, dass dies doch das einzige Buch ist, an dem ich mich als an einer wahrhaft gleichzeitigen und zeitgenössischen Äußerung messen kann», schrieb er an Ernst Schoen –, aber auch von vornherein ambivalent, da starke unausgesprochene Vorbehalte hineinspielten. Am 15. September 1919 heißt es in einem Brief an Scholem: «Ich lese seit einer Woche intensiv das Buch von Bloch und werde vielleicht, was daran zu loben ist, ihm (dem Manne, nicht dem Buche) zulieb öffentlich hervorheben. Leider ist durchaus nicht alles zu billigen, ja es kommt manchmal Ungeduld über mich. Er selbst hat das Buch sicher schon überholt.»[20] Über den Gewinn, den ihm die Auseinandersetzung mit Blochs Gedanken am Ende doch brachte, äußerte er sich am 19. September 1919 gegenüber Ernst Schoen: «Ich habe viel für mich nachgedacht und dabei Gedanken gefasst, die so klar sind, dass ich hoffe sie bald niederlegen zu können. Sie betreffen Politik. In vieler Beziehung – nicht allein in dieser – kommt mir dabei das Buch eines Bekannten zu statten, welcher der einzige Mensch von Bedeutung ist, den ich in der Schweiz bisher kennen lernte. Mehr als sein Buch noch der Umgang, da seine Gespräche so oft gegen meine Ablehnung *jeder* heutigen politischen Tendenz sich richteten, dass sie mich endlich zur Vertiefung nötigten, die sich wie ich hoffe belohnt hat. Von diesen meinen Gedanken kann ich noch nichts verlauten lassen.»[21]

Die Rezension, die Benjamin schrieb, ist verloren. Dass es nicht zu einer Veröffentlichung kam, dürfte, wie Scholem glaubte, «damit zusammenhängen, dass der Aufsatz in so esoterischem Vortrag gehalten war, dass die eigene Stellungnahme des Kritikers, auf die es den Redakteuren doch ankam, so gut wie verborgen blieb».[22]

Benjamin wusste nun, woran er sich künftig zu messen hatte. Und er wusste, dass er mit dem Vorhaben, politische, ästhetische und theologische Gedanken zu verschmelzen, nicht alleine stand. Revolution, Messianismus und Kunstavantgarde ließen sich in *einer* Gedankenfolge darstellen. Avantgarde war der Dadaismus in einem neuen Sinn, der ihn von den schnell aufeinanderfolgenden Modernisierungsschüben der Malerei grundsätzlich unterschied. Hier ging es weniger um die Frage, ob man etwa pointillistisch-fein oder expressionistisch-wild malen sollte, sondern mit einem Mal war das ganze System der Kunst in Frage gestellt. «Der Kunstlump» hieß eine Streitschrift von John Heartfield und George Grosz, die sich gegen Oskar Kokoschka richtete, der eben noch als der Allermodernste gegolten hatte. Kunst an sich sollte sozusagen abgebaut, in ihrem Kunstcharakter radikal vermindert werden. Man könnte von einem Fundamentalismus innerhalb der Avantgarde sprechen. Bei Grosz und Heartfield hieß es nun: «Die Titulierung ‹Künstler› ist eine Beleidigung. Die Bezeichnung ‹Kunst› ist eine Annullierung der menschlichen Gleichwertigkeit. Die Vergottung des Künstlers ist gleichbedeutend mit Selbstvergottung.»[23]

Wie so oft in Benjamins Leben waren es persönliche Beziehungen, die Pfadentscheidungen bestimmten. Und noch eine folgenreiche Weichenstellung bemerkt man: Benjamin hatte die späteren Jahre des Krieges und die der folgenden deutschen Umbrüche im Ausland verbracht, während die Schriftsteller, die sich in der Weimarer Republik nach rechts wandten – Ernst Jünger etwa oder Arnolt Bronnen – als Soldaten gekämpft hatten. Das war eine lebensgeschichtlich begründete, *erfahrene* Trennlinie, die durch Argumente und noch so subtile analytische Kraft nicht mehr zu überbrücken war.

KAPITEL VI

PROSA SIEGT:
DIE DOKTORARBEIT

Nicht die Schätze sind es, die ein so unaussprechliches Verlangen
in mir geweckt haben, sagte er zu sich selbst; fernab liegt mir alle
Habsucht: aber die blaue Blume sehn' ich mich zu erblicken.

Novalis, Heinrich von Ofterdingen

Es träumt sich nicht mehr recht von der blauen Blume. Wer heut
als Heinrich von Ofterdingen erwacht, muss verschlafen haben.

Walter Benjamin, Traumkitsch

Es waren die Frauen in seinem Umkreis, die in Benjamin den
Dichter erkannten, während die Freunde nur von der Philosophie reden wollten. Charlotte Wolff aber, die wie er Anfang der
zwanziger Jahre Gedichte von Charles Baudelaire übersetzte, sagte:
«Ich bin überzeugt davon, dass der Schlüssel zu seinem Werk in der
Erkenntnis liegt, dass er ein Dichter war.»[1] Die später aus Deutschland geflohene Ärztin war eine eminente Menschenbeobachterin.
Sie vertrat ein medizinisch aufgeklärtes System der Chirologie. Die
Umwandlung der alten Handlesekunst in wissenschaftlich explizierbare Forschung – das war eine exorbitante Leistung, die sie fast im
Alleingang vollbrachte. Die dichterisch empfindende Frau ging an
das Studium der Hand mit einem besonderen Interesse für Außenseiter der Gesellschaft, denen sie sich als Lesbierin selbst zurechnete.

Adrienne Monnier sprach ebenfalls aus persönlicher Erfahrung:
«Der schönste Bereich unseres Einvernehmens (…) war die Poesie,
denn er war ein Dichter und liebte, was äußerst selten ist, die Poesie um ihrer selbst willen.»[2] Etwas vorsichtiger äußert sich Hannah
Arendt, die Philosophin, wenn sie schreibt, «dass er dichterisch

dachte, aber (…) weder ein Dichter noch ein Philosoph» gewesen sei.[3] Eine weitere Nuance vorsichtiger war Pierre Klossowski: «Er lebte hin- und hergerissen zwischen den Problemen, die nur die geschichtliche Notwendigkeit würde lösen können, und den Bildern der okkulten Welt, die sich oft als einzige Lösung aufdrängten. Aber eben dies schien ihm die allergefährlichste Versuchung. Ihr ist es indes zu danken, dass Benjamin eine zutiefst poetische Natur war, aber weil er in einem noch tieferen Sinn moralisch war, verschob er sie mehr, als dass er sie verdrängte.»[4]

Benjamin hat in der Tat Gedichte geschrieben, wie wir sahen, und er übersetzte Baudelaire, ja Baudelaire fesselte ihn bis in seine spätesten Aufzeichnungen. Um aber seine Idee von Dichtung zu verstehen, muss man seine Doktorarbeit lesen: «Der Begriff der Kunstkritik in der deutschen Romantik».

Jüdische Kritiker der deutschen Literatur gab es seit dem Vormärz, wenn man etwa an Ludwig Börne denkt oder an den im Kaiserreich so prominenten Fritz Mauthner. Heinrich von Treitschke hat nicht ohne gehöriges Ressentiment die Rolle dieser Kritiker geschildert. «Durch Börne kam das ‹souveräne Feuilleton› in Schwang, das der unfertigen politischen Bildung der Deutschen unsäglich schadete: der vorwitzige Dilettantismus erdreistete sich, mit einigen Späßen, Wortspielen, Bildern und Entrüstungsrufen über alle ernsten Fragen der Staatskunst abzusprechen.»[5]

Benjamin aber musste die Rolle des Kritikers für sich neu bestimmen; auf einer Linie von Börne zu Marcel Reich-Ranicki ist seine Position nicht einzutragen. Durch die Ausstrahlung des Kreises um Stefan George – und nicht zuletzt durch Wyneken – waren ihm geistesaristokratische Haltungen zur zweiten Natur geworden. Und so wird in Benjamins Dissertation Friedrich Schlegel zum Untersuchungsgegenstand, der bedeutendste philosophisch orientierte Kritiker der deutschen Literatur, dessen Essay «Über Goethes Meister», 1798 in der romantischen Zeitschrift «Athenäum» erschienen, sofort Epoche machte. Denn hier verstand man Kritik nicht mehr als äußerliche Beurteilung des Werks, sondern als Entfaltung seines Gehalts. Legendär wurde der erste Satz: «Ohne Anmaßung und ohne Geräusch, wie die Bildung eines strebenden Geistes sich still entfaltet, und wie die werdende Welt aus seinem Innern leise emporsteigt, beginnt die klare Geschichte.»

Kritik, so verabsolutiert Benjamin Schlegels Verfahren, sei keine Beurteilung und keine Meinungsäußerung über das Werk: «Sie ist vielmehr ein Gebilde, das zwar in seinem Entstehen vom Werk veranlasst, in seinem Bestehen jedoch unabhängig von ihm ist. Als ein solches kann sie vom Kunstwerk nicht prinzipiell unterschieden werden.»[6] Damit wird der Geltungsanspruch des Kritikers fast maßlos; Kritik und schöpferische Gestaltung eines Werks bezeichnen nicht mehr einen prinzipiellen Rangunterschied, vielmehr stehen sie in einem Kontinuum der Reflexion. Wenn man Benjamins sehr viel später formulierten Satz ernst nimmt, der Kritiker sei «Stratege im Literaturkampf», dann muss man sich fragen, worin die Strategie der Dissertation bestand. Und die Antwort wird uns auf diesen Seiten klarwerden: Es ging um eine Selbstermächtigung des Kritikers und Prosaisten gegenüber dem Dichter.

Die Dissertation beginnt mit der Darstellung der Reflexion in der Philosophie Fichtes, die vor allem Schlegel und Novalis eifrig studiert hatten. Eine erste Entscheidung ist gefallen: Nicht das Unbewusste ist der Schlüssel, sondern das Bewusstsein. Dies ist der Hauptgedanke von Benjamins Dissertation. «Die Romantiker perhorreszieren Beschränkung durchs Unbewusste, es soll keine andere als relative Beschränkung und diese in der bewussten Reflexion selbst geben.»[7] In der Konstitution des Kunstwerks spielt das Bewusstsein die Hauptrolle. Das Werk ist «gemacht», nicht aus dem Unbewussten aufgetaucht. Und die Kritik erst vollendet dieses Bewusstsein, bringt es zur Blüte – und ist insofern nicht etwas dem Werk Fremdes.

Wenn das Werk, das Gedicht, im Wesentlichen «gemacht» ist, dann ist es in seinem Kern – wie lyrisch es auch immer erscheinen

mag – prosaisch. Diese Konsequenz unterstellt Benjamin den Ro-
mantikern: «An die gemachten, mit prosaischem Geiste erfüllten
Werke dachten die Romantiker, wenn sie den Satz von der Unzer-
störbarkeit der echten Kunstgebilde aussprachen. Was am Strahl der
Ironie zerfällt, ist allein die Illusion, unzerstörbar bleibt aber der
Kern des Werkes, weil es nicht in der Ekstase beruht, die zersetzt
werden kann, sondern in der unantastbaren nüchternen prosaischen
Gestalt. Durch die mechanische Vernunft ist auch noch im Unendlichen – im Grenzwert der begrenzten Formen – nüchtern das Werk
konstituiert. Für diese mystische Konstitution des Werkes jenseits
der eingeschränkten und in der Erscheinung schönen (im engern
Sinn poetischen) Formen ist der Roman der Prototyp.» Und: «Die
Art dieses Machens ist (…) die Reflexion.»[8]

Man glaubt, seinen Ohren nicht trauen zu können, wenn hier von
der «mechanischen Vernunft» die Rede ist; Benjamin zog aus der
Romantik den unromantischsten Schluss, der sich denken lässt, den
undichterischsten. Wenn der innerste Kern der Dichtung die Prosa
ist, dann ist die blaue Blume dahin, und dahin ist alles, was Novalis
in seinem Roman «Heinrich von Ofterdingen» über das Poetische
und Wunderbare und Märchenhafte ausdrücken wollte. Benjamins
radikalste Formulierung lautet: «Die Idee der Poesie ist die Prosa.»[9]

Wie kommt er zu diesem Schluss? Das Reflexionsmedium der
poetischen Formen, so Benjamin, «erscheint in der Prosa, darum
darf sie die Idee der Poesie genannt werden. Sie ist der schöpferische
Boden der dichterischen Formen, diese alle sind in ihr vermittelt
und aufgelöst als in ihren kanonischen Schöpfungsgrund. In der
Prosa gehen sämtliche gebundene Rhythmen in einander über, sie
verbinden sich zu einer neuen Einheit, der prosaischen.»[10] Dass die
Prosa von Benjamin geradezu der «Schöpfungsgrund» der Poesie
genannt wird, ist die extremste ästhetisch denkbare Position; eigentlich wird hier die Überlegenheit des Kritikers mit kunsttheoretischen
Weihen versehen. «Die Idee der Poesie hat ihre Individualität, nach
der Schlegel suchte, in der Gestalt der Prosa gefunden; die Frühro-

mantiker kennen keine tiefere und treffendere Bestimmung für sie, als Prosa.»[11]

Goethes Lehre vom Kunstwerk, so Benjamin im letzten Kapitel seiner Schrift, finde zur Kritik kein Verhältnis. In der romantischen Kunst aber sei «Kritik nicht allein möglich und notwendig, sondern unausweichlich liegt in ihrer Theorie die Paradoxie einer höheren Einschätzung der Kritik als des Werkes. Die Romantiker kennen denn auch in ihren Kritiken kein Bewusstsein von dem Range, welchen der Dichter über dem Rezensenten einnimmt. Die Ausbildung der Kritik und der Formen, in welchen beiden sie die größten Verdienste erworben haben, sind als tiefste Tendenzen in ihrer Theorie angelegt.»[12] Deshalb sei es konsequent, wenn Schlegel für die Bewusstseinssteigerung des Werkes durch Kritik «einen höchst bezeichnenden Ausdruck in einem Witz» gefunden habe. «In einem Briefe an Schleiermacher bezeichnet er nämlich seinen Athenäumsaufsatz ‹Über Goethe's Meister› kurz als den ‹Übermeister›, ein vortrefflicher Ausdruck für die letzte Intention dieser Kritik, welche mehr als jede andere mit seinem Begriff Kunstkritik überhaupt zusammenhängt.»[13]

Prosaisch und nüchtern – dies sind die obersten Wertbegriffe in Benjamins Kunstlehre. Und so lautet der letzte Satz der Arbeit in Bezug auf Friedrich Schlegel: «Die Absolutierung des geschaffenen Werkes, das kritische Verfahren, war ihm das Höchste. Es lässt sich in einem Bilde versinnlichen als die Erzeugung der Blendung im Werk. Diese Blendung – das nüchterne Licht – macht die Vielheit der Werke verlöschen. Es ist die Idee.»[14]

Benjamins Gedanken passten indes besser zum Selbstverständnis der extremsten Kunstavantgarden als zur Romantik. Und gerade hier spielte sich zur Zeit der Abfassung der Dissertation ein entscheidender Kampf auf dem Gebiet der ästhetischen Theorie ab. Der Komponist Hans Pfitzner etwa wollte auf das Unbewusste nicht verzichten. 1917 hatte er in den «Süddeutschen Monatsheften» eine Polemik gegen den Komponisten Ferruccio Busoni erscheinen lassen und dessen «Entwurf einer neuen Ästhetik der Tonkunst» gegeißelt.[15] Die Schlüsselszene von Pfitzners Musiker-Oper «Palestrina» ist eine der Inspiration, sie beschließt den ersten Akt und scheint wie gegen die Lehre vom «Gemachten» ankomponiert worden zu sein. Palestrina hört die Engel singen und «ergreift mechanisch die Feder». Auch Lucrezia erscheint ihm, seine verstorbene Frau. 1940 hat Pfitzner in seinem Buch «Über musikalische Inspiration» eine Erklärung folgen lassen: «Ein hässlicher, breiter Strom der *Ernüchterung* ergießt sich jetzt durch die Geisteswelt. Der Wille zu Ernüchterung bringt Theorien hervor wie die, welche einen solch hohen Begriff wie *Inspiration* rationalisieren und rationieren möchte, oder eine solche, die diesen Begriff ganz und gar ableugnet.» Man wolle der Musik «ihr Schönstes: das Geheimnisvolle, Unerklärliche nehmen».[16]

Dagegen hält Pfitzner fest: «Wer je unmittelbar einen Blick in das Reich des genialen musikalischen Schaffens getan hat, weiß, dass ohne eine Art Wunder kein wahrhaftes, bleibendes Kunstwerk entstehen kann. Und dieses Wunder heißt Inspiration.»[17] Thomas Manns Musiker-Roman «Dr. Faustus» kehrt diese These um. Hier ist es der Teufel, der dem Komponisten Leverkühn das Werk diktiert. Indem Thomas Mann dem Teufel «noch Pfitzners Inspirationslehre in den Mund legt», schreibt dazu Tim Lörke, «kennzeichnet er Pfitzner und die Anhänger eine irrationalen Kultur- und Musikvergottung als das Böse, das dem Nationalsozialismus vorarbeitet».[18]

So stand Benjamins Dissertation, weit entfernt, esoterisch und spezialistisch zu sein, in Wahrheit im virtuellen Mittelpunkt eines Kunststreits, der zugleich ein hochpolitischer war: ein Streit zwischen Avantgarde und Spätromantik. «Prosa» als Wertbegriff müssen wir mit «Lehre» zusammendenken. Das, was Benjamin wollte, ist damit sowohl seiner Form wie seinem Gehalt nach bestimmt. An Lehre und Prosa haben alle künstlerischen Hervorbringungen sich zu messen.

Am 27. Juni fand das Rigorosum der Doktorprüfung in Bern statt. Die Arbeit wurde mit der besten Note, «summa cum laude», beurteilt. Benjamin hatte Scholem nicht erlaubt, zum Examen zu kommen. Dieser erinnerte sich später: «Herbertz, Häberlin und Maync [Benjamins Prüfer] seien äußerst human und sogar begeistert gewesen, erzählte er. Dora war ausgelassen und froh wie ein Kind, und wir erzählten uns gegenseitig lauter sinnlos-sinnvolle Geschichten aus Pappelsrapp, wie Doras Phantasieort hieß.»[19]

Man könnte sich heute eine neue Wirkung Benjamins vorstellen. Mag sein, sie liegt tatsächlich in der Prosa. Wenn Adornos Idiom unverkennbar maniert anmutet, wofür die leichte Parodierbarkeit ein Beweis ist, so schrieb Benjamin in seinen besten Momenten ein klassisches Deutsch eigener Prägung, das oft geradezu klingt, als habe er diese vollendete Diktion allererst erfunden, jedenfalls aus der Gelehrtenprosa des neunzehnten Jahrhunderts verdichtet. Er, der keine Universitätskarriere machen konnte, erfand sich einen eigenen, philosophisch aufgeladenen akademischen Stil, ähnlich wie Rudolf Borchardt – auch einer, der an der Universität nicht reüssierte – in der Anthologie der «Deutschen Denkreden» einer nur in seiner Imagination existierenden Akademie ein Denkmal setzte.

Benjamins Stil war einer der bedeutendsten, aber auch der letzten Versuche aus dem intellektuellen Milieu, autoritativ und autoritär zu schreiben – am deutlichsten wohl in der frühen, durchaus hermetischen «Metaphysik der Jugend». Wer seine Essays in der Montaigne-Tradition sähe, als geistvolles, gebildetes Parlando über diverse Gegenstände, als Ideal-Feuilleton der idealisierten Weimarer Republik, ginge fehl. Der Leser muss sich, wenn er diese Schriften wirklich verstehen will, erst wieder mühsam klarmachen, dass es eminente Geister gab, die man in keiner Weise als «liberal» bezeichnen kann und deren literarischer Stil der entschiedenste Einspruch gegen jeden Pluralismus sein wollte.

Man muss die Frage noch einmal anders stellen: In welcher Weise hat die eigentümliche Theorie der Prosa, die Benjamin seiner Beschäftigung mit der Romantik abgewann, ihn produktiv gemacht? Und da liegt es auf der Hand, dass gerade er ein absolutes Gehör für die Prosa ausbildete. Die viel spätere Briefanthologie «Deutsche Menschen» behandelte die Prosa wirklich so, als sei sie die schlechthin höchste literarische Form, denn dort lesen wir: «In einer Umwelt, die in ihren Tagesmoden vom Geist der Empfindsamkeit, in ihrer Dichtung vom genialischen Wesen erfüllt war, prägen unbeugsame Prosaisten, Lessing und Lichtenberg an der Spitze, preußischen Geist reiner und menschlicher aus als das fredericianische Militär.»[20]

Und jeder von Benjamins großen literaturkritischen Essays brachte eine neue Verherrlichung des Prosaischen in stets wieder überraschenden Nuancierungen. Von Johann Peter Hebels «Schatzkästlein des rheinischen Hausfreundes» sagt Benjamin, es sei «eines der lautersten Werke deutscher Prosa-Goldschmiederei».[21] Über die Romane und Novellen Gottfried Kellers heißt es: «Gerne wollte man, um einen Ausdruck für die namenlose Süße des Kellerschen Stils und seine klingende Fülle zu haben, im umgekehrten Sinne diese Geschichte erfinden, erzählen, wie er bei dem Niederschreiben seiner Prosa von Melodien sich leiten ließ.»[22] Die «süße, herzstärkende Skepsis, die unter angelegentlichem Schauen reift, und wie ein starkes Arom aus Menschen und Dingen des liebenden Betrachters sich bemächtigt, ist nie in eine Prosa wie in Kellers eingegangen. Sie ist von der Vision des Glücks untrennbar, die diese Prosa realisiert hat.»[23] Von Robert Walsers Geschichten sagt Benjamin: «Sie kommen aus der Nacht, wo sie am schwärzesten ist, einer venezianischen, wenn man will, von dürftigen Lampions der Hoffnung erhellten, mit etwas Festglanz im Auge, aber verstört und zum Weinen traurig. Was sie weinen, ist Prosa. Denn das Schluchzen ist die Melodie von Walsers Geschwätzigkeit.»[24]

So bleibt die immer von neuem aufgenommene Diskussion des Verhältnisses von Poesie und Prosa Benjamins leitender Gesichtspunkt in literarischen Fragen. Die «große Prosa», so heißt es in dem Essay «Der Erzähler», sei «die schöpferische Indifferenz zwischen den verschiedenen Maßen des Verses».[25] Und als technische Anweisung formuliert es Benjamin in der «Einbahnstraße»: «Eine Periode, die, metrisch konzipiert, nachträglich an einer einzigen Stelle im Rhythmus gestört wird, macht den schönsten Prosasatz, der sich denken lässt. So fällt durch eine kleine Bresche in der Mauer ein Lichtstrahl in die Stube des Alchimisten und lässt Kristalle, Kugeln und Triangel aufblitzen.»[26]

Wir müssen an dieser Stelle vorgreifen. Wenn das Verhältnis der literarischen Formen sich zur Prosa hinneigt und zum bewussten Machen eher als zur Inspiration aus unbewussten Quellen, dann können wir beobachten, wie im späteren Werk die Politisierung, die in der Dissertation noch latent blieb, seit Beginn der dreißiger Jahre an Schärfe in der Formulierung gewinnt. Benjamin will nun ästhetische Begriffe formen, die «für die Zwecke des Faschismus vollkommen unbrauchbar sind», wie es in dem Aufsatz über das «Kunstwerk im Zeitalter seiner technischen Reproduzierbarkeit» heißt.[27] Außer Kraft setzen will er «überkommene Begriffe – wie Schöpfertum und Genialität, Ewigkeitswert und Stil, Form und Inhalt (…) – deren unkontrollierte (und augenblicklich schwer kontrollierbare) Anwendung zur Verarbeitung des Tatsachenmaterials in faschistischem Sinne führt.»[28]

Zu diesen Begriffen gehört auch die «Inspiration», die Hans Pfitzner so herausgestellt hatte. Und da traf Benjamin auf den Dichter Paul Valéry als einen großen Zeugen seiner nüchternen Sicht des künstlerischen Schaffens: «Valéry hat von sich bekannt, dass eine mittelmäßige Seite, auf welcher er von jedem Wort aus seiner Feder sich Rechenschaft zu geben wüsste, ihm lieber sei als ein vollkommenes Werk, das er den Mächten des Zufalls und der Inspiration danke.» An die Stelle der Inspiration trete die «Konstruktion», und hier sei eine echte Idee des Fortschritts am Werk, nämlich «die des übertragbaren in den Methoden, welche dem Begriff der Konstruktion bei Valery so handgreiflich korrespondiert, wie sie der Zwangsvorstellung der Inspiration zuwiderläuft. ‹Das Kunstwerk›, hat einer seiner Interpreten gesagt, ‹ist keine Schöpfung: es ist eine Konstruktion, in der die Analyse, die Berechnung, die Planung die Hauptrolle spielen.›»[29]

In dem Vortragstext «Der Autor als Produzent», den Benjamin 1934 verfasste, kommt ein zweiter Hauptzeuge für seine Kunstauffassung hinzu, der sowjetische Schriftsteller Sergej Tretjakow. «Der Sowjetstaat wird zwar nicht, wie der platonische, den Dichter ausweisen», liest man dort, «er wird aber (…) diesem Aufgaben zuweisen, die es ihm nicht erlauben, den längst verfälschten Reichtum der schöpferischen Persönlichkeit in neuen Meisterwerken zur Schau zu stellen.»[30] Hier nimmt die Kunsttheorie die Züge einer Rache am Dichter an. Er ist nicht mehr frei und nur sich selbst verantwortlich – ihm werden Aufträge von Staats wegen übertragen. So wird der Autor bei Tretjakow zum «operierenden Schriftsteller». «Als 1928, in der Epoche der totalen Kollektivisierung der Landwirtschaft, die Parole: ‹Schriftsteller in die Kolchose!› ausgegeben wurde, fuhr Tretjakow nach der Kommune ‹Kommunistischer Leuchtturm› und nahm dort während zweier längerer Aufenthalte folgende Arbeiten in Angriff: Einberufung von Massenmeetings; Sammlung von Geldern für die Anzahlung auf Traktoren; Überredung von Einzelbauern zum Eintritt in die Kolchose; Inspektion von Lesesälen; Schaffung von Wandzeitungen und Leitung der Kolchos-Zeitung; Berichterstattung an Moskauer Zeitungen; Einführung von Radio und Wanderkinos usw.»

Mit der Poesie hat der Vortrag begonnen, mit der Erinnerung an Platon, der die Dichter aus dem Idealstaat ausweisen wollte. «Er hatte einen hohen Begriff von der Macht der Dichtung. Aber er hielt sie für schädlich, für überflüssig – in einem vollendeten Gemeinwesen, wohlverstanden. Die Frage nach dem Existenzrecht des Dichters ist seitdem nicht oft mit dem gleichen Nachdruck gestellt worden; heut aber stellt sie sich.»[31] Immerhin ist hier noch vom «Dichter» die Rede – aber im Verlauf des Vortrags verschieben sich fast unmerklich die Begriffe. Spricht doch der Titel sachlicher vom «Autor», der wiederum als «Produzent» in einen Kontext allgemeiner gesellschaftlicher Produktion gestellt wird. Dann verwandelt sich der Begriff weiter in den des «Schriftstellers», um am Ende beim «Intellektuellen» zu landen. Die revolutionären Intellektuellen Frankreichs stützen sich, so Benjamin, «auf den Begriff, dem die Debatte um die Haltung der russischen Intellektuellen ihre entscheidende Klärung verdankt: auf den Begriff des Spezialisten».[32]

Benjamin war keineswegs im Irrtum, wenn er in der Kunst- und Dichtungslehre einen der entscheidenden Kriegsschauplätze zwischen faschistischer und linker Politik sah, es handelte sich auch nicht um die Selbstüberschätzung eines vereinsamten Geistes. Das beweist ein Blick auf Gottfried Benn. Auch dieser hatte einen Vortrag Tretjakows in Berlin gehört und ihn höhnisch kommentiert: «Eine ganz neue Art von Literatur ist im Entstehen, von der Tretjakow einige Beispiele mitbrachte und mit großem Stolz vorzeigte. Es waren Bücher, mehr Hefte, jedes von einem Dutzend Fabrikarbeitern unter Führung eines früheren Schriftstellers verfasst, ihre Titel lauteten zum Beispiel: ‹Anlage einer Obstplantage in der Nähe der Fabrik›, ferner als besonders wichtig von einigen Werkmeistern verfasst: ‹Wie schaffen wir das Material noch schneller an die Arbeitsstätten?›. Das ist also die neue russische Literatur, die neue Kollektivliteratur, die Literatur des Fünfjahresplans. Die deutsche Literatur saß zu Tretjakows Füßen und klatschte begeistert und enthusiasmiert.»[33] Gegenüber Nico Rost charakterisierte Benn Tretjakow als «literarischen Tschekatyp», der «alle Andersgläubigen in Russland verhört, vernimmt, verurteilt und bestraft. (…) Das hat mit Literatur nichts mehr zu tun.»[34]

Bis zuletzt hat sich Benjamin zu der Idee einer höheren, prosaischen Stufe der Sprache bekannt, etwa als er in der «Zeitschrift für Sozialforschung» Passagen aus dem Werk «Die Rückschritte der Poesie» herausgab und einleitete; das Werk stammt von dem Spätaufkärer Carl Gustav Jochmann, dessen Lebenszeit – 1789 bis 1830 – genau die Periode zwischen der großen Revolution und der Julirevolution umspannt. Mit welcher Erregung Benjamin die Schrift gelesen haben muss, können wir nun ermessen, wenn wir bei Jochmann hören, «jenes Verbannungsurtheil, das Plato in seinem eingebildeten Staate über den Dichter aussprach», vollstrecke «in der wirklichen Welt allmählig aber unwiderruflich eine fortschreitende Civilisation».[35]

Jochmann sah eine «Abspannung» der Poesie, die ihre ursprüngliche Kraft des heroischen Zeitalters eingebüßt habe und zur «eingelegten Arbeit unsrer geverselten Schriften» – womit er die Produktionen der Romantiker meinte – herabgesunken sei.[36] Der gesellschaftliche Fortschritt vollzieht sich in eben dem Maße, wie die Poesie an Kraft verliere: «Lassen die Rückschritte der Phantasie in ihrer naturgemäßen, früheren Alleinherrschaft sich insgesammt als Fortschritte der Vernunft betrachten, so zeigen sich die Beschränkungen ihres in einem späteren Zeitraume erzwungenen Vorherrschens als eben so viele Fortschritte des öffentlichen Wohls. Beide, Vernunft und Wohlbefinden, innere und äußere Fortschritte setzen einander gegenseitig voraus.»[37]

Vor dem Richterstuhl der Vernunft und einer guten Staatswirtschaft kann sich die Poesie nicht sehen lassen, «und heute noch giebt es vielleicht kaum zwei oder drei der gepriesenen Blüthen unsrer Poesie, die nicht, in ihre Bestandtheile zersetzt (…), als ekelhafte Gemische von Selbsttäuschung und Schmeichelei, als Vergötterungen eigner und fremder Nichtswürdigkeiten vor uns daliegen würden».[38] Fortschritte zu einer «noch glücklicheren neuen Welt»[39] sind nur durch Wissen und Arbeit möglich. Erst dann gebe es wieder eine legitime Poesie, die sich aber grundsätzlich anders darstellen würde: «Andre Früchte würde die Muße einer wahrhaft menschlichen Gesellschaft hervorbringen, als jener mühselige Müßiggang unsrer bürgerlichen, den wir Gelehrsamkeit nennen; anders müssten die Triumphgesänge des fortschreitenden Glückes lauten, als die Seufzer der unbefriedigten Sehnsucht, anders die Jubellieder des befreiten Prometheus, als die Klagen des gefesselten.»[40]

Die Dissertation bedeutete – nach der Begegnung mit dem Dadaismus – eine weitere kunsttheoretische und kunstpolitische Richtungsentscheidung Benjamins, deren Konsequenzen bis in die spätesten Arbeiten reichen und die von ihm nie aufgegeben wurde.

KAPITEL VII

DAS ARME DEUTSCHLAND: BENJAMIN UND F. C. RANG

Zu jener Zeit, da ich dem Bunde beitreten zu dürfen das Glück
hatte, nämlich unmittelbar nach dem Ende des großen Krieges,
war unser Land voll von Heilanden, Propheten und Jüngerschaf-
ten, von Ahnungen des Weltendes oder Hoffnungen auf Anbruch
eines Dritten Reiches. Erschüttert vom Kriege, verzweifelt durch
Not und Hunger, tief enttäuscht durch die anscheinende Nutzlo-
sigkeit all der geleisteten Opfer an Blut und Gut, war unser Volk
damals manchen Hirngespinsten, aber auch manchen echten
Erhebungen der Seele zugänglich.

Hermann Hesse, Die Morgenlandfahrt, 1932

In welchem Sinne war Benjamin deutsch, vom Bildungsgang und
von der Staatsangehörigkeit einmal abgesehen? «Deutscher war
Walter Benjamin insbesondere seiner Haltung und Sprechweise
wegen; natürlich war er sehr ernsthaft und zeremoniös, und seine
Art, Kontakt aufzunehmen, hatte etwas Zeremonielles», erklärte
Adrienne Monnier.[1] Jean Selz nannte ihn «korpulent» und erkannte
eine «eigentlich sehr deutsche Schwerfälligkeit».[2] So erscheint der
ewige Deutsche noch heute, von außen, von Frankreich und vom
internationalen Konsensus her gesehen: Er ist wissenschaftlich orientiert, schwerfällig, intelligent und methodisch.[3] Weit über solche
Standardurteile oder Bildungsgeschichten hinaus ging Stéphane
Hessel, der vom letzten Gespräch in Marseille berichtete: «Benjamin
warf einen verzweifelten Blick auf die Epoche. Sein Deutschland –
denn er empfand sich so unverbrüchlich als deutsch – war zu einem
Monstrum geworden, das umso grauenerregender war, je mehr es
ein fleißiges und diszipliniertes Volk mobilisierte.»[4] Gegen solche
Ansichten hat wiederum Scholem vehement Einspruch erhoben und

betont, «dass es Benjamin in den 25 Jahren seines erwachsenen Lebens, von 1915 (…) bis zu seinem Tode 1940, nie und nirgendwo in den Sinn gekommen ist, sich als Deutscher zu bezeichnen. Er stand darin in genauester Nähe zu Kafka. Beide wussten, dass sie deutsche Schriftsteller, aber keine Deutschen waren.»[5] Mit bloßen Meinungen ist hier nichts zu entscheiden, man muss näher zusehen, wie sich Benjamin in einem konkreten Fall verhält, in dem es um Deutschland, «Deutschtum» und «Volkstum» geht.

An Florens Christian Rang schrieb Benjamin am 18. November 1923: «Gewiss stehst Du mir heute für das wahre Deutschtum (ja auf die Gefahr, Dich zu verstimmen, möchte ich fast sagen, Du allein).»[6] Kennengelernt hatte er diesen Mann 1920, als er aus der Schweiz nach Berlin zurückgekehrt war. Einer der ersten früheren Bekannten, zu dem Benjamin den Kontakt wieder aufnahm, war Erich Gutkind. Im April 1920 berichtet Rangs Tagebuch von Gesprächen mit Gutkind, und unter dem Datum des 20. April findet sich dort der lakonische Eintrag: «Benjamins.» Benjamin überwarf sich bald mit seinen Eltern und zog mit Kind und Kegel in Gutkinds Haus, dessen «wundervolle patriarchalische Gastfreundschaft» er Scholem im Mai rühmte.[7] Auch Rang mag gelegentlich dazugestoßen sein. Benjamin nennt ihn zwar nicht, aber in einem Brief Gutkinds an van Eeden vom 10. Mai heißt es, ohne Zweifel im Hinblick auf die erneuerte Freundschaft mit Benjamin: «Es scheint uns, als ob sich jetzt alles aus der Erstarrung löst und wieder in Fluss kommt. Die Menschen treten wieder in neue Verbindung und auch bei uns bereitet sich viel Neues vor. Ganz neue Grundlagen werden gesucht und alles ist am Bauen.»[8] Benjamin nahm bei Gutkind Hebräischunterricht, über gemeinsame Interessen für Judaica berichtet Benjamin in einem weiteren Brief an Scholem. Ein erster gemeinsamer Plan von Gutkind, Rang und Benjamin bestand, merkwürdig genug, darin, gemeinsam nach Süddeutschland zu ziehen. «Rangs und wir und andere trachten jetzt danach, dort ein Centrum, ein Kloster zu schaffen» – so Gutkind an van Eeden.[9] Benjamin bestätigte das Vorhaben: «Da auch Gutkinds aus Berlin weg wollen, so haben wir an eine gemeinsame Wohnstätte gedacht und sehen uns schon längere Zeit danach um.»[10]

Diese Konstellation ist bemerkenswert. Rang (1864 bis 1924) war in der Vorkriegszeit ein extrem konservativer, autoritärer Denker gewesen. Seine Schriften aus dieser Zeit gehören zur nationalistisch-aggressiven Nietzsche-Rezeption. Diese Geistesart war auf eigentümliche Weise mit einer ebenso extrem revolutionären verbunden. «Evolution statt Revolution als Werdeprinzip anzunehmen ist ein Zeichen schon der Abdämmerung», schrieb er an Walther Rathenau.[11] Das hatte mit seiner Lebensgeschichte zu tun, die eine Abfolge von konvulsivischen Krisen darstellte. Er hatte Jura studiert, dann, nach einer plötzlichen Bekehrung, Theologie; wurde Pfarrer, warf ein paar Jahre später das geistliche Kleid ab «wie ein Nes-

sushemd», war in Koblenz preußischer Beamter und schrieb eine
«Abrechnung mit Gott»; trat 1914 als Ultra-Militarist auf, wirkte in
der Zivilverwaltung im besetzten Frankreich, verlor einen Sohn im
Krieg, verlor seinen Glauben an Preußen, brach förmlich zusam-
men (sein Tagebuch notiert eine nächtliche Teufelsvision obszönen
Inhalts), wechselte als Geschäftsführer zum genossenschaftlichen
Raiffeisen-Verband, näherte sich wieder, nach der neuheidnischen
Phase der Vorkriegszeit, dem Christentum, entwarf ökumenische
Pläne im größten Maßstab, verfasste eine Kritik des Weimarer Ver-
fassungsentwurfs, übersetzte Sonette Shakespeares – und lernte
endlich Benjamin kennen. Deutsch war Rang in jenem Sinne, wie
ihn Eichendorff hundert Jahre zuvor gezeichnet hat: «Viele abson-
derlich formierte Köpfe und Querköpfe» bildeten ihm die deutsche
Literatur, jeder «unbekümmert um den andern, mit seiner scharfen
Eigentümlichkeit» ausziehend, «um sich eine neue Welt zu erobern».
Eichendorffs Schlussfolgerung lautet: «Wir streifen sonach allerdings
fast beständig an die Grenze der Anarchie.»[12]

1935 veröffentlichte Benjamin unter dem Pseudonym Detlev
Holz die Erzählung «Gespräch über dem Corso. Nachklänge vom
Nizzaer Karneval» in der «Frankfurter Zeitung». Drei Figuren sitzen
in einem Café. «‹Jeder Karneval hat seine Parole›, erklärte Fritjof.
‹Le cirque et la foire, heißt die diesjährige: Jahrmarkt und Zirkus.›
‹Nicht ungeschickt›, meinte ich, ‹die Belustigungen des Karnevals
an die volkstümlichen anzulehnen.› ‹Nicht ungeschickt›, wiederholte
der Däne, ‹aber doch vielleicht unschicklich. Jahrmarkt und Zirkus –
gewiss Veranstaltungen, die der karnevalistischen Laune entgegenkommen. Aber tun sie es nicht zu sehr? Der Karneval ist ein Ausnahmezustand, Abkömmling der antiken Saturnalien, an denen das
Unterste sich zu oberst kehrt und die Sklaven sich von ihren Herren
bedienen ließen. Ein Ausnahmezustand hebt sich doch scharf eben
nur gegen einen ordentlichen ab. Der Jahrmarkt ist aber gewiss ein
solcher. Mir wäre eine andere Parole glücklicher vorgekommen.»[13]

Was dem Dänen in den Mund gelegt wird, ist ein Resümee von

Rangs Essay «Historische Psychologie des Karnevals». Rang selbst sprach in einem Brief an Benjamin vom «Triumph der Außerordentlichkeit über die Ordentlichkeit» als dem «Wichtigen und Charakteristischen» des Karnevals.[14] Benjamins Beziehung zu diesen Gedanken war keineswegs ephemer; im ersten Heft seiner geplanten, aber nie erschienenen Zeitschrift «Angelus Novus» wollte er den Essay drucken.

Rangs Ausgangspunkt ist die babylonische Gestirnsreligion, die Himmel und Erde in *einer* Ordnung zusammendachte. Wegen der Differenz von Sonnen- und Mondjahr hatte diese Ordnung eine Lücke, die als Krise empfunden worden sei: «Und nun können wir berechnen, welches Beben durch Chaldäa zog, wenn die Berechnung schließlich nicht aufging, wenn die Harmonie zwischen Himmel und Erde in den Bruch ging, wenn die beiden größten offenbaren Götter, Sonne und Mond, sich nicht in eine Rechnung bringen ließen!» Der Karneval ist, in summa, ein «revolutionärer Festrausch», und er steigert sich zur «Rebellion».[15] Die Wucht des alten Karnevals sieht Rang in den zeitgenössischen Revolutionen und Kriegen wiederkehren. Auch der bürgerliche, durch Pflicht zur Arbeit bestimmte Mensch «kann nicht vergessen. Ein Beben geht durch seine Brust, wenn die Stimmen des Rausches seine Arbeit bedrohn, wenn ein Krieg in Sicht ist, wenn ein Aufschrei unterdrückter Gieren anbellt wider die Zucht, die er sich angetan.»[16]

An dem Plan des «Angelus Novus» war Rang auch mit weiteren Vorhaben beteiligt. Die Zeitschrift sollte sich nach Benjamins Programm «ebensosehr der Dichtung wie der Philosophie und Kritik» widmen.[17] Nicht die etablierte Kultur, sondern «was in diesen Tagen als den ersten eines Zeitalters nach Leben ringt»[18], sollte in ihr zu Wort kommen; sie war nicht auf das Zentrum, sondern auf die Ränder des Geisteslebens hin angelegt, und vor allem auf Autoren, die Benjamin sehr gut kannte: Da waren zunächst die Brüder Wolf und Fritz Heinle, dann Scholem und Rang, der Sprachphilosoph Ernst Lewy (an dessen Humboldt-Seminar Benjamin teilgenommen hatte[19]), der Pfarrer und Theologe Ferdinand Cohrs (den Benjamin aus der Berliner Freien Studentenschaft kannte), Erich Unger aus dem Kreis um Oskar Goldberg, Samuel Joseph Agnon, der spätere Literaturnobelpreisträger (dessen Werk ihm Scholem nahegebracht hatte, der manches von Agnon übersetzte[20]), und Ernst Bloch. Schließlich wissen wir, dass Benjamin über Gutkinds Vermittlung an Fritz von Herzmanovsky-Orlando herantrat, der die Geschichte der alten Habsburger Welt ins Phantastische und Groteske gehoben hatte, dieser bot die Erzählung «Cavaliere Huscher» an.

Liest man die «Ankündigung der Zeitschrift Angelus Novus», die im Ton höchster historischer Objektivität, ja metaphysischer Notwendigkeit gehalten ist, dann ahnt man kaum, dass es sich tatsächlich um das Blatt eines begrenzten Freundeskreises um Benjamin handeln sollte. Aber so war es ja schon bei der Zeitschrift der Jenenser Romantik, dem «Athenaeum», die trotz der Beschränkung auf einen sehr engen Autorenkreis – sämtlich Freunde und Freundinnen der Brüder Schlegel – Epoche machte. Gerade auf das «Athenaeum» berief sich Benjamin in der Ankündigung der Zeitschrift. Ferner heißt es dort: «Die wahre Bestimmung einer Zeitschrift ist, den Geist ihrer Epoche zu bekunden. Dessen Aktualität gilt ihr mehr als selber seine Einheit oder Klarheit und damit wäre sie – gleich der Zeitung – zur Wesenlosigkeit verurteilt, wenn nicht in ihr ein Leben sich gestaltete, mächtig genug, auch das Fragwürdige, weil es von ihr bejaht wird, noch zu retten. In der Tat: eine Zeitschrift, deren Aktualität ohne historischen Anspruch ist, besteht zu Unrecht.»[21]

Martialisch klingen die Ausführungen zur Aufgabe der Kritik: «Nur der Terror wird jener Nachäffung großen malerischen Schaffens Herr werden, die den literarischen Expressionismus ausmacht.» Von «annihilierender Kritik» ist die Rede. Vorbehalten sollte die Zeitschrift jenen sein, die «nicht allein in ihrem Suchen der Seele, sondern zugleich in ihrem Denken den Dingen es abmerken, dass sie nur im Bekenntnis sich erneuern werden.»[22] Ist schon die Gründung einer eigenen Zeitschrift an sich eines der anspruchsvollsten

Vorhaben des Intellektuellen, so wird dieser Anspruch noch mit besonderem Gewicht vertreten: Die «wahre Aktualität» sollte sich bekunden, als deren Gehalt wollte Benjamin die «werdenden religiösen Ordnungen» verstanden wissen.[23]

Werdende religiöse Ordnungen suchten damals viele. Und wenn wir bisher vom Messianismus nur im Zusammenhang mit der jüdischen Hoffnung gesprochen haben, so müssen wir nun den Blick erweitern. Denn in jenen Jahren zogen durch Deutschland allenthalben Wanderprediger, barfüßige Christusse, Propheten, Lebens-, Ernährungs- und Alles-Reformer. Der Historiker Ulrich Linse hat diese kurze Epoche beschrieben: «Als die Revolutionäre erschlagen waren, im Zuchthaus saßen oder resignierten, schlug die Stunde der Wanderpropheten. Als die äußere Revolution sich totgelaufen hatte, fand sie ihre Fortsetzung in der Bewusst-seins-Revolution, in einer geistigen Wende.»[24] Schon der Dadaist Johannes Baader war von diesem Schlage. Die Welle klang nach der relativen Stabilisierung, die in Deutschland 1924 erreicht wurde (aber nur bis 1929 anhielt), wieder ab. Fast wie der Schutzengel dieser Inflationsheiligen will uns im Abstand von bald hundert Jahren auch der Angelus Novus erscheinen.

In den Briefen dieser Zeit wird Benjamins Freundeskreis dem Leser als soziales Gebilde überhaupt erst deutlich: Menschen zwischen Anfang zwanzig und Anfang dreißig (nur Rang und Gutkind sind bereits wesentlich älter), die einander in ihren Lebensentscheidungen beeinflussen, und das mit einer Intensität, die gewiss aus der biographischen Phase zu erklären ist, durch das gemeinsame Philosophieren aber, wie es vor allem Rang und Benjamin verbindet, noch gesteigert wird. «Sturmzeichen» erkennt Benjamin 1923 in der Tatsache, dass die «Vereinsamung der geistigen Menschen im Wachsen begriffen ist»[25], und ohne Übertreibung kann man sagen: Zu Beginn der zwanziger Jahre widmet er sich keiner Aufgabe so sehr wie der Überwindung dieser Isolation. Nicht nur, dass er über lange Zeit an der Einleitung zum Nachlass Fritz Heinles arbeitet, mit Exkursen in die antike Lyrik, und damit wissenschaftliche Arbeit und

Freundespflicht verknüpft.[26] Scholem gegenüber bekennt er, dass er ihm die neue «Richtung» seines Lebens verdanke – gemeint ist die Aufnahme des Hebräischstudiums, das dann allerdings bald wieder abgebrochen wird. Ausführlich werden in den Briefen die Wege der Freunde besprochen: der Entschluss Alfred Cohns, Volksschullehrer zu werden, trifft auf Missbilligung, während Ernst Schoen von Benjamin Ermutigung erfährt. Neben dem brieflichen Austausch über den Lebensweg, den die Freunde einschlagen, ist die materielle Unterstützung Einzelner zu nennen: die Geldsammlung für die Behandlung des lungenkranken Wolf Heinle nimmt breiten Raum ein (gern wüsste man mehr über den Kontakt zu dem Bildhauer Georg Kolbe, der bestanden haben muss), während bei anderen praktischen Schwierigkeiten Rang als Berater im Hintergrund sichtbar wird (er empfahl unter anderem Benjamin die Habilitation in Gießen).

Die Zeitschrift «Angelus Novus» sollte also der literarischen Darstellung dieses Freundeskreises gewidmet sein. Ist es Zufall, dass Benjamin in jenen Jahren mit einer von ferne bewundernden Neugier Stefan George beobachtet, das Vorbild eines Kreisgründers? «Stunden waren mir nicht zuviel», schreibt er Jahre später, «im Schlosspark von Heidelberg, lesend, auf einer Bank, den Augenblick zu erwarten, da er vorbeikommen sollte. Eines Tages kam er langsam daher und sprach zu einem jüngeren Begleiter.»[27] Als Wolf Heinle stirbt, schreibt Benjamin an Rang Zeilen, deren George'scher Duktus unüberhörbar ist: «Er und sein Bruder waren die schönsten Jünglinge, die ich gekannt habe.»[28]

Macht man solchen Kreisen die Verlustrechnung auf, dann findet man natürlich manche Neurosen und gestörte Persönlichkeiten. Und auch bei Benjamin und in seinem Umkreis gibt es Anmaßungen, Selbstüberschätzung und diktatorisches Gebaren. Dass aber eine Gruppierung, wie sie hier erkennbar wird, vor allem die Widerstandskraft ihrer Mitglieder zu stärken vermag, dass in ihr der Anteil, den die Einzelnen aneinander nehmen, überhaupt Gestalt finden kann, ist dabei die andere, verdeckte Seite. Auf die Frage, wie philosophische Positionen, die in dem Augenblick ihrer Formulierung nicht mehrheits- und anschlussfähig sind, anders als in solchen Gruppen überdauern können, bleiben die soziologischen Kritiker die Antwort schuldig.

An Richard Weissbach berichtet Benjamin Anfang Dezember 1921: «Abgesehen von angekündigten Arbeiten, wie einem großen Aufsatz über Shakespeares Sonette, einer Arbeit über ‹Das Gebet›, ‹Wucher und Recht›, ‹Recht und Gewalt› von verschiedenen Autoren liegt auch bereits einiges vor, was im ersten Heft keine Aufnahme mehr finden kann. (…) Alles dies sind Arbeiten aus dem Kreise meiner Bekannten.»[29] Zu «Wucher und Recht» haben sich nur Notizen von Rang erhalten. Seine große Arbeit über Shakespeares Sonette, aus der er wohl einen Auszug im «Angelus» gedruckt sehen wollte, war Benjamin am Ende doch nicht genehm. Dieser vermerkt kritisch in einem Brief an Scholem, dass diese Arbeit «wieder auf Christus hinausläuft».[30] Wie Benjamin auch schon an Rangs Essay «Goethe's Selige Sehnsucht» Anstoß genommen hatte, der das Verhältnis von lyrischer Dichtung und Religion im Spätwerk Goethes klären wollte. In einer gewissen Verzweiflung wandte er sich an Scholem mit der Bitte um eine Begutachtung von Rangs Arbeit und hielt seine eigenen Thesen dazu fest: «Mein Urteil über die Arbeit ist in Kürze: I. Die Sprache ist unerträglich bzw. voller Abgeschmacktheiten. II. Was er über das Gedicht sagt, das sagt er – anders als der echte Kommentar es tut – vielfach auf Kosten des Gedichts. III. Sehr Wesentlichem, dem eigentlich Dichterischen, an diesem Gedicht wird er nicht gerecht. IV. Er wird auch sehr wesentlichen Seiten an diesem nicht gerecht. V. Die Arbeit enthält sowohl über das Gedicht wie insbesondere über die Bedeutung des Divan als Gesamtwerk außerordentlich tiefe, sehr wesentliche und bisher meines Wissens niemals geahnte Einsichten. Was darin über Goethes Religion steht halte ich für vollkommen wahr. VI. Die gnostizistische Metaphysik die als Gehalt im Hintergrund der Arbeit steht und als Form in ihrem Vordergrund lehne ich ab.»[31] Tatsächlich riet Scholem zur Ablehnung.

Damals erreichte eine Krise der Freundschaft ihren Höhepunkt; wiederum an Scholem schrieb Benjamin, dass seine «prinzipielle – und vielleicht geradezu zur Trennung führende – Auseinandersetzung mit ihm [Rang], aller bisher aufgewendeten Vorsicht zum Trotz nicht mehr zu vermeiden sein wird.»[32] Schon vorher hatte er Rangs «Selbstsicherheit» und seinen «Ton des nicht-zu diskutierenden, schlechtweg diktatorischen oder imponierenden» beklagt.[33] Dennoch kamen die beiden wieder zusammen. Im Herbst 1922 schrieb Benjamin an Rang: «Sollte der Angelus doch noch erscheinen, so müsste das jedenfalls so geschehen, dass er nicht meine akademischen Pläne durchkreuzt. Auf alle Fälle bliebe, selbst daneben, für ein privates Organ noch Platz, in dem gefährlichere Dinge erscheinen könnten (unter Deiner Redaktion, wie ich dächte).»[34]

Auch Benjamin hatte sich, wie Rang, mit dem späten Goethe beschäftigt, als er zwischen Ende 1921 und dem Sommer 1922 seine Kritik des Romans «Die Wahlverwandtschaften» schrieb. Ein Paar, Charlotte und Eduard, lebt auf einem Landgut. Ein Freund Eduards tritt in diesen Kreis ein, der in Not geratene Otto, und Charlottes ebenso mittellose Nichte Ottilie. Goethe war sechzig Jahre alt, als der Roman erschien. Der Titel deutet in einem Gleichnis das an, was nun geschieht: Chemische Elemente und Stoffe verbinden sich zu neuen Stoffen.

Diese Konstellation entsprach ziemlich genau jener, in der sich Benjamin fand, wie Scholem berichtet: «Als Ernst Schoen in den ersten Monaten von 1921 in erneute freundschaftliche Verhältnisse zu Walter und Dora trat, verliebte sich Dora heftig in ihn und war einige Monate in ganz euphorischer Stimmung. Sie sprach darüber auch offen mit Walter. Im April kam Jula Cohn, die Schwester seines Jugendfreundes Alfred Cohn, mit der Walter und Dora schon in der Jugendbewegung und vor ihrer Reise in die Schweiz – ich weiß nicht genau wie eng oder lose – befreundet waren, nach Berlin, wo Benjamin sie nach fünf Jahren zum ersten Mai wieder traf. Er fasste eine

Ernst Schoen (1894 bis 1960) war schon in der Jugend mit Benjamin befreundet und zeitweise der Geliebte von dessen Frau Dora. In seinem Gedicht «Achim» heißt es: «Die Uhr geht auf acht / Und ich geh Gute Nacht / Zum Kinderschlummer süssen / Hab viel gemacht / Und den Tag überdacht / Und Dir Gruss gebracht / Wolle mich wieder grüssen.»

leidenschaftliche Neigung zu ihr und stürzte sie auch wohl einige Zeit in Verwirrung, bevor sie sich darüber klar wurde, dass sie sich nicht für ihn entscheiden konnte.»[35]

Jula Cohn wiederum verliebte sich in Ernst Schoen, wie Charlotte Wolff berichtet, der selbst aber eine heftige Liebe zu Dora empfand. Ebenfalls Charlotte Wolff verdanken wir die Beschreibung von Jula Cohns eigentümlicher Schönheit: «Sie war zart gebaut und ging mit leicht gebücktem Rücken. Ihr Gesicht beeindruckte durch eine porzellanweiße Haut und rundliche Formen. Die runden Wangen saßen unter einer hohen, gewölbten Stirn. Zum Lesen hielt sie eine

*Jula Cohn war Bild-
hauerin. Um 1926
schuf sie diesen
(leider verschollenen)
Porträtkopf Benja-
mins, den vermutlich
Sasha Stone foto-
grafierte.*

Lorgnette vor ihre kurzsichtigen und tiefliegenden Augen. Sie ähnelte Walter auch in der Kurzsichtigkeit. Als ich einmal ihre Myopie erwähnte, antwortete Walter: ‹Venus war auch kurzsichtig.›»[36]

Jula Cohn, die Bildhauerin, gehörte zu den nicht wenigen Frauen um Benjamin, die sehr genau auf Menschen schauten. Asja Lacis hatte als Regisseurin einen Blick für szenische Prägnanz; Gisèle Freund, die Porträtfotografin, hatte ihn für Gesichter; seine spätere Geliebte Anna Maria Blaupot ten Cate war Malerin, und Charlotte Wolff las in den Händen. Mit Charlotte Wolff sprach Benjamin über seinen Kummer. «Ich bin überzeugt, dass er ihre Unerreichbarkeit wollte und brauchte. (…) Diese seine psycho-physische Veranlagung erlaubte ihm lieben zu können, ohne auf Gegenliebe zu hoffen.»[37]

Am 30. April 1921 berichtete Dora an Scholem: «Heute sagte mir Walter, Jula habe über E. [Ernst Schoen] und mich Alles ihren Verwandten erzählt – *Bürgern* – er ist ebenso entsetzt wie ich – auch Pflaum hat sie alles gesagt – über sich und Walter nichts – wir wollen sehen, was noch zu retten ist. Es wird wohl bald zur Katastrophe kommen.»[38] Walter mache ihr Sorgen: «J. hat sich zu ihm nicht entschieden, er möchte sich trennen und kann es nicht, ja weiß nicht, ob er es von sich verlangen sollte. Ich weiß, dass sie ihn nicht liebt, und sie wird ihn nie lieben. Sie ist zu ehrlich, sich's vorzumachen und zu naiv – da sie noch nie geliebt hat – um sich klar darüber zu sein.» Und wenig später: «Wenn er diese Sache überwindet, wird er so groß sein, als ein Mensch heute sein kann. Wird er sie überwinden?»[39] Im Januar 1922 kündigt Dora nach einer Zeit der Trennung aus London an, das gemeinsame Leben mit Walter wieder aufnehmen zu wollen. «Wenn ich bei E. bleiben wollte, müsste ich ganz zu ihm gehen; dazu war ich zwar zu Neujahr entschlossen, aber inzwischen habe ich mich auf mich selbst besonnen.»[40]

Doch zurück zu den «Wahlverwandtschaften». Drei klassisch-dialektische Teile hat Benjamins Essay: «Das Mythische als Thesis», «Die Erlösung als Antithesis» und «Die Hoffnung als Synthesis».[41] Goethes Roman wird mit theologischen Kategorien überschrieben. Der erste Teil bindet die Auslegung des Mythischen an den Umgang mit der Erde und dem Wasser. Die Romanfiguren greifen in ihrem Verhältnis zur Erde, das sich scheinbar frei von Aberglauben in Freiheit und Bildung gestaltet, entwürdigend in den Boden ein: «Ohne Bedenken, ja ohne Rücksicht»[42] werden Grabsteine versetzt, wird der Boden dem Geistlichen zur Kleesaat überlassen. «Keine bündigere Loslösung vom Herkommen ist denkbar, als die von den Gräbern der Ahnen vollzogene, die im Sinne nicht nur des Mythos, sondern der Religion den Boden unter den Füßen der Lebenden gründen.»[43] Nun wird, als ungewolltes Resultat des freien Schaltens und Waltens, die «magnetische Kraft des Erdinnern» wach, im Spiel wird in Wahrheit das «Unergründliche» mobilisiert.[44] Goethes Romanfiguren stehen für eine missglückte Emanzipation, die erste Form einer Dialektik der Aufklärung erscheint. Der verschönerte Schauplatz nimmt die hadeshaften Züge einer Unterwelt an. Die vermeintliche Harmonie ist tiefe Friedlosigkeit. Unter der Oberfläche des «Schicklichen»[45] wirken die mythischen Mächte, die ein Opfer fordern.

Diese Dialektik von Emanzipation und chthonischer Magie, von Bildungsdasein und Friedlosigkeit, wird im zweiten Teil des Essays, der sich der Auslegung der Novelle von den wunderlichen Nachbarskindern widmet, außer Kraft gesetzt. Nicht mehr eine Gesellschaft erscheint hier, sondern eine «Gemeinschaft der Friedlichen», die dem «chimärischen Freiheitsstreben» der Romanfiguren abgesagt hat.[46] Merkwürdig vertauscht sind die Bilder: Unabhängigkeit, Freiheit, Bildung und Spiel sollen den Mythos wachrufen, während die gemeinschaftliche Idylle mit den Zügen der Utopie versehen wird und gerade in ihr die Entzauberung der Natur sich vollziehen soll. Alles stehe jetzt im «hellen Licht», schreibt Benjamin.[47] In eine neue Fragestellung führt der dritte Teil des Essays. Das Wesen der Kunst und des Schönen wird behandelt; Benjamin folgt dabei einer Stufenfolge von Eros und Liebe, die durch die Schönheit Ottiliens entzündet werden. Von ihr heißt es, dass nicht der triumphierende Schein «blendender Schönheit» ihr eigne, sondern der «verlöschende Schein». Ihr Wesen strahlt einen «milden Schimmer» aus, der «noch einmal am süßesten dämmert vor dem Vergehen».[48] Unmerklich geht die Schilderung von Ottiliens Schönheit in ein Bild des Abendhimmels über. Denn nun gedenkt Benjamin des Augenblicks, «da die Sonne verlischt und im Dämmer der Abendstern aufgeht, der die Nacht überdauert. Dessen Schimmer gibt freilich die Venus.»[49] Dem stelle Goethe «den Glanz, der schmerzhaft strahlt, im Namen und in der Erscheinung der Luciane, und ihren sonnenhaften, weiten Lebenskreis dem mondhaft-heimlichen Ottiliens gegenüber».[50]

Eben diese Aura war um Jula Cohn, wie sie Benjamin in einem Sonett geschildert hat: «Aber der Liebenden Mond der Geliebtesten Name / Nimmer wollte der goldene dennoch sich runden / Wenn er sein milderes Licht in unzähligen Stunden / Auf mein Antlitz geworfen doch über ein Kleines / Strahlet ihn Jula das deinige voller in meines.»[51]

Benjamin hatte nun erstmals eine Landschaft in ihren Elemen-

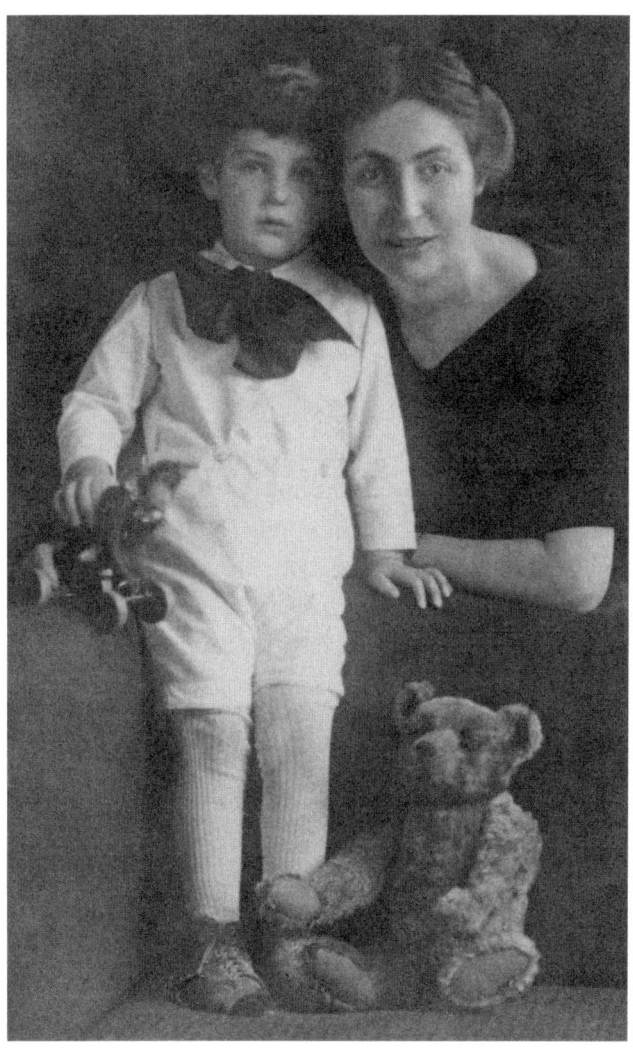

«Dora meisterte alles spielend leicht. Schon durch ihr auffälliges
Aussehen war sie auf eine überwältigende Weise stets präsent. Doch
mehr als das: Diese blonde Jüdin mit den leicht hervortretenden Augen,
einem scharfgeschnittenen Mund und vollen roten Lippen, strahlte
Vitalität und Lebensfreude aus», schreibt Charlotte Wolff. Unser Bild
zeigt Dora Benjamin mit dem gemeinsamen Sohn Stefan Rafael.

ten, in ihrer Aura wie in ihrer theologischen Bedeutung schildern können: als Natur und als Geschichte. In den späteren Städteporträts – und im Passagenwerk – konnte er diese Erfahrung weiter fruchtbar machen.

Florens Christian Rang war es, der die große Wirkungsgeschichte dieser Arbeit einleitete. Er schrieb an Hugo von Hofmannsthal, der die Zeitschrift «Neue Deutsche Beiträge» herausgab, berichtete ihm von Benjamins Arbeit und schlug vor, nach dem misslungenen Plan des «Angelus Novus» eine andere Zusammenarbeit ins Auge zu fassen. Hofmannsthal zeigte sich offen: «Ja, ich bitte Sie, und bitte Ihren mir unbekannten Freund Benjamin um Hilfe – und möge nach Ihren Worten eine merkliche Mitbeiträgerschaft Ihres Freundes und Ihrer der Fahrtrichtung einen bestimmten Zug leihen. (…) Dass sich Benjamin mit gelegentlichen aber doch nicht seltenen Beiträgen einstellen, – Sie in Abständen mit einem höchst gewichtigen – und beides so weit continuierlich, dass Ihr alter Plan eines geistigen – das Wort in seiner ganzen Schwere gebraucht – Archives nicht nur nicht verloren gienge sondern etwa kraft seiner inneren Gewalt mehr und mehr aus der Miene meiner Zeitschrift hervorträte: hiermit sprechen Sie, spreche ich mit Ihren Worten ein Durchführbares aus, wofern einzig nur (darüber haben wir ja keine Gewalt) sich mir nicht das Individuum des Herrn B. als ein mit meiner Natur auf keine Weise zu concordierendes ergäbe – was mir aber so wenig wahrscheinlich ist, dass ich eben nur, um auch das einzig mögliche Hindernis mit Namen genannt zu haben, – es hinzusetze.»[52]

Hofmannsthal erbat Proben, um die «Geistesart» Benjamins erkennen zu können. «Mich mit ihm und Ihnen so zu verbünden, ist ja wieder Ermutigung für mich – ich anticipiere die Möglichkeit der Übereinstimmung, die ja, traue ich, keine halbe sondern im Eigentlichen, eine volle sein wird.»[53] Wie sehr er von der Wahlverwandtschaften-Arbeit dann ergriffen war, spricht ein Brief vom 21. November an Rang aus: «Erwarten Sie bitte nun nicht, dass ich über den schlechthin unvergleichlichen Aufsatz von Benjamin, den Sie die Güte hatten mir anzuvertrauen, mich eingehender äußere. Ich kann nur sagen, dass er in meinem inneren Leben Epoche gemacht hat und dass sich mein Denken, soweit nicht die eigene Arbeit alle Aufmerksamkeit erzwingt, kaum von ihm hat lösen können. Wunderbar ist mir – um von dem scheinbar ‹Äußeren› zu sprechen – die hohe Schönheit der Darstellung bei einem so beispiellosen Eindringen ins Geheimnis; diese Schönheit entspringt aus einem völlig sicheren und reinen Denken, wovon ich wenig Beispiele weiß. Sollte dieser Mann ein jüngerer, etwa weit unter meinen Jahren sein, so wäre ich von dieser Reife aufs Äußerste betroffen. Der Zusammenhang tiefster Art mit Ihrer Welt hat mich ergriffen; welche Wohltat dergleichen gewahr zu werden, in einer bis zum Erschreckendsten zerrissenen Welt. Erlange ich also durch Sie die innigst erbetene Erlaubnis diese Arbeit in den Beiträgen zu bringen (und zwar im nächsten Heft die Abschnitte I. und II. im schleunigst darauf folgenden Abschnitt III) so werden diejenigen, welche Geistiges aufzunehmen wissen sogleich den Zusammenhang mit Ihren Beiträgen herzustellen sich gedrungen fühlen und wird somit, darf ich hoffen, ein Wesentliches von dem erreicht, was Ihnen seinerzeit in Bezug auf eine gemeinsame mit Herrn B. zu begründende eigene Zeitschrift vorschwebte.»[54]

Benjamin sah sich nun auf entschiedenste Weise in seinem Denken anerkannt. «Du weißt um Autoren-Verfassungen zu gut Bescheid», schrieb er am 26. November an Rang, «als dass ich auszumalen brauchte, wie sehr die Zeilen von Hofmannsthal mich beglückt haben (da sie dies zu tun vermögen, ohne irgend die Eitelkeit ins Spiel zu bringen). Es ist dieses Besondere an ihnen, dass sie jenen vom Berühmten über den Unbekannten fast unvermeidlichen Nebenton vermissen lassen: als legitimiere erst das Lob des ersten die Leistung des zweiten. Meine Antwort glaubte ich ebenso dankbar wie formvoll halten zu müssen.»[55]

Tatsächlich holt der Brief, den Benjamin dann an Hofmannsthal

schrieb, philosophisch sehr weit aus. «Es ist von hoher Bedeutung für mich, dass Sie die Überzeugung, welche in meinen literarischen Versuchen mich leitet, so deutlich herausheben und dass Sie sie, wenn ich recht verstehe, teilen. Jene Überzeugung nämlich, dass jede Wahrheit ihr Haus, ihren angestammten Palast, in der Sprache hat, dass er aus den ältesten logoi errichtet ist und dass der so gegründeten Wahrheit gegenüber die Einsichten der Einzelwissenschaften subaltern bleiben, solange sie gleichsam nomadisierend, bald hier bald da im Sprachbereiche sich behelfen, befangen in jener Anschauung vom Zeichencharakter der Sprache, der ihrer Terminologie die verantwortungslose Willkür aufprägt. Demgegenüber erfährt die Philosophie die segensreiche Wirksamkeit einer Ordnung, kraft welcher ihre Einsichten jeweils ganz bestimmten Worten zustreben, deren im Begriff verkrustete Oberfläche unter ihrer magnetischen Berührung sich löst und die Formen des in ihr verschlossenen sprachlichen Lebens verrät. Für den Schriftsteller aber bedeutet dieses Verhältnis das Glück, an der Sprache, welche dergestalt vor seinen Augen sich entfaltet, den Prüfstein seiner Denkkraft zu besitzen.»[56] Benjamins Arbeit erschien in zwei Folgen 1924 und 1925 in den «Neuen Deutschen Beiträgen».

1923 war ein Entscheidungsjahr der Weimarer Republik. Kaum jemals war eine solche Fülle von bedeutenden Ereignissen in der Weltgeschichte auf so engem Raum zu finden. Die Inflation wurde zur Hyperinflation, im Oktober war der Dollar 4,2 Billionen Mark wert. Im November versuchte Hitler seinen Münchner Putsch, aber schon einen Monat zuvor hatten die Kommunisten, durch sowjetische Militäremissäre verstärkt, den «Deutschen Oktober» geplant, aus dem dann nur der schnell zusammenbrechende Hamburger Aufstand unter dem späteren KPD-Führer Ernst Thälmann wurde. Im Westen, im Rheinland und vor allem in der Pfalz, kam es zu separatistischen Umsturzversuchen. Von Frankreich wurden sie unterstützt. Vor allem: Politisch hatte das Jahr 1923 am 11. Januar begonnen, als die Franzosen ins Ruhrgebiet einmarschiert waren. Erst damit nämlich war die Radikalisierung umfassend, rechts und links ergreifend: Die Krise war eine der Nation, deren Bestand auf dem Spiel stand, und sie war ökonomisch und sozial, indem sie per Inflation den Mittelstand enteignete. Und tatsächlich ging die kommunistische Putschgefahr der nationalsozialistischen voraus. «Inzwischen erfüllt uns die schreckliche wirtschaftliche Lage in Deutschland (…) mit großer Sorge. Dazu kommt die schreckliche geistige Infektion, welche sicher der Einmarsch ins Ruhrgebiet zur Folge hat. Hier lass es mich aussprechen, dass Deutschland mehr Männer wie Dich zur Stunde nötig hätte, die ihren Blick ins Innere der Dinge sich nicht trüben lassen und Ruhe bewahren, ohne Realpolitiker zu sein.»[57] So Benjamin am 18. Januar 1923 an Rang.

Der «Frankfurter Kreis» war eine Verbindung von Menschen, die aus religiösen Motiven politisch und sozial wirken wollten. Er stand dem religiösen Sozialismus nahe, hielt aber Abstand zu dessen marxistisch inspiriertem Flügel. 1923 sah sich der Kreis zu einem «innerpolitischen Schritt»[58] aufgerufen, der gerade in hoffnungsloser Zeit ein Zeichen setzen sollte. Ein erstes Treffen war für Anfang März geplant, Rang lud Benjamin dazu ein. Der sagte am 23. Februar zu, «Anfang März zu Frankfurter Besprechungen» zu kommen.[59] «Freilich», heißt es wenig später, «diese letzten Reisetage durch Deutschland haben mich wieder an einen Rand von Hoffnungslosigkeit geführt und mich in den Abgrund sehen lassen.»[60] Nach dem Treffen schrieb Benjamin an Rang, die Zusammenkunft sei ihm «als Gesamteindruck doch sehr wichtig gewesen (...). Eine unvermutete Seite Deutschlands sprang mir hervor. Ich bin Dir sehr dankbar, mir diese Erfahrung gegeben zu haben.»[61] Rang wurde mit der Ausarbeitung eines Manifestes beauftragt. Aus einem Brief an Hofmannsthal vom Juni 1923 erfahren wir zum ersten Mal den Titel: «Deutsche Bauhütte». Das Manuskript wurde im Kreis vorgestellt. In Benjamins Brief an Rang vom 28. September heißt es: «An das Schicksal der Schrift, die Du in Frankfurt verlasest, denke ich bekümmert. Es ist wohl aussichtslos, dass sie gedruckt wird.»[62] Thema ist zunächst die «mögliche Gerechtigkeit» gegen Belgien und Frankreich. Diese soll eingeleitet werden, indem die Deutschen die Gewissensforderung anerkennen, für die Zerstörungen in Belgien und Frankreich Ersatz zu leisten. Und zwar nicht durch staatliche Reparationsleistungen, sondern freiwillig, in Gemeinschaften. Diese Gewissensforderung stehe höher als die Staatsraison, sie bestreite zwar nicht das Recht, aber «übertrumpft es und stellt den Menschen auf eine Ebene, die höher, darum aber auch schmäler ist, als die des Rechts».[63] «Das Wort ‹möglich› scheidet diese Schrift von jenen allgemeinen Vorhaltungen gewisser pazifistischer Kreise – und vor allem von den gehässigen Anwürfen aus den forderungsberechtigten Staaten –, als könnte Politik – die deutsche in diesem Fall – sich regeln schlechthin nach absoluter Moral oder nach einem absoluten Rechtsanspruch; als wäre sie nicht verhaftet unter widersprechenden Bedingungen.»[64] Andererseits wisse man sich aber auch geschieden von dem «Trug und den unaufhörlichen Winkelzügen der blosz Grundsatzlosen, von jener Art Politiker, die in Politik überhaupt nichts schlechthin Gültiges anerkennen (…), sondern nur Bedingtes, nur Macht und Geschäfte».[65]

Der allgemeineren Philosophie der Politik widmet sich ein sprachlich gewaltiger Abschnitt, der das Zusammenspiel von Untätigkeit und Idealismus als spezifisch deutsches Verhängnis gleichsam nibelungisch und wagnerianisch schauerlich beleuchtet: «Die Dämonie des Schicksal-Glaubens, dasz Menschen-Tugend umsonst ist, – die finstere Nacht eines Trotzes, der den Sieg der Lichtmächte in Götterweltbrand zerlodert, (…) die scheinbare Willensherrlichkeit dieses Schlachtentod-Glaubens, der das Leben nicht achtend hinwirft für die Idee, diese wolkenschwangere Nacht, die uns schon Jahrtausende überlagert und statt Sterne nur Blitze zu Wegkündern gibt, betäubende, verwirrende, nach denen die Nacht nur um so dunkler uns stickt: diese grauenvolle Ansicht des Welt-Todes statt Welt-Lebens, die sich in der deutschen Idealismus-Philosophie das Grauen mit dem Gedanken erleichtert, dasz hinter Wolken ja Sternenhimmel sei, – diese deutsche Geistes-Grundrichtung ist zutiefst willenlos, meint nicht, was sie sagt, ist ein Verkriechen, eine Feigheit, ein Nichtwissenwollen, Nichtleben- aber auch nicht Sterbenwollen.»[66]

Man versteht nach diesen Zeilen, warum Benjamin von Rang als dem «tiefsten Kritiker des Deutschtums seit Nietzsche» sprechen konnte. Das Urteil ist vielleicht nicht einmal unmittelbar falsch. Es macht aber einen Unterschied, ob man, wie Nietzsche, nach einem siegreich beendeten Krieg und der triumphalen Reichsgründung zum Kritiker wird – als einer gegen alle –, oder ob man es nach einem verlorenen Krieg tut, wenn für die Planstelle des Deutschtums-Kritikers sehr viele Bewerbungen eingehen.

Rang wollte seinen Aufruf mit «Zuschriften» aus dem Frankfurter Kreis versehen wissen, die den Charakter einer «Bauhütte», einer Gemeinschaft, bekunden sollten. Auch bei Benjamin fragte er an.

Dieser sah sich vor eine schwierige Entscheidung gestellt: So sehr er manche von Rangs politisch-philosophischen Maximen teilte, so fragwürdig war es ihm geworden, inwieweit er als Jude zu deutschen Problemen Stellung nehmen sollte. Seine nächsten Freunde hatten sich gegen ein solches Engagement entschieden. Scholem hatte die Frage 1923 mit seiner Auswanderung nach Palästina praktisch beantwortet, und auch Gutkind sah in Deutschland keine Chance mehr: «Sollen wir immer weiter der deutschen Welt verhaftet bleiben», schrieb er im Sommer 1923 an Rang, «zu der wir schließlich nur noch im Verhältnis des vergiftetsten Ressentiments stehen – und stehen müssen. Es scheint doch endgültig, als ob Deutschland sich nicht anders als in der Form der antisemitischen Militärdiktatur formulieren kann. Aber was sollen *wir* eigentlich dabei? (…) Nein, (…) unser Weggang ist (wie übrigens auch für Walter) nur mehr eine technische Frage. (…) Diese Fragen betreffen auch Deine politische Schrift, die ich nicht kenne, und von der ich nur durch Walter höre.»[67] Auch Benjamin spürte, dass die Gefahr näher rückte. Das «arme Deutschland», so die Formulierung in einem Brief an Gottfried Salomon-Delatour nach der Besetzung des Ruhrgebiets durch französische Truppen, ist zugleich auch das, in dem Pogrome wieder auf die Tagesordnung kommen: «Hier sah es gestern besonders böse aus. Dass es im Zentrum antisemitische Unruhen gab, werden Sie gelesen haben.»[68]

Benjamins Stellungnahme war der Versuch, sowohl seine Loyalität gegenüber Rang als auch seine Distanz in einer emphatisch «deutschen» Angelegenheit deutlich zu machen. An das briefliche Gespräch zwischen Gutkind und Rang anknüpfend, schrieb er am 18. November: «Erich hat (…) das positive des deutschen Phänomens wohl nie erfahren, sondern vor Jahren in einer sehr unglücklichen Weise in jenen ersten Büchern, die er überwunden hat, dem Europäischen in einer unvorsichtigen Weise, die für den Sehenden sich eines Tages enthüllen musste, als Irrtum enthüllen musste, sich verschrieben. Indessen für mich immer begrenzte Volkstümer im

Vordergrunde standen: das Deutsche, das Französische. Dass und wie tief ich an das erstere gebunden bin, entschwindet meinem Bewusstsein niemals.»[69] Und doch zögert er: «Nicht zum ersten Mal erfährst Du von mir, dass ich nur ungeheuer widerstrebend, nur mit tiefsten Bedenken, Deine Gefolgschaft mit meiner Person, mit dem Jüdischen in ihr vermehre. Nicht aus opportunistischen Erwägungen stammen diese Bedenken, sondern aus der jederzeit zwingend mir gegenwärtigen Einsicht: dass in den furchtbarsten Augenblicken eines Volkes einzig die zu reden berufen sind, die ihm angehören, nein mehr: die ihm im eminentesten Sinne angehörn.» Dann heißt es: «Reden soll der Jude sicher nicht.» Legitim könnten nur die «geheimen Beziehungen zwischen Deutschen und Juden sich behaupten. Im übrigen gilt (…): dass alles was von deutsch-jüdischen Beziehungen *heute sichtbar* wirkt, dies zum Unheil tut und dass eine heilsame Komplizität die edlen Naturen beider Völker heute zur Schweigsamkeit über ihre Verbundenheit verpflichtet.»[70]

Am Ende teilte Benjamin aber dennoch mit: «Meine Mitgliedschaft in der Bauhütte hast Du.»[71] Gleichzeitig erneuerte er seine Vorbehalte gegenüber einer sichtbaren Präsenz jüdischer Beiträger. Sieben Zuschriften seien das Minimum. «Wieviel von der Zahl dürfen Juden sein? Nicht mehr als ein Viertel!»[72]

Benjamins eigene Zuschrift, die im Anhang der «Bauhütte» gedruckt wurde, war ein Meisterstück zwischen Zurückhaltung und Bekenntnis. Er wolle die Schrift nicht kommentieren, schreibt er – dies würde ihre «eigentümliche Schönheit (…) leicht verletzen. Gewiss ist diese Schönheit nicht das Wesentliche. Aber keine Materie, deren der Philosoph sich verantwortlich annimmt, kann sie verleugnen.» Wirkung könne dieser «endlich erhobenen Weise einer Rede» nur erhofft werden, wenn sie «ausklingen» könne.[73] Benjamin teile jene Hoffnung nicht, die Veröffentlichung aber habe ihm manche Zweifel genommen. Vor allem sieht er sich befreit von der lähmenden Alternative von Militarismus und Pazifismus. Man könne mit Ausländern frei reden: «Denn diese Schrift achtet die geistigen Grenzen unter den Völkern im gleichen Maße, als sie ihre Sperrung verächtlich macht.»

Der darauf folgende Abschnitt kommt ganz aus der mit Rang debattierten Ideenlehre, die wir als Alternative zur Systemphilosophie im Trauerspielbuch wiederfinden werden: «Es ist ja das gemeinschaftliche Anliegen der Gewissenlosigkeit und der Ideenarmut, die sittliche Vielheit der Ideen unter der undurchsichtigen Allgemeinheit des Prinzips zu ersticken. Vielleicht siehst Du es gern, wenn ich an meinem Teil hervorhebe, dass aus Prinzipien nichts in diesen Deinen Überlegungen sich herschreibt, die wir philosophisch gerade darum nennen, weil sie nicht aus Grundsätzen und Begriffen deduziert, sondern aus dem Ineinanderwirken von Ideen geboren sind. Aus Ideen von der Gerechtigkeit, vom Recht, von der Politik, von der Feindschaft, von der Lüge. Unter den Lügen ist es keine mehr als das verstockte Schweigen. Dagegen hast Du aufgewendet, was Strenge und Sanftmut vermögen. Zu all den Wünschen, in denen Du es unternimmst, füge ich den einen, bescheidenen: dass es Dir keinen Kummer bringen möge.»[74]

Als die Schrift 1924 endlich erschien, kam sie zu spät. Frankreich hatte eingelenkt, es war zu einem Abkommen der «Mission interalliée de contrôle des usines et des mines» mit der Schwerindustrie im Ruhrgebiet gekommen, das die weiteren Reparationsleistungen regelte. Die eigentliche Besetzung endete erst im Sommer 1925.

Ende 1922 hatte sich Gutkinds Lage durch die Inflation dramatisch verschlechtert. Er musste sich als Hausierer durchschlagen, verdiente sehr wenig und war zeitweise unterernährt. Rang empfahl den Freunden, gemeinsam eine Leihbibliothek zu betreiben, was von Benjamin und Gutkind als wenig aussichtsreich beurteilt wurde. Stattdessen dachten die beiden an den Aufbau eines Antiquariats. Benjamin gab nach einigen Monaten den Versuch wieder auf: «Noch vor der Abreise hat Eka [d. i. Gutkind] mir mein ganzes Bücherlager abgekauft. Zwar hat er's schändlich billig bekommen, aber ich bin froh, dass ich diese Sorge für den Augenblick los bin.»[75] Gutkind spezialisierte sich auf Judaica, wie er im Oktober 1922 an Rang meldete: «Ich stelle gerade eben eine Wunderschnur herrlicher kabbalistischer Perlen zusammen. Diese hebräischen Bücher sind nicht wie Bücher, – sie leben – sie sind wie Engel. Es gibt zarte und gewaltige. Manche sind unerbittlich, furchtbar, wie die Cherubim, manche lodern wie die Seraphim, manche sind von unüberbietbarer Esoterik mit unergründlichen Einsichten. Man kann sich gar nicht losreißen von ihnen.»[76]

Die Unmöglichkeit einer sicheren und sinnvollen Lebensperspektive in diesem Deutschland, wo, wie Benjamin schrieb, der geistig Arbeitende «vom Hunger in der ernsthaftesten Weise bedroht» war[77], wo, wie vor allem Gutkind in seinen Briefen registrierte, der Antisemitismus sich zu formieren begann, ließ den Gedanken an eine Auswanderung aktuell werden. Schon im Herbst 1922 hatte Gutkind an Rang geschrieben: «Morgen erwarte ich hier Walter, der ebenfalls krampfhaft an seiner Befreiung arbeitet. (…) Flucht ist in der Tat eine religiöse Kategorie geworden.»[78] Rang wollte die Freunde offenbar zum Bleiben bestimmen. So ist Benjamins Brief an ihn zu verstehen, in dem es heißt: «Meine Aufgabe, selbst wenn sie hier wäre, wäre hier nicht zu erfüllen. Das ist die Perspektive aus der ich das Auswanderungsproblem ansehe. Gebe Gott, dass es lösbar ist.»[79] Im gleichen Brief heißt es weiter: «Die Frage der Auswanderung (…) hat nur im Sinne dieser defensiven Antwort auf Deinen Verpflichtungsversuch mit der jüdischen Frage zu tun. Im übrigen nicht. Vielmehr resümieren deren Anforderungen für mich vorhanden sich darin: Hebräisch zu lernen.»[80]

Die Überlegungen zur Auswanderung, die sich durch die Korrespondenz des Jahres 1923 ziehen, trafen sich mit einem anderen, von Gutkind seit langem gehegten Plan, den «Potsdamer Kreis» von 1914 auf Capri fortzusetzen. Im Frühjahr 1923 schrieb er an Rang: «Ich bin gespannt, genauer zu hören, was Du andeutetest, über tiefere Möglichkeiten unseres Capri Plans. Übrigens meine ich, dass eben dieses ‹Capri› dabei überaus wesentlich ist. Denn nicht dass wir – eine Anzahl ‹vorzüglicher Geister›, wie Borel es nennt – beraten, sondern dass wir in einem *herau*streten aus dem Dreck, in hochgestimmte Stille ist das wesentliche. In Licht, in Heiterkeit.»[81] Ein Vorhaben, das passgenau in Hermann Hesses «Morgenlandfahrt» seinen rechten Platz hätte finden können.

Im März 1924 zeichnete sich eine Realisierung des Plans ab, viel pragmatischer allerdings, als Gutkind es sich erhofft hatte. Benjamin hatte sich entschlossen, seine Habilitationsschrift im Ausland fertigzustellen, wo das Leben billiger und weniger drückend war. So musste ihm Gutkinds Initiative zur Organisierung der Reise willkommen sein. Am 15. März 1924 schlug Gutkind Rang eine «Frühlingstour nach Capri» vor, «die für uns (…) auch symbolisch eine Frühlingsfahrt sein soll. (…) Nun hat uns sowohl wie Walter – der sich beteiligen wird – die absolute Notwendigkeit endlich die Schreckensherrschaft der dunklen Mächte zu durchbrechen, dazu geführt, (…) eine kleine Summe zusammenzubringen.»[82]

Die Reisegruppe, die sich dann bildete und am 9. oder 10. April in der Pension «Gaudeamus» auf Capri eintraf, bestand neben Benjamin aus den Ehepaaren Gutkind und Rang sowie Gutkinds Hebräischlehrer und Hausgenossen Dow Flattau, den Benjamin sehr schätzte und als heilsames Gegengewicht zu Gutkinds nimmermüdem Enthusiasmus empfand. Schließlich stieß noch Chawa Gelblum aus Kowno dazu, eine Freundin Flattaus und, wie Gutkind in einem Brief schrieb, «ein hochgenialer Mensch».[83] Sie muss erhebliche Unruhe in die Gruppe gebracht haben und verschwand eines Tages. «Auf mich hat das Mädchen einen heftigen Eindruck gemacht», meldete Benjamin an Scholem.[84]

Unter dem Eindruck der Reise scheint auch Rang, der sich dem Gedanken der Auswanderung immer entgegengestellt hatte, umgedacht zu haben. Benjamin berichtete darüber Ende 1924 an Hofmannsthal: «Auf Capri, wo wir zuletzt zusammen waren und seine Gedanken sich sammelten während er ausruhte, sprach er von der

Absicht, Deutschland zu verlassen, die politischen Fragestellungen, die es ihm aufnötigte, zu meiden und in der Schweiz – er dachte an Zürich – ganz philosophischen und theologischen Arbeiten zu leben.»[85] Rang blieb mit seiner Frau etwa vier Wochen auf Capri und fuhr dann über Assisi nach Deutschland zurück. Bald nach seiner Rückkehr erkrankte er und erholte sich nicht mehr. Am 16. September berichtete Benjamin an Scholem: «Es kann wohl nicht anders sein, als dass er Dir durch sein Buch (…) noch näher gekommen ist. Was ihn betrifft, so sprach er hier einmal mit viel Sympathie von Dir. Mich würde sein Tod wahrhaftig treffen.»[86]

Rang starb am 7. Oktober 1924. Testamentarisch hatte er verfügt, sein schriftlicher Nachlass möge Benjamin zur Prüfung übergeben werden. Dazu kam es nicht, wohl auch, weil Benjamin ohne die Möglichkeit eines lebendigen Austauschs die Sache skeptischer ansah. Im Spätherbst 1924 schrieb er an Scholem: «Ich habe nichts gefärbt, als ich seiner Frau (…) schrieb, dass seltsamerweise ich diesem Mann, ebenso wie seiner Unterstützung und Bestätigung das zu danken vermochte und danken musste, was ich von deutscher Bildung Wesentlichstes in mich aufgenommen habe. (…) Das Leben, das in diesen großen Gegenständen lebt habe ich menschlich ganz allein in ihm lebendig gesehen, ausbrechend mit desto mehr vulkanischer Gewaltsamkeit, als es unter der Kruste des übrigen Deutschland erstarrt lag. Wenn ich mit ihm sprach, war nicht sowohl Harmonie in unsern Gedanken, als dass ich, wetterfest und athletisch, an dem unmöglichen, zerrissenen Massiv der seinigen mich versuchte und oft genug eine Zinne mit weitem Ausblick auf eigne unerschlossne Gedankenbereiche gewann. Sein Geist war vom Wahnsinn durchzogen wie ein Massiv von Schluchten. Aber durch die Moralität dieses Mannes gewann Wahnsinn keine Macht über ihn. Ich habe das wunderbare menschliche Klima dieser Gedankenlandschaft ja gekannt: es war andauernd die Frische des Sonnenaufgangs. Aber wie erstarrt diese Landschaft nach Sonnenuntergang daliegt, das ist mir auch klar.»[87]

KAPITEL VIII

LEHRE VOM SATURN:
DAS TRAUERSPIELBUCH

Am Abend wieder über meinem Haupt
Saturn lenkt stumm ein elendes Geschick
Ein Baum, ein Hund tritt hinter sich zurück
Und schwarz schwankt Gottes Himmel und entlaubt.

Georg Trakl, Trübsinn, 1913

Auf der Rückreise von Capri im Herbst 1924 schrieb Walter Benjamin an Gershom Scholem, in Rom habe ihn das «moderiert Weltstädtische» kühl angesprochen. In Neapel aber hatte ihn das «extreme Temperament» des Stadtlebens begeistert: Tempo und Improvisation auf vulkanischem Grund, dazu «Glut» und ein orientalischer Einschlag, den der Briefschreiber festgestellt haben will – alles trägt dazu bei, hier einen Kultur gewordenen Ausnahme- und Spannungszustand zu erkennen, gegen den Rom, der Inbegriff alteuropäischer Kontinuität, zurücktritt.[1]

Benjamin bewegt sich in einem neuen Europa, das soeben ins Zeitalter der Extreme eintritt; seine Briefe aus diesen Jahren geben einen guten Eindruck von der glücklichsten Zeit (wenn das Wort in diesem Zusammenhang erlaubt ist), der Bildungszeit des intellektuellen Extremismus. Ihn sollte man zunächst als Form betrachten, der gegenüber die Inhalte für einen kurzen Moment zurücktreten; in der alles zusammenkommt, was der neue Stil zu bieten hat. An Gottfried Salomon-Delatour meldet Benjamin seine Hochschätzung für die «ausgezeichnete, tolle und extreme Action Française» – das führende Blatt des französischen (übrigens ganz und gar antideutschen) Rechtsradikalismus, das er wegen seiner literarischen Qualitäten abonnierte.[2] Gleichzeitig lernt er Asja Lacis kennen, eine «bolschewistische Lettin aus Riga», verliebt sich in sie und teilt mit, seine neugewonnenen politischen Einsichten «versuchsweise extrem» formulieren zu wollen; «neue extreme bürgerliche Ideologien», die seines Freundes Florens Christian Rang nämlich, verspricht er in einer Moskauer Zeitschrift zu rezensieren.[3]

Das Neue verlangt nach philosophischer Durcharbeitung. Erste Hinweise auf eine Logik des Extremismus findet Benjamin in der – sozusagen pünktlich – 1918 erschienenen Schrift «Schöpferische Indifferenz» des philosophischen Outsiders Salomo Friedlaender. Hier wird, mit ferner Erinnerung an Goethes Lehre von Polarität und Steigerung, der Umgang mit den Extremen als Lebenskunst und «Äquilibristik» vorgestellt: «Im gemeinen Selbste zerreißen die Extreme zur Parteiung; im ungemeinen kooperieren sie zur Totalität. Im gemeinen Selbste verkreuzen sich die Extreme zum Kompromiss, im ungemeinen grenzen sie rein aneinander. Es gilt die Kultur dieser Grenze.»[4] Das war eine Philosophie, die erkennbar ihre Zeit auf den Begriff brachte. Im Winter 1920/21 lernte Benjamin Friedlaender persönlich kennen – vorhergegangen waren briefliche Verständigungen mit Scholem über die «Schöpferische Indifferenz» –, und er schreibt über ihn: «Er wirkte auf mich irgendwie bezwingend, durch einen Ausdruck unendlicher Vornehmheit und gleich unendlichen Leidens. Von seinen eignen Sachen spricht er mit echter Bescheidenheit.»[5] Im Mai 1921 berichtet er, «mit Vergnügen bisher viel in den Aphorismen» von Friedlaenders Buch gelesen zu haben.[6]

Benjamins Philosophie, die in der «Erkenntniskritischen Vorrede» zu seiner gescheiterten Habilitationsschrift «Ursprung des deutschen Trauerspiels» einen ersten Zenit erreicht, ist diesem Denken in Extremen verpflichtet; sie ist sein merkwürdigster, verrätselter Ausdruck. Denn dort lesen wir nun: «Die Ideen sind ewige Konstellationen und indem die Elemente als Punkte in derartigen Konstellationen erfasst werden, sind die Phänomene aufgeteilt und gerettet zugleich. Und zwar liegen jene Elemente, deren Auslösung aus den Phänomenen Aufgabe des Begriffes ist, in den Extremen am genauesten zutage. Als Gestaltung des Zusammenhanges, in dem das Einmalig-Extreme mit seinesgleichen steht, ist die Idee umschrieben. Daher ist es falsch, die allgemeinsten Verweisungen der Sprache als Begriffe zu verstehen, anstatt sie als Ideen zu erkennen. Das Allgemeine als ein Durchschnittliches darlegen zu wollen, ist verkehrt. Das Allgemeine ist die Idee. Das Empirische dagegen wird um so besser durchdrungen, je genauer es als ein Extremes eingesehen werden kann. Vom Extremen geht der Begriff aus. Wie die Mutter aus voller Kraft sichtlich erst da zu leben beginnt, wo der Kreis ihrer Kinder aus dem Gefühl ihrer Nähe sich um sie schließt, so treten die Ideen ins Leben erst, wo die Extreme sich um sie versammeln.»[7] Weniger eine Literaturgeschichte will Benjamin schreiben als in den Extremen die «konkret erfasste Metaphysik» der Trauerspiel-Form erforschen.[8]

Keineswegs war es nur ein antiquarisches Interesse, das Benjamin an diesen Dichtungen und an der entlegenen Epoche nahm. Man erkennt es an den kunstphilosophischen Passagen, die der Bildform der Allegorie gewidmet sind. Ein erster Habilitationsplan hatte sich des Symbols annehmen wollen, einem Grundbegriff der klassischen Ästhetik, nun aber geht es um Fragmentarisches und Zerstückeltes, um alles im Barock, was der hergebrachten Lehre vom Schönen als das schlechthin Nicht-Geglückte erscheinen musste: «Kein härterer Gegensatz zum Kunstsymbol, dem plastischen Symbol, dem Bilde der organischen Totalität ist denkbar als dies amorphe Bruchstück, als welches das allegorische Schriftbild sich zeigt. In ihm erweist sich das Barock als souveränes Gegenspiel der Klassik, wie man bisher in der Romantik nur es anerkennen wollte. Und es ist die Versuchung nicht abzuweisen, in beiden die Konstante zu ergründen. In beiden: in Romantik wie Barock handelt es sich nicht sowohl um ein Korrektiv der Klassik als um eines der Kunst selbst. Und jenem kontrastierenden Präludium der Klassik, dem Barock, ist eine höhere Konkretion, ja bessere Autorität und dauerndere Geltung dieser Korrektur kaum abzusprechen. Wo die Romantik in dem Namen der Unendlichkeit, der Form und der Idee das vollendete Gebilde kritisch potenziert, da verwandelt mit einem Schlage der allegorische Tiefblick Dinge und Werke in erregende Schrift.»[9]

Ein «Korrektiv der Kunst» aufzufinden – darauf läuft am Ende Benjamins gesamte Ästhetik hinaus. In diesem Fall aber bedeutet die Formulierung, dass die Schrift ins Bild eindringt und dort an Macht gewinnt. «Schrift» gehört mit «Prosa» und «Lehre» zu den Hauptbegriffen, mit denen die Kunst als solche in Frage gestellt wird. Später treten Fotografie und Reproduzierbarkeit – und damit Verlust der «Aura» – hinzu.

Wenn im Gesamtkosmos das ausgesprochene Wort gegenüber der stummen Magie stark gemacht wird, wenn in der Sprache die Prosa gegen die Poesie das Übergewicht erhält und innerhalb der Prosa wiederum die verbindliche «Lehre», wenn schließlich, von der Seite des Mediums her betrachtet, die Schrift gegenüber dem Bild und im Bild sich geltend macht, dann lässt sich nun der normative Leitgedanke formulieren: Es ist der des heiligen Textes. An ihm werden die Kunstwerke gemessen.

In einem für die Frankfurter Universität bestimmten Resümee hat Benjamin eine Kategorientafel für den Gegensatz von Tragödie und Trauerspiel formuliert, die den Gehalt des Buches verständlicher macht. Hier Sage, dort Chronik (und das heißt: hier Mythos, dort Geschichte), hier tragische, dort natürliche Schuld, hier Einheit des Helden, dort Vielheit der Betroffenen, hier Unsterblichkeit, dort Geisterleben, hier Gegensatz zur Komödie, dort Vermischung mit dem Lustspiel.[10] Die Dramen, auf die Benjamin eingeht, sind etwa die «Judith» von Martin Opitz, Daniel Caspar von Lohensteins «Agrippina», «Epicharis», «Sophonisbe» und «Ibrahim Bassa». Von August Adolph von Haugwitz der «Prodromus Poeticus, Oder: Poetischer Vortrab / bestehende aus unterschiedenen Trauer- und Lust-Spielen / Sonnetten / Oden / Elegien / Bey- oder Überschrifften und andern Deutschen Poetischen Gedichten gezogen». Von Johann Christian Hallmann die «Trauer- Freuden- und Schäferspiele», und natürlich die Trauerspiele des Andreas Gryphius. Von Filidor (das ist Kaspar von Stieler) «Trauer- Lust- und Misch-Spiele», und die Dramen von Jakob Ayrer.

Unter den stofflichen Motiven dieser Dramen ragt das der Leiche heraus, der «Leiche als Emblem» ist eine ganze Kolumne gewidmet. Benjamin dachte von einem eigentümlichen *Materialismus* des Todes her. Und zwar nicht nur hier. Es mag sein, dass die lebenslange Beschäftigung mit Baudelaire ihn dabei prägte, wir werden dem Motiv wiederbegegnen. Nun also lesen wir: «Die Personen des Trauerspiels sterben, weil sie nur so, als Leichen, in die allegorische Heimat eingehn. Nicht um der Unsterblichkeit willen, um der Leiche willen gehn sie zu Grunde. ‹Er lässt uns seine leichen / Zum pfande letzter gunst›, sagt Carl Stuarts Tochter vom Vater, welcher seinerseits es nicht vergaß, um deren Einbalsamierung zu bitten. Produktion der Leiche ist, vom Tode her betrachtet, das Leben. Nicht erst im Verlust von Gliedmaßen, nicht erst in den Veränderungen des alternden Körpers, in allen Prozessen der Ausscheidung und der Reinigung fällt Leichenhaftes Stück für Stück vom Körper ab. Und kein Zufall, dass gerade Nägel und Haare, die vom Lebenden weggeschnitten werden wie Totes, an der Leiche nachwachsen. Ein ‹Memento mori› wacht in der Physis, der Mneme selber; das Toddurchdrungensein der mittelalterlichen und barocken Menschen wäre ganz undenkbar, wenn nichts als die Erwägung ihres Lebensendes sie beeindruckt hätte.»[11]

Benjamin weist auf Lohensteins «Denck- und Danck-Altar» hin, den dieser seiner toten Mutter errichtet hat. «Neun unnachsichtliche Strophen schildern die Leichenteile im Zustand der Fäulnis ab. Ähnlich aktuell muss dergleichen für Gryphius gewesen sein und gewiss haben neben naturwissenschaftlichen diese sonderbaren emblematischen Interessen sein Studium der Anatomie, dem er immer treu geblieben ist, bestimmt.»[12] Für das barocke Trauerspiel werde «die Leiche oberstes emblematisches Requisit schlechthin. Beinahe undenkbar sind ohne sie die Apotheosen. ‹Mit blassen Leichen prangen› sie und Sache des Tyrannen, das Trauerspiel damit zu versorgen. (…) Am Schluss der Hallmannschen ‹Sophia› eröffnet sich nach der Vollstreckung sämtlicher Martyrien an der standhaften Christin und ihren Töchtern der innere Schauplatz, ‹in welchem die Todtenmahlzeit gezeiget wird / nehmlich die drey Köpfe der Kinder mit drey Gläsern Blut.›»[13]

Von Extremen war die Rede. Und es gibt einen Gott der Extreme: Saturn. In der rätselhaften kurzen Schrift «Agesilaus Santander» ging Benjamin später auf seine astrologische Prägung ein. Dort ist von einem Engel die Rede, der sich den Umstand zunutze gemacht habe, «dass ich unterm Saturn zur Welt kam – dem Gestirn der langsamsten Umdrehung, dem Planeten der Umwege und der Verspätungen».[14] Diese Charakteristik geht nicht auf ein wirkliches Horoskop zurück, es ist vielmehr die Selbststilisierung eines Intellektuellen, eines Melancholikers unter dem Planeten der Marginalisierten und Erniedrigten. Dazu passt die Geste, die Jean Selz als die für Benjamin typische beschreibt: «Er sitzt in einem Liegestuhl auf der Terrasse meines Hauses in der Haltung, in der er am häufigsten anzutreffen war: das Gesicht vornüber geneigt, das Kinn in die rechte Hand gestützt.»[15] So sitzt die geflügelte «Melencolia I» von Dürer, nur ist es bei ihr die linke Hand. Mehrere Melancholie-Bilder von Edvard Munch zeigen diese Geste des Kummers. Ernst Bloch sah Benjamin auf dem Kudamm «wandeln mit gesenktem Kopf».[16] Und Scholem bezeugt Ähnliches schon für die frühe Zeit: «Damals fielen mir zuerst die beginnenden und später sich stärker entfaltenden depressiven Züge an Benjamin, sein melancholisches Grundwesen, auf. (Manisches ist mir nie an ihm begegnet).»[17]

Saturn ist der unglückliche Gott; wenn man im Englischen von einem Menschen sagt, er sei «saturnine», dann meint das: er ist ein Melancholiker. Saturn, der früher über das Reich der Titanen herrschte, vor dem olympisch-glanzvollen Jupiter, wurde von seinem Sohn Jupiter entmannt und verstoßen. Es gibt aber auch einen Melancholie- und Saturn-Stolz. Von den «Blumen des Bösen» sagt Baudelaire in dem Gedicht «Épigraphe pour un livre condamné», sie seien ein «livre saturnien / Orgiaque et mélancholique» (aber Carlo Schmid übersetzte unastrologisch: «Dies Buch singt dunkle Mächte, / Das Taumelfest und drückt dich nieder»). Im Saturn kommt ein modernes künstlerisches Selbstbewusstsein mit der älteren Anschauung vom Gott der Parias und Deklassierten zusammen. So konnte er zum astrologischen Patron der geistesaristokratischen Gegeneliten der Moderne werden. Benjamin selbst sprach von einem «Verhängnis» und schrieb es dem Planeten zu. Er kannte die astrologiegeschichtliche Literatur zum Saturn. Schon in seinem Essay über Goethes Wahlverwandtschaften hatte er diese Kenntnis unter Beweis gestellt: «Goethes Horoskop, wie es halb spielend und halb ernst Bolls ‹Sternglaube und Sterndeutung› gestellt hat, verweist von seiner Seite auf die Trübung dieses Daseins. ‹Auch dass der Aszendent dem Saturn dicht folgt und dabei in dem schlimmen Skorpion liegt, wirft einige Schatten auf dieses Leben; mindestens eine gewisse Verschlossenheit wird das als *rätselhaft* geltende Tierkreiszeichen, im Verein mit dem versteckten Wesen des Saturn, im höheren Lebensalter verursachen; aber auch› – und dies weist auf das Folgende voraus – ‹als ein auf der Erde kriechendes Tierkreiswesen, in dem der *erdige* Planet Saturn steht, jene starke Diesseitigkeit, die sich *in derber Liebeslust mit klammernden Organen* an die Erde hält.›»[18] Es ist *dieser* Benjamin, der Sterndeuter, von dem Adorno später sagte: «Wenn ich das Äußere wiedergeben soll, so müsste ich sagen, dass Benjamin etwas von einem Zauberer hatte, aber in einem sehr unmetaphorischen, sehr wörtlichen Sinn. Man hätte ihn sich gut mit einem sehr hohen Hut und mit einer Art von magischem Stab vorstellen können.»[19]

Die Temperamente waren der antiken medizinischen Lehre nach von den «Körpersäften», den «humores» bestimmt. Deren gab es

«*Die Ertötung der Affekte, mit der die Lebenswellen verebben, aus denen sie sich im Leibe erheben, vermag die Distanz von der Umwelt bis zur Entfremdung vom eigenen Körper zu führen. Indem man dies Symptom der Depersonalisation als schweren Grad des Traurigseins erfasste, trat der Begriff von dieser pathologischen Verfassung, in welcher jedes unscheinbarste Ding, weil die natürliche und schaffende Beziehung zu ihm fehlt, als Chiffer einer rätselhaften Weisheit auftritt, in einen unvergleichlich fruchtbaren Zusammenhang. Ihm ist gemäß, dass in dem Umkreis der ‹Melencolia› Albrecht Dürers die Gerätschaften des tätigen Lebens am Boden ungenutzt, als Gegenstand des Grübelns liegen.*» (*Ursprung des deutschen Trauerspiels*)

vier: Ein Übergewicht der gelben Galle (griechisch cholé) führte zum cholerischen Temperament, dem heftigen und streitbaren, ein Übergewicht des Blutes (lateinisch sanguis) zum sanguinisch-fröhlichen, ein Übergewicht des «Schleims» (griechisch Phlegma) zum schwerfällig-langsamen – und eine Dominanz der «schwarzen Galle» (mélaina cholé) führte zum melancholischen. Schon in der Abhandlung «Schicksal und Charakter» überraschte Benjamins sehr positive Sicht dieser Lehre – weil sie auf den «moralischen Wertakzent» der modernen verzichte: «Gerade in dieser Hinsicht haben alte und mittelalterliche Physiognomiker richtiger gesehen, welche erkannten, dass der Charakter nur unter einigen wenigen moralisch indifferenten Grundbegriffen erfasst werden kann, wie z. B. die Lehre von den Temperamenten sie festzustellen suchte.»[20]

Der Zusammenhang von Saturn und Melancholie führt ins Trauerspielbuch, er war Benjamin bewusst: «Wie in der Schule von Salerno antike Humoralpathologie vermittelt durch die Wissenschaft Arabiens wiederauflebt, so war Arabien auch der Konservator der anderen hellenistischen Wissenschaft, aus der die Lehre vom Melancholiker sich nährte: der Astrologie.»[21]

Die Deutung der Gattung Trauerspiel soll der Deutung eines Sternbildes vergleichbar sein. Benjamin folgt seinem Programm wörtlich. Einmal nämlich heißt es, dass die Gesetze der Trauerspielpoetik «im Herzen der Trauer (…), entfaltet teils, teils unentfaltet, sich finden»; zum anderen aber, «dass die Theorie der Trauer (…) nur in der Beschreibung jener Welt, die unterm Blick des Melancholikers sich auftut, zu entrollen» sei.[22] Dieser Zusammenhang war Benjamin so wichtig, dass er ihn noch einmal wiederholt: Die Theorie der melancholischen Veranlagung, so schreibt er, gebe «einen geraderen Kommentar des Trauerspiels als die Poetiken ihn bieten konnten».[23]

Die Theorie der Melancholie aber, so ein letzter Argumentationsschritt, stehe «in genauem Zusammenhang mit der Lehre von den Gestirneinflüssen. Und unter ihnen konnte nur der unheilvollste, jener des Saturn, der melancholischen Gemütsart vorgesetzt sein.»[24] Diese Überlegungen lassen sich so zusammenfassen, dass nicht nur «tiefste und entscheidendste Entsprechung zwischen der Melancholie und dem Saturn»[25] besteht, sondern damit zugleich zwischen der astrologischen Lehre vom Saturn und der Gattungspoetik des Trauerspiels. Wenn dem so ist, dann ist die «Lehre vom Saturn», die Benjamin im Mittelteil des Buches in einer eigenen Kolumne darlegt,[26] nicht einfach in kulturhistorischer Absicht aufgenommen worden, sondern sie ist dem Gang von Benjamins Argumenten wesentlich.

Wie steht aber Benjamin zur Lehre von Saturn und Melancholie? «Erstaunlich» nennt er die «Langlebigkeit dieses gewiss nicht verächtlichen Schemas tieferer anthropologischer Analysen»; «erstaunlicher» ist ihm die «Fülle anthropologischer Einsichten» in der Saturnlehre; «aufs erstaunlichste» aber erweist sich ihm ein «dialektischer Zug der Saturnvorstellung (…) der Dialektik des griechischen Melancholiebegriffs (…) zu geordnet».[27] Dieses sich steigernde Erstaunen, das zu einer philologischen und distanzierten Haltung scharf kontrastiert, ist durch Benjamins Verfahren gefordert. Aby Warburg und die ihm nahestehenden Kunsthistoriker Fritz Saxl und Erwin Panofsky konnten den Nachweis erbringen, dass bestimmte Künstler über bestimmte Berater und Auftraggeber mit bestimmten astrologischen Lehren vertraut waren.[28] Ein solcher Nachweis ist kunsthistorisch und philologisch für einzelne Künstler und einzelne Bilder zu erbringen, für eine Kunstgattung jedoch prinzipiell nicht. Dürer mag über Willibald Pirckheimer von Marsilio Ficinos «De triplici vita» gewusst haben – die Beziehung der *Gattung* Trauerspiel zur «Lehre vom Saturn» muss einer anderen Logik gehorchen. Hier ist ein Zusammenhang nur möglich, wenn man eine Art struktureller Entsprechung annimmt. Das bedingt aber eine andere Stellung des astrologischen Denkens in Benjamins Argumentation. Ob Ficinos Lehren in sich wahr sind, betrifft den Ikonographen der «Melencolia» in seiner wissenschaftlichen Tätigkeit nicht. Wer dagegen eine Entsprechung von Saturnvorstellung und Trauerspiel*poetik* annimmt, erneuert die Denkform der Astrologie selbst.

Wo irgend möglich, bezieht Benjamin die philosophische Deutung auf die astrologische Saturnvorstellung; wo die astrologischen Quellen keinen Anschluss ermöglichen, bezieht er sich auf den alten Melancholiebegriff. Möglich ist diese systematische Beziehung deshalb, weil die für Benjamins dialektische Darstellung charakteristische «Richtung aufs Extreme» an den «dialektischen Zug der Saturnvorstellung» anknüpfen kann.[29] Kronos-Saturn heißt, aus der Studie von Erwin Panofsky und Fritz Saxl bei Benjamin zitiert, geradezu der «Gott der Extreme» und «Dämon der Gegensätze».[30] Die Hauptperson des Trauerspiels ist der Fürst. Er erscheint in zwei extremen Formen: als Tyrann und als Märtyrer. Darin folgt er dem mythischen Vorbild Saturns, der einerseits als Herrscher, andererseits als der «entthronte und geschändete Gott» gedacht wird.[31] Vor allem ist der Tyrann geradezu das «Paradigma des Melancholischen».[32] Er tritt wiederum verdoppelt in zwei extremen Ausprägungen auf: Einerseits ist er unfähig zum Entschluss, andererseits findet er, von Leidenschaften überwältigt, sein typisches Ende im Wahnsinn. In beiden Fällen steht er im Zeichen des Saturn. Zum einen ist nämlich «zumal die Unentschlossenheit des Fürsten (...) nichts als saturnische Acedia».[33] Zum anderen weist der Untergang des Tyrannen in Tobsucht auf Saturn als Gestirn der «irren Ekstase».[34]

Der Märtyrer, der dem physischen Schmerz als «radikaler Stoiker»[35] antwortet, wird von Benjamin umgedeutet. In der Stoik erkennt er die «Starre des Melancholikers»[36] wieder: «Für sie fällt eine Rezeption des rationalen Pessimismus viel weniger ins Gewicht als die Verödung, die die stoische Praxis den Menschen entgegenführt.»[37] Die apatheia des Märtyrers erweist sich als saturnische Apathie und damit als das Gegenstück zur Unentschlossenheit des Tyrannen: «Saturn macht apathisch, unentschlossen, langsam», führt Benjamin aus der Studie «Planetenkinderbilder und Sternbilder –

Zur Geschichte des menschlichen Glaubens und Irrens» von Anton Hauber aus dem Jahr 1916 an.[38]

Saturn besitzt die «trüben Kräfte» und droht mit «Trübsinn», wird also auch am «Trübsinn des Fürsten» – so ein Kolumnentitel – nicht unbeteiligt sein.[39] Und der Trübsinn der «Großen»[40], den Benjamin religionsgeschichtlich aus der lutherischen Reformation begründet, weist doch *auch* auf dieses Gestirn; wie denn auch zu Hamlet ein religionsgeschichtliches Argument – sein Wort sei «wittenbergische Philosophie und (…) Aufruhr dagegen»[41] – sich gleichberechtigt neben einem astrologischen findet: Benjamin liest mit Rochus von Liliencron «Saturnkindschaft und Male der Acedia in Hamlets Zügen».[42]

Das Trauerspielbuch ist nicht nur in den melancholisch-saturnischen Bezügen eine Selbstreflexion seines Autors. Vom jungen Benjamin – dem der Jugendbewegung – hat Adorno eine aufschlussreiche Charakteristik hinterlassen: «Die Kluft zwischen seiner eigenen Beschaffenheit und dem Kreis, dem er sich anschloss, scheint er versucht zu haben, durch Herrschbedürfnis zu überbrücken; noch während der Arbeit am Barockbuch sagte er einmal, ein Bild wie das des Königs habe ihm ursprünglich sehr viel bedeutet.»[43] Ähnliches berichtet Scholem aus der Revolutionszeit: «Wir diskutierten auch die Frage von Republik und Monarchie, und zu meiner Überraschung trat Benjamin meiner prinzipiellen Entscheidung für die Republik entgegen. Die Entscheidung könne nur relativ, in Abwägung der jeweiligen Umstände getroffen werden, und Monarchie sei auch unter den heutigen Bedingungen eventuell eine legitime und zu billigende Staatsform.»[44]

Geht man noch einmal auf die «Metaphysik der Jugend» zurück, dann findet man die Selbststilisierung Benjamins in monarchischen Größenvorstellungen: Von der «Hoheit» ist dort die Rede, vom «Königtum, das um uns blühte», vom «erlauchten Wissen» und vom «Königreich des Schicksals», die «unendlich gekränkte, gekrönte

Hoheit in uns» wird angesprochen – fast eine Vorwegnahme des Fürsten im Trauerspiel –, und dann: «Sie bestieg einen Thron im Imaginären und wartete.» Das ist «die Hoheit des Ich».[45]

Das Königreich des Schicksals – diese Formulierung nimmt andeutend vorweg, was Benjamin nun als Theorie der Souveränität im Trauerspiel beschreibt. Er selbst allerdings datierte die eigentliche Intuition auf einen späteren Zeitpunkt; gegenüber Brecht bekannte er am 29. Juni 1938: «Mir fällt die genfer Aufführung des Cid ein, in der mir beim Anblick der schief sitzenden Krone des Königs der erste Gedanke an das kam, was ich neun Jahre später im Trauerspielbuch niederlegte.»[46] Aber schon 1913 sah er im Louvre «das königliche Bild Ferdinands des Ersten (...) schwermütig und pathetisch».[47] Königlich und schwermütig – auch das ist ein früher Schlüssel zum Trauerspielbuch. Der König ist der Mittelpunkt, und so muss, wie es in einer von Benjamin zitierten barocken Poetik heißt, «wer Tragödien schreiben will (...) wissen / wie einem Könige oder Fürsten zu muthe sey / so wol zu Krieges- als Friedens-Zeiten».[48]

Unter den dinglichen Requisiten des Trauerspiels ragt deshalb die Krone hervor: Der «volle Ornat, Krone und Szepter» dürften «nur ausnahmsweise der Bühnenerscheinung des Herrschenden» gefehlt haben[49]; «schwer von Kronen», so zitiert Benjamin ein Stück der Zeit, sei der König gewesen. «Krone, Purpur, Szepter sind ja im letzten Grunde doch Requisiten im Sinne des Schicksalsdramas, und sie haben ein Fatum an sich, dem der Höfling als sein Augur am ersten sich unterwirft.»[50] Der König mit dem saturnischen Blick, dem die Dinge zum Schicksal werden: Das ist ein Selbstbild des Philosophen.

Die Stimmungen mögen zuweilen in die regelrechte Depression gereicht haben. Als Symptom für einen «schweren Grad des Traurigseins» schilderte Benjamin die «Ertötung der Affekte, mit der die Lebenswellen verebben, aus denen sie sich im Leibe erheben»; dies könne «die Distanz von der Umwelt bis zur Entfremdung vom eigenen Körper» führen.[51] Dies entspricht sehr genau der Charakteristik

Benjamins, die Adorno gegeben hat: «Ohne dass er asketisch gewesen wäre, eignete ihm ein fast Körperloses. Der seines Ichs mächtig war wie wenige, schien der eigenen Physis entfremdet. Das ist vielleicht eine der Wurzeln der Intention seiner Philosophie, mit rationalen Mitteln heimzubringen, was an Erfahrung in der Schizophrenie sich anmeldet.»[52]

Adornos Bemerkung führt sehr weit. Wenn Benjamin über die Melancholie schreibt, ist mehr im Spiel. Dieser Symptomenkomplex wurde traditionell den Geistesstörungen zugerechnet. Benjamin gehört zu den Ersten in Deutschland, die sich mit einer neuen Frage befassten; die Bedeutung der Geisteskranken wurde zumal von den Avantgarden entdeckt. Der Surrealist Max Ernst war an ihren künstlerischen Hervorbringungen interessiert, der Dadaismus destruierte systematisch die Grenzen des Sinns. André Breton und Paul Éluard verfassten Texte nach dem Muster von Wahnphantasien. In der akademischen Psychologie hörte man das Echo, Karl Jaspers schrieb 1922 die Abhandlung «Strindberg und van Gogh. Versuch einer pathographischen Analyse».

Auch in dieser Hinsicht kam Benjamin zu extremen Formulierungen: Der psychologische Zweig der «kommenden Philosophie» gliedere «das empirische Bewusstsein systematisch in die Arten des Wahnsinns. Der erkennende Mensch, das erkennende empirische Bewusstsein ist eine Art des wahnsinnigen Bewusstseins. Damit soll nichts anderes gesagt sein als dass innerhalb des empirischen Bewusstseins es zwischen seinen verschiedenen Arten nur graduelle Unterschiede gibt.»[53] Das entsprach innerhalb der reinen Philosophie der dadaistischen und surrealistischen Kunstlehre. Und so hören wir nun im Trauerspielbuch vom «Bild des wahnwitzigen Melancholikers».[54] Denn der Melancholie, «welche mit den Schauern der Angst ihre Herrschaft über den Menschen antritt, schreiben die Gelehrten jene Erscheinungen zu, unter denen das Ende der Despoten obligat sich vollzieht. Dass schwere Fälle in die Tobsucht münden, gilt als sicher. Und der Tyrann bleibt bis in seinen Untergang

Modell.» Das Ganze sei nicht die «Charakteristik einer Leidenschaft, sondern einer schweren Geistesstörung».[55] Ein melancholischer oder erhabener Ton herrscht allerdings nicht überall vor. So findet man das Motto eines Kapitels, bei dessen Niederschrift man sich den Autor nur hemmungslos kichernd vorstellen kann: «Der ersten Handlung. Erster Eintritt. Heinrich. Isabelle. Der Schauplatz ist der Königl. Saal. Heinrich. Ich bin König. Isabelle. Ich bin Königin. Heinrich. Ich kan und will. Isabelle. Ihr könt nicht und must nicht wollen. Heinrich. Wer will mirs wehren? Isabelle. Mein Verboth. Heinrich. Ich bin König. Isabelle. Ihr seyd mein Sohn. Heinrich. Ehre ich euch schon als Mutter / so müsset ihr doch wissen / das ihr nur Stiefmutter seyd. Ich will sie haben. Isabelle. Ihr sollt sie nicht haben. Heinrich. Ich sage: Ich will sie haben / die Ernelinde.» Filidor (das ist Kaspar von Stieler): Ernelinde Oder Die Viermahl Braut.[56]

Unerwartet stößt man auch auf Szenen, die den Prozess der Niederschrift dokumentieren, selbst in einem Café: «Später (…) saß ich dort lange Abende in der Nähe irgend einer Jazzbandkapelle und schrieb, meine Blätter und Zettel unauffällig zu Rate ziehend, an meinem ‹Ursprung des deutschen Trauerspiels›.»[57] Dann wieder vernimmt man einen Ton, der von weit rechts zu kommen scheint: wenn vom «Literaten» die Rede ist, «dessen Dasein heute wie je in einer vom tätigen Volkstum getrennten Sphäre sich abspielt».[58]

So unterschiedlich wie die Tonlagen der Abhandlung waren die impliziten Gesprächsangebote und Signale an die deutsche Intelligenz. Zitiert wird etwa Georg Lukács mit seiner Tragödientheorie – dieser Ästhetiker und politische Philosoph lebte inzwischen als Marxist in Moskau. Am Frankfurter Jüdischen Lehrhaus war Franz Rosenzweig tätig, der ebenfalls in den tragödientheoretischen Partien zu Wort kommt. Der Kreis um Aby Warburg in Hamburg war mit der Melancholie-Theorie angesprochen, denn auf warburgianisch inspirierte Forschungen hatte sich Benjamin berufen. Schließlich darf Carl Schmitt nicht vergessen werden, dem Benjamin am

9. Dezember 1930 das Buch schickte: «Sie werden sehr schnell bemerken», schrieb er dem Staatsrechtler, «wieviel das Buch in seiner Darstellung der Lehre von der Souveränität im 17. Jahrhundert Ihnen verdankt. Vielleicht darf ich Ihnen darüber hinausgehend sagen, dass ich auch Ihren späteren Werken, vor allem der ‹Diktatur› eine Bestätigung meiner kunstphilosophischen Forschungsweisen durch Ihre staatsphilosophischen entnommen habe. Wenn Ihnen die Lektüre meines Buches dieses Gefühl verständlich erscheinen lässt, so ist die Absicht seiner Übersendung erfüllt.»[59]

Zum eigentlichen Leser des Buches wurde Hugo von Hofmannsthal. Er verfasste das Trauerspiel «Der Turm» (nach Calderóns «Das Leben ein Traum») – vorangegangen waren der Weltkrieg, der Einsturz der Monarchie, die Niederschlagung der Revolution und die Reichsauflösung. Der Schauplatz des Trauerspiels ist das Königreich Polen, das von einer Staatskrise erfasst wird, Inflation und Pogromdrohungen stehen im Hintergrund. Die Frage nach der legitimen Herrschaft, nach ihrer Schuld und ihrem Sturz ist es, die dem Stück seinen politischen Rahmen gibt. Was folgt auf die legitime Herrschaft des Monarchen? Der König Basilius hat sich, verblendet, an seinem Sohn Sigismund verschuldet und ihn in eine Kaspar-Hauser-Existenz am Rand der Sprache gestoßen. In der ersten Fassung des Trauerspiels folgt auf die Entmachtung des Basilius eine biblisch inspirierte Gerechtigkeits- und Friedensutopie, die in dem Heer der «Grünen», einer Gruppe Aufständischer, und ihrem Kinderkönig weiterlebt. Sigismunds Vision findet ihre Erben. In der zweiten Fassung steht am Ende nur mehr die nackte Diktatur des Rebellen Olivier. Der Kampf zwischen Vater und Sohn hat beide in den Abgrund gerissen. Für die messianische Utopie bleibt kein Raum mehr.

Die erste Fassung veröffentlichte der Dichter in den «Neuen Deutschen Beiträgen», leicht gekürzt erschien sie im Oktober 1925 im Verlag der Bremer Presse. Zweifel an der Aufführbarkeit legten eine Umarbeitung nahe. Zugleich wurde Hofmannsthal durch seine Lektüren zu einer Revision angeregt, die den Gehalt des Stücks selbst betraf. In Benjamins Trauerspielbuch fand er sich in seiner Liebe zu Calderon und in der Aktualität des Trauerspiels als Form bestätigt. Von Benjamins Darstellung einer barocken Polarität von «Tyrann» und «Märtyrer» ließ er sich in der zweiten Fassung anregen. 1926 notierte er zu Max Mells «Nachfolge-Christi-Spiel»: «Merkwürdig übrigens, mit Hinblick auf Benjamins Ausführungen – dass hier ein Märtyrerstück vorliegt, und im ‹Turm› auch, ja in der neuen Fassung, die ich fürs Theater mache, sogar noch entschiendener.»⁶⁰ Basilius nennt die Absetzungsurkunde ebenso ausdrücklich einen «Tyrannen».

Dagegen muss der ungewöhnlich scharfe Zynismus gehalten werden, mit dem Benjamin zunächst auf den «Turm» reagierte. Am 6. April 1925 schrieb er an Scholem: «Hofmannsthal fordert ein privates, persönliches Gutachten über den ‹Turm› (…), die Absolvierung dieser Arbeit plane ich mit einer publizistischen zu verbinden. Eine neue Revue für literarische Kritik bei Rowohlt erbittet meine ständige Mitarbeit und ich gedenke zunächst eine Rezension des ‹Turm› einzuliefern. Gelesen habe ich die Sache noch nicht. Mein privates Urteil steht mir von vornherein fest; mein dem entgegengesetztes publizistisches ebenfalls.»⁶¹

Hofmannsthal hatte sein Selbstverständnis zunächst in der Auseinandersetzung mit Josef Nadlers These eines spezifisch süddeutschen Charakters der barocken Dramatik gebildet. Nun stieß er auf Benjamin. Am 11. Juni 1925 schrieb dieser an Hofmannsthal (und wir wissen nicht, wie viel Diplomatie im Spiel war): «Ich habe mich wieder und wieder mit dem Drama befassen müssen, um über den tiefen Eindruck der Lektüre hinaus Raum für die Rechenschaft von ihm mir zu gewinnen. Sie werden es mit Nachsicht aufnehmen, wenn ich die Meinung gestehe, für diese Rechenschaft etwas besser vorbereitet zu sein als ein beliebiger anderer Leser und darum werde ich Ihnen meine Freude vertrauen dürfen, in ihm mir einen geistigen Bereich eröffnet zu sehen, an den meine letzten Studien ganz nah mich herangeführt hatten. In Wahrheit sehe ich in Ihrem Werk ein Trauerspiel in seiner reinsten, kanonischen Form.» Gegen Ende des Briefs heißt es dann: «Es wäre mir empfindlich, wenn mit diesen wenigen Worten ich etwas Fremdes Ihnen vorgetragen haben sollte, wenn darin die Gedanken meines neuen Buches dem Geist Ihres Werkes unziemlich begegnet wären. Ich hoffe, dem ist nicht so und diese Gedanken werden Sie nicht hindern, bei gelegner Zeit einen Blick in das Manuscript zu werfen, das Ihnen mit gleicher Post zugeht.»[62]

Eine Aufzeichnung Hofmannsthals vom Juni 1925 belegt nun, dass er mit der Lektüre von Benjamins Habilitationsschrift sofort begann und tatsächlich seine eigene Produktion darin gedeutet fand. Ein Harsdörffer-Zitat, das er Benjamins Schrift entnahm, wird auf den «Turm» bezogen: «Schroeders Bemerkung, die Figuren im ‹Turm› redeten wie durch ein Megaphon. Hierzu bei Harsdörffer: Warum solche Spiele in gebundener Rede geschrieben werden? Antwort – weil die Gemüter eifrigst sollen bewegt werden, ist zu den Trauer- und Hirtenspielen das Reimgebäud bräuchlich, welches gleich einer Trompeten die Wort und Stimmen einzwänget, dass sie so viel größeren Nachdruck haben.» Kurz darauf folgt in Hofmannsthals Aufzeichnungen ein direktes Exzerpt: «Die Allegorie ist am bleibendsten dort angesiedelt, wo Vergänglichkeit und Ewigkeit am nächsten zusammenstoßen. (Benjamin, ‹Ursprung des deutschen Trauerspiels›.)»[63]

Auch Benjamin gegenüber reagierte Hofmannsthal sofort. «Er spricht davon», so meldete Benjamin am 21. Juli 1925 an Scholem, «im Tiefsten seiner eigenen Versuche von meinen Deduktionen betroffen zu sein, sagt sehr viel Schönes und Freundliches, nennt das Buch ‹in vielen Abschnitten völlig meisterhaft›.»[64] Ende Juli bot Hofmannsthal an, in den «Neuen Deutschen Beiträgen» einen Teil des Trauerspielbuchs zu drucken. Es war das Kapitel über die barocke Melancholie, das – von Hofmannsthal ausgewählt – dann 1927 im letzten Heft der «Beiträge» erschien.

Es gibt auch öffentliche Äußerungen Hofmannsthals, die von der Lektüre des Trauerspielbuchs zeugen. In dem Aufsatz «Das Salzburger Große Welttheater» vom 11. Juli 1925 finden sich zunächst wieder die Theorien Nadlers vom «süddeutschen Boden» – wo aber genauer auf die Formelemente des süddeutschen Theaters eingegangen wird, ist der Bezug auf Benjamin deutlich: «Von da blieb im Volk dieses breiten Gebietes ein ausgebildeter Sinn für das theatralisch Volksgemäße, für die sinnfälligen und bedeutungsvollen Requisiten auf der Bühne, für die Verwendung der gereimten, spruchmäßigen Verszeilen, und auch für die – der Antike und dem gelehrten Drama fremde – Vermischung des Trauerspielmäßigen mit dem Lustigen.»[65] Jedem der genannten Elemente entspricht ein Abschnitt des Trauerspielbuchs: «Das Requisit», «Titel und Sentenzen», «Intrigant als komische Person». Gerade dies letztere Motiv war für Benjamin eines der zentralen Stücke der Trauerspielpoetik: «Weniges bezeichnet die Grenzen in der Kunst des deutschen Barockdramas so unerbittlich, als dass es die Ausprägung dieses bedeutenden Verhältnisses dem volkstümlichen Schaustück überließ. In England dagegen hat Shakespeare das alte Schema des dämonischen Narren Figuren wie dem Jago und Polonius unterlegt. Mit ihnen wandert das Lustspiel ins Trauerspiel ein. Denn solcherart ist die Gemeinschaft jener beiden Formen, welche durch Übergänge nicht nur empirisch sondern dem Gesetz ihrer Bildung nach so streng aneinander gebunden sind, wie Tragödie und Komödie sich gegensätzlich verhalten, dass das Lustspiel ins Trauerspiel wandert (…). Das Trauerspiel erreicht ja seine Höhe nicht in den regelrechten Exemplaren sondern dort, wo mit spielhaften Übergängen es das Lustspiel in sich anklingen macht.»[66]

Im Sommer 1925, als Hofmannsthal das Trauerspielbuch las, nahm er auch die Arbeit an seinem «Xenodoxus» wieder auf. Er war, womöglich durch Nadlers Literaturgeschichte, auf das Drama «Cenodoxus» des Jesuiten Jakob Bidermann aufmerksam geworden. Darin geht es um einen gelehrten Mann, den «Doktor von Paris», dem die allseitige Verehrung nicht gut bekommt: Er verfällt der Todsünde des Hochmuts. Im weiteren Sinne also ein Faust-Stoff. Auch Hofmannsthal hat ihn in den Fragmenten zur Neubearbeitung so gekennzeichnet: «Xenod. (uomo singolare) rasender Hochmut.» Nun wird in einem neuen Schema der Hochmut der Figur des Ratsherren zugewiesen, Xenodoxus aber «Trägheit des Herzens». Damit nahm Hofmannsthal Benjamins Darstellung auf: Der «eigentlich theologische Begriff des Melancholikers», heißt es dort, liege «in dem einer Todsünde vor. Das ist die Acedia, die Trägheit des Herzens.»[67]

Hofmannsthals Exzerpte aus dem Trauerspielbuch, und zwar ausschließlich aus dem Melancholie-Kapitel, gingen so bruchlos in den eigenen Plan ein, dass die ersten Herausgeber zwischen beiden Textschichten nicht zu trennen vermochten. Was hatte Hofmannsthal zu dieser Aufnahme bewegen können? Der Melancholie entspricht im Trauerspielbuch eine besondere Art des Wissens, eine einsame, der sprachlichen Gemeinschaft entfremdete Grübelei, eine Versenkung, die – wie Benjamin schrieb – «allzu leicht ins Bodenlose» führt. Melancholie und Wissen gehören hier zusammen, Melancholie ist eine Verfassung, «in welcher jedes unscheinbarste Ding, weil die natürliche und schaffende Beziehung zu ihm fehlt, als Chiffre einer rätselhaften Weisheit auftritt».[68] Die Figur des sinistren Gelehrten Xenodoxus konnte im Licht solcher Gedanken tiefer angelegt werden, denn deutlicher als der Hochmut hat die Melancholie eine substanzielle Beziehung zum Wissen: «Die Melancholie verrät die Welt um des Wissens willen», hieß es im Trauerspielbuch.[69] Dem antwortet Lucifer in Hofmannsthals Entwurf: «Mache aus seiner Stärke (Wissenstrieb) den Strick, der ihm die Gurgel umdreht.»[70]

Vor allem aber: Die Figur Lucifers hat Hofmannsthal erst nach der Lektüre von Benjamins Schrift in den Dramenplan eingearbeitet. Asmodi, der Teufel der ersten Entwürfe, gehörte der sinnlichen Seite der Verführung an, verbunden war er mit abenteuerlichen Motiven. Für den «hochmütigen» Xenodoxus der frühen Entwürfe war dieser Teufel zureichend – für den tiefsinnigen Melancholiker der neuen Skizzen war er es nicht mehr. Der dunkleren, philosophischeren Anlage des Xenodoxus musste eine gesteigerte satanische Kraft entgegentreten, und dazu dienten Hofmannsthals Exzerpte, die unter den Titeln «Satan» und «Lucifer» stehen.

Nur die Frankfurter Universität, bei der das Manuskript als Habilitationsschrift eingereicht worden war, blieb taub für die Stärken Benjamins. Der hatte sich bei dem Versuch, sich einen Platz in der deutschen akademischen Welt zu erobern, auch einigermaßen ungeschickt verhalten. Zu seinem Berner Lehrer Paul Häberlin verlor er langsam den Kontakt, in Frankfurt gewann er nur zu dem Dozenten Gottfried Salomon-Delatour ein vertrauteres Verhältnis. Ansonsten waren absprechende Urteile über die geisteswissenschaftlichen Hauptvertreter geradezu die Regel: Die Lektüre Diltheys erschien Benjamin «gänzlich vergeblich»[71]; Friedrich Gundolf und Karl Jaspers, die er bei einem Heidelberger Aufenthalt hörte, werden als «schwächlich»[72] bezeichnet, und Erich Rothacker, der gerade die Herausgabe der «Deutschen Vierteljahrsschrift für Literaturwissenschaft und Geistesgeschichte» übernommen hatte, als Autor einer «gedankenarmen» Abhandlung.[73]

Geradezu für symbolisch möchte man Benjamins Scheitern in dem erlauchten Zirkel von Marianne Weber in Heidelberg halten, einem der geisteswissenschaftlichen Zentren der Zeit: Hier trug er im Dezember 1922 vor, was er über die Gedichte von Fritz Heinle zu sagen hatte. Über das Resultat berichtet er Scholem: «Dafür habe ich eine Woche fast Tag und Nacht gearbeitet und die Arbeit im Entwurf zu Ende geführt. Aber der Vortrag prallte ab. Ich mache mir darüber keine Vorwürfe, denn: wollte ich überhaupt hervortreten, so war nichts anderes zu tun. Meiner Arbeit hat es genützt.»[74] Wolfgang Frühwald hat den Kreis als modellhaft angesehen; auch in der Hinsicht, dass er die «Ohnmacht der älteren Generation im Gespräch mit den Jüngeren» verdeutliche.[75]

Kein Zweifel: Benjamins Loyalitäten lagen, schon vor der gescheiterten Habilitation, nicht im Bereich der Universität. Dass er nichts unternahm, ohne dafür ein Programm grundsätzlicher Neuorientierung zu entwerfen, wie er es in jenen Jahren für die Felder der Kunstkritik, der Übersetzung und der Erkenntnistheorie versuchte, folgte kaum der Logik einer universitären Karriere.

Zunächst hatte Benjamin daran gedacht, seine Arbeit zu Goethes Wahlverwandtschaften in Frankfurt einzureichen und sich damit die eigentliche Habilitationsschrift zu ersparen. Das wurde abgelehnt. Die lange herrschende Vorstellung, wie das Frankfurter Verfahren seinerzeit ablief, trug der marxistische Philosoph Hans Heinz Holz 1992 mit Nachdruck, aber ohne jede Kenntnis der Sachlage vor: «Benjamins Traktat über den Ursprung des deutschen Trauerspiels, eine epochemachende Arbeit, wird vom Frankfurter Ordinarius für Literaturgeschichte als Habilitationsschrift abgelehnt – Deutschlands geistvollste Literaturwissenschaftler lässt man 1926 durchfallen! Dorfschulzenhafte Mittelmäßigkeit, wohl untermischt mit einem gehörigen Schuss antisemitischer Ressentiments gegen den überlegenen Esprit des Juden, trug einen zweifelhaften Erfolg für die ‹Reinhaltung› germanischer Denkart davon.»[76]

Dagegen stehen die wirklichen Verhältnisse seit langem fest. Der angeblich «dorfschulzenhafte» Franz Schulz hatte 1922 Martin Sommerfeld, zwei Jahre jünger als Benjamin, mit der Arbeit «Hebbel und Goethe – Studien zur Geschichte des deutschen Klassizismus im 19. Jahrhundert» habilitiert. Er promovierte 1928 Arnold Hirsch mit der Arbeit «Der Gattungsbegriff ‹Novelle›», und zwar mit der Note «sehr gut». Beide, Sommerfeld und Hirsch, waren jüdischer Herkunft und emigrierten später. Ebenfalls promoviert hatte Schulz 1925 Werner Kraft, den Freund Benjamins und Scholems, der später nach Palästina ging, mit der Arbeit «Die Päpstin Johanna – Eine motivgeschichtliche Untersuchung».[77] Die erste Ehefrau von Schulz, Ella, geborene Lekebusch, war jüdischer Herkunft, er hatte mit ihr zwei Töchter. Schulz, der katholisch war, gehörte weder der NSDAP noch einer ihrer Organisationen an.[78] Dass er an an der Bücherverbrennung des Frühjahrs 1933 teilgenommen hat, ist nicht belegt; der Schriftsteller Ernst Erich Noth, der dies behauptete, war damals schon nicht mehr in Deutschland und somit kein Augenzeuge.[79] Hermann Gumbel, ein Schüler von Schulz, schrieb Mitte der dreißiger Jahre in einem Gutachten über Schulz für den NS-Dozentenbund: «Er dürfte sich früher hier und da linksgerichteten Studenten zugewendet haben, ohne dass er Marxist irgendeiner Form war und ohne nationale Grundhaltung zu entbehren. Es ist manches an ihm und in ihm, was einer liberalen Grundhaltung entspricht.»[80] Andererseits *könnten* politische Gründe bei Schulz durchaus eine Rolle gespielt haben. An Gottfried Salomon-Delatour schrieb Benjamin über Rangs «Deutsche Bauhütte», die ihm «durch ihren sachlichen Gehalt ebenso legitimiert erscheint als durch ihre vernichtende Kritik der deutschen Gesinnungen bedeutend».[81] Freilich sei die «entfernte Möglichkeit einer Kollision mit meinen Frankfurter Plänen» zu bedenken.[82] An Rang schrieb er am 26. November 1923: «Die Empfindlichkeit einzelner Fakultätsmitglieder in den in Rede stehenden Dingen kann kaum überschätzt werden. Hinzu kam, dass mein besonderer Gönner *weit* rechts steht und dass gerade in Frankfurt die Schrift wohl unter die Leute kommen dürfte.»[83]

Schulz hatte von 1914 bis 1918 gekämpft und war dafür mit dem Ritterkreuz 1. Klasse ausgezeichnet worden. Er stammte aus dem westpreußischen Culm, das nach dem Ersten Weltkrieg an Polen abgegeben werden musste. Ein großer Teil der dort ansässigen deutschen Bevölkerung siedelte um. Und so war Schulz für das Thema der verlorenen Gebiete sensibilisiert – auch insofern, als er von 1910 an in Straßburg gelehrt hatte. Die Frankfurter Universität aber hatte mit dem «Wissenschaftlichen Institut der Elsass-Lothringer im Reich» das Erbe der verlorenen Westgebiete angetreten, unter aktiver Teilnahme von Schulz. Nimmt man diese Erfahrungen zusammen, dann kann man sich ausmalen, dass er für die ethisch hocherregt vorgetragenen Ideen Rangs – wenn er sie denn überhaupt zur Kenntnis nahm – keine besondere Sympathie empfunden haben dürfte.

Völlig ausschließen aber muss man solche Gründe bei dem Philosophen Hans Cornelius, der, nachdem Schulz das Verfahren abgegeben hatte, für die Habilitation im Fach Ästhetik um ein Gutachten gebeten worden war. Er legte zunächst dar, die Arbeit sei «überaus schwer zu lesen», denn es würden «eine Menge Worte verwendet, deren Sinn zu erläutern der Verfasser nicht für erforderlich hält, die aber entweder keine allgemein feststehende Bedeutung haben, oder, wenn sie nach ihrer üblichen Bedeutung verstanden werden, in dem Zusammenhang, in welchem sie gebraucht werden, keinen klaren Sinn ergeben. Ich bin aus diesem Grunde teils überhaupt nicht im Stande, den Sinn der Arbeit wiederzugeben, teils wenigstens nicht, ihn so wiederzugeben, dass ich für die Richtigkeit der Wiedergabe einstehen könnte.»[84] Der «große Fleiß» wird zwar gerühmt, aber es hilft nichts mehr. Kunstwissenschaftlich, so Cornelius, sei darin nichts von Wichtigkeit; ob literaturgeschichtlich, könne er nicht beurteilen. Er habe Benjamin um ein zusammenfassendes Exposé der Arbeit gebeten, das auch gekommen sei, aber seine Verlegenheit nur steigerte. Er habe sich deshalb «an die Herren Dr. Gelb und Dr. Horkheimer mit der Bitte gewendet, diesen Auszug aus der Arbeit des Herrn Dr. Benjamin zu lesen und mir zu sagen, in welchem Sinne sie diese Ausführungen deuten könnten. Ich habe von Beiden die Antwort erhalten, dass sie dieselben nicht zu verstehen vermöchten.»[85] Er könne sich, «bei allem Wohlwollen für den mir sonst als einsichtig und geistreich bekannten Verfasser, dem Bedenken nicht verschließen, dass er mit seiner unverständlichen Ausdrucksweise, die doch wohl als Zeichen sachlicher Unklarheit gedeutet werden muss, den Studirenden kein Führer auf diesem Gebiete sein kann».[86] Der hier erwähnte Adhémar Gelb war Gestaltpsychologe und wurde wegen des «Arierparagraphen» 1933 von der Universität entlassen. Cornelius wiederum hatte Horkheimer 1922 summa cum laude promoviert und 1925 habilitiert, Adorno 1924 promoviert; politisch war er Sozialdemokrat. Was am Ende den Ausschlag für die Ablehnung der Arbeit gegeben haben mag? Es könnte die «platonische», in den Schlusspassagen auch offen theologische Argumentation gewesen sein, die mit der akademischen Auffassung der Literaturgeschichte nicht mehr zu vermitteln war. Eine Abhandlung, die das Wesen des Teufels ergründen will («Die Schrecken und Verheißungen des Satan») und schließlich den Allegoriker «in Gottes Welt» erwachen lässt, wo er «nicht mehr spielerisch in erdhafter Dingwelt sondern ernsthaft unterm Himmel sich wiederfindet»[87] – eine solche Abhandlung musste der universitären Lehre strukturell, und nicht aus Missgunst einzelner ihrer Vertreter, fremd bleiben.

Der an dem Habilitationsverfahren nicht beteiligte Orientalist Hans Heinrich Schaeder, vier Jahre jünger als Benjamin, hat die sachlichen Einwände, die man von akademischer Seite erheben konnte, in einem Brief an Hofmannsthal vom 21. April 1928 formuliert. «Was Benjamin (…) tut, ist wie mir scheint, das Gefährlichste, was man in geistesgeschichtlichen Dingen überhaupt tun kann. Er stellt seinen Gegenstand nicht dar, er will es nicht einmal, sondern er sucht, unter Abstreifung des geschichtlichen hic et nunc, das angeblich ideelle seines Stoffes zu greifen. (…) Pseudoplatonismus – das ist die Signatur, mit der mir Benjamins Buch gezeichnet zu sein scheint; und zugleich ist dies die gefährlichste Krankheit, von der jemand, der es mit geschichtlichen Dingen ex professo oder aus eigener Neigung zu tun hat, überhaupt ergriffen werden kann.»[88]

Im Juli 1925, als das Debakel klar wurde, schrieb Benjamin eine Vorrede zum Trauerspielbuch, die er, wie er Scholem meldete, zu seinen «gelungensten Stücken» zählte.[89] «Ich möchte», so der Wortlaut der Vorrede, «das Märchen vom Dornröschen zum zweiten Male erzählen. Es schläft in seiner Dornenhecke. Und dann, nach so und so viel Jahren wird es wach. Aber nicht vom Kuss eines glücklichen Prinzen. Der Koch hat es aufgeweckt, als er dem Küchenjungen die Ohrfeige gab, die, schallend von der aufgesparten Kraft so vieler Jahre, durch das Schloss hallte. Ein schönes Kind schläft hinter der dornigen Hecke der folgenden Seiten. Dass nur kein Glücksprinz im blendenden Rüstzeug der Wissenschaft ihm nahe kommt. Denn im bräutlichen Kuss wird es zubeißen. Vielmehr hat sich der Autor, es zu wecken, als Küchenmeister selber vorbehalten. Zu lange ist schon die Ohrfeige fällig, die schallend durch die Hallen der Wissenschaft gellen soll. Dann wird auch diese arme Wahrheit erwachen, die am altmodischen Spinnrocken sich gestochen hat, als sie, verbotnerweise, in der Rumpelkammer einen Professorentalar sich zu weben gedachte. Frankfurt a. M. Juli 1925.»

Benjamin nahm bald darauf ein Schiff, das ihn nach Spanien brachte.

KAPITEL IX

IM WEINBERG DER INGENIEURIN: ASJA LACIS UND DIE «EINBAHNSTRASSE»

*Feuer, schnelle blitzähnliche Bewegung des Auges –
und ein durchdringender Verstand und schneller Witz
sollen zwar hundertmal beysammen gefunden werden;
aber keine Beziehung aufeinander haben? Sollen zufälliger
Weise zusammen treffen? Zufall – soll's seyn, nicht natürlicher
Einfluss, nicht unmittelbare wechselseitige Wirkung, wenn
grad in dem Augenblicke, da der Verstand tiefblickend, der
Witz am geschäftigsten ist, das Feuer, die Bewegung oder
Stellung der Augen ebenfalls sich am merklichsten verändert?*

*Johann Caspar Lavater, Physiognomische Fragmente zur
Beförderung der Menschenkenntniß und Menschenliebe, 1775*

Bleiben wir auch diesmal bei der äußeren Erscheinung. So nämlich, wie sie Charlotte Wolff beschrieb: «Dicke Brillengläser verbargen seine Augen, aber dennoch blitzen einem Erregung und Leidenschaft entgegen.»[1] An anderer Stelle sagt sie: «Er gluckste vor Lachen, und seine Augen, hinter Brillengläsern versteckt, glitzerten vor Vergnügen.»[2] In Adornos Erinnerungen an den Freund lesen wir es ähnlich: «Sehr merkwürdig waren die Augen, die ziemlich tief lagen, kurzsichtig waren und auf eine zugleich sanfte und intensive Weise zuweilen Blicke zu schießen schienen.»[3]

Wenn die Augen blitzen, dann reagieren sie auf eine Situation, auf etwas eigentümlich Aktuelles. Ein Blitz ist der Inbegriff des Plötzlichen und Schnellen. Und so steht es auch mit dem *Glitzern* – es handelt sich dabei um ein in Funken aufblitzendes Licht. Ein solcher Blick gehört nicht mehr zur metaphysischen Kontemplation, sondern zu einem Augenblick, der geistesgegenwärtig erfasst sein will.

Und nirgendwo zeigte sich diese Seite von Benjamins Produktivität so wie in der «Einbahnstraße», die, wie das Trauerspielbuch, 1928 bei Rowohlt erschien. Aber wie verschieden waren diese Werke schon typographisch! Altertümlich die Fraktur des Trauerspielbuchs, neusachlich (aber nicht mit einer verarmten Bauhaus-Schrift) die «Einbahnstraße». An Hofmannsthal schrieb Benjamin über das Buch: «Es stellt ein Heterogenes oder vielmehr Polares dar, aus dessen Spannung vielleicht gewisse Blitze zu grell, gewisse Entladungen zu polternd hervor gehen. (Nur der falsche Klang des Theaterdonners begegnet Ihnen, hoffentlich, nirgends darin.)»[4] Und er bittet Hofmannsthal «in allem Auffallenden der inneren und äußeren Gestaltung nicht einen Kompromiss mit der ‹Zeitströmung› sehen zu wollen. Gerade in seinen exzentrischen Elementen ist das Buch wenn nicht Trophäe so doch Dokument eines inneren Kampfes, von dem der Gegenstand sich in die Worte fassen ließe: Die Aktualität als den Revers des Ewigen in der Geschichte zu erfassen und von dieser verdeckten Seite der Medaille den Abdruck zu nehmen. Im übrigen ist das Buch in vielem Paris verpflichtet, der erste Versuch meiner Auseinandersetzung mit dieser Stadt. Ich setze ihn in einer zweiten Arbeit fort, die ‹Pariser Passagen› heißt.»[5] Scholem gegenüber erläuterte Benjamin seine Absicht, «die äußerste Konkretheit» zu erfassen.[6]

Dem Buch ist eine Widmung vorangestellt: «Diese Straße heißt / Asja-Lacis-Straße / nach der die sie / als Ingenieur / im Autor durchgebrochen hat». Benjamin hatte diese Frau 1924 auf Capri kennengelernt, nachdem Rang und Gutkind abgereist waren. Von ihr berichtet er in einem Brief: «Eine bolschewistische Lettin aus Riga, die am Theater spielt und Regie führt, eine Christin, ist am meisten bemerkenswert.»[7] Scholem meldet er am 7. Juli 1924 über die Arbeit am immer noch nicht abgeschlossenen Trauerspielbuch, es hätten sich ihm neue Lebensperspektiven eröffnet, die ihm «unbedingt zum Besten einer vitalen Befreiung und einer intensiven Einsicht in die Aktualität eines radikalen Kommunismus» ausgeschlagen seien:

Der russische Fotograf Sasha Stone (1895 bis 1940) – auch er nicht ohne Berührung mit dem Dadaismus – war mit Benjamin befreundet und entwarf den Umschlag der «Einbahnstraße».

> „Da im Wiſſen ſowohl als in der Reflexion kein
> Ganzes zuſammengebracht werden kann, weil
> jenem das Innere, dieſer das Äußere fehlt, ſo
> müſſen wir uns die Wiſſenſchaft notwendig als
> Kunſt denken, wenn wir von ihr irgend eine Art
> von Ganzheit erwarten. Und zwar haben wir
> dieſe nicht im Allgemeinen, im Überſchwänglichen
> zu ſuchen, ſondern wie die Kunſt ſich immer ganz
> in jedem einzelnen Kunſtwerk darſtellt, ſo ſollte
> die Wiſſenſchaft ſich auch jedesmal ganz in jedem
> einzelnen Behandelten erweiſen.“
>
> Johann Wolfgang von Goethe: Materialien
> zu einer Geſchichte der Farbenlehre

Es iſt dem philoſophiſchen Schrifttum eigen, mit jeder
Wendung von neuem vor der Frage der Darſtellung zu
ſtehen. Zwar wird es in ſeiner abgeſchloſſenen Geſtalt Lehre
ſein, ſolche Abgeſchloſſenheit ihm zu leihen aber liegt nicht
in der Gewalt des bloßen Denkens. Philoſophiſche Lehre
beruht auf hiſtoriſcher Kodifikation. So iſt ſie denn auch
more geometrico nicht zu beſchwören. Wie deutlich es Mathematik belegt, daß die gänzliche Elimination des Darſtel-
lungsproblems, als welche jede ſtreng ſachgemäße Didaktik
ſich gibt, das Signum echter Erkenntnis iſt, gleich bündig
ſtellt ſich ihr Verzicht auf den Bereich der Wahrheit, den die
Sprachen meinen, dar. Was an den philoſophiſchen Entwürfen Methode iſt, das geht nicht auf in ihrer didaktiſchen
Einrichtung. Und dies beſagt nichts anderes, als daß ihnen
eine Eſoterik eignet, die abzulegen ſie nicht vermögen, die zu
verleugnen ihnen unterſagt iſt, die zu rühmen ſie richten
würde. Die Alternative der philoſophiſchen Form, welche
durch die Begriffe von der Lehre und von dem eſoteriſchen
Eſſay geſtellt wird, iſt's, die der Syſtembegriff des XIX. Jahrhunderts ignoriert. Soweit er die Philoſophie beſtimmt,

*Ganz anders die Anmutung in Benjamins Buch «Ursprung des deutschen
Trauerspiels», das wie die «Einbahnstraße» im Jahr 1928 erschien. Benjamin
nahm auf die typographische Gestalt seiner Bücher stets Einfluss. Hier wählte
er die Schwabacher, sie gab dem Buch eine altdeutsch-barocke Prägung.*

«Ich machte die Bekanntschaft einer russischen Revolutionärin, einer der hervorragendsten Frauen, die ich kennengelernt habe.»[8] Wieder war es ein konkreter Mensch, der eine metaphysische Umwälzung in ihm auslöste – war Luise von Landau ihm das Muster eines adligen Menschen, so wird der Blitz, der ihn durch Asja Lacis erreicht, zugleich ein kommunistischer elektrischer Schlag.

In einem Geschäft hatte er sie angesprochen. Ihr erster Eindruck von ihm war nicht unbedingt schmeichelhaft für einen Mann, immerhin wird das Blitzen der Augen auch von ihr bemerkt: «Brillengläser, die wie kleine Scheinwerfer Lichter werfen, dichtes, dunkles Haar, schmale Nase, ungeschickte Hände – die Pakete fielen ihm aus der Hand. Im Ganzen – ein solider Intellektueller, einer von den Wohlhabenden.»[9] Beim ersten Rendezvous, als sie ihn bekocht, legt er ein Bekenntnis ab, das ihr gefallen musste: «Als wir die Spaghetti aßen, sagte er: ‹Ich beobachte Sie schon zwei Wochen – wie Sie in Ihren weißen Kleidern mit Daga, die so lange Beine hat, über die Piazza nicht gehen, sondern flattern.»[10]

Von einer «vitalen Befreiung»[11] hat Benjamin gesprochen – vielleicht auch deshalb, weil Asja Lacis die erste Frau seit langem war, die in sein Leben trat; seine Frau Dora und Jula Cohn kannte er noch aus der Studentenzeit. Kaum verhüllt macht er Scholem im September Andeutungen über das Herrliche, das ihm nun widerfährt: «Ein anderes sind die Weingärten, die auch zu den Wundererscheinungen dieser Nächte gehören. Du wirst das gewiss kennengelernt haben, wenn Frucht und Blatt in der Schwärze der Nacht untertauchen und man vorsichtig – um nicht gehört und verjagt zu werden – nach den großen Trauben tastet. Aber es liegt noch viel mehr darin, worüber vielleicht die Kommentare des Hohen Liedes Aufschluss geben.»[12] Man braucht indes keinen Kommentar, man braucht nur die Stelle des Hohen Liedes über die Trauben zu lesen, wie sie Scholem 1915 übersetzt hatte: «Wie schön und herrlich bist du, Liebste, / In der Liebeseinung! / Es gleicht dein hoher Wuchs der Palme, / Und reifen Trauben gleichen deine Brüste! / Ich sprach: / Ich will doch auf die

*«Eine bolschewistische
Lettin aus Riga, die am
Theater spielt und Regie
führt, eine Christin, ist am
meisten bemerkenswert»,
schrieb Benjamin 1924
aus Capri an Scholem.
Am gewaltigsten, so notierte
er 1931 rückblickend, sei
die Verwandlung, die eine
Liebe bringt, in seiner
Verbindung mit Asja Lacis
gewesen, «so dass ich
vieles in mir erstmals
entdeckte».*

Palme steigen / Und ihre spitzen Zweige greifen! / So lass doch deine
Brüste sein / Am hohen Weinstock reife Trauben, / Und deinen Atem
lass wie Äpfel duften! / Dein Gaumen ist wie guter Wein, / Der deinem Liebsten wohl bekommt, / Der Sprache gibt den Lippen derer, /
Die im Schlafe liegen!»[13]

So bibelfest und poetisch Benjamin in seinen Mitteilungen an
Scholem war, so sachlich und kühl liest sich die Widmung an Asja
Lacis als *Ingenieur* – es sollte ein Ehrenname sein wie bei Scipio Africanus, der kein Afrikaner war, sondern Karthago besiegt hatte. Damit war ein Programm verbunden: Das künstlerische, dichterische
Schaffen sollte als Teil der allgemeinen gesellschaftlichen *Produktion*
gelten, es konnte keinen Sonderstatus mehr beanspruchen. Der Ingenieur, der intelligenteste Teilnehmer der Produktion, nicht weniger, aber auch nicht mehr, wurde in den zwanziger Jahren zu einer
Leit- und Wunschfigur der Künstler. Schon Oswald Spengler hatte
im «Untergang des Abendlandes» einen Hymnus auf den Ingenieur,

den «wissenden Priester der Maschine», angestimmt: «Nicht nur die Höhe, das *Dasein* der Industrie hängt vom Dasein von hunderttausend begabten, streng geschulten Köpfen ab, welche die Technik beherrschen und immer weiter entwickeln. Der Ingenieur ist in aller Stille ihr eigentlicher Herr und ihr Schicksal.»[14] Ingenieur sein heißt: nicht mehr an die Tradition gebunden sein, sondern, nach Benjamins Bild, im Sinne eines radikalen «Vonvornbeginnens» zu wirken.[15] Darin steckt die Willenserklärung, dass die Überlieferung keine kulturelle Geltung mehr beanspruchen soll, sie hat ihren Wert verloren. Stalin war es, der 1932 den legendären Trinkspruch ausbrachte: «Der Mensch erneuert sich durch das Leben, und ihr müsst behilflich sein bei der Erneuerung seiner Seele. Das ist wichtig, die Produktion menschlicher Seelen. Und deshalb erhebe ich mein Glas auf euch, Schriftsteller, auf die Ingenieure der Seele.»[16] Ingenieur wollte in der Epoche des revolutionären Maschinenkults jeder sein. Dabei ging es selbstverständlich nicht um den wirklichen Ingenieur, sondern um ein literarisch-intellektuelles Konstrukt. Es stand für äußerste Modernität, auch im Sinne eines Abbaus der Vorstellung vom inspirierten Künstler. Denn der Ingenieur ist nicht selbst Forscher, vielmehr setzt er wissenschaftliche Resultate in Anwendungen um. Der Dadaist George Grosz schrieb 1922: «Die Sachlichkeit und Klarheit der Ingenieurzeichnung ist ein besseres Lehrbild als das unkontrollierte Geschwafel von Kabbala und Metaphysik und Heiligenekstase.»[17] Der von Benjamin hoch geschätzte Paul Valéry beteiligte sich an der Verbreitung dieser Gedanken, als er Edgar Allan Poe nicht als inspirierten Dichter erscheinen ließ, sondern als «literarischen Ingenieur», als «ingénieur littéraire qui approfondit et utilise toutes les ressources de l'art».[18]

Entsprechend beginnt die Einbahnstraße in dem Stück «Tankstelle» mit einem technischen Vergleich: Nur die «prompte Sprache zeigt sich dem Augenblick wirkend gewachsen. Meinungen sind für den Riesenapparat des gesellschaftlichen Lebens, was Öl für Maschinen; man stellt sich nicht vor eine Turbine und übergießt sie mit

162

Maschinenöl. Man spritzt ein wenig davon in verborgene Nieten und Fugen, die man kennen muss.»[19]

Nicht nur in die Aktualität stürzt dieses Buch, sondern der Autor stürzt in den Gebrauch des «Ich». Das Subjektive soll objektiviert, dabei aber noch als ein Subjektives erkennbar bleiben. 1924 sollte die «Einbahnstraße» noch «Plakette für Freunde» heißen. «Plaquette ist in Frankreich ein schmales broschiertes Sonderheftchen mit Gedichten oder ähnlichem – ein terminus technicus des Buchhandels», schrieb Benjamin an Scholem und schilderte den Plan: «In mehrern Kapiteln, die je als einzige Überschrift den Namen eines mir Nahestehenden tragen, will ich meine Aphorismen, Scherze, Träume versammeln.»[20] Aber das war, in seiner ganzen Verspieltheit, noch vor der entscheidenden Begegnung mit Asja Lacis.

Das Werk sei die Totenmaske der Konzeption – so lautet ein bekannter Aphorismus der «Einbahnstraße». Genauso gut könnte man behaupten, dass gerade das Gegenteil zutrifft. Die Klage über die Fülle der Möglichkeiten, die nun, im vollendeten Werk, eingedämmt und zurückgedrängt sei, ist im schlechten Sinne romantisch. Vielmehr: Das Werk, wenn es gelingt, übertrifft die Konzeption um eine ganze Dimension, so wie die Wirklichkeit die reinen Möglichkeiten; das Reale ist nicht ärmer, sondern vielgestaltiger, rauer, reicher und überraschender als das Entworfene.

Zwischen Moskau und Paris liegt der geographische Raum dieses Buches, auch nach Süden hin wird er geöffnet. Deutschland ist dagegen nur als ein latent schon feindliches Element fassbar, für das die Inflation das Zeitkolorit abgibt: alles ziemlich unheimlich.

Die Landschaft, die Geliebte, die Dirne und der Tod waren die Elemente, aus denen Benjamin mehr als ein Jahrzehnt zuvor eine erste Poetik entworfen hatte. In der «Metaphysik der Jugend» hieß das anvisierte Buch «Das Tagebuch», und in ihm sollte die Zeit strukturbestimmend sein. «Dieser Gläubige», so hieß es damals, «schreibt sein Tagebuch. Und er schreibt es in Abständen und wird es nie beenden, denn er wird sterben.»²¹ Auch die «Einbahnstraße» wollte ein Buch sein, das die Zeit zum poetischen Prinzip macht, aber nun ganz dem Exoterischen und dem gegenwärtigen Augenblick zugewandt. Die Akteure freilich sind die von damals. Auch in einem fragwürdigen Sinn: Wie soll man die stete, ungemein gefühlsselige Rede über die geliebte Frau – «Zwei Menschen, die sich lieben, hängen über alles an ihren Namen»²² – mit der Apotheose der Hure – «Bücher und Dirnen kann man ins Bett nehmen»²³ – zusammenlesen? Das Trauerspielbuch hatte in der Diskussion der Allegorie eine erste Ästhetik der Schrift gegeben. Nun aber wird eine förmliche Liturgie des Schreibens entworfen. Zeitlebens pflegte Benjamin einen wahren Kultus des Schreibens und Abschreibens, den er jetzt als Lehre formuliert: «Die Kraft der Landstraße ist eine andere, ob einer sie geht oder im Aeroplan drüber hinfliegt. So ist auch die Kraft eines Textes eine andere, ob einer ihn liest oder abschreibt. (…) Das chinesische Bücherkopieren war daher die unvergleichliche Bürgschaft literarischer Kultur und die Abschrift ein Schlüssel zu Chinas Rätseln.»²⁴ Und so, wie es die folgende Maxime dem Schriftsteller empfiehlt, verfuhr Benjamin, wenn er sich von Freunden exquisite Papiere und Hefte schenken ließ: «Meide beliebiges Handwerkszeug. Pedantisches Beharren bei gewissen Papieren, Federn, Tinten ist von Nutzen. Nicht Luxus, aber Fülle dieser Utensilien ist unerlässlich.»²⁵

Der Akt des Schreibens ist dem Gedanken nicht äußerlich, vielmehr ist es «der Sinn der Reinschrift, dass in ihrer Fixierung die Aufmerksamkeit nur mehr der Kalligraphie gilt. Der Gedanke tötet die Eingebung, der Stil fesselt den Gedanken, die Schrift entlohnt den Stil.»²⁶ Man könnte in diesem Zusammenhang auch an die eminente Rolle des Toraschreibers in der jüdischen Tradition denken, der, wie der Talmud sagt, eine «Gottesarbeit» verrichtet: «Mein Sohn, sei vorsichtig bei deiner Arbeit (…). Wenn du nur einen Buchstaben auslässt oder einen Buchstaben zuviel schreibst, zerstörst du die ganze Welt.»²⁷ Diese tatsächlich liturgische Ansicht des Schreibens wird in der «Einbahnstraße» ins Profane gekippt.

Und nun erklärt sich Benjamins graphologische Begabung. Drei graphologische Gutachten, mit denen er im Frühjahr 1920 hundertzehn Mark verdient hatte, sind brieflich bezeugt, eine ausführliche Handschriftanalyse aus dem Jahr 1926 hat sich erhalten.[28] Zudem finden wir sechs Thesen über die Methode der Schriftdeutung, von denen eine zitiert sei, weil sie ein Ideal formuliert: «Die universale Beschreibung einer Handschrift muss in der durch sie erforderten sprachlichen Erhellung in durchsichtigster Metaphorik bereits die Beschreibung von dem Charakter des Schreibers enthalten. Eine derartige Beschreibung der Handschrift, welche demnach allein Rechenschaft von der Deutung zugleich mit der Deutung selbst ablegt, ist demnach das letzte Ziel jeder graphologischen Analyse.»[29] Das folgte Goethes Lehre, nach der «alles Faktische schon Theorie» sei.

Der Anteil jüdischer Geister an der in den zwanziger Jahren aufblühenden Traum-, Schrift-, Hand- und Sterndeutung wurde, trotz aller Bemühungen um eine Geistesgeschichte der Juden in Deutschland, bislang noch nicht zureichend beschrieben. Dabei ist die Rolle des Traumdeuters durch den Josef des Alten Testaments vorgeprägt, die des Schriftdeuters kann man in dem Propheten Daniel angelegt sehen, der anders als die babylonischen Magier die «Schrift an der Wand» zu lesen versteht; das Menetekel nämlich, das dem König den Untergang seines Reiches verheißt. Mit ihm identifizierte sich Benjamin in einem Traum, in dem ihm ein Freund begegnete: «In den Händen, die er erhebt, hält er ein Stäbchen, und mit den Worten: ‹Ich weiß, dass du der Prophet Daniel bist›, zerbricht er es über meinem Haupt.»[30]

Es geht bei alldem nicht nur um das Entziffern von Schrift, sondern auch um eine geschichtsphilosophische Diagnose. Denkt man an das Buch von Stéphane Mosès, das 1987 unter dem Titel «Spuren der Schrift» die jüdischen Geister von Benjamin bis Rosenzweig porträtierte, dann wird man kritisch nur einwenden können, dass Mosès seine eigene Überschrift nicht wörtlich genug nahm – und dass das Entziffern der Schrift in manchen Fällen geradewegs in die Rich-

tung einer Graphologie ging. Eine Ehrentafel der jüdischen Schrift-
deuter würde mit Benjamin beginnen; das Interesse an der damals
vielversprechenden Disziplin war in seinen ästhetischen Interessen
begründet, die ja stets auf dem schmalen Grat zwischen Bild und
Schrift lagen.

Die «Einbahnstraße» geht den historischen Schicksalen des
Schrift-Bildes nach: «Die Schrift, die im gedruckten Buche ein Asyl
gefunden hatte, wo sie ihr autonomes Dasein führte, wird unerbittlich von Reklamen auf die Straße hinausgezerrt und den brutalen
Heteronomien des wirtschaftlichen Chaos unterstellt. Das ist der
strenge Schulgang ihrer neuen Form. Wenn vor Jahrhunderten sie
allmählich sich niederzulegen begann, von der aufrechten Inschrift
zur schräg auf Pulten ruhenden Handschrift ward, um endlich sich
im Buchdruck zu betten, beginnt sie nun ebenso langsam sich wieder
vom Boden zu heben. Bereits die Zeitung wird mehr in der Senk-
rechten als in der Horizontale gelesen, Film und Reklame drangen
die Schrift vollends in die diktatorische Vertikale.»[31] So steht es immer, wenn sich Benjamin Grenzerfahrungen widmet, ob im Traum,
in den späteren Drogenversuchen oder direkt okkulten Erfahrungen:
Sie sind eng in die Theoriebildung verwoben.

Die Ästhetik der «Einbahnstraße» ist auf merkwürdige Weise absolut zeitgenössisch. Der Dadaismus machte alles Begegnende, ohne
Ansehen seiner kulturellen Dignität, zum Material künstlerischer
Arbeit. Kurt Schwitters etwa arbeitete mit entwertetem Material,
um das künstlerische Handeln in seinem reinsten, in seinem ra-
dikalsten Aspekt darzustellen. Lebensmittelmarken, Fahrscheine
und Zeitungsausrisse wurden in die Bilder montiert, Zeugnisse des
städtischen Lebens und seiner neuen Geschwindigkeiten. «Man
findet immer irgendwo ein paar schöne Dinge herumliegen», sagte
Schwitters einmal. Wenn es nicht anders ging, wurden Schilder ab-
geschraubt und Stuhlbeine entwendet. André Breton schrieb in seinem Surrealistischen Manifest: «Im schlechten Geschmack meiner

Zeit gehe ich weiter als jeder andere, ich versuche es jedenfalls.»[32] Die russischen Futuristen hatten schon 1912 ein Manifest mit dem Titel «Eine Ohrfeige dem öffentlichen Geschmack» publiziert.

Diesen Maximen folgt die Ästhetik, die Benjamin in der «Einbahnstraße» an Nebensachen und gern am grotesken Kitsch entwickelt: «Schießbudenlandschaften müssten, in einem Korpus gesammelt, beschrieben werden. Da war eine Eiswüste, von der an vielen Stellen weiße Tonpfeifenköpfe, die Zielpunkte, strahlenförmig gebündelt, sich abhoben. Hinten, vor einem unartikulierten Streifen Waldes, waren zwei Förster aufgemalt, ganz vorn, gleichsam Versatzstücke, zwei Sirenen mit provozierenden Brüsten in Ölfarbe. Anderswo sträuben sich Pfeifen im Haar von Frauen, die selten mit Röcken gemalt sind, meist in Trikots. Oder sie gehen aus einem Fächer hervor, den sie in der Hand entfalten.»[33]

Eine andere Schießbude zeigt Hinrichtungen: «Vor dem verschlossenen Tore eine Guillotine, ein Richter im schwarzen Talar und ein Geistlicher, welcher das Kreuz hält. Trifft der Schuss, geht das Tor auf, ein Holzbrett schiebt sich vor, auf dem der Delinquent zwischen zwei Schergen steht. Er legt sich automatisch unters Fallbeil und der Kopf wird ihm abgehauen.»[34] Und es gibt ein weiteres Tor ohne Aufschrift: «Wenn man gut gezielt hat, öffnet es sich und vor roten Plüschvorhängen steht ein Mohr, der sich leicht zu verneigen scheint. Er trägt vor sich her eine goldene Schüssel. Darauf liegen drei Früchte. Es öffnet die erste sich, und eine winzige Person steht drin und verbeugt sich. In der zweiten drehen sich tanzend zwei ebenso winzige Puppen. (Die dritte tat sich nicht auf.) Darunter, vor dem Tisch, auf dem die sonstige Szenerie sich aufbaut, ein kleiner Reiter aus Holz mit der Überschrift: ‹Route minée›. Trifft man ins Schwarze, so knallt es, und der Reiter mit seinem Pferd überschlägt sich, bleibt aber, wohlverstanden, auf ihm sitzen.»[35]

Solche Motive eines vorgefundenen Surrealismus schildert Benjamin mit Vorliebe. So in Riga, als er Asja Lacis besucht: «Ein niedriges Eckhaus mit einem Laden für Korsetts und Damenhüte ist mit geputzten Damengesichtern und strengen Miedern auf ockergelbem Grunde bemalt. Im Winkel davor steht eine Laterne, die auf den Glasscheiben Ähnliches darstellt. Das Ganze ist wie die Fassade eines Phantasiebordells.»[36] Oder im mechanischen Kabinett auf dem Jahrmarkt von Lucca, ganz an die Figur des Tyrannen im Trauerspielbuch erinnernd: «Herodes befiehlt mit sehr mannigfachen Bewegungen des Hauptes den Kindermord. Er öffnet weit den Mund und nickt dazu, streckt den Arm aus und lässt ihn wieder fallen. Zwei Henker stehen vor ihm: der eine leerlaufend mit schneidendem Schwert, ein enthauptetes Kind unterm Arm, der andere, im Begriffe zuzustechen, steht, bis aufs Augenrollen, unbeweglich. Und zwei Mütter dabei: die eine unaufhörlich sacht ihren Kopf schüttelnd wie eine Schwermütige, die andere langsam, flehend die Arme hebend.»[37]

Nicht die erlesenen Materialien und die vollendeten Gestaltungen sind es, die Benjamin interessieren, sondern der Trödel; entzückt und ergriffen zeigt er sich vor dem Billigen und Minderwertigen. Darin liegt der echte künstlerische Avantgardismus dieses Buches. Auch seine Ästhetik der Farbe bezieht es nicht aus den Bildern der Expressionisten, sondern aus einer Phantasie über Briefmarken: «Bricht in der Farbenfolge der langen Sätze sich vielleicht das Licht einer fremden Sonne? Wurden in den Postministerien des Kirchenstaats oder von Ecuador Strahlen aufgefangen, die wir andern nicht kennen? Und warum zeigt man uns nicht die Marken der besseren Planeten? Die tausend Stufen von Feuerrot, die auf der Venus in Umlauf sind und die vier großen grauen Werte vom Mars und die zifferlosen Saturnmarken?»[38] Dabei kehrt in den Briefmarken die barocke Verfallswelt zurück; sie «starren von Zifferchen, winzigen Buchstaben, Blättchen und Äuglein. Sie sind graphische Zellengewebe. Das alles wimmelt durcheinander und lebt, wie niedere Tiere, selbst zerstückelt fort. Darum macht man aus Briefmarkenteilchen, die man zusammenklebt, so wirksame Bilder. Aber auf ihnen hat Leben immer den Einschlag von Verwesung zum Zeichen, dass es aus Abgestorbenem sich zusammensetzt. Ihre Porträts und obszönen Gruppen stecken voller Gebeine und Würmerhaufen.»[39]

Kann auch das Sterben exoterisch werden? Liest man die «Einbahnstraße», dann steht man betroffen vor der übermäßigen, tatsächlich obszönen Präsenz des Todes, der Zeit in ihrer drohendsten Form. «Im Traum nahm ich mir mit einem Gewehr das Leben. Als der Schuss fiel, erwachte ich nicht, sondern sah mich eine Weile als Leiche liegen. Dann erst wachte ich auf.»[40] Kein Leser dieser Sätze wird davon absehen können, dass sich Benjamin auf der Flucht tatsächlich das Leben nahm. Aber es wäre eine psychologische Verkürzung, hier nur an das Schicksal des Autors zu denken. Eher möchte man meinen, dass es um einen Gegenentwurf zur «Lebensphilosophie» ging; genauso jedoch um eine Poetik, die den Text vom Bild des Todes her skandiert und rhythmisiert. Von Reflexionen über Todesstrafe, Totenmasken, Totenköpfe, Todesnachrichten, Totenehrung und Tötung strotzt die «Einbahnstraße» geradezu.[41] Und wie im Trauerspielbuch haben wir es mit einem drastischen *Materialismus* des Todes zu tun, wiederum treffen wir auf das Motiv der Leiche. Das bürgerliche Interieur des neunzehnten Jahrhunderts «mit seinen riesigen, von Schnitzereien überquollenen Büfetts, den sonnenlosen Ecken, wo die Palme steht, dem Erker, den die Balustrade verschanzt und den langen Korridoren mit der singenden Gasflamme wird adäquat allein der Leiche zur Behausung. ‹Auf diesem Sofa kann die Tante nur ermordet werden.› Die seelenlose Üppigkeit des Mobiliars wird wahrhafter Komfort erst vor dem Leichnam.»[42]

Hier ist das Gruselige fast noch anheimelnd und in seiner Komik genießbar. Weit tiefer geht die Leichenpoesie, wenn Benjamin sie an einem grausigen Gedicht von Baudelaire entwickelt: «Eine Märtyrerin. Zeichnung eines unbekannten Meisters» (Une Martyre. Dessin d'un Maître inconnu). Das Gedicht schildert den Anblick einer toten Geschändeten, die der Mörder enthauptet hat: «In laulichem Gemach, wo, wie im Treibhaus, die Luft gefährlich ist und unheilvoll, wo Blumensträuße sterbend in gläsernen Särgen ihren letzten Seufzer hauchen, / Ergießt kopflos ein Leichnam, in stetem Fluten, auf das durchnässte Kissen ein lebendig rotes Blut, daran das Linnen sich satttrinkt mit einer Wiese Gier. / Gleich den fahlen Gesichtern, die das Dunkel gebiert und die unsere Augen bannen, ruht das Haupt, von seiner düstren Mähne überhäuft und kostbaren Geschmeiden, / Auf dem Nachttisch wie eine Ranunkel; und gedankenleer bricht noch verschwommen und dämmerbleich ein Blick aus den verdrehten Augen.»[43]

Diese Verse tauchen nun in einem nächtlichen Bild auf, das die «Einbahnstraße» festhält: «Ich träumte, mit Roethe gehe ich – neugebackener Privatdozent – in kollegialer Unterhaltung durch die weiten Räume eines Museums, dessen Vorsteher er ist. Während er in einem Nebenraum mit einem Angestellten sich unterhält, trete ich vor eine Vitrine. In ihr steht neben anderen, wohl kleineren Gegenständen, die verstreut sind, die metallische oder emaillierte, trübe das Licht spiegelnde, fast lebensgroße Büste einer Frau, nicht unähnlich der sogenannten Leonardoschen Flora im Berliner Museum. Der Mund dieses Goldhaupts ist geöffnet und über die Zähne des Unterkiefers sind Schmucksachen, die zum Teil aus dem Munde heraushängen, in wohlgemessenen Abständen gebreitet. Mir war nicht zweifelhaft, dass das eine Uhr sei. – (Motive des Traums: Der Scham-Roethe; Morgenstunde hat Gold im Munde; ‹La tete, avec l'amas de sa criniere sombre / Et de ses bijoux precieux, / Sur la table de nuit, comme une renoncule, / Repose›. Baudelaire.)»[44]

Natürlich ist der Traum eine Wunscherfüllung – Benjamin wurde habilitiert und ist nun Privatdozent, er unterhält sich mit Gustav Roethe, dem prominentesten Fachvertreter, wird also in seiner Rolle anerkannt. Zugleich aber ist der Traum ein Zeugnis für die Ästhetisierung des Todes; die Ranunkel, von der Baudelaire spricht, ist eine der leuchtendsten und farbenfrohesten Blumen. Dieses Gedicht hat Benjamin verfolgt wie kein anderes. Seine späten Baudelaire-Studien kommen immer wieder in experimentierenden Deutungen darauf zurück, die mit der kapitalistischen Wirtschaft kurzgeschlossen werden: «Im entseelten, doch der Lust noch zu Diensten stehenden Leib vermählen sich Allegorie und Ware. Das Gedicht ‹Une martyre› steht im Werk Baudelaires an zentraler Stelle. In ihm wird das Meisterstück vorgeführt, an dem der apparat de la destruction sein Werk getan hat. Diese Entwertung der menschlichen Umwelt durch die Warenwirtschaft wirkt tief in seine geschichtliche Erfahrung hinein. Es ereignet sich ‹immer das selbe›. Der spleen ist nichts als die Quintessenz der geschichtlichen Erfahrung.»[45]

Für Bücher, die nicht wie Heideggers «Sein und Zeit» zum Tode hin (irgendwann eintretend), sondern «vom Tode her» (in jedem Moment sichtbar) geschrieben wurden, haben wir noch keinen poetischen Begriff. Natürlich liegt es nahe, dem Fragment, dem Abgebrochenen, einen hervorragenden Platz in einer solchen Poetik zu geben. Fragmentierung verstand Benjamin, der im zerstörerischen Grundimpuls des «destruktiven Charakters» eine originäre Leistung feierte, als Verfahren eigenen Rechts. Fragment von Fragmenten blieb das anvisierte Hauptwerk «Pariser Passagen».

Gemeinsam mit Asja Lacis schrieb Benjamin den Artikel «Neapel» – das erste in der Folge seiner Städteporträts, später kamen unter anderem Marseille und San Gimignano hinzu. Während ihm das toskanische San Gimignano in seiner Festigkeit fast kristallin erscheint, ist es in Neapel das Poröse aller Verhältnisse, der freie Verkehr von Innen und Außen, Haus und Straße, Privatem und Öffentlichem, der ihm auffällt. Und schon hier richtet sich der Blick auf Markt und Handel: «Von der verspielten Handelslust der Neapolitaner gibt es hübsche Geschichten. Auf einer belebten Piazza entgleitet einer dicken Frau ihr Fächer. Hilflos sieht sie sich um; selbst ihn aufzuheben, ist sie zu unförmig. Ein Kavalier erscheint und ist bereit, für fünfzig Lire diesen Dienst zu leisten. Sie verhandeln, und die Dame erhält den Fächer für zehn.»[46]

Der Markt erscheint auch in der «Einbahnstraße»: «Im Traum sah ich ein ödes Gelände. Das war der Marktplatz von Weimar. Dort wurden Ausgrabungen veranstaltet. Auch ich scharrte ein bisschen im Sande. Da kam die Spitze eines Kirchturms hervor. Hoch erfreut dachte ich mir: ein mexikanisches Heiligtum aus der Zeit des Präanimismus, dem Anaquivitzli. Ich erwachte mit Lachen.»[47] Der Begriff «Präanimismus» meinte in der damaligen Religionswissenschaft eine frühe Epoche, in der die Dinge von magischer Kraft erfüllt zu sein schienen. Die Pointe des Traums ist, dass sich Zeugen dieses religiösen Weltalters ausgerechnet unter einem Marktplatz erhalten haben. Gerade so, wie sich das Haus des *Kaufmanns*, das wir im ersten Kapitel betrachtet haben, an solche anschloss, die mit *Heiligenfiguren* geschmückt waren, wiederholt sich hier die Konstellation von Kapitalismus und Religion. Im Passagenwerk wird sie entfaltet: «Weltausstellungen sind die Wallfahrtsstätten zum Fetisch Ware», heißt es dort.[48]

Asja Lacis lässt Benjamin auch nach dem schönen Capreser Abenteuer nicht los. Sie hat ihn tief in der Seele getroffen. Unangemeldet, also unter großem Risiko, besucht er sie in Riga und überliefert in der «Einbahnstraße» das Bild seiner Ankunft: «Ihr Haus, die Stadt, die Sprache waren mir unbekannt. Kein Mensch erwartete mich, es kannte mich niemand. Ich ging zwei Stunden einsam durch die Straßen. So habe ich sie nie wiedergesehen. Aus jedem Haustor schlug eine Stichflamme, jeder Eckstein stob Funken und jede Tram kam wie die Feuerwehr dahergefahren. Sie konnte ja aus dem Tore treten, um die Ecke biegen und in der Tram sitzen. Von beiden aber musste ich, um jeden Preis, der erste werden, der den andern sieht. Denn hatte sie die Lunte ihres Blicks an mich gelegt – ich hätte wie ein Munitionslager auffliegen müssen.»[49]

Eine ungeheure Spannung durchzieht diese Liebe, und sie löst sich nicht. Vom 3. Dezember 1926 bis zum 1. Februar 1927 besucht er sie in Moskau. Schon ist die Lage politisch schwierig und weniger eindeutig geworden; es fällt Benjamin schwer, die Fraktionskämpfe zu überschauen; die linke Opposition jedenfalls ist in der Defensive. Und mehr noch ist die Stimmung zwischen den drei beteiligten

Menschen katastrophenträchtig und naturgemäß oft gereizt. Denn Asja Lacis lebt inzwischen mit dem Regisseur Bernhard Reich zusammen, es geht ihr auch gesundheitlich nicht gut, oft trifft man sich in einem Sanatorium. Aus dem Capreser Sommer ist ein russischer Winter geworden.

Die Politik macht sich auch unbewusst geltend. Zwei Tage nach Weihnachten besucht Benjamin Asja Lacis im Sanatorium. «In den letzten Tagen», notiert er in seinem Tagebuch, «haben Liegestunden im Freien ihr gut getan. Sie freut sich, wenn sie im Sack liegt und in der Luft die Raben schreien hört. Auch glaubt sie, dass die Vögel sich genau organisiert haben und von dem Führer über das, was sie zu tun haben, verständigt werden; bestimmte Schreie, denen eine lange Pause vorhergeht, sind, meint sie, Befehle, die von allen befolgt werden.»[50] Lange hatte kein Leser in der poetisch-soziologischen Arabeske etwas Interpretationswürdiges gefunden. Erst dem Literaturwissenschaftler Hans Ulrich Gumbrecht glückte es durch eine Blickverschiebung, die Tagebuchstelle zum Sprechen zu bringen. Er lieferte sich völlig der zufälligen Anordnung von Ereignissen innerhalb eines Jahres aus, für das er ein Maximum an Symptomen und Phänomenen zusammentrug.[51] 1926 ist das Jahr, in dem die Zahl der europäischen Gesellschaften, deren politisches System von Führern beherrscht wird, rapide ansteigt. Gumbrecht zählt sie auf: Pilsudski wird durch eine Militärrevolte zum polnischen Präsidenten, ähnlich der General Gomes da Costa in Portugal. Stalin beginnt mit der Ausschaltung Trotzkis, dem belgischen König werden vom Parlament diktatorische Gewalten zur Lösung einer Finanzkrise zugesprochen. In Litauen lässt Antanas Smetona die Regierung verhaften und proklamiert sich zum Präsidenten. Und in Deutschland? 1926 erscheint der zweite und abschließende Band von Hitlers «Mein Kampf».

Benjamin war nach Moskau mit dem Willen zum Glauben gekommen. Erbittert betrachtet er nun alle, die diesen Glauben nicht mehr teilen können – so den Schriftsteller Joseph Roth, der in Moskau auf Staatskosten luxuriös untergekommen ist und es seinen Gastgebern schlecht entlohnt: «Roth lebt scheinbar auf großem Fuße, das Hotelzimmer – ebenso europäisch wie das Restaurant eingerichtet – muss viel kosten, ebenso seine große Informationsreise, die sich bis nach Sibirien nach dem Kaukasus und der Krim ausdehnte. In dem Gespräche, das auf seine Vorlesung folgte, nötigte ich ihn schnell, Farbe zu bekennen. Was dabei sich ergab, das ist mit einem Wort: er ist als (beinah) überzeugter Bolschewik nach Russland gekommen und verlässt es als Royalist. Wie üblich, muss das Land die Kosten für die Umfärbung der Gesinnung bei denen tragen, die als rötlich-rosa schillernde Politiker (im Zeichen einer ‹linken› Opposition und eines dummen Optimismus) hier einreisen. Sein Gesicht ist von vielen Falten durchzogen und hat ein unangenehmes witterndes Aussehen. Das fiel mir zwei Tage später als ich im Institut der Kamenewa ihm wiederbegegnete (er hatte seine Abreise verschieben müssen) wieder auf.»[52] So vergiftete der Wille zum politischen Erlösungsglauben Benjamins Wahrnehmung menschlicher Verhältnisse.

Alles, was nicht bolschewistisch ist, erregt seinen Argwohn, vor allem die orthodoxe Religion. Auf Asjas Rat hin besucht er die Kirche der Kasaner Muttergottes. «Sie liegt an einer Ecke des roten Platzes. Man tritt zuerst in ein geräumiges Vorzimmer mit einigen spärlichen Heiligenbildern. Hauptsächlich scheint es einer Frau zu dienen, die die Kirche überwacht. Es ist düster; sein Halbdunkel eignet zu Konspirationen. In solchen Räumen kann man sich über die bedenklichsten Geschäfte, wenn es sich trifft auch über Pogrome beraten.»[53] Just diese Kathedrale wurde denn auch 1936 abgerissen, zunächst errichtete man einen provisorischen Bau der Kommunistischen Internationale, später ein Sportcafé.

In allen die Religion betreffenden Dingen spricht aus Benjamin ein kaum überbietbarer Zynismus, der nachträglich auch seiner Freundschaft mit dem Christen Florens Christian Rang ein zweideutiges Ansehen gibt. «Die Kirchen sind fast verstummt», heißt es in dem nach der Rückkehr geschriebenen Essay «Moskau». «Die Stadt ist so gut wie befreit von dem Glockengeläut, das sonntags über un-

Benjamin besuchte in Moskau die «Kathedrale der Maria von Kasan», nachdem Asja Lacis ihm dazu geraten hatte. Dort wurde es ihm unheimlich, das Halbdunkel, so glaubte er, eigne sich zu Konspirationen. «In solchen Räumen kann man sich über die bedenklichsten Geschäfte, wenn es sich trifft auch über Pogrome beraten», notierte er im Moskauer Tagebuch. Die Sowjetmacht ließ die Kirche 1936 abreißen, 1990 wurde die Wiedererrichtung beschlossen.

sere großen Städte eine so tiefe Traurigkeit verbreitet. Aber noch gibt es in ganz Moskau vielleicht keine Stelle, von der aus nicht zumindest eine Kirche sichtbar ist. Genauer: auf welcher man nicht mindestens von einer Kirche überwacht würde.»[54] 1931 wurde in Moskau die große, für die orthodoxe Kirche zentrale Christ-Erlöser-Kathedrale zerstört. «Für den Sozialismus – gegen jede Religion! Die Sowjetunion hat keine Zeit für Glockenläuten, Messelesen und Pfaffengesang», lautete eine Parole desselben Jahres.[55] Aber wo waren die Glocken, warum läuteten sie nicht mehr? Zerschlagen, eingeschmolzen, ins Ausland verkauft, im besten Fall in Nebenräumen versteckt. Kein ästhetisches Problem bereitete Benjamin dagegen der Revolutionskitsch um Lenin: «Schon heute geht der Kultus seines Bildes unabsehbar weit. Man findet ein Geschäft, in dem es als Spezialartikel in allen Größen, Haltungen und Materialien käuflich ist. Als Büste steht es in den Leninecken, als Bronzestatue oder Relief in größeren Klubs, als lebensgroßes Brustbild in den Büros, als kleines Photo in Küchen, Wäschekammern, Vorratsräumen. Es hängt im Vestibül der Orushnaja Palata im Kreml, wie an einem ehemals gottlosen Orte von bekehrten Heiden das Kreuz erstellt wurde. Auch bildet es allmählich seine kanonischen Formen aus. Das allbekannte Bild des Redners ist das häufigste. Doch noch ergreifender und näher spricht vielleicht ein anderes: Lenin am Tisch, gebeugt über ein Exemplar der ‹Prawda›. So hingegeben an ein ephemeres Blatt erscheint er in der dialektischen Verspannung seines Wesens: den Blick gewiss dem Fernen zugewandt, aber die unermüdete Sorge des Herzens dem Augenblick.»[56]

Benjamin tritt uns aus den Seiten des Moskauer Tagebuches als der unglücklichste und hoffnungsloseste aller Liebenden entgegen. Die Dreiecksbeziehung zwischen Asja, Reich und ihm sollte ihm keine Chance lassen, auch wenn es in dem koketten Spiel, das Asja mit ihm trieb, immer wieder für Augenblicke nach mehr aussah. Am 16. Dezember notiert er: «Ich schrieb am Tagebuch und glaubte nicht mehr, dass Asja noch kommen würde. Da klopfte sie. Als sie hereinkam, wollte ich sie küssen. Wie meist, misslang es. Ich holte die Karte an Bloch hervor, die ich begonnen hatte und gab sie ihr, um heranzuschreiben. Neuer vergeblicher Versuch ihr einen Kuss zu geben. Ich las, was sie geschrieben hatte. Auf ihre Frage, sagte ich ihr: ‹Besser, als wie Du an mich schreibst.› Und für diese ‹Unverschämtheit› küsste sie mich doch, umarmte mich sogar dabei.»[57]

176

Geradezu grausam ist es für den Leser, bei all der Verzweiflung immer wieder auch von Hoffnungen zu hören. «Einige Minuten blieben Asja und ich allein. Ich erinnere mich nur noch, dass ich die Worte: ‹auf ewig, am liebsten› sagte und dass sie darauf so lachte, dass ich sah: sie hat es verstanden.»[58] Ein anderes Mal ist es Bernhard Reich, der die Situation nicht mehr erträgt: «Nachmittag bei Asja. Ich ging fort, um ihr Kuchen zu holen. Als ich im Gehen in der Türe stand, fiel mir Reichs merkwürdiges Gebaren auf, er antwortete nicht auf mein ‹Adieu›. Ich schob das auf eine Verstimmung. Denn während er einige Minuten das Zimmer verlassen hatte, hatte ich Asja gesagt, er hole wohl Kuchen und als er zurückkam, war sie enttäuscht. Als ich einige Minuten später mit Kuchen wiederkam, lag Reich auf dem Bett. Er hatte einen Herzanfall gehabt.»[59]

Bald beginnt auch Benjamin zu schwanken. Einzelne Notate lassen zunächst glauben, dass die Bindung «trotz allem» stabil ist. «Das Du zwischen uns scheint sich zu behaupten, und ihr Blick, wenn sie lange mich ansieht – ich erinnere mich nicht, dass eine Frau so lange Blicke und so lange Küsse gewährte – hat nichts von seiner Gewalt über mich verloren. Heute sagte ich ihr, dass ich jetzt ein Kind von ihr haben möchte. Seltene aber spontane Bewegungen, die bei der Beherrschung, die sie in erotischen Dingen sich jetzt auferlegt, nicht bedeutungslos sind, sagen dass sie mich gern hat. So fing sie mich, als ich gestern, um einem Streit zu entgehen, ihr Zimmer verlassen wollte, gewaltsam ab und fuhr mit den Händen durchs Haar. Sie nennt auch oft meinen Namen. Einmal sagte sie mir in diesen Tagen, es sei nur meine Schuld, dass wir jetzt nicht auf einer ‹wüsten Insel› lebten und schon zwei Kinder hätten.»[60]

Benjamin muss Asja eine gewisse Wahrheit zugestehen. «Drei oder viermal habe ich mich einer gemeinsamen Zukunft, direkter oder indirekter, entzogen: als ich in Capri nicht mit ihr ‹floh› – aber wie? – mich weigerte, von Rom aus sie nach Assisi und Orvieto zu begleiten, im Sommer 1925 nicht mit nach Lettland kommen und im Winter nicht mich verpflichten wollte, in Berlin auf sie zu warten.»

Warum aber verhielt er sich so? Aus «Furcht vor feindlichen Elementen in ihr, denen ich mich nur heute erst eher gewachsen fühle. Auch sagte ich in diesen Tagen ihr, hätten wir damals uns mit einander verbunden, ich weiß nicht, ob wir jetzt nicht schon lange entzweit wären.» Auf einmal erscheint ihm der Gedanke, von ihr getrennt zu leben, «weniger unerträglich (...) als er bisher mir war». In dem Maße, wie sich ihre Beziehung zu Reich festige, würden seine, Benjamins, Leiden nur noch größer werden. «Ob ich aber dem werde entgehen können, weiß ich noch nicht. Denn ganz mich von ihr zu lösen, habe ich jetzt keinen genauen Anlass, vorgesetzt auch, dass ich fähig dazu wäre. Am liebsten wäre ich mit ihr durch ein Kind verbunden. Ob ich aber, selbst heute, dem Leben mit ihr mit seiner erstaunlichen Härte und, bei all ihrer Süßigkeit, ihrer Lieblosigkeit gewachsen wäre, weiß ich nicht.»[61]

So geht es ohne Lösung zwischen beiden hin und her, mit Liebesbeweisen und Liebesentzug, mit dem Aufflug zum Kinderwunsch und dem Absturz der Einsicht in die Hoffnungslosigkeit des ganzen Vorhabens. Schließlich endet der Moskauer Aufenthalt mit dem Traurigsten, das man sich vorstellen kann: mit den Tränen eines erwachsenen Mannes. «Ich schlich mich ohne Trinkgeld zu geben davon, mit meinem Koffer zur Hoteltür hinaus und Asja, mit Reichs Mantel unterm Arme, folgte mir. Gleich ließ ich sie einen Schlitten anrufen. Aber als ich einsteigen wollte und schon nochmals Abschied genommen hatte, hieß ich sie bis zur Ecke der Twerskaja mitfahren. Da stieg sie aus, ich riss während der Schlitten schon anzog, noch einmal hier auf offner Straße ihre Hand an meine Lippen. Sie stand noch lange und winkte. Ich winkte aus dem Schlitten zurück. Erst schien sie abgewandt zu gehen, dann sah ich sie nicht mehr. Mit dem größten Koffer auf meinem Schoße fuhr ich weinend durch die dämmernden Straßen zum Bahnhof.»[62]

KAPITEL X

ERLEUCHTUNGEN IN PARIS: DER PASSAGEN-PLAN

> Eine Ware scheint nicht erst Geld zu werden, weil
> die anderen Waren allseitig ihre Werte in ihr darstellen,
> sondern sie scheinen umgekehrt allgemein ihre Werte
> in ihr darzustellen, weil sie Geld ist.
>
> *Karl Marx, Das Kapital, 1867*

Max Rychner (1897 bis 1965) war ein bedeutender Schweizer Journalist und Kritiker. Hofmannsthal hatte ihn auf Benjamin aufmerksam gemacht, dessen Texte in der von ihm verantworteten «Neuen Schweizer Rundschau» erschienen. Rychner verdanken wir außerdem die folgende Szene aus dem Jahr 1931 – mitten in der katastrophalen Wirtschaftskrise, die auf Deutschland lastete, mitten im «kleinen Bürgerkrieg», von dem die Zeitungen schrieben.

Man hatte sich in einem schönen Restaurant nicht weit von der Berliner Friedrichstraße getroffen.[1] «In der Nähe des Ausgangs war eine Theke, die aber nur halb zu dem Zweck diente, dahinter einen thronartigen Stuhl halb zu verdecken, auf dem die Kassiererin saß. Benjamin trat an die Theke, um zu bezahlen. Er war der Gastgeber und ließ sich wahrlich nicht lumpen. Er entnahm seiner Rocktasche die Brieftasche und legte sie vor sich hin. Er öffnete sie dann, und nun sah ich, was mich sehr erstaunte, nämlich eine Brieftasche voller Banknoten, nämlich so voll, wie ich sie nie im Leben gesehen hatte. Ich wusste, dass er manchmal doch wirtschaftlich mit gewissen Schwierigkeiten und Engpässen zu kämpfen hatte. Er publizierte gar nicht häufig, er trat selten in Erscheinung, jedesmal aber dann so ausgearbeitet und gewichtig, dass es Eindruck machte. Nun lag die

Brieftasche vor ihm, vor der Kassiererin, und ich als Kiebitz schaute auch hinein und sah dann, wie er träumerisch wurde und in den Anblick versank und zu vergessen schien, was vor ihm lag und was er zu tun hatte. Er blätterte plötzlich ganz sanft nach vorn, nach hinten, wie wenn er ein Buch vor sich hätte und es nun rasch durchsehen müsste. Ich sah das mit großem Erstaunen so an und musste schließlich ein Wort an ihn richten: ‹Herr Dr. Benjamin, ich glaube, das Fräulein erwartet, dass Sie von Ihrer Brieftasche den nun in Aussicht gestellten Gebrauch machen.› Da erwachte er: ‹Ja, selbstverständlich›, und war gleich bereit, einen Schein herauszunehmen und das übrige zu vollziehen.»[2] Die Geste erinnert an jene der frühen Erzählung, die wir im ersten Kapitel beobachteten: «Immer noch stand das Mädchen träumend an der Treppe und betrachtete den großen Bund altertümlicher Schlüssel, den sie in der Hand hielt.» In dieser träumerischen Gebärde liegt ein Schlüssel für Benjamins Werk.

«Ware und Geld» ist der erste Abschnitt des «Kapitals» von Marx überschrieben, und der berühmte erste Satz lautet: «Der Reichtum der Gesellschaften, in welchen kapitalistische Produktionsweise herrscht, erscheint als eine ‹ungeheure Warensammlung›, die einzelne Ware als seine Elementarform.»[3] Die Waren bleiben nicht zu Hause, sie zirkulieren. Dieser Prozess ist «der Ausgangspunkt des Kapitals». Voraussetzung aber ist, dass das Geld hinzutritt: Dieses, das «letzte Produkt der Warenzirkulation», ist die «erste Erscheinungsform des Kapitals».[4] Die Ware hat als einziges Gegenüber das Geld, und dieses wieder die Ware: «Geld ist die *allgemeine Ware*, schon indem es die allgemeine Form ist, die jede besondere Ware ideell oder reell annimmt.»[5] Ohne ihr Zutun finden die Waren «ihre eigne Wertgestalt fertig vor als einen außer und neben ihnen existierenden Warenkörper. Diese Dinge, Gold und Silber, wie sie aus den Eingeweiden der Erde herauskommen, sind zugleich die unmittelbare *Verkörperung* aller menschlicher Arbeit. Daher die Magie des Geldes.»[6] Bei Gold und Silber bleibt es nicht: «Im Fortgang der Entwicklung kann der Tauschwert des Geldes wieder eine von seiner Materie, seiner Substanz, getrennte Existenz erhalten, wie im Papiergeld.»[7] Marx zeigt im ersten Kapitel des «Kapitals», dass die ihrer Natur nach unvergleichbaren Waren mit ihren verschiedenen Gebrauchswerten eben doch vergleichbar werden, nämlich in der Form des Geldes.

Dieses eine Extrem des Zirkulationsprozesses ist es, das in Rychners Beschreibung thematisiert wird. Seine Betrachtung folgt dem Rhythmus von Traum und Erwachen. Und so, wie Benjamin hier das Geld anschaut, träumerisch versunken, sieht er in seinem Fragment gebliebenen späten «Passagenwerk» die Ware an. Die klassische Beschreibung entnahm Benjamin einem Reiseführer von 1852: «Wir haben bei den inneren Boulevards wiederholt der Passagen gedacht, die dahin ausmünden. Diese Passagen, eine neuere Erfindung des industriellen Luxus, sind glasgedeckte, marmorgetäfelte Gänge durch ganze Häusermassen, deren Besitzer sich zu solchen Spekulationen vereinigt haben. Zu beiden Seiten dieser Gänge, die ihr Licht von oben erhalten, laufen die elegantesten Warenläden hin, so dass eine solche Passage eine Stadt, eine Welt im Kleinen ist, in der der Kauflustige alles finden wird, dessen er benötigt. Sie sind bei plötzlichen Regengüssen der Zufluchtsort aller Überraschten, denen sie eine gesicherte, wenn auch beengte Promenade gewähren, bei der die Verkäufer auch ihren Vorteil finden.»[8]

Auf diese sachliche Schilderung antwortet in Benjamins erstem Entwurf, der Mitte 1927 entstand, als es noch um einen bloßen Zeitschriftenartikel ging, den er gemeinsam mit Franz Hessel schreiben wollte, ein ganz anders nuanciertes Bild: «Veraltende Gewerbe halten sich in diesen Binnenräumen und die ausliegende Ware ist undeutlich oder vieldeutig.»[9] Das Alter wird wichtig, die Passagen bewahren ein Bild des neunzehnten Jahrhunderts inmitten der Moderne; Passagen sind die «geheimnisvollsten abgestorbensten Partien der Hauptstadt Europas».[10]

Die Warenwelt der Passagen ist ein objektiver Surrealismus, ein vergegenständlichter Traum. Die Passage mit ihrem diffusen, gedämpften Licht erscheint als Höhle, und an ihren Wänden «wuchert als unvordenkliche Flora die Ware und geht, wie die Gewebe in Geschwüren, die regellosesten Verbindungen ein. Eine Welt geheimer Affinitäten: Palme und Staubwedel, Föhnapparat und die Venus von Milo, Prothese und Briefsteller finden hier, wie nach langer Trennung, zusammen. Lauernd lagert die Odaliske neben dem Tintenfass, Adorantinnen heben Aschenbecher wie Opferschalen. Diese Auslagen sind ein Rebus und es liegt einem auf der Zunge wie hier das Vogelfutter in der Fixierschale einer Dunkelkammer verwahrt wird, Blumensamen neben dem Feldstecher, die abgebrochnen Schrauben auf dem Notenheft und der Revolver überm Goldfischglas zu lesen sind.»[11] Eine «Urlandschaft der Konsumtion» sei die Passage: «Organische und anorganische Welt, niedrige Notdurft und frecher Luxus gehen die widersprechendste Verbindung ein, die Ware hängt und schiebt so hemmungslos durcheinander wie Bilder aus den wirresten Träumen.»[12] Benjamin, der Kaufmannssohn, erfährt den Gesamtprozess des Handels wie einen Traum. Oder wie eine Dichtung. Vom «grand poème de l'étalage» hatte Balzac gesprochen (Benjamin zitiert ihn), also fast von einem Epos, dessen Held die im Schaufenster präsentierte Ware ist.[13]

Was die eigentliche Form der Arbeit angeht, so mag Benjamin zeitweise eine reine Vorstellung seiner Funde ohne Kommentar und Interpretation vorgeschwebt haben, in der die Zeitdokumente schon alles verraten würden: «Methode dieser Arbeit: literarische Montage. Ich habe nichts zu sagen. Nur zu zeigen. Ich werde nichts Wertvolles entwenden und mir keine geistvollen Formulierungen aneignen. Aber die Lumpen, den Abfall: die will ich nicht inventarisieren sondern sie auf die einzig mögliche Weise zu ihrem Rechte kommen lassen: sie verwenden.»[14]

Anmutig, geistig, arabeskenzart waren die ersten Entwürfe. Der wenig später gefundene Untertitel «Eine dialektische Feerie» spielte auf die im neunzehnten Jahrhundert sehr populären Theaterstücke an, in denen Märchengestalten auftraten: zum Beispiel «Prinzessin

Die Warenwelt der Passagen ist in Benjamins Augen ein objektiver Surrealismus, ein vergegenständlichter Traum. Das Bild zeigt eine Ansicht aus der Pariser «Passage des Deux-Sœurs», fotografiert von Germaine Krull, mit der Benjamin befreundet war.

Hirschkuh. Ausstattungs-Feerie mit Gesang und Tanz in vier Aufzügen und siebzehn Bildern» (1896), oder «Die Eselshaut. Ausstattungs-Feerie in vier Aufzügen und zwanzig Bildern» (1894); auch
Aschenputtel und Dornröschen sah man in französischen Versionen. Es gibt nicht nur den metaphysischen und den marxistischen
Benjamin, er selbst mochte sich damals eher als ein Feenkönig erschienen sein. Am Ende umfassten die Notizen und Exzerpte mehr
als tausend Druckseiten. Aus einem Feuilleton wuchs sich das Projekt zu einer Geheimgeschichte von Paris im neunzehnten Jahrhundert aus. Aber gleich muss man den Begriff wieder korrigieren, denn
so wenig, wie das Trauerspielbuch eine literaturgeschichtliche Abhandlung war, ging es hier um rein pragmatische Geschichte. Das
unter- wie das oberirdische Paris bis zum Himmel, der sich über der
Stadt ausspannt, wurden behandelt, die sozialen Kämpfe, das älteste
Paris – und alles mündend in den Revolutionsversuch der Pariser
Kommune.

Benjamin war in diesen Jahren ein leidenschaftlicher Flaneur.
Sich in einer Stadt nicht zurechtzufinden, heißt es in der «Berliner
Chronik», «mag uninteressant und banal sein. Unkenntnis braucht
es dazu – sonst nichts. In einer Stadt sich aber zu verirren – wie
man einem Wald sich verirrt – das bedarf schon einer ganz anderen Schulung. Da müssen Schilder und Straßennamen, Passanten, Dächer, Kioske oder Schenken zu dem Umgetriebenen so sprechen wie ein knackendes Reis im Walde unter seinen Füßen, wie
der erschreckende Schrei einer Rohrdommel aus der Ferne, wie die
plötzliche Stille einer Lichtung, in deren Mitte eine Lilie aufschießt.
Diese Irrkünste hat mich Paris gelehrt; es hat den Traum erfüllt, dessen früheste Spuren die Labyrinthe auf den Löschblättern meiner
Schulhefte waren.»[15] Aber wie kalt und fast wie eine Selbstbestra-
fung nimmt sich dagegen die Reflexion aus den späteren Notizen der
dreißiger Jahre aus, als Benjamin *nur* noch Marxist sein wollte: «Das
Labyrinth ist der richtige Weg für den, der noch immer früh genug
am Ziel ankommt. Dieses Ziel ist für den Flaneur der Markt.»[16]

Mehrere Anregungen kamen in der Passagenarbeit zusammen. 1926 war Benjamin für ein halbes Jahr in Paris gewesen und hatte gemeinsam mit Franz Hessel Prousts «Im Schatten der jungen Mädchen» und «Guermantes», Teile des großen Romanwerks «À la recherche du temps perdu» übersetzt. Ein Buch der Erinnerung und zugleich eine Lehre von der Erinnerung, die Benjamin durch sein ganzes weiteres Leben begleiten sollte. Ohne Prousts Suche nach der verlorenen Zeit wäre Benjamins «Berliner Kindheit» so wenig denkbar wie sein letzter Essay über Baudelaire aus dem Sommer 1939, der sich nun sehr konzentriert einer Theorie des Gedächtnisses widmet. Aber auch die «Passagen» waren ein – ins Objektive gespiegelter – Prozess der Erinnerungen.

Von Anfang April 1927 bis zum 20. Oktober lebte Benjamin (unterbrochen durch Ausflüge in die französische Provinz, unter anderem nach Monte Carlo, wo er in Begleitung seiner Frau Dora im Kasino erklecklich gewann) wieder in der Stadt, die er 1913 erstmals besucht hatte. Nun lernte er sie wirklich kennen. Und er machte die erste Bekanntschaft mit dem Surrealismus in Gestalt von Louis Aragons «Le Paysan de Paris». Das Buch war 1926 erschienen, Benjamin übersetzte 1928 Auszüge für die «Literarische Welt». Von dem ungeheuren Eindruck, den dieses Werk auf ihn machte, berichtete er 1935 an Adorno, als die Passagenarbeit schon in eine neue Phase getreten war: «Da steht an ihrem Beginn Aragon – der Paysan de Paris, von dem ich abends im Bett nie mehr als zwei bis drei Seiten lesen konnte, weil mein Herzklopfen dann so stark wurde, dass ich das Buch aus der Hand legen musste. Welche Warnung! Welcher Hinweis auf die Jahre und Jahre, die zwischen mich und solche Lektüre gebracht werden mussten. Und doch stammen die ersten Aufzeichnungen zu den Passagen aus jener Zeit.»[17]

Aragon erzählt anders von Paris und den Passagen als Benjamin, nämlich als Romancier. Er erzählt Geschichten von Menschen – solchen, die er gerade sieht und solchen, die ihm einfallen; Benjamin dagegen erzählt von Dingen, allenfalls von menschlichen Typen.

Aragon, auf der Schwelle des Cafés Certa in der Passage de l'Opéra stehend, erinnert sich an die Avantgardisten: «Hier beschlossen eines Nachmittags gegen Ende 1918 André Breton und ich, von jetzt ab unsere Freunde zu versammeln, aus Hass gegen Montparnasse und Montmartre» – man erkennt die Abgrenzung der Surrealisten von der älteren Künstler-Boheme – «aber auch aus Gefallen an dem Zweideutigen der Passagen (…). Hier war der Hauptsitz der Assisen von Dada.»[18]

Mit dabei waren nun gerade Männer, mit denen sich Benjamin seit seiner Begegnung mit dem Dadaismus beschäftigt hatte: Tristan Tzara, den er übersetzt hatte, Man Ray (von dessen Foto-Experimenten Tzaras Prosagedicht gehandelt hatte) und Francis Picabia, mit dem Benjamin für kurze Zeit korrespondiert hatte. Und so konnte er mit Recht sagen: «Der Vater des Surrealismus war Dada, seine Mutter war eine Passage.»[19] Im gleichen Augenblick aber wurde eine Abgrenzung vom Surrealismus nötig: «Während Aragon im Traumbereiche beharrt, soll hier die Konstellation des Erwachens gefunden werden. Wahrend bei Aragon ein impressionistisches Element bleibt – die ‹Mythologie› – und dieser Impressionismus ist für die vielen gestaltlosen Philosopheme des Buches verantwortlich zu machen – geht es hier um Auflösung der ‹Mythologie› in den Geschichtsraum. Das freilich kann nur geschehen durch die Erweckung eines noch nicht bewussten Wissens vom Gewesnen.»[20] An anderer Stelle spricht Benjamin von einem Erinnerungsrausch des Flaneurs. Der «saugt seine Nahrung nicht nur aus dem, was ihm da sinnlich vor Augen kommt, sondern wird oft des bloßen Wissens, ja toter Daten, wie eines Erfahrenen und Gelebten sich bemächtigen. Dies gefühlte Wissen geht von einem zum andern vor allem durch mündliche Kunde.»[21] Benjamin nannte Franz Hessel seinen Führer in der Kunst des Flanierens, seine Initiation habe er bei gemeinsamen Pariser Gängen erfahren. Dieses Wissen hatte also noch andere, entlegene und doch ganz nahe Quellen. Denn spätestens durch Hessel waren Benjamin direkte Kenntnisse über Alfred Schuler mitgeteilt worden.

Die Pariser Surrealisten: Louis Aragon, Elsa Triolet, André Breton, Paul und Nusch Éluard (von links nach rechts).

Schuler, der durch seine visionären Beschwörungen der römischen Kaiserzeit im München der Jahrhundertwende bekannt geworden war und mit Karl Wolfskehl und Ludwig Klages im George-Kreis zur Untergruppe der «Kosmiker» gehörte, nahm bereits als Jugendlicher gemeinsam mit seinem Vater an Ausgrabungen in Ixheim, nahe seiner Heimatstadt Zweibrücken, teil. Allerdings entschloss er sich nicht zu einer wissenschaftlich-archäologischen Laufbahn, obwohl er die Vorlesungen Adolf Furtwänglers in München bis zu dessen Tod 1907 regelmäßig besuchte. Schulers Vergegenwärtigungen, die von Zeitgenossen mit den Seelenfunken aus der Spätantike erklärt wurden, die auf ihn gekommen seien, führten ihn von der Wissenschaft zu einer Privatmythologie, die er in Gedichten, in Dramen- und Romanfragmenten festhielt. Sein Hauptwerk bestand aus einer Vortragsreihe, die später unter dem Titel «Vom Wesen der ewigen Stadt» erschien. Es handelte sich um eine homoerotisch grundierte Geheimgeschichte Roms in der Kaiserzeit.

Benjamin schrieb später, Schulers Kenntnis des römischen Lebens in der Antike, sein außergewöhnliches Verständnis der chthonischen Welt müssten durch ähnliche Erfahrungen in Bayern begünstigt worden sein.[22] Liest man die Charakteristik, die Klages von Schuler gegeben hat, dann wird klar, welche Züge dieses Mannes Benjamin fasziniert haben müssen: «Führte er einen Bekannten in Münchens Altstadt und betrat dort ohne jede Vorbereitung ein Haus, das etwa eine gotische Wendeltreppe, alte geschnitzte Kruzifixe, rauchgebräunte Holzgalerien oder ähnliches barg (wo er denn manchmal freilich schon kein Unbekannter mehr war), und begann er nun mit seinen Hinweisen und Erläuterungen, die im Maß des Wachsens seiner Anteilnahme Beschwörungen glichen, getragen von der klangschweren und wie aus Gewölben tönenden Stimme, so wurde die Mahlzeit, es wurde die Arbeit und selbst das Spiel der Kinder unterbrochen; es lauschte Alt und Jung von der Greisin bis zum Knaben, und mochte die Bahn des Gedankens über die domus aurea führen, über Ritualmorde, über Greuel der Hexenprozesse, nie habe ich in den Mienen der Horchenden den Anflug spöttischen Lächelns, nie den Ausdruck ablehnender Gleichgültigkeit gesehen, sondern ohne Ausnahme etwas von gläubiger Hingenommenheit.»[23]

Solche Erfahrungen waren es, die Franz Hessel ins urban-moderne Berlin übersetzt hatte. Hier war die Keimzelle für die Figur des Flaneurs, des prominentesten, immer wieder neu betrachteten Typs im Passagenwerk. «Wiederkehr des Flaneurs» war die Rezension überschrieben, die Benjamin Hessels Buch «Spazieren in Berlin» widmete: «Die großen Reminiszenzen, die historischen Schauer – sie sind dem wahren Flaneur ja ein Bettel, den er gerne dem Reisenden überlässt. Und all sein Wissen von Künstlerklausen, Geburtsstätten oder fürstlichen Domizilen gibt er für die Witterung einer einzigen Schwelle oder das Tastgefühl einer einzigen Fliese dahin, wie der erstbeste Haushund sie mit davonträgt.»[24] Auch im Blick auf Paris spricht Benjamin von einer hermetischen Tradition, die er «rückwärts zumindest bis auf Rilke verfolgen kann und deren damaliger Hüter Franz Hessel war».[25] Der Flaneur, sagt Benjamin in seiner Hessel-Rezension, sei der «Priester des genius loci», ausgestattet mit «leiser Allwissenheit».[26]

Aber wie böse entzaubert erscheint diese Dimension in den Entwürfen der dreißiger Jahre! «Der Flaneur ist der Beobachter des Marktes», heißt es da. «Sein Wissen steht der Geheimwissenschaft von der Konjunktur nahe. Er ist der in das Reich des Konsumenten ausgeschickte Kundschafter des Kapitalisten.»[27]

Äußere Anregungen und durch Lektüre angeeignete Quellen erklären niemals alles, vor allem nicht die Motive für eine Theorie. Diese stammten zum Teil aus Benjamins eigenen Angstträumen, die bewältigt werden mussten, oft handelten sie von Gespenstern. «Den Schrecken nicht-schließender Türen», schreibt er in einer Passagen-Notiz, «kennt jeder aus Träumen. Genau gesagt: es sind die Türen, die verschlossen scheinen ohne es zu sein. Gesteigert lernte ich dies Phänomen in einem Traume kennen, in dem mir, der ich in der Begleitung eines Freundes war, im Fenster des Erdgeschosses eines

Hauses, das wir zu Rechten hatten, ein Gespenst erschien, Und wie wir weitergingen, begleitete es uns im Innern aller Häuser. Es ging durch alle Mauern und blieb immer auf gleicher Höhe mit uns. Ich sah das, trotzdem ich blind war. Der Wandel, den wir durch Passagen machen, auch der ist im Grunde so ein Gespensterweg, auf dem die Türen nachgeben und die Wände weichen.»[28]

Das Wissen um einen spezifischen Ort schloss für Benjamin – ganz wie für Schuler – das Wissen um die Gespenster ein, die dort hausen. So notierte er eine Kindheitserinnerung über einen Treppenaufgang, von dem sein waches Dasein kein Bild bewahrt habe: «Dagegen steht er mir noch heut als Schauplatz von einem Banntraum in Erinnerung, den ich einmal nachts in eben jenen guten Jahren hatte. In diesem Traume erschien das Stiegenhaus als Kraftfeld eines Gespensts, das mich im Aufgang erwartete nicht ohne meinen Weg mir freizugeben und sich erst dann mir bemerkbar zu machen, als nur die letzten Stufen noch vor mir lagen. Auf diesen Stufen bannte es mich fest.»[29] Noch der Student Benjamin kam, als die Kindheit lange vorbei war, auf solche Erfahrungen zurück, die er metaphysisch durchaus ernst nahm: «Er las mir eine längere Aufzeichnung über Traum und Hellsicht vor», berichtet Scholem, «in der er auch versuchte, die Gesetze, die die Welt des vormythischen Gespenstischen beherrschten, zu formulieren. Er unterschied zwischen zwei historischen Weltaltern des Gespenstischen und des Dämonischen, die dem Weltalter der Offenbarung – ich schlug vor, es eher das Messianische zu nennen – vorangingen. Der eigentliche Inhalt des Mythos sei die ungeheure Revolution, die, in der Polemik gegen das Gespenstische, dessen Zeitalter beendet habe.»[30]

Unheimliche Orte kennt jede Stadt. Aber nur *ein* Roman schilderte eine vollends albtraumhafte Stadt, die «Traumstadt» Perle nämlich, die im ewigen Dämmerlicht liegt. Es handelt sich um Alfred Kubins «Die andere Seite», ein Buch, das Benjamin sehr schätzte. Fast flüsternd, so bezeugt Scholem, habe ihm Benjamin einmal mitgeteilt: «‹Ich habe ähnliche Dinge im Traum erlebt.›»[31] Im Passagenwerk lesen wir: «Kategorie des illustrativen Sehens grundlegend für den Flaneur. Er schreibt wie Kubin es tat, als er die ‹Andere Seite› verfasste, seine Träumerei als Text zu den Bildern.»[32] «Traumstadt» ist ein ganzes Notizenkonvolut der «Passagen» überschrieben.

Am 18. Dezember 1927 unternahm Benjamin seinen ersten Drogenversuch mit Haschisch – und schon das Datum lässt erahnen, dass dieses Experiment im Zeichen der Passagen stand. Bestätigt wird das durch eine Notiz: «Es fällt einem sehr auf, in wie langen Sätzen man spricht. Auch dies mit horizontaler Ausdehnung und wohl mit Gelächter zusammenhängend. Das Passagenphänomen ist auch die lange horizontale Erstreckung, vielleicht kombiniert mit Abflucht in die ferne flüchtigwerdende, winzige Perspektive.»[33] Grundsätzlich gab es bei solchen Versuchen kaum einen Rausch-Gedanken, der nicht sogleich der Arbeit einverleibt worden wäre. «Die Figur des Flaneurs. Er gleicht dem Haschischesser, nimmt den Raum in sich auf wie dieser. Im Haschischrausch beginnt der Raum uns anzublinzeln: ‹Nun, was mag denn in mir sich alles zugetragen haben?› Und mit der gleichen Frage macht der Raum an den Flanierenden sich heran. Der kann ihr in keiner Stadt bestimmter als hier antworten. Denn über keine ist mehr geschrieben worden und über Straßenzüge weiß man hier mehr als anderswo von der Geschichte ganzer Länder.»[34]

Gegen Ende des ersten Haschischrausches heißt es: «Nachher mit Hessel im Café kleiner Abschied von der Geisterwelt. Winken.»[35] Das Passagenwerk antwortet mit einer «Physiologie des Winkens»: «Der Götterwink (…). Das Winken von der Postkutsche aus, im organischen Rhythmus der trabenden Pferde. Das sinnlose, verzweifelte, schneidende Winken vom ausfahrenden Zug her. Das Winken hat sich in den Bahnhof verirrt. Dagegen das Winken Unbekannten zu, die im fahrenden Zuge vorbeikommen. Dies vor allem bei Kindern, die in den lautlosen, fremden, niewiederkehrenden Menschen Engeln zuwinken. (Sie winken freilich auch dem fahrenden Zug.)»[36]

Aber auch die Idee, der Raum «verkleide» sich und nehme «wie ein lockendes Wesen die Kostüme der Stimmungen an», und das Gefühl, «nebenan im Zimmer könnte sowohl die Kaiserkrönung Karls des Großen, wie die Ermordung Heinrichs IV., die Unterzeichnung des Vertrags von Verdun wie die Hochzeit von Otto und Theophano sich abgespielt haben»,[37] hatten die erste Formulierung im Haschischrausch gefunden. Benjamin plante zeitweise eine Sammlung seiner Gedanken in einem eigenen Buch über Drogen. Das aber war eigentlich gar nicht mehr nötig, denn was er erfahren hatte, ging fast bruchlos – und, wie wir sehen werden, bis ins Jahr 1934 – in andere Buchpläne und Essays ein. Tatsächlich hat Benjamins Reflexion über seine Drogenversuche niemals die Eindringlichkeit erreicht, die Charles Baudelaire in den «Künstlichen Paradiesen» fand, als er feststellte, die Droge verführe den Menschen nur dazu, seine eigenen Fähigkeiten maßlos zu überschätzen und sich am Ende für Gott zu halten. Eine satanische Versuchung war die Droge für Baudelaire, und damit erwies er sich als würdiger Nachfolger des katholischen Reaktionärs Joseph de Maistre, während Haschisch und Meskalin für den einsamen Walter Benjamin intellektuelle Spiele blieben – immer mit der Theoriebildung eng verzahnt, aber ohne wirkliche Distanz.

Was die «Kostümierung des Raumes» angeht, so fand Benjamin, was er kaum erwartet hatte, das lebhafteste Interesse Hofmannsthals, den er im Frühjahr 1928 traf. In einem Brief an Scholem berichtete Benjamin über die schwierige Begegnung, die «so viel wahres Verständnis und Entgegenkommen auf seiner Seite und so viel unveräußerliche Reserve bei aller Bewunderung auf meiner zusammentreffen ließ».[38] Mündlich wolle Benjamin über «die höchst aufschlussreichen Pläne von ihm» berichten, «die er mir sagte, als von meiner Passagenarbeit gesprochen wurde».

Es waren zwei Pläne Hofmannsthals, die in der Tat merkwürdig mit dem Passagenwerk konvergierten. Zunächst der Plan des «Zeichendeuters». Dieser hat eine numinose Erfahrung des Wohnens und der geträumten Architektur; in einer Notiz von Hofmannsthal heißt es: «Die Zeichen: ähnlich wie beim Verfolgungswahn. Die Stellung der Häuser auf einem Berghang. Gaslaterne an einer Mauer.»[39] An anderer Stelle: «Ein Haus früheste Träume. Ein incohärentes Haus. Verschiedenes Niveau des Bodens, Erinnerung wie an früheste Kindheit in Gasthöfen.»[40] Der zweite Plan betraf das Drama «Der Priesterzögling» und ging auf das Jahr 1919 zurück. Der Priesterzögling gehört einem Geheimbund an, der Bund aber bleibt ihm die letzte Initiation schuldig. So begibt sich der junge Mann auf Reisen, auf die «wimmelnde Straße».[41] Dabei macht er eine Erfahrung, die der Benjamins von der «Kostümierung des Raumes» sehr nahe kommt. Hofmannsthal notiert: «Jahrtausende wechselnd als Hintergrund: Urzeiten, Mithrasreligion, neuere Zeit.»[42]

Hier muss es einen blitzartigen Kontakt der beiden Konzeptionen gegeben haben, an dem Benjamin während der Arbeit am Passagenwerk festhielt. An Hofmannsthal schrieb er, in einem Nachklang der Gespräche, im Mai 1928: «Mir stellt sich – wenn ich das sagen darf – der Gang Ihres ‹Priesterzöglings› durch die Jahrhunderte als eine Passage dar.»[43] Im Passagenwerk selbst lesen wir von der «Unsterblichkeit seines ‹Priesterzöglings›, jener Novellenfigur, von der er bei seinem letzten Zusammensein mit mir gesprochen hat und die durch die wechselnden Religionen, in Jahrhunderten, wie durch die Zimmerflucht ein und derselben Wohnung schreiten sollte.»[44]

Buchstäblich alles aus Benjamins Phantasiewelt wurde in das Passagenwerk eingearbeitet und sollte hier seine Lösung und Erlösung finden. Das Material der Komposition waren eben nicht nur die Dokumente über die Stadt Paris, sondern mindestens ebenso sehr unbewusstes und vorbewusstes Wissen: Träume, Drogenphantasien, Obszönes, Kindheitserinnerungen. Viel Subjektivität ging in das Werk ein; ein Fühlen und ein Spüren, das herausprovoziert wurde. So ist die methodische Reflexion zu verstehen: «Gebiete urbar zu machen, auf denen bisher nur der Wahnsinn wuchert. Vordringen mit der geschliffnen Axt der Vernunft und ohne rechts noch links zu sehen, um nicht dem Grauen anheimzufallen, das aus der Tiefe des Urwalds lockt. Aber aller Boden musste einmal von der Vernunft untergemischt, vom Gestrüpp des Wahns und des Mythos gereinigt werden. Dies soll für den des 19ten Jahrhunderts hier geleistet werden.»[45] Benjamin arbeitete, wie er immer gearbeitet hatte: Was er rezeptiv in seinem Leben erfahren hatte, wurde in ein Metaphysisches gesteigert.

Warum aber, noch einmal gefragt, dieses Material aus dem Unbewussten? Was Benjamin wollte, war etwa völlig Neues, noch nie Gewagtes: die Deutung der Passagen als eines Kollektivtraumes. Vom «kollektiven Unbewussten» sprach er damals noch ganz ohne Vorbehalte. «Das XIX. Jahrhundert ein Zeitraum (ein Zeit-traum), in dem das Individualbewusstsein sich reflektierend immer mehr erhält, wogegen das Kollektivbewusstsein in immer tieferem Schlafe versinkt. Wie nun der Schläfer aber – darin dem Irren gleich – durch seinen Leib die makrokosmische Reise antritt und die Geräusche und Gefühle des eignen Innern, die dem Gesunden, Wachen sich zur Brandung der Gesundheit zusammenfügen, Blutdruck, Bewegungen der Eingeweide, Herzschlag und Muskelempfinden in seinen unerhört geschärften innern Sinnen Wahn oder Traumbild, die sie übersetzen und erklären, zeugen, so geht es auch dem Träumenden.»[46] Dem «Kollektivum, das in Passagen in sein Inneres sich vertieft (…) müssen wir darin nachgehen, um das XIX. Jahrhundert in Mode und Reklame, Bauten und Politik als die Folge seiner Traumgesichte zu deuten.»[47] Es gibt ein «Traumkollektiv»[48], und dessen Wohnung sind die Straßen. «Das Kollektiv ist ein ewig unruhiges, ewig bewegtes Wesen, das zwischen Häuserwänden soviel erlebt, erfährt, erkennt und ersinnt wie Individuen im Schutze ihrer vier Wände. Diesem Kollektiv sind die glänzenden emaillierten Firmenschilder so gut und besser ein Wandschmuck wie im Salon dem Bürger ein Ölgemälde, Mauern mit der ‹Defense d'afficher› sind sein Schreibpult, Zeitungskioske seine Bibliotheken, Briefkästen seine Bronzen, Bänke sein Schlafzimmermobiliar und die Café-Terrasse der Erker, von dem er auf sein Hauswesen heruntersieht.»[49] Und umgekehrt: «Könnte aus den verdrängten ökonomischen Bewusstseinsinhalten eines Kollektivs ähnlich wie Freud es von sexuellen eines Individualbewusstseins behauptet, eine Dichtung, eine Phantasievorstellung entspringen, dann hätten wir in dieser Darstellung die vollendete Sublimierung der Passagen mit ihrem aus den Auslagen hervorwuchernden Handelskram vor Augen.»[50]

Beim Gedanken an ein träumendes Kollektiv wird Benjamin wieder auf Ludwig Klages gestoßen sein. Der hatte von einer «Wirklichkeit der Bilder» gesprochen. Während der Geist die Welt in Punkte zerstückele – und insofern der «Widersacher der Seele» sei –, stellten die «Bilder» das eigentlich Wirkliche dar; von Bildern wird man ergriffen, man manipuliert sie nicht. Indem sie dahinziehen, üben sie einen Sog auf den Menschen aus: «Es ist das Wirklichkeitsgewicht des Erlebten, was den Geist in die Tiefe zieht und sogar noch den farblosen Schematismus des flachen Denkens vor Verzeichnungen zu bewahren vermag. Wir glaubten die treibende Macht jeder Triebregung im unanschaulichen Zuge der Bilder erkannt zu haben, und werden deshalb mindestens für möglich halten, es könne auch die in den Bildern miteinbegriffene Wirklichkeit eine ziehende Kraft bekunden.»[51]

Die Lehre von der «Wirklichkeit der Bilder» war kein Zufallsfund. Hinter ihr stand eine fundamentale Zivilisationskritik, ja eine heidnische Anschauung vom Wesen des Menschen, deren Formulierung Klages' Lebenswerk darstellte. Wenn Nietzsche in der «priesterlichen Moral» das Grundproblem entdeckt hatte, so verschärfte Klages diesen Gedanken zu einer Schuldgeschichte des Christentums, der alle zerstörerischen Wirkungen der technischen Welt aufgebürdet wurden. «Nicht hervorgegangen ist der Gott des Ichs aus der Welt des Lebens, und schon erst recht nicht hat er sie seinerseits hervorgebracht, wie es der jüdische Schöpfungsmythos zu behaupten wagt; sondern er ist in sie *eingebrochen*, hat sich parasitisch niedergelassen, soviel wir sehen, ausschließlich im Menschen und beginnt seinen Feldzug gegen die lebendige Wirklichkeit allemal in dem Augenblick, wann ein Volk sein natürliches Schicksal kreislaufartiger Erneuerung im Strom des Vergehens einzutauschen getrieben ist gegen den linienhaften ‹Fortschritt› einer ‹Geschichte›.»[52] Im Januar 1926 hatte Benjamin hellsichtig an Scholem geschrieben, die Auseinandersetzung mit Bachofen und Klages sei unumgänglich – «freilich spricht vieles dafür, dass sie gänzlich stringent nur aus der jüdischen Theologie zu führen ist, in welcher Gegend denn also diese bedeutenden Forscher nicht umsonst den Erbfeind wittern.»[53]

Nun erst kann man die kompositorische Absicht des Passagenwerkes ermessen: Ein «eminent durchkomponierter Umschlag der Welt des Träumers in die Welt der Wachen» sollte erreicht werden.[54] So steht auch das Passagenwerk in einer Kontinuität der Offenbarungstheologie. Wie zuvor «Prosa» und «Schrift» starkgemacht wurden, so tritt nun das «Erwachen» in Gegensatz zum Traum.

Adorno war es, der später Einwände gegen den Begriff eines kollektiven Unbewussten vorbrachte. Benjamin, auf die Geschichte der Arbeit zurückblickend, beschrieb die Zäsur in seiner Gedankenwelt, die die erste Arbeitsphase dann auch abschloss, in einem Brief an Adorno vom 31. Mai 1935. In der Zeit seiner Freundschaft mit Hessel «entstand der – heute nicht mehr in Kraft stehende – Untertitel ‹Eine dialektische Feerie›. Dieser Untertitel deutet den rhapsodischen Charakter der Darstellung an, die mir damals vorschwebte und deren Relikte – wie ich heute erkenne – formal und sprachlich keinerlei ausreichende Garantien enthielten. Diese Epoche war aber auch die eines unbekümmert archaischen, naturbefangnen Philosophierens. Es waren die Gespräche mit Ihnen und ganz besonders das ‹historische› im Schweizerhäuschen, danach das gewiss historische um den Tisch mit Ihnen, Asja, Felicitas, Horkheimer, die das Ende dieser Epoche heraufführten. Um die rhapsodische Naivität war es geschehen. Diese romantische Form war in einem raccourci [Abkürzung] der Entwicklung überholt worden, von einer andern aber

Theodor W. Adorno, hier um 1928. «Ich war damals blutjung», so erinnerte er sich später seiner ersten Gespräche mit Benjamin, «er immerhin elf Jahre älter, und ich habe mich durchaus als den Nehmenden betrachtet. Ich weiß, dass ich mit einer ungeheuren Faszination ihm zugehört, ihn dann manchmal Näheres gefragt habe.»

hatte ich damals und noch auf Jahre hinaus keinen Begriff. Im übrigen begannen in diesen Jahren die äußern Schwierigkeiten, welche es mir geradezu als providentiell haben erscheinen lassen, dass die innern mir eine abwartende, dilatorische Arbeitsweise schon vorher nahe gelegt hatten.»[55]

Asja Lacis war in Benjamins Leben zurückgekehrt. Von Dezember 1928 bis Januar 1929 wohnte er mit ihr in Berlin zusammen. Im September und Oktober 1929 war sie in Frankfurt bei dem Neurologen Kurt Goldstein in Behandlung, Benjamin besuchte sie, und in diesen Tagen muss es zu dem «historischen» Gespräch gekommen sein, das ihn nun dem näherbrachte, was als «Kritische Theorie» in die Ideengeschichte eingegangen ist. Man kann sich kaum einen Begriff von der Intensität der geistigen Spannungen machen, denen sich Benjamin aussetzte. Da waren Horkheimer, Adorno und Margarete Karplus («Felicitas», Adornos spätere Frau), die ihm ein

197

entschiedeneres Studium des «Kapitals» von Marx und von Hegels «Logik» nahelegten, um für das Passagenwerk philosophische Verbindlichkeit zu erreichen. Und da war Asja Lacis, die ihm mit harten politischen Ansprüchen gegenübertrat: «‹Du bist gebildet, hast einen klugen Kopf, hast ein Spezialgebiet – und hast keine materielle Existenzgrundlage. (…) Aber wo stehst Du, Meister der Kultur? Dein Bruder ist in der Kommunistischen Partei! Warum du nicht?›»[56]

In den Annalen der großen Liebe wird es wenige Frauen geben, die so charmant und zugleich so verständnislos waren wie Asja: «Oft erzählte er mir seine Träume», berichtet sie in ihren Erinnerungen. «Ich hörte sie ungern und unterbrach ihn, aber er erzählte sie doch.»[57] Und schon auf Capri hatte es Streit gegeben: «Als ich von ihm erfuhr, dass es sich um eine Analyse der deutschen Barocktragödie handele, dass diese Literatur nur wenige Spezialisten kennen, diese Tragödien niemals gespielt werden, zog ich eine Grimasse: wozu sich mit toter Literatur beschäftigen?»[58]

Asja Lacis war von Johannes R. Becher und Gerhart Eisler (dem Bruder des Komponisten Hanns Eisler) gebeten worden, ihre sowjetischen Erfahrungen mit dem Kindertheater für die deutschen Kommunisten darzulegen. Benjamin schrieb um die Jahreswende 1928/1929 für sie das «Programm eines proletarischen Kindertheaters», in dem er Florens Christian Rangs Gedanken zur historischen Psychologie des Karnevals noch einmal hervorholte: «Die Aufführung ist die große schöpferische Pause im Erziehungswerk. Sie ist im Reiche der Kinder, was der Karneval in alten Kulten gewesen ist. Das Oberste wird zuunterst gekehrt und wie in Rom an den Saturnalien der Herr den Sklaven bediente, so stehen während der Aufführung Kinder auf der Bühne und belehren und erziehen die aufmerksamen Erzieher. Neue Kräfte, neue Innervationen treten auf, von denen oft dem Leiter unter der Arbeit nichts ahnte. Erst in dieser wilden Entbindung der kindlichen Phantasie lernt er sie kennen. Kinder, die so Theater gespielt haben, sind in dergleichen Aufführungen frei geworden. Im Spielen hat sich ihre Kindheit erfüllt.»[59]

Vorhergegangen war, nach Lacis' Erinnerung, die aber unzuverlässig sein kann, eine erste Fassung, in der ihre Thesen «ungeheuer kompliziert» dargestellt wurden. «Im Liebknechthaus [der Zentrale der KDP] las man und lachte: Das hat Dir ja Benjamin geschrieben! Ich gab Walter Benjamin das Manuskript zurück, er solle verständlicher schreiben.»[60] Scholem berichtet durchaus glaubwürdig, dass alle, die Benjamin mit Asja Lacis sahen, «übereinstimmend ihr Erstaunen über dieses Liebespaar aussprachen, das sich stets nur gezankt habe. Und das in den Jahren 1929 und 1930, als sie nach Berlin und Frankfurt kam und Benjamin sich ihretwegen scheiden ließ!»[61]

Für Scholems Groll gegen Asja Lacis gab es noch einen gewichtigeren Grund. Denn als seien die Spannungen zwischen Gespenstertraum, Haschischrausch, philosophischem Frankfurt-Marxismus und russischem Asja-Kommunismus noch nicht genug, kam eine

noch entscheidendere hinzu. Benjamin lernte – wieder einmal – Hebräisch, eine bestimmtere Aussicht auf ein Leben in Palästina hatte
sich ihm eröffnet, als Scholem ihn 1927 in Paris mit Judah Leon Magnes, dem Kanzler der Hebräischen Universität Jerusalem, bekannt-
gemacht hatte. Scholem versprach sich davon eine «fruchtbare Lösung des geistigen Dilemmas», in dem er Benjamin verhaftet sah.[62]
«Es sei ihm klargeworden», so erinnert sich Scholem an Benjamins
Äußerungen gegenüber Magnes, «dass seine sprachphilosophischen
Ideen ihren Focus nicht im Schrifttum der ihm zugänglichen Lite-
raturen, der deutschen und französischen, finden könnten.» Der
Brennpunkt würde für ihn «in der Beschäftigung mit dem Hebräischen und dem hebräischen Schrifttum liegen». Gerade als Übersetzer sei ihm sein «jüdisches Wesen» deutlicher bewusstgeworden.[63]
Benjamin ging sogar noch weiter und sprach von seinem Wunsch,
«sich durch das Medium des Hebräischen den großen Texten der
jüdischen Literatur nicht als Philologe, sondern als Metaphysiker zu
nähern».[64]

An dieser Stelle wird das Illusionäre des Projekts deutlich; ein
Mann, der nicht einmal die Anfangsgründe der Sprache dieser Texte
beherrschte, wollte sich an ihre philosophische Auslegung machen.
Benjamin täuschte sich über seine Möglichkeiten und Grenzen, und
ein Grund für das Scheitern aller Jerusalem-Pläne mag gewesen sein,
dass ihm seine in der Euphorie des Augenblicks ausgesprochenen
Sätze langsam als eine Verblendung dämmerten. Scholem jedenfalls
machte ihn sehr drastisch darauf aufmerksam. Das Studium der
Sprache allein würde «selbst im besten Falle nie ausreichen können,
ihn als akademischen Lehrer auf jüdischem Gebiet kompetent werden zu lassen».[65]

Magnes hatte für den Fall, dass Benjamin tatsächlich nach Palästina käme und dort das Studium des Hebräischen aufnähme, ein
Stipendium zugesagt. Nun aber war, aus welchen Gründen auch immer, die Beihilfe 1929 ausgezahlt worden – und Benjamin nach wie
vor in Berlin. An Magnes schrieb er am 6. Juni 1929, indem er sich

für die finanzielle Unterstützung bedankte, über deren Verwendung: «Seit einem Monat habe ich mein hebräisches Studium begonnen. Mein Lehrer ist Dr. Max Mayer von der Jüdischen Rundschau.»[66] Mayer sei allerdings krank, der Unterricht deshalb unterbrochen. Bis zum 31. April 1930 sei das Studium nun finanziell gesichert. «Vor Ablauf dieser Frist werde ich Sie in Palästina aufsuchen. Ich hoffe im Herbst dort zu sein und dann schon einen hinreichenden Grund gelegt zu haben, um ein rasches Fortschreiten im Lande selbst zu ermöglichen.»[67]

Aber da zog wieder jemand von der anderen Seite: «Einmal hatte er ein Lehrbuch der hebräischen Sprache bei sich», erinnert sich Asja Lacis, «er sagte, dass er Hebräisch lerne. Vielleicht werde er nach Jerusalem fahren. Sein Freund Scholem verspreche ihm dort eine gesicherte Existenz. Ich war sprachlos, dann kam es zu einer scharfen Auseinandersetzung: der Weg eines normal denkenden progressiven Menschen führt nach Moskau, aber nicht nach Palästina. Ich kann ruhig sagen, dass Walter Benjamin nicht nach Palästina fuhr, das habe ich erreicht.»[68] Die Reise nach Jerusalem wurde verschoben, und nicht zum letzten Mal, immer wieder aber wurden konkrete Daten der Ankunft in Jaffa genannt. Scholem verlor darüber die Hoffnung: Eine Einladung der «Jüdischen Rundschau», die ihn um einen Aufsatz über seine Bücher bat, «um in diesem Zusammenhang über Benjamin als jüdischen Denker oder überhaupt die Beziehung seines Denkens zum Judentum etwas zu sagen», lehnte er ab.[69]

Anfang 1930 war Benjamin wieder in Paris. Am 20. Januar schrieb er einen sehr langen Brief an Scholem – auf Französisch, weil auch ihm inzwischen die Peinlichkeit dieser schiefen Situation bewusst war. Er sprach von seinen deutschen Aussichten als «erster Kritiker» der Literatur; von den «Passagen» meldete er, sie seien die Bühne all seiner Kämpfe und all seiner Ideen.[70]

Inzwischen war aber auch in seinen persönlichen Verhältnissen eine schmerzliche Veränderung eingetreten. Weil er Asja Lacis heiraten wollte, betrieb er die Scheidung von seiner Frau Dora, schon im August 1929 war er zu Franz Hessel gezogen. Am 1. November 1929 berichtete er erbittert – weil seine Frau sich auf den Ehevertrag berief – an Scholem: «Es hat sich nicht voraussehen lassen, dass meine Trennung von Dora so grausame Formen annehmen würde, wie es der Fall ist. Ich bin in einen Scheidungsprozess verwickelt, der unabsehbar ist und von ihr mit rücksichtsloser Erbitterung und der Unterstützung eines der verschlagensten und gefährlichsten Anwälte Deutschlands geführt wird.»[71]

Als die Ehe am 27. März 1930 geschieden wurde, war Asja Lacis schon wieder nach Moskau zurückgekehrt.

KAPITEL XI

EIN THEATER DER GESTEN: BENJAMIN UND BRECHT

Proletarisch-romantisches Apostolat. Sektierertum aus
unbewusster Religiosität. Selbstvergiftung: Zelebrierter Suizid.

Armin Kesser über Bertolt Brecht

E in Mensch ist in dem Maße Dichter, in dem er die Sprache für
die Obertöne der Worte öffnet. Dichtung ist ein Echoraum,
in ihr ist das Jetzt das Immer und das Hier ist die Welt. Benjamin
meinte genau das, als er Brechts Erscheinung beschrieb: «Gotisches
Wiedertäufergesicht».[1] Aber wie hängt beides zusammen?

1772 schrieb Goethe den Aufsatz «Von deutscher Baukunst». Darin erklärte er, wie er angesichts des Straßburger Münsters mit seinen
übernommenen Begriffen, die immer noch normativ an der Antike
orientiert waren, in Schwierigkeiten kam: «Unter die Rubrik *gotisch*,
gleich dem Artikel eines Wörterbuchs, häufte ich alle synonymische
Missverständnisse, die mir von Unbestimmtem, Ungeordnetem,
Unnatürlichem, Zusammengestoppeltem, Aufgeflicktem, Überlade-
nem jemals durch den Kopf gezogen waren.» Damals war «gotisch»
abwertend gemeint. Und Goethe revidiert seine Ansicht; man solle
Gott danken, «laut verkündigen zu können, das ist deutsche Baukunst, unsre Baukunst, da der Italiener sich keiner eignen rühmen
darf, viel weniger der Franzos».[2]

Bei den Wiedertäufern denkt man an das Täuferreich von Münster, an den zugleich radikal-reformatorischen und sozialrevolutionä-
ren Fanatismus nach 1530. Jan Bockelson machte sich als Johann I.
zum König des Münsteraner «Königreichs Zion». Ein terroristisches

Regiment wurde eingeführt, ein Gottesstaat des äußersten Schreckens.

Wenn Benjamin dem Dichter ein «gotisches Wiedertäufergesicht» zuschreibt, dann sieht er eine Einheit von herrlichster künstlerischer Leistung und gesteigerter Gefahr in ihm, und zwar so, wie sich beide Seiten nur in Deutschland ausprägen konnten. Er spricht von dem Risiko und der Faszination dieser Freundschaft. Und umgekehrt: Wenn Brecht im August 1941 notiert, Benjamins Thesen über den Begriff der Geschichte seien «klar und entwirrend (trotz aller Metaphorik und Judaismen)»[3], dann ist auch von ihm aus ein Abstand – in der tiefsten Verbundenheit – bezeichnet. Benjamin brauchte, um die Gefahr in Brecht zu sehen, nicht erst die dann allerdings massiven Warnungen von Adorno und Scholem. Seine Freundschaft mit Brecht war eine deutsch-jüdische Verbindung im klaren Bewusstsein der Distanz. Und es war die Freundschaft eines der bedeutendsten Dichter der Epoche mit einem der großen Kritiker. Und alles stand im Gesicht geschrieben!

Was Benjamins Charakteristik leistet, ist entscheidend: Man versteht Brecht nicht, wenn man die vielfältigen Töne, denen sein Werk ein Echo gibt, nicht mehr mithört. Ernst Bloch brachte dieses Werk in den zwanziger Jahren auf die schöne Formel, es sei im Stil eines «altdeutschen Bolschewismus» gehalten. Vladimir Pozner, ein russisch-französischer Literat und Drehbuchautor, sah es ähnlich, als er Brecht nach dem Krieg begegnete, aber noch um ein paar Grade nuancierter als Bloch. Brecht erschien ihm damals als «Mann mit der Haarfranse, der im fünfzehnten Jahrhundert das Modell irgendeines primitiven Malers, eines x-beliebigen Augsburger Meisters hätte sein können», und als ein «Schöpfer von Mythen, von Sagen, einer ganzen Folklore eines unbekannten Volkes, das es zweifellos niemals gegeben hat, das aber nicht ohne Ähnlichkeit mit dem deutschen Volke war».[4]

Was wollte Brecht? «Aus dem Lesebuch für Städtebewohner» heißt ein Gedichtzyklus, geschrieben im Berlin der zwanziger Jahre.

Man hat vielleicht noch die Aufforderung im Kopf, mit der jede Strophe des ersten Gedichts schließt: «Verwisch die Spuren!» Das fast existenzialistische Pathos, gemischt mit Illegalitätsromantik, mutet fremd an, es ist eine rätselhafte Botschaft einer vergangenen Zeit. Ein Mann kommt in eine Stadt. Er soll, so wird ihm gesagt, sich von seinen Kameraden trennen und ihnen die Tür nicht mehr öffnen, er soll seine Eltern nicht mehr erkennen, den Hut ins Gesicht ziehen, kurz: Er soll anonym bleiben. «Gehe in jedes Haus, wenn es regnet, und setze dich auf jeden Stuhl der da ist / Aber bleibe nicht sitzen! Und vergiss deinen Hut nicht! / Ich sage dir: / Verwisch die Spuren!» Aber warum?

Erst die folgenden Gedichte geben die Antwort. Der Platz, den die Ankommenden einnehmen sollen, muss von anderen geräumt werden. Es ist das dritte Gedicht, das die Konsequenz zieht: «Wir wollen nicht aus deinem Haus gehen / Wir wollen den Ofen nicht einreißen / Wir wollen den Topf auf den Ofen setzen. / Haus, Ofen und Topf kann bleiben / Und du sollst verschwinden wie der Rauch im Himmel / Den niemand zurückhält. / Wenn du dich an uns halten willst, werden wir weggehen / Wenn deine Frau weint, werden wir unsere Hüte ins Gesicht ziehen / Aber wenn sie dich holen, werden wir auf dich deuten / Und werden sagen: das muss er sein.»

Das sechste Gedicht spricht von dem, der gehen muss – er weiß es nur noch nicht und macht deshalb den Fehler, sein Gesicht nicht zu verbergen, sondern, «den Hut im Genick», jeden auf der Straße unbefangen anzuschauen: «Er will allerdings noch ein Haus bauen / Er will allerdings noch alles beschlafen / Er will allerdings nicht zu schnell urteilen / (Ach er ist schon verloren, es steht doch nichts mehr hinter ihm!)». Im ganzen Zyklus findet sich keine einzige Begründung, keine erklärende Rechtfertigung. Aus großer Entfernung, ruhig, in gemessenen Rhythmen wird das Panorama der Vertreibungen aus jeder der möglichen Perspektiven aufgerollt. Und jedes Gedicht schließt mit einer Formel, die an die der buddhistischen Lehrreden erinnert: «Das wurde mir gesagt.»

Vertreibungen im großen Maßstab hatten zu diesem Zeitpunkt schon stattgefunden, und zum Teil war Schlimmeres hinzugekommen: Man denke an die Armenier während des Ersten Weltkriegs in der Türkei, an die anderthalb Millionen Deutschen, die nach dem Krieg Polen verließen, an die mehr als hunderttausend, die aus Elsass-Lothringen ausgewiesen worden waren, vor allem an den «Bevölkerungsaustausch» zwischen Griechenland und der Türkei um 1920, der von Massakern begleitet war. Vergleichsweise kleiner war die Aktion «Philosophenschiff», mit der die Sowjetunion auf Anweisung Lenins im Herbst 1922 gut zweihundert Philosophen und Schriftsteller ausbürgerte und nach Deutschland abschob.[5] Unter den Abgeschobenen war auch Iwan Bunin, der Literatur-Nobelpreisträger, dessen Jugenderinnerungen Benjamin 1934 in der «Frankfurter Zeitung» kühl rezensierte, ohne auf sein Schicksal weiter einzugehen: «Bunin ist ein Repräsentant des alten Russland, dem er durch sein Schaffen und seine literarische Laufbahn verbunden ist.»[6]

Immer wieder trifft man in Brechts Geschichten auf diese Konstellation: Unter mehreren muss einer unbedingt verschwinden. Die Begründungen dafür sind nicht schwer zu beschaffen, ja fast beliebig. Wenn die berüchtigte «Maßnahme», ein Liquidierungs-Passionsspiel, für ein leninistisches Umfeld sorgt, indem der ideal gestimmte Genosse, der in seiner Naivität den Erfolg der revolutionären Agitation gefährdet, von den Mitstreitern in die Kalkgrube geworfen wird, so gibt die Prosa der zwanziger Jahre den Blick auf die geradezu manieristisch verspielte Mannigfaltigkeit frei, deren das visionär gefundene Muster fähig war. Es geht bei diesem Muster um Ausrottung («Ich soll ausgerottet werden», sagt Brechts «I. Psalm» von 1920) und um die Frage, wie man Leute verschwinden lässt.

Aus unscheinbaren Vorfällen wird ein Bürgerkriegsszenario. Einer hat zu viel Glück im Pokerspiel und wird von seinen Freunden vom Schiff gestoßen, andere gehen freiwillig. Aber wenn die Überzähligen fortgeschafft sind, beginnen die Probleme erst recht. Der vermisste Soldat Kragler (in «Trommeln in der Nacht») kehrt zurück und erscheint der Mitwelt wie ein Gespenst. «Verschlingen, austilgen und verlöschen» sah Brecht als die Signatur seiner Zeit. Wer ein kafkaeskes Virtuosenstück aus der Zeit der Moskauer Prozesse sucht, lese «Gaumer und Irk»: «Irk zu fällen war leicht. Er war sehr beschäftigt und sorgte für viele, aber nicht für sich selber. Er war schon erschlagen, als Gaumer merkte, wie ungeheuer schwer er zu begraben war.»[7] Brecht hatte eine Vision von seiner Zeit, die ganz unabhängig von seinem späteren Marxismus entstanden war und vielleicht genauer als die dann theoriegeladene ein Bild der Epoche gab, die sich auf Vertreibungen und Vernichtungen vorbereitete.

Zu episodischen Begegnungen von Benjamin und Brecht war es seit Mitte der zwanziger Jahre gekommen. Den eigentlichen Kontakt stellte Asja Lacis her: «Er bat mich mehrmals, ihn Brecht vorzustellen. Einmal ging ich mit Brecht in ein Restaurant. Brecht sagte, dass ich in der neuen Pariser Toilette sehr vornehm aussehe, und in seinem groben Anzug komme er gar nicht in Betracht. Da habe ich ihm gesagt, Benjamin möchte ihn kennenlernen. Brecht war diesmal einverstanden. Die Zusammenkunft fand in der Pension von Voß (…), wo ich damals wohnte, statt. Brecht war sehr zurückhaltend, sie kamen später selten zusammen.»[8]

Wir wissen, dass diese erste wirkliche Begegnung im Mai 1929 stattgefunden haben muss – der letzte Satz von Asja Lacis' Bericht bleibt unklar. Denn am 24. Juni meldete Benjamin an Scholem: «Es wird Dich interessieren, dass sich in letzter Zeit sehr freundliche Beziehungen zwischen Bert Brecht und mir herausgebildet haben, weniger auf dem beruhend, was er gemacht hat und wovon ich nur die Dreigroschenoper und die Balladen kenne als auf dem begründeten Interesse, das man für seine gegenwärtigen Pläne haben muss.»[9] Im April 1930 heißt es (etwas großsprecherisch, wenn man bedenkt, dass Benjamin Heideggers «Sein und Zeit» nie gelesen hat): «Es bestand hier der Plan, in einer ganz engen kritischen Lesegemeinschaft unter Führung von Brecht in mir im Sommer den Heidegger zu zertrümmern. Leider wird aber Brecht, dem es ziemlich schlecht geht, sehr bald verreisen und allein nehme ich es nicht auf mich.»[10] Der Kontakt mit Brecht bedeutete auch: Kontakt mit dem Marxismus. Da waren Fritz Sternberg, der Theoretiker des Imperialismus, und Karl Korsch, ein sehr gebildeter Marx-Kenner (und in der kurzlebigen thüringischen Koalitionsregierung von SPD und KPD im Herbst 1923 für anderthalb Monate Justizminister des Landes). Und die marxistische Wendung traf – fast möchte man sagen: pünktlich – mit der Weltwirtschaftskrise zusammen, die im Oktober 1929 durch den New Yorker Börsenkrach ausgelöst wurde. Die Zusammenarbeit von Benjamin und Brecht stand im Zeichen der Krise des Kapitalismus. Und ebenso – schon sehr früh – im Zeichen der Frage nach der Zukunft des Sozialismus in der Sowjetunion. Josef Stalin ließ sich von 1929 an offiziell als «Führer» (vozd) bezeichnen, und just im selben Jahr wurde Leo Trotzki aus der Sowjetunion ausgewiesen.

Soma Morgenstern berichtet über die heftigen Diskussionen im Hause des Rezitators Ludwig Hardt, die genau diese Lage von 1929 spiegeln: «Im Laufe des Abends (…) nahm das Tischgespräch eine ernste Wendung. Der Name Trotzki bewirkte das. (…) Die Gesellschaft spaltete sich in der Diskussion über diese Affäre. Brecht samt Klabund und Gattin waren ganz auf der Seite von Stalin. Hardt und ich verteidigten Trotzki mit Eifer. Was Benjamin betrifft, so schloss er sich uns an. Das geschah – und darum erinnere ich mich an das Ganze –, als ich behauptete, die Affäre beweise auch, dass in Russland der alte russische Antisemitismus eine Rolle spielte. Brecht wurde sehr scharf.»[11] Solche Gespräche wurden im Exil zwischen Benjamin und Brecht fast die Regel.

Zwischen 1930 und 1939 schrieb Benjamin eine Reihe von Kommentaren und Rezensionen zu Brechts Werken. In einem Rundfunkvortrag vom Juni 1930 charakterisierte er die Arbeiten des Freundes: «Die Dichtung erwartet hier nichts mehr von einem Gefühl des Autors, das nicht im Willen, diese Welt zu ändern, sich mit der Nüchternheit verbündet hat. Sie weiß, die einzige Chance, die ihr blieb, ist:

Nebenprodukt in einem sehr verzweigten Prozess zur Änderung der Welt zu werden.»[12] Was Benjamin an Brecht faszinieren musste, war, dass er hier jene «Nüchternheit» wiederfand, die er selbst in seiner Dissertation als Kern der Dichtung behauptet hatte.

Unter den Figuren Brechts hebt er zunächst Herrn Keuner hervor, der in vielen Geschichten auftritt. «Woher der Name, kann auf sich beruhen. Nehmen wir einmal mit Lion Feuchtwanger (…) an, es stecke darin (…) das Allgemeine, alle Betreffende, allen Gehörende. In der Tat ist Herr Keuner der alle Betreffende, allen Gehörende, nämlich der Führer. Er ist es nur ganz anders, als man sich einen Führer gewöhnlich vorstellt; beileibe kein Rhetor, kein Demagog, kein Effekthascher oder Kraftmensch. Seine Hauptbeschäftigung liegt meilenweit fort von dem, was man sich heute unter einem Führer vorstellt. Herr Keuner ist nämlich der Denkende.» So unterscheidet sich sein Führungsanspruch von dem der anderen Prätendenten: «Herrn Keuners Laster ist, kalt und unbestechlich zu denken. Wozu das gut ist? Es ist gut, die Leute dahin zu bringen, sich klarzuwerden, mit welchen Voraussetzungen sie an die sogenannten Führer, die Denker oder Politiker, an deren Bücher oder deren Reden herantreten, um sodann jene Voraussetzung der Leute so gründlich wie nur möglich in Frage zu stellen.»[13] Keuner ist Führer *gegen* die Führer.[14]

Zu Keuner treten in Brechts Werk andere, zweifelhafte Gestalten. Der Leser, so Benjamin, stoße «auf Baal, auf Mackie Messer, auf Fatzer, auf die ganze Horde von Hooligans und Verbrechern, die Brechts Stücke bevölkern und die vor allem die wahren Sänger seiner Songs sind, die in der erstaunlichen ‹Hauspostille› (…) gesammelt vorliegen. Dieses ganze Rowdy- und Songwesen geht auf Brechts Frühzeit, die Augsburger Periode, zurück, in der er in (…) seltsamen Melodien und rüden, herzzerreißenden Refrains die Motive seiner späteren Stücke aufspürte. Aus dieser Welt stammt der versoffne Mörderdichter Baal und schließlich auch noch der Egoist Fatzer. Man würde aber sehr irren, wenn man annähme, diese Figuren interessierten den Verfasser nur als abschreckende Beispiele.

Brechts wahrer Anteil am Baal und Fatzer reicht tiefer. Sie sind ihm zwar das Egoistische, Asoziale. Aber es ist ja Brechts beständiges Streben, diesen Asozialen, den Hooligan, als virtuellen Revolutionär zu zeichnen.» Brecht wolle «den Revolutionär aus dem schlechten, selbstischen Typus ganz ohne Ethos von selber hervorgehen lassen. Wie Wagner den Homunkulus in der Retorte aus einer magischen Mischung, will Brecht den Revolutionär in der Retorte aus Niedrigkeit und Gemeinheit entwickeln.»[15] Der Führer und die Rowdies – das Bild einer linken SA drängt sich hier förmlich auf. Und gerade 1930, als Benjamin den Vortrag hielt, war der Punkt erreicht, «an dem der Hitler-Kult aufhörte, nur das Faszinosum einer kleinen fanatischen Gruppe zu sein» – so der Historiker Ian Kershaw.[16] Im September dieses Jahres wurde die NSDAP mit 18,3 Prozent (nach nur 2,6 Prozent bei den vorangegangenen Wahlen 1928) zur zweitstärksten Partei nach der SPD, die 24,5 Prozent erreichte; die Kommunisten standen mit 13,1 an dritter Stelle. Das letzte Kabinett der Weimarer Republik mit der parlamentarischen Mehrheit einer Großen Koalition (das des sozialdemokratischen Reichskanzlers Hermann Müller) zerbrach am 27. März 1930 an einem Streit um die Arbeitslosenversicherung, deren Reform die SPD nicht mittragen wollte. Danach folgten reine Präsidialkabinette, ernannt vom Reichspräsidenten Hindenburg, die mit Notverordnungen am Parlament vorbeiregierten.

Dass «der Zeigende gezeigt wird», wie es Brecht in den «Anmerkungen zur Dreigroschenoper» forderte,[17] ist eine der zentralen Maximen des epischen Theaters, das er begründen wollte. Aus ihr lassen sich die Anweisungen an die Schauspieler ebenso verstehen wie die Maßnahmen zur Veränderung der Bühne bis hin zu dem Postulat der Sichtbarkeit der Lichtquellen. Bündig heißt es in einem Lehrgedicht: «Allen Haltungen soll die Haltung des Zeigens zu Grund liegen.»[18]

Von Benjamins Auslegung dieser Gedanken soll nun die Rede

sein. Er war zur theoretischen Durchdringung von Brechts Theaterarbeit qualifiziert wie kein anderer. Seine Kenntnis der dramatischen Literatur war von ungewöhnlicher Weite und Aufgeschlossenheit; in seinem Werk finden sich Überlegungen nicht nur zu den Gattungen Tragödie und Komödie der Antike, zu Shakespeare, Calderón, Molière und, wie wir gesehen haben, zum Trauerspiel des Barock, zum Theater des neunzehnten Jahrhunderts von Goethe, Schiller und Kleist über Grillparzer und Hebbel bis zu Shaw, Hauptmann und Strindberg, sondern auch zum Theater seiner Zeit – er war ein leidenschaftlicher Theaterbesucher, in Mailand wie in Moskau, in Berlin wie in Paris –, also zu Wedekind, Hofmannsthal, Gide und Cocteau.[19]

Dabei ließ Benjamin auch Randbereiche des Dramas nicht unbeachtet: das Kindertheater von Asja Lacis so wenig wie das Puppen- und Kasperletheater, das chinesische Theater so wenig wie zirzensische Formen oder Outsiderproduktionen, etwa die von Alfred Brust, einem Freund von Florens Christian Rang. Die frühen Manifeste von Antonin Artaud schließlich hat er mindestens zur Kenntnis genommen, wenn sie ihm wohl auch fremd blieben.

Benjamins Lektüre wie seine Reflexionen waren darauf angelegt, theatralische Möglichkeiten in ihrem weitesten Umfang zu erfassen, und zwar mit dem Ziel einer Revision der Dramenästhetik – einer Revision, die in seinem Werk zwei große Stationen hat: zum einen die Rehabilitierung des barocken Dramas, zum andern die Beschäftigung mit Brecht. Beide Stationen sind untergründig miteinander verbunden. Es ist der untragische Held – der Held, der sich nicht dem Mythos, sondern der Politik und der Geschichte konfrontiert sieht –, dessen Weg Benjamin verfolgt, von den Märtyrern und Tyrannen des Barock über Hofmannsthals Sigismund bis zu Brechts Galy Gay in dem Stück «Mann ist Mann». Das Drama hat für Benjamins Philosophie also große Bedeutung, aber auch umgekehrt wird in seiner Erkenntnistheorie ein theatralisches Moment systematisch wirksam: in dem, was er das «mimetische Vermögen» nennt, in der

Fähigkeit also zum Nachahmen und Nachspielen von Sachverhalten, deren oft skurrile gestische Äußerungen in Spielen der Hand und des Körpers viele Vignetten der «Berliner Kindheit» beschreiben.

Im Sommer 1930 las Benjamin das Lustspiel «Mann ist Mann», im Untertitel «Die Verwandlung des Packers Galy Gay in den Militärbaracken von Kilkoa im Jahre neunzehnhundertfünfundzwanzig». Am 6. Februar 1931 fand die Berliner Premiere unter Brechts Regie statt. Es war, so schreibt Benjamin, «nicht nur eine der präzisesten Einstudierungen (…), die man seit Jahren in Berlin sehen kann, sondern zugleich ein Muster des epischen Theaters, bisher das einzige».[20] An diesem Stück und unter dem Eindruck der Berliner Aufführung entwickelte er seine Theorie des epischen Theaters; im Frühjahr 1931 schrieb er den Essay «Was ist das epische Theater? Eine Studie zu Brecht»[21], der für die «Frankfurter Zeitung» bestimmt und schon gesetzt war, dann aber auf Grund einer Intervention des Redakteurs Bernhard Diebold ungedruckt blieb.[22]

Auffällig erscheint in diesem Essay eine gewisse kunstvolle Naivität – Benjamin rühmt die «Lebensnähe» von Brechts Theaterpraxis und spricht ihr eine Bedeutung für die «ganze Breite der Lebenserfahrung» zu[23] – die versuchsweise ernst genommen werden sollte und sich in die Frage umsetzen lässt, inwiefern das epische Theater für Benjamin auch biographisch wirksam wurde.

Am 7. April 1931, einen Monat nach der Premiere von «Mann ist Mann», nahm Benjamin um neun Uhr abends in Anwesenheit seines Cousins, des Arztes Egon Wissing, eine Kapsel Haschisch. Im Versuchsprotokoll, das Wissing führte, heißt es an einer Stelle: «Ein Bild, das ohne kontrollierbaren Zusammenhang auftaucht: Fischnetze. ‹Netze über die ganze Erde vor dem Weltuntergang gespannt.› Die Erde dabei völlig menschenleer, grau. Es folgt eine kurze Periode orientalischer Bilder: ‹Elefanten, wandelnde Pagode. Die Beine der Elefanten wedeln wie Fichten.›»[24]

In diesen «orientalischen Bildern» kehrt der Schauplatz von

*Bei der Berliner Uraufführung von Brechts «Mann ist Mann» sah man
episches Theater mit großen Namen: links Theo Lingen, später ein Star
deutscher Komödien, dann Peter Lorre, dem eine Hollywood-Karriere
bevorstand, Wolfgang Heinz, der nach der Rückkehr aus dem Exil bis
1976 am Deutschen Theater in Berlin wirkte, und Alexander Granach,
der später mit Greta Garbo in «Ninotschka» zu sehen war.*

«Mann ist Mann» wieder: das Indien der britischen Kolonialmacht;
ein fiktiver, durch Rudyard Kipling vermittelter Orient. «Elefanten,
wandelnde Pagode» – diese Haschischphantasie wäre als Hinweis auf
Brechts Stück zu lesen. Die *Pagode* wird im zweiten Bild, das die Ortsangabe «Straße bei der Gelbherrenpagode» trägt, von einer Maschi-
nengewehrabteilung der britischen Armee geplündert; das fünfte
und das sechste Bild haben die Ortsangabe «Inneres der Gelbherrenpagode».[25] Der *Elefant* ist eines der Leitmotive des Stücks. Galy
Gay wird von seiner Frau gesagt: «Du bist wie ein Elefant», der Soldat
Polly sagt von ihm: «Er ist der reinste Elefant» – worauf Galy Gay,
missverstehend, antwortet: «Elefant? Ein Elefant ist selbstverständlich eine Goldgrube. Wenn Sie einen Elefanten haben, da verrecken

213

Sie nicht im Spital.»[26] Hier schließt sich die farcenhafte Episode des Elefantenkaufs und der Elefantenauktion an, in deren Folge Galy Gay zur Armee gepresst wird. Der Elefant wurde in der Aufführung von Männern gespielt, die sich einen großen Teppich übergeworfen hatten. Das Berliner Brecht-Archiv besitzt einen aufbereiteten Film der Inszenierung von 1931. Und da sieht man, was Benjamin im Haschischrausch fast naturalistisch wiederholte: Die «Beine» des Elefanten, der Teppich nämlich, «wedelten» beim Gehen in der Tat hin und her.

Dass in Benjamins Haschisch-Phantasie die Elefanten den Fischnetzen folgten, war wohl in der Komposition des Stücks begründet: «Heute morgen, Galy Gay, bist du fortgegangen, einen kleinen Fisch zu erstehen, und jetzt hast du schon einen großen Elefanten, und niemand weiß, was morgen sein wird.»[27] Zumal Brechts Regie mag den assoziativen Zusammenhang nahegelegt haben. Ein und dieselbe Geste, so erfahren wir aus Benjamins Bericht von der Premiere, ließ Galy Gay «auf den Fisch verzichten und den Elefanten in Kauf nehmen», und er schließt: «Solche Entdeckungen werden das Interesse des Publikums, das in den epischen Theatern verkehrt, befriedigen, an ihnen wird es auf seine Kosten kommen.»[28]

Über diese thematischen Rückgriffe hinaus scheint der Haschischrausch auch in seinem strukturellen Aufbau dem Verfahren des epischen Theaters zu folgen. Schon vor der Kooperation mit Brecht hatte Benjamin in seiner Programmschrift für ein proletarisches Kindertheater von der Bedeutung der Geste gesprochen, von der «schöpferischen Innervation der Hand».[29] Vom epischen Theater schreibt er nun: «Die Geste ist sein Material, und die zweckmäßige Anwendung dieses Materials seine Aufgabe.»[30] Er kommt auf das rationale Element dieses Theaters zu sprechen, das «davon, dass es Theater ist, ununterbrochen ein lebendiges und produktives Bewusstsein» behalte.[31] Und er schließt – ziemlich wörtlich den Aussagen Brechts folgend –: «Es ist das oberste Gebot dieses Theaters, dass der ‹Zeigende› – das ist der Schauspieler als solcher – ‹gezeigt werde›.»[32]

Benjamin in Saint-Paul-de-Vence, Juni 1931, mit Gert Wissing, der Frau seines Cousins Egon Wissing, und Maria Speyer, der Frau von Wilhelm Speyer, an dessen Komödien Benjamin zeitweise mitarbeitete. Nach einem Haschischversuch im März 1930 hielt Benjamin fest: «Ein Positivum: die Anwesenheit von Gert, die durch scheinbar sehr umfassende Erfahrungen dieser Art (Haschisch war ihr allerdings neu) zu einer die Wirkungen des Giftes armierenden Kraft wurde.» Gert Wissing, die 1933 starb, war Morphinistin. Benjamin empfand während eines anderen Drogenversuchs eine «gedämpfte aber andauernde sinnliche Beziehung» zu ihr.

Dieser Satz, dessen Auslegung hier zur Frage steht, führt direkt ins Zentrum. Tatsächlich nämlich ist Benjamins Haschischversuch zu verstehen als ein gestisches Theater, in dem *der Zeigende gezeigt wird*. Am Anfang von Wissings Protokoll heißt es dazu: «B. liegt, meistens mit geschlossenen Augen, völlig ruhig. (…) Ca. ¼ Stunde nach Einsetzen der Wirkung hält er den Zeigefinger der l(inken) Hand steil in die Höhe, dies mindestens eine Stunde beibehaltend.»[33] Es handelte sich mithin um eine bewusst eingenommene und mit Willen aufrechterhaltene Geste. Später wird Wissing zu einem Patienten gerufen, bei der Rückkehr notiert er: «V(ersuchs) P(erson) liegt noch in genau gleicher Lage, den Zeigefinger immer noch steil emporgestreckt, und deutet mir an, dass ich sehr viel versäumt hätte.»[34] Benjamin behält diese Haltung bei allen Versuchen im Frühjahr 1931 bei – also in jenem Zeitraum, in dem er an dem Essay über Brecht arbeitet. Ein echtes Experiment, ein Testlauf von Brechts Modell unter Extrembedingungen, und im Medium des Witzes!

Benjamin begann in den dreißiger Jahren, sich angelegentlicher mit Gebärden und Gesten zu beschäftigen: mit der Gebärdensprache der Berufe[35], mit Gebärden sozialer Typen wie etwa dem des Glücksspielers (dazu schrieb er die Erzählung «Die glückliche Hand»[36]), mit der Gebärde des Erzählers («In das echte Erzählen wirkt (…) die Hand hinein»[37]), mit Gebärden wie dem Knipsen und dem Schalten im Aufsatz über das Kunstwerk im Zeitalter seiner technischen Reproduzierbarkeit.

Vor allem aber kreisen Benjamins Arbeiten um das, was er das «Fortleben der Werke» nennt, um die Möglichkeiten ihrer Rezeption unter veränderten Bedingungen. Dazu notierte er 1930 einige prägnante Thesen: «1) Es gibt ein Fortleben der Werke 2) Das Gesetz dieses Fortlebens ist die Schrumpfung 3) Im Fortleben der Werke geht ihr Kunstcharakter zurück.»[38] Diese Ansichten wurden im Übrigen von der Avantgarde jener Zeit geteilt; Adorno gewann daraus seine Anweisungen zur Aufführung von Musikstücken und schrieb in dem Aufsatz «Neue Tempi»: «Die Werke schrumpfen in der Zeit ein, die Vielfalt des darin Seienden rückt zusammen»; Wahrheit, so heißt es dann, sei den Werken nur noch «in völliger Verkleinerung» zu gewinnen.[39] Ernst Bloch hat etwa um die gleiche Zeit in dem Essay «Rettung Wagners durch surrealistische Kolportage» ähnlich argumentiert und für die Aufführung Elemente von «Rummelplatz, Zirkus, Jahrmarkt» vorgeschlagen.[40]

Benjamin wiederum sah in dem Bericht «Karl Kraus liest Offenbach», den er 1928 verfasste, schon Vergleichbares: «Statt der Orchestermusik lässt er [Kraus] einen Klavierauszug spielen, statt des französischen Textes hat er die Übersetzung von Treumann, statt eines Korps kostümierter Akteure stellt er sich selber im Straßenanzug. Und von sich selber nur Kopf und Arme und Rumpf.»[41] Bei Kraus wurde das Werk aus seiner Aufführungskonvention gelöst und in einen neuen, verminderten Zusammenhang gestellt. Kein Gesang ertönt, sondern eine eher sprechende Stimme, die sich dem Pfeifen und Summen nähert[42]; an die Stelle der großen Aufführung treten Mimik und Gestik des Einzelnen, wie sie Benjamin festhält: In Kraus' «Fingerspitzen leben – Marionetten von der Größe von Infusorien – alle Gestalten Shakespeares, Offenbachs und Gogols».[43]

Die Fingerspitzen als Szene – wir sind Benjamins eigenem Umgang mit «Mann ist Mann» schon sehr nahe. Die extrem verkürzte Perspektive, in der er sich im Haschischrausch Brechts Lustspiel aneignete, lag im Grunde auf einer Linie mit dem Common Sense der Avantgarde. Übrigens ließe sich dieses Verfahren schon auf das Trauerspielbuch beziehen, wo Benjamin gezeigt hatte, wie Motive der großen Bühne des Barock im Wiener Puppentheater des achtzehnten Jahrhunderts und in parodistischer Verkleinerung fortlebten. Benjamin verbindet in seiner Rezeption von «Mann ist Mann» schließlich die äußerste Treue dem Text gegenüber – er folgt ihm auf nachgerade absurde Weise wörtlich – mit äußerster Lässigkeit dem Sinn gegenüber.

Über die Möglichkeit einer solch paradoxen Rezeption hatte Benjamin sich bereits in der «Aufgabe des Übersetzers» Rechenschaft abgelegt.[44] Nicht die Wiedergabe des Sinnes sei in der Übersetzung anzustreben – dieser diene nur die «zuchtlose Freiheit schlechter Übersetzer» – sondern die Wörtlichkeit: «Auch im Bereiche der Übersetzung gilt: (...) im Anfang war das Wort.

Dagegen kann, ja muss dem Sinn gegenüber ihre Sprache sich gehen lassen, um nicht dessen intentio als Wiedergabe, sondern als Harmonie, als Ergänzung zur Sprache, in der diese sich mitteilt, ihre eigene Art der intentio ertönen zu lassen.» Das Wort, nicht der Satz sei das «Urelement des Übersetzers. Denn der Satz ist die Mauer vor der Sprache des Originals, Wörtlichkeit die Arkade.»[45]

KAPITEL XII

STRATEGE IM LITERATURKAMPF: PRESSE UND RUNDFUNK

> ... und dann kam die unabsehbare Fülle anregender, aggressiver Prominenten, von denen ich einige kennenlernte: S. Fischer, Cassirer, die Familie Ullstein – meine Auswahl ist gering und unzulänglich, ich verkehre nicht viel in hohen Kreisen.
>
> *Gottfried Benn, Doppelleben, 1950*

Der Kritiker Benjamin fand in der Weimarer Republik eine hochgradig politisch polarisierte Presse- und Verlagslandschaft vor, in der er sich orientieren musste. Im Januar 1913 hatte er an Ludwig Strauss geschrieben: «Ob ich mein politisches Unterkommen im linken Liberalismus oder auf einem sozialdemokratischen Flügel finden werde, weiß ich noch nicht bestimmt.»[1] Das mag als eine merkwürdige Prognose erscheinen angesichts der starken kommunistischen Sympathien, die er seit Mitte der zwanziger Jahre ausbildete, gibt aber ein völlig realistisches Bild seiner Publikationsstrategie.

Benjamin veröffentlichte weder in der kommunistischen «Roten Fahne» noch in der «Linkskurve», der Zeitschrift des «Bundes proletarisch-revolutionärer Schriftsteller», noch in der «Arbeiter Illustrierten Zeitung», die im KP-nahen Konzern von Willi Münzenberg erschien, obwohl dort die von Benjamin hochgeschätzten politischen Fotomontagen von John Heartfield zu sehen waren. Stattdessen publizierte er vor allem in der «Frankfurter Zeitung» und der «Literarischen Welt»; teilweise auch in den Organen der Verlage Ullstein und Mosse. Einmal allerdings – es ging um ein Stück aus dem «Moskau»-Essay – auch in der französischen KP-Zeitung «L'Humanité».

Andererseits waren ihm natürlich die im Verlag von August Scherl, dem Hauptkonkurrenten von Ullstein und Mosse, erscheinenden Zeitungen verschlossen; Scherl war bereits 1916 von dem deutschnationalen Alfred Hugenberg aufgekauft worden. Hugenberg repräsentierte den rechten Flügel der deutschen Presselandschaft, zu seinem Medienimperium gehörte dann auch die Filmgesellschaft Ufa. Und Hugenberg erreichte das Land, die Provinz; Ullstein die Hauptstadt.[2] Arthur Koestler – den Benjamin später im Exil traf – erinnerte sich: «Das Haus Ullstein war eine politische Macht und gleichzeitig die Verkörperung des fortschrittlichen und kosmopolitischen Geistes der Weimarer Republik.»[3] Hier erschienen «Der Querschnitt – Das Magazin der aktuellen Ewigkeitswerte», zudem «Uhu» (mit wechselnden Untertiteln: «Das neue Monatsmagazin», «Das Magazin der 20er Jahre») und «Die Dame. Illustrierte Mode-Zeitschrift». Und natürlich die «Vossische Zeitung». Feuilletonchef der «Vossischen» war der legendäre Theaterkritiker Monty Jacobs.[4] In all diesen Ullstein-Medien publizierte Benjamin, in der «Dame» auch seine Frau Dora. Dort war Vicky Baum Redaktionsleiterin. Hier also erschien Benjamins todtraurige, aber in hochmondänem Milieu angesiedelte Liebesgeschichte «Palais D…y».[5] Im «Uhu» aber, der wie ein genialer Vorläufer heutiger Lifestyle- und Zeitgeistmagazine anmutet, brachte man, wunderbar illustriert, 1931/32 die Geschichte eines Haschischrausches, «Myslowitz Braunschweig Marseille», und 1932 das Scherz-Stück «Der enthüllte Osterhase». Das Magazin «Der Querschnitt» war eine Gründung des Galeristen Alfred Flechtheim, der die künstlerische Moderne in Deutschland durchsetzte. Hier erschien 1925 der gemeinsam mit Bernhard Reich verfasste Text «Revue oder Theater», 1926 die Übersetzung von Gabriele d'Annunzios «Der göttlichen Eleonora Duse» und schließlich die Besprechung von Jean Giraudoux' Roman «Bella». Wenn die Rede von den «Goldenen Zwanzigern» auch insgesamt eine fromme Übertreibung sein mag – für Ullstein-Medien gilt sie allemal.

Zwei philosophische Arbeiten Benjamins müssen an dieser Stelle erwähnt werden. Bereits 1920/21 war im «Archiv für Sozialwissenschaft und Sozialpolitik» Benjamins Abhandlung «Zur Kritik der Gewalt» erschienen. Verantwortlicher Redakteur dort war Emil Lederer, der 1933 seinen Berliner Lehrstuhl für Nationalökonomie und Finanzwissenschaft wegen der NS-Rassegesetze verlor. Später wurde er Mitbegründer der legendären «New School for Social Research» in New York. 1921 erschien zudem in der Zeitschrift «Argonauten», deren letzte Ausgabe 1921 im Verlag von Richard Weissbach in Heidelberg herauskam, Benjamins Essay «Schicksal und Charakter». Herausgegeben wurde die Zeitschrift von Ernst Blass, der Ende der dreißiger Jahre in einem jüdischen Krankenhaus in Berlin starb. Blass, ursprünglich aus Berlin und ein naher Bekannter von Kurt Hiller, hat eines der expressionistischen Gedichte geschrieben, an die man sich noch heute erinnert: «So seltsam bin ich, der die Nacht durchgeht, / Den schwarzen Hut auf meinem Dichterhaupt. / Die Straßen komme ich entlang geweht. / Mit weichem Glücke bin ich ganz belaubt.» Zugleich war er ein großer Verehrer Stefan Georges – ohne dessen Kreis eigentlich anzugehören. Seine Wendung zu George ging mit der Übersiedlung von Berlin nach Heidelberg einher. Benjamin lernte Blass durch Jula Cohn kennen.

Unter den Mitarbeitern der «Argonauten» waren Franz Blei, Ernst Bloch, Rudolf Borchardt, Arthur Kronfeld, Carl Sternheim und Franz Werfel. Damit ist das Profil einer Zeitschrift angedeutet, «die sich auf hohem Niveau und in kostbarem äußerem Rahmen um einen Brückenschlag zwischen den Expressionisten und den älteren Vertretern der Moderne (…) bemühte».[6] Über die expressionistisch-radikalen Zeitschriften im Allgemeinen schrieb Scholem sehr viel später, am 4. November 1975, an Jonathan D. Moreno den bezeichnenden Satz von den «typical avantgardist publications whose contributors consisted mainly of jewish writers most of whom plaid [sic] down their Jewishness».[7] In der Zeitschrift «Vers und Prosa», von Franz Hessel herausgegeben, verlegt bei Rowohlt, veröffentlichte Benjamin am 15. August 1924 unter dem Titel «Baudelaire-Übertragungen» die

Gedichte «An den Leser», «Frohsinn des Toten», «Die Wanduhr» und «Einer Madonna». Diese publizistische Epoche gehört noch ganz den metaphysisch-ästhetischen Studien. Ebenfalls in diese Kategorie möchte man die Versuche mit der «Bremer Presse» stellen. Diese war berühmt für ihre repräsentativen Anthologien, teils von Rudolf Borchardt, teils von Hofmannsthal herausgegeben: «Wert und Ehre deutscher Sprache», «Deutsche Epigramme», «Deutsches Lesebuch», «Deutsche Denkreden», «Der Deutsche in der Landschaft», «Ewiger Vorrat deutscher Poesie». Gemeinsam war den Bänden die sehr schöne, von Willy Wiegand gestaltete Schrift. Ein konservativer Protest gegen den Sprachverfall – so könnte man das Programm umschreiben. Noch die später von Benjamin besorgte Anthologie «Deutsche Menschen» hat – jedenfalls im Titel – etwas von diesem kühlen Pathos.

1925 kam es zu ersten Kontakten: «Am vorletzten Abend in Frankfurt suchte mich der Direktor der Bremer Presse, Dr Wiegand, einer der nobelsten Gojim, der ehrlichsten und sympathischsten, die je über meine Schwelle getreten sind, auf, um mich für eine Auswahl aus Wilhelm von Humboldt zu gewinnen.»[8] Allerdings meldete Benjamin wenig später an Gottfried Salomon, der «Klassizismus jener Bestrebungen» rücke ihm «täglich ferner und ferner».[9] Es war Hofmannsthal gewesen, der die Kontaktaufnahme angeregt hatte. Am 24. Juni 1925 schrieb er an Wiegand, «Dr Benjamin» trete ihm «als eine höchst bedeutende Persönlichkeit entgegen, die auf jede Weise zu fördern mir als Pflicht erscheint. Seine Lage zudem scheint danach dass gerade im gegenwärtigen Moment eine Förderung und Stützung, auch moralisch, vielleicht von lebensentscheidender Wirksamkeit sein kann.»[10]

Mehrere Vorhaben kamen mit Wiegand zur Sprache. Für die «Neuen Deutschen Beiträge» war eine «Arbeit über Tiecks ‹Blonden Eckbert›» geplant, in der anhand der Novelle eine Theorie des Vergessens entwickelt werden sollte.[11] Dann aber, als eigenständige Publikation in der anthologischen Reihe, die Idee eines Sagen-Bandes:

In einem Brief an Hofmannsthal schreibt Benjamin, er habe Wiegand den Vorschlag einer Sammlung gemacht, «die (…) eine Anzahl von Sagen als Dokumente einer vollkommenen und eigengesetzlichen Prosa zu vereinigen hätte».[12] Hinzu kam schließlich die erwähnte Humboldt-Anthologie. Nichts davon wurde verwirklicht, obwohl Benjamin dort einige entscheidende Ideen – zur Sprache überhaupt und zur erzählenden Prosa im Besonderen – hätte darstellen können. Gerade die Sagen scheinen auf das Stilideal des viel späteren Benjamin hinzudeuten, auf eine Sprache hoher, lakonischer, unpsychologischer Simplizität und Transparenz. Aber mit den Aufträgen der «Bremer Presse» alleine hätte sich Benjamin wirtschaftlich nicht über Wasser halten können. Vor allem hatte er sich inzwischen neu ausgerichtet: auf den Kommunismus im Politischen, auf steilste Modernität im Ästhetischen.

Es gab ein weiteres unverwirklichtes Zeitschriftenprojekt, das Benjamin in engem Kontakt mit Brecht und Bernard von Brentano für den Rowohlt-Verlag plante: «Krise und Kritik». «Es wird Dich mit zweideutiger Genugtuung erfüllen», schrieb er am 3. November 1930 an Scholem, «mich da als einzigen Juden unter lauter Gojm zeichnen zu sehen.»[13] Benjamin erinnerte Scholem an seinen alten Plan des «Angelus Novus»; die neue Zeitschrift aber sollte, so Benjamin in einer programmatischen Erklärung, politischen Charakter haben. «Das will heißen, ihre kritische Tätigkeit ist in einem klaren Bewusstsein von der kritischen Grundsituation der heutigen Gesellschaft verankert. Sie steht auf dem Boden des Klassenkampfes. Dabei hat die Zeitschrift jedoch keinen parteipolitischen Charakter. Insbesondere stellt sie kein proletarisches Blatt, kein Organ des Proletariats dar.»[14] Das war die Grenzlinie zur «Linkskurve» und zum «Bund proletarisch-revolutionärer Schriftsteller». Fabrik- und Gewerkschaftsromane lagen in einer anderen Sphäre. «Vielmehr wird sie die bisher leere Stelle eines Organs einnehmen, in dem die bürgerliche Intelligenz sich Rechenschaft von den Forderungen und den Einsichten

gibt, die einzig und allein ihr unter den heutigen Umständen eine
eingreifende, von Folgen begleitete Produktion im Gegensatz zu der
üblichen willkürlichen und folgenlosen gestatten.»[15]

Als mögliche Mitarbeiter fasste man Künstler, Intellektuelle und
Schriftsteller aus den verschiedensten Bereichen in Auge, genannt
werden Hanns Eisler, Paul Hindemith, Kurt Weill und Adorno für die
Musik; Hannes Meyer (vom Bauhaus), Sigfried Giedion und Adolf
Behne für die Architektur; Erwin Piscator und der Kritiker Herbert
Ihering für das Theater; Georg Lukács und der linientreue Kommunist Alfred Kurella für die Literaturästhetik. Unter den Schriftstellern
werden Robert Musil und Ludwig Marcuse aufgeführt – bei denen
man allerdings bezweifeln kann, ob sie «auf dem Boden des Klassenkampfes» standen.

Neben der monatlichen Zeitschrift sollten Beihefte herausgegeben werden. Deren Programm war eminent anspruchsvoll, es lief
auf eine echte Kollektivbildung im Prozess der gemeinsamen Arbeit
hinaus. Das bloße Nebeneinander, wie es in bürgerlichen Zeitschriften wie etwa der «Neuen Rundschau» üblich war, sollte als gleichsam
liberalistisches Relikt der Vergangenheit angehören. Das Ziel war,
eine «Lehre» entstehen zu lassen. Die Beihefte sollten «unabhängig
von Aktualitäten, aber im engsten Anschluss an die vorliegenden
Beiträge der laufenden Zeitschrift zu einer Sammlung von Thesen
kommen, die für die Mitarbeiter an den kommenden Heften der
laufenden Zeitschrift verbindlich sein sollen. Das heißt: es ist den
Mitarbeitern der laufenden Zeitschrift wohl gestattet, an einzelnen
dieser Sätze, die sie etwa glauben ablehnen zu müssen, begründete
Kritik zu üben, nicht aber in ihren eigenen Arbeiten diese Sätze zu
ignorieren. Das Redaktionskomitee der Beihefte braucht nicht unter
allen Umstanden einstimmig hinter den Lehrsätzen beziehungsweise
Artikeln zu stehen, die es selbst in die Zeitschrift gibt oder zur Veröffentlichung in ihr zulässt; daher ist es erforderlich, dass alle Thesen,
beziehungsweise Ausführungen in den Beiheften von demjenigen
Mitglied oder denjenigen Mitgliedern des obersten Redaktions-

komitees gezeichnet werden, die sie verfasst, beziehungsweise sich mit ihnen einverstanden erklärt haben. Der Ehrgeiz aller Schreibenden müsste sein, von jedem ihrer Beiträge in der laufenden Zeitschrift mindestens einen Satz in die Beihefte aufgenommen zu sehen.»[16]

Diesen verbindlichen, man möchte sagen: autoritären Kollektiv-Charakter betont auch ein Brief an Scholem. Rowohlt sei «durchaus dafür gewonnen; jetzt wird sich die große Frage erheben, ob es noch möglich ist die Leute, die etwas zu sagen haben zu einer organisierten, vor allem kontrollierten Arbeit zu vereinigen».[17] Aber schon Ende Februar 1931 musste Benjamin an Brecht melden, dass die Qualität der eingereichten Manuskripte ihn nicht überzeuge: «Von Brentano werden Sie schon gehört haben, dass ich von der Mitherausgeberschaft der Zeitschrift zurückgetreten bin. Natürlich hätte ich sehr gern alles noch einmal mit Ihnen besprochen. Aber Brentano, bei dem ich vorgestern mir die ersten Manuskripte – ‹Der Generalangriff› von Brentano, ‹Der Kongress von Charkow› von Kurella, ‹Idealismus und Materialismus› von Plechanow – geben ließ und dem ich die entscheidenden Bedenken sagte, die deren Lektüre in mir erweckt hatten, war der Ansicht ich müsse meinen Entschluss Rowohlt sofort mitteilen, um ihm nicht später eine Handhabe gegen das Unternehmen zu geben.»[18]

Von Brentanos Beitrag ist nichts weiteres bekannt – allerdings zeichnete Benjamin ein paar Monate später in Frankreich eine offenbar typische Szene mit sarkastischem Witz auf: «Brentano suchte gerade wieder eine seiner Rodomontaden über die Revolutionierung der geistigen Arbeiter, die Situation der Intelligenz u.s.w. an den Mann zu bringen, als Brecht ziemlich heftig einfiel. Wo denn die Lage der Intelligenz eigentlich schlecht sei und was die Revolution ihnen denn eigentlich in Aussicht zu stellen habe. ‹Die Intelligenz, sagte er, die überarbeitet sich keinesfalls›.»[19] Kurellas Beitrag über den internationalen Kongress revolutionärer Schriftsteller in Charkow dürfte sich an die aktuellen Parolen gehalten haben, Georgi Plechanow, der bei den Bolschewiki im hohen Ansehen eines Philosophen stand, war schon 1918 verstorben.

Mitte der zwanziger Jahre aber galt es, die Tätigkeit als Kritiker wirklich zu organisieren. Als Rezensent war Benjamin seit der Gründung der Zeitschrift in der «Literarischen Welt» präsent, im Untertitel hieß sie: «Unabhängiges Organ für das deutsche Schrifttum». Von 1925 an erschien die Zeitschrift im Verlag von Ernst Rowohlt, geleitet wurde sie von Willy Haas. Linksintellektuell orientiert, war die «Literarische Welt» eine der wichtigsten und bekanntesten literarischen Zeitschriften der Weimarer Republik. Ihr Umfang betrug in der Regel acht Seiten, auf denen man Verlagsankündigungen, Auszüge aus Neuerscheinungen, annotierte Bibliographien zur neuesten Literatur und Abhandlungen zur aktuellen Literaturszene fand, hinzu kamen Werbeanzeigen von Verlagen und Buchhändlern.[20] Schon in Prag, wo er herstammte, hatte Haas eine literarische Zeitschrift herausgegeben, die «Herder-Blätter». Dahinter stand der J.-G.-Herder-Verein, dessen Name zunächst nicht vermuten lässt, dass er von der Prager Loge der B'nai-B'rith gegründet worden war, «um sich einen Nachwuchs zu sichern».[21] In Prag hatte Haas engen Kontakt zu Franz Kafka und dessen Freund Max Brod gehabt. Danach tat er sich als Filmkritiker und Drehbuchautor hervor. Er emigrierte 1933 zunächst zurück nach Prag, wo er noch die Nachfolgezeitschrift «Die Welt im Wort» gründete, die auch dem exilierten Benjamin ihre Spalten öffnete, um später auf abenteuerlichen Wegen nach Indien zu gelangen, wo er sich wieder mit Drehbüchern über Wasser hielt.

Neben den Buchbesprechungen entwickelte Benjamin neue feuilletonistische Prosaformen. Als der Germanist Heinz Schlaffer 1973 die eigentümlichen Texte untersuchte, die in den späten zwanziger Jahren von Autoren wie Siegfried Kracauer, Benjamin und Ernst Bloch verfasst wurden, griff er auf große Kategorien zurück: «Dichtung» und «Gesellschaftstheorie» träfen sich im «Denkbild», worin die «Doppelheit von Gedanke und Anschauung» zum «knappsten

Als der «erste Kritiker» in Deutschland anerkannt zu werden, hatte sich Benjamin zum Ziel gesetzt. Das Foto zeigt ihn um 1925, als seine Tätigkeit für die Zeitungen begann.

Ausdruck» komme. Die Situation der Jahre um 1930 verleihe der Prosa der «Einbahnstraße» und der «Spuren» von Ernst Bloch zudem für den heutigen Leser eine «Poesie des Scheiterns».[22] Ganz anders stellt sich die Gattung dar, wenn man sie vom Gesichtspunkt der Medien aus betrachtet, als Übergang des älteren Feuilletons in die «Textwelt der Moderne».[23] Die Germanistin Almut Todorow hat für ihre Untersuchung des Jahrgangs 1929 der «Frankfurter Zeitung» dieselben Texte ausgewählt, die auch Schlaffer beschäftigt hatten – Siegfried Kracauers zunächst in Fortsetzungen in der FZ erschienene Studie «Die Angestellten» und Erzählungen Blochs –, aber sie analysiert diese Texte in ihrem feuilletonistischen Publikationskontext. Von dem noch weitgehend durch den bürgerlichen Bildungskanon bestimmten Feuilleton von 1919 lasse sich das von 1929 exemplarisch abheben.

Die «Frankfurter Zeitung» war von Leopold Sonnemann gegründet worden, sein Nachkomme Heinrich Simon amtierte als «Vorsitzender der Redaktionskonferenz» in der Ära, von der hier die Rede ist (1934 emigrierte er nach Tel Aviv).[24] Mit dem Vorabdruck von Alfred Döblins Roman «Berlin Alexanderplatz», mit Beiträgen der Architekten Adolf Loos und Le Corbusier, den musikalischen Aphorismen Adornos und den ersten medienkritischen Arbeiten von Günther Anders, der noch als Günther Stern über den Tonfilm schrieb, war in der «Frankfurter Zeitung» eine moderne Akzentuierung gewonnen, die sich allerdings, wie Almut Todorow nachweisen kann, gegen den teilweise massiven Widerstand mancher Leser behaupten musste: «Der Feuilleton-Jahrgang der ‹Frankfurter Zeitung› von 1929 muss aus heutiger Sicht jedenfalls als ein Höhepunkt der deutschen Feuilletonpublizistik angesehen werden, und gerade er trägt bereits offen die Zeichen einer wachsenden Ablehnung bei der Leserschaft, nicht einzelner Beiträge, sondern dieses Feuilletons als ganzen.»[25]

Mit den Denkbildern Benjamins, Blochs und Kracauers habe das Feuilleton einen Texttypus aufgenommen, so Almut Todorow, der fragmentierend und verfremdend gewohnte Wirklichkeitsbilder verrückt, dramatisiert, neu zusammensetzt. Diese dem Medium Zeitung fremden Texte lösen sich «aus dem Realbezug von Personen und Situationen»[26], sie wirken generalisierend, changieren zwischen Unzusammenhängendem. Zugleich aber erwecken sie so den Eindruck, einer ganz konkreten Situation besonders nahe zu sein. Die Texte seien, so vermutet Todorow, mit dem damals im Feuilleton anvisierten Publikum schwer abzustimmen gewesen.

Zu den Denkbildern, die die «Frankfurter Zeitung» druckte, gehört etwa das Stadtporträt «San Gimignano», das dem Gedenken des kurz zuvor verstorbenen Hofmannsthal gewidmet war, der Essay «Karl Wolfskehl zum sechzigsten Geburtstag», aber auch eine zunächst ganz unphilosophisch anmutende Folge über das Essen, die sich den Dimensionen des Genusses widmete.[27] «Kriminalromane, auf Reisen» gab Rezepte nicht für das Lesen an sich, sondern für die Situationsabhängigkeit der richtigen Lektüre.[28] «Nordische See» wiederum setzte die Deutung einer Landschaft und ihrer Lichtverhältnisse fort, die mit dem Wahlverwandtschaften-Essay begonnen hatte.[29] Oft werden in den Denkbildern Reiseimpressionen fruchtbar gemacht.

Ganz anders die kurze Schilderung des «Destruktiven Charakters», für den Benjamins und Brechts Freund Gustav Glück das Vorbild abgab.[30] Aber vom persönlichen Anlass entfernt sich Benjamins Bild sehr schnell, auch diese Erfahrung eines Menschen wird philosophisch erhöht. «Der destruktive Charakter ist jung und heiter. Denn Zerstören verjüngt, weil es die Spuren unseres eigenen Alters aus dem Weg räumt; es heitert auf, weil jedes Wegschaffen dem Zerstörenden eine vollkommene Reduktion, ja Radizierung seines eignen Zustands bedeutet. Zu solchem apollinischen Zerstörerbilde führt erst recht die Einsicht, wie ungeheuer sich die Welt vereinfacht, wenn sie auf ihre Zerstörungswürdigkeit geprüft wird. Dies ist das große Band, das alles Bestehende einträchtig umschlingt. Das ist ein Anblick, der dem destruktiven Charakter ein Schauspiel tiefster Harmonie verschafft.»[31] Diese Zeilen schreibt Benjamin 1931, sie müssen ungefähr dem Bild entsprochen haben, das man sich im Kreis um Brecht vom echten Revolutionär machte. Paradox ist dabei nur, dass Gustav Glück (1902 bis 1973), ein Bankier, damals als Direktor der Auslandsabteilung der Reichskreditgesellschaft in Berlin tätig war. Sein Bruder, der Kunsthistoriker Franz Glück, stand im engsten Kontakt mit der Wiener Moderne, mit Karl Kraus und Adolf Loos. Gustav Glück, der Vater der beiden Brüder, leitete die Gemäldegalerie des Kunsthistorischen Museums in Wien.

Neben der «Literarischen Welt» und der «Frankfurter Zeitung» war einer der entscheidenden Publikationsorte für Benjamin in der Spätphase der Weimarer Republik die in Berlin erscheinende «Vossische Zeitung». Dort erschienen unter anderem Aphorismen, die in die «Einbahnstraße» Eingang fanden, dann die Besprechung von Adornos Habilitationsschrift «Kierkegaard. Die Konstruktion des Ästhetischen» und vor allem, noch nach der «Machtergreifung», mehrere Stücke, die der «Berliner Kindheit» zugedacht waren. Wie erwähnt gehörte die «Vossische» zum Ullstein-Konzern. Am 31. März 1934 stellte der Verlag das Erscheinen ein, wie man auf der Titelseite erklärte: «Die Aufgabe eines Blattes vom Stil der Vossischen Zeitung ist nach unserer Ansicht beendet. So haben wir denn aus freien Stücken den schmerzlichen, aber folgerichtigen Entschluss gefasst, die Vossische Zeitung aufzugeben und sie nach dem Ende des Monats nicht mehr erscheinen zu lassen.»[32] Kurz darauf wurde der Ullstein-Verlag «arisiert».

Benjamin verstand es, seine Arbeiten geschickt und je nach Bedarf des Abnehmers zu streuen. Im Rückblick, 1934, schildert er seine Strategie in Form einer Kritik unter dem Titel «Käuflich, doch unverwertbar»: «Die große Masse der Geistigen – vor allem der Schöngeistigen – ist in trostloser Lage. Schuld ist an dieser Lage aber nicht Charakter, Stolz und Unzugänglichkeit. Die Journalisten, Romanciers und Literaten sind meistens zu jedem Kompromiss bereit. Nur wissen sie das nicht, und eben dies ist der Grund ihrer Misserfolge. Denn weil sie es nicht wissen oder wissen wollen, dass sie käuflich sind, darum verstehen sie nicht, von ihren Meinungen, Erfahrungen, Verhaltungsweisen die Teile, die für den Markt Interesse haben, abzulösen. Sie suchen vielmehr ihre Ehre darin, in jeder Sache ganz sie selbst zu sein. Weil sie sich nur ‹im Stück› verkaufen wollen, werden sie ganz genau so unverwertbar wie ein Kalb, welches der Schlachter seiner Kundin nur im ganzen würde überlassen wollen.»[33]

Mehrere gewichtige Besprechungen konnte Benjamin in der Zeitschrift «Die Gesellschaft» veröffentlichen, die im Untertitel «Internationale Revue für Sozialismus und Politik» hieß und von Rudolf Hilferding geleitet wurde, dem bedeutenden sozialdemokratischen Theoretiker (und zeitweise glücklosen Finanzminister der Weimarer Republik). Hier erschien die Rezension von Kracauers «Angestellten», die polemische Abrechnung mit dem Buch «Krieg und Krieger» der Brüder Ernst und Friedrich Georg Jünger unter dem Titel «Theorien des deutschen Faschismus», die Besprechung von Alfred Döblins «Berlin Alexanderplatz» und eine Polemik gegen Erich Kästner. Hilferding, aus Österreich stammend, wurde 1933 aus Deutschland ausgebürgert. Er starb, wahrscheinlich nach schwerer Folter, im Februar 1941 im Pariser Gefängnis der Gestapo.

Im «Berliner Tageblatt» erschienen 1925 «Dreizehn Thesen wider Snobisten», die später in die «Einbahnstraße» aufgenommen wurden. Das «Berliner Tageblatt» war von Rudolf Mosse gegründet worden und wurde geleitet von Theodor Wolff, der nach dem Reichstagbrand floh und dessen Bücher verbrannt wurden. Ein Essay zum hundertsten Todestag von Johann Peter Hebel erschien im «Berliner Börsen-Courier 1926», Chefredakteur war damals Emil Faktor, der 1942 im Ghetto Litzmannstadt ermordet wurde. In der Anthologie «Buch der Träume», 1928 herausgegeben von Ignaz Jezower, erschienen einige Träume Benjamins, die ebenfalls in die «Einbahnstraße» Eingang fanden. Jezower wurde 1942 nach Riga deportiert und dort ermordet. Die Besprechung «Drei Bücher des Heute» (sie behandelte Julien Benda, Alfred Polgar und Wiktor Schklowski) erschien in den «Humboldt-Blättern», im Untertitel «Monatsschrift für Wissenschaft, Kunst und Technik». Herausgeber war Ernst Cohn-Wiener, Verfasser des Buches «Die jüdische Kunst. Ihre Geschichte von den Anfängen bis zur Gegenwart». Benjamins Kritik über Edwin Hoernle – «Eine neue kommunistische Pädagogik» – erschien in der Zeitschrift «Die neue Bücherschau», die von Hans Theodor Joel geleitet wurde, der 1936, mit zweiundvierzig Jahren, im Pariser Exil starb. Er hatte als Kunstverleger auch den Expressionismus gefördert.

In der «Zeitschrift für Elementare Gestaltung», abgekürzt «G», die von Hans Richter herausgegeben wurde und sich den Bestrebungen der Avantgarde in Kunst und Architektur widmete, erschien Benjamins Übersetzung «Tristan Tzara, Die Photographie von der Kehrseite». Richter war 1916 als Kriegsinvalide aus der Armee entlassen worden und nach Zürich gegangen, wo er sich im Umfeld der Dadaisten bewegte. Sein Bruder wanderte 1923 nach Palästina aus, seine Schwester Vera überlebte das KZ nicht. Gleichfalls der ästhetischen Avantgarde verpflichtet war die Zeitschrift «i10. Internationale Revue», die von Arthur Müller-Lehning (den Benjamin in Paris durch Ernst Bloch kennengelernt hatte) zwischen 1927 und 1929 herausgegeben wurde. Sie stand dem Konstruktivismus nahe, die Gestaltung der Hefte war kühn. Politisch stand die Zeitschrift weit links, war aber nicht kommunistisch, sondern anarchistisch ausgerichtet. Hier erschien der Text «Kaiserpanorama. Reise durch die deutsche Inflation»[34], der in die «Einbahnstraße» aufgenommen wurde, in niederländischer Sprache. Sodann «Neue Dichtung in Russland», ein kürzerer Text über Karl Kraus, schließlich die Besprechung von Julien Greens Roman «Adrienne Mesurat».

Müller-Lehning war ein großer Kenner und Verehrer Bakunins, und Benjamin konnte sich seiner Sympathie sicher sein, wenn er etwa schrieb: «Seit Bakunin hat es in Europa keinen radikalen Begriff von Freiheit mehr gegeben. Die Sürrealisten haben ihn. Sie sind die ersten, das liberale moralisch-humanistisch verkalkte Freiheits-

ideal zu erledigen.»[35] Die Freude an der Zerstörung gehört zur ba-
kuninistischen Erbschaft der europäischen Intelligenz. Sie erreichte
im messianischen Denken der zwanziger Jahre auch die Theologie.
«Dass der Erlösung nicht nur eine befreiende, sondern auch eine
zerstörende Gewalt innewohnt», schrieb Gershom Scholem damals,
sei «eine Wahrheit, der nur allzuviele Theologen des Judentums sich
sehr ungern eröffnen und der auszuweichen eine ganze Literatur sich
plagt.»[36] Müller-Lehning hat später das Programm seiner Zeitschrift
und Benjamins Anteil daran so geschildert: «In dieser Avantgarde-
zeitschrift, wo Film und Foto wichtige Themen darstellten (verantwortlicher Redakteur Moholy-Nagy), war Benjamin als Mitarbeiter keineswegs ein Fremder. Er gehörte als einziger Schriftsteller
zu dem Umfeld der ‹Gruppe G›, Künstlern aus unterschiedlichen
Disziplinen, die sich um die Avantgarde-Zeitschrift ‹G› und Hans
Richter sammelten, wie u. a. Mies van der Rohe, Naum Gabo, Max
Burchartz, Raoul Hausmann.»[37]

In der linksliberalen, deutschlandweit hochangesehenen «Königs-
berger Hartungschen Zeitung» erschien Benjamins Besprechung von
Werner Hegemanns Buch über die Mietskaserne. Chef des Feuilletons war bis 1933 Ludwig Goldstein, Ende 1933 stellte die Zeitung ihr
Erscheinen ein. In der Zeitschrift «Das Tage-Buch», herausgegeben
zunächst von Stefan Grossmann, dann von Leopold Schwarzschild,
druckte man eine von Benjamin übersetzte makabre Geschichte des
Malers Antoine Wiertz («Gedanken und Gesichte eines Geköpften»)
und 1929 den Essay über Robert Walser. Das «Tage-Buch» war der
«Weltbühne» in der Aufmachung sehr ähnlich, politisch allerdings
stärker zur Mitte hin ausgerichtet. Ästhetisch war man in allen Fragen der «Neuen Sachlichkeit» zuständig. Schwarzschild floh 1933
nach Frankreich, um dort «Das Neue Tage-Buch» zu veröffentlichen.
Grossmann kehrte – nach einer Ausweisungsanordnung – nach
Wien zurück.

Benjamin war nicht nur für Zeitungen und Zeitschriften tätig, sondern auch, und zwar mit einem quantitativ beachtlichen Anteil, für das neue Medium des Radios. Sechsundachtzig Produktionen hat Wolfgang Hagen insgesamt identifiziert, die Benjamin in einem Zeitraum von mehr als fünf Jahren für das Radio schrieb und zum Teil auch einsprach.[38] Seine erste Sendung am 23. März 1927 widmete sich, kurz nach seiner Rückkehr aus Moskau, dem Thema «Junge russische Dichter». Die meisten seiner Beiträge waren aufklärerische Kindersendungen, daneben gibt es Schriftstellerporträts (über George, Brecht, Kafka, Gide) und schließlich «Hör-Modelle», die sich an der Form von Brechts Lehrstücken orientierten. In Frankfurt war es sein Freund Ernst Schoen, künstlerischer Leiter des Südwestdeutschen Rundfunks und Förderer der neuen Musik, der eng mit ihm zusammenarbeitete. Dessen Vorgänger Hans Flesch, Schwager des Komponisten Paul Hindemith, ging nach Berlin, wo er Benjamin 1929 den Zugang zur «Funk-Stunde Berlin» eröffnete.

Die deutschen Radiosender waren zunächst privatwirtschaftliche Unternehmen. Allerdings gab es «Überwachungsauschüsse» und kulturelle Beiräte, denen das Reichsinnenministerium seine Zustimmung erteilen musste. In der Zweiten Rundfunkreform kam es im Sommer 1932 zu einer Verstaatlichung des Rundfunks. Reichskanzler war nun Franz von Papen. In Berlin wurde Hans Flesch am 12. August abgesetzt. Die zentralen «Richtlinien für den Rundfunk» erklärten nun: «Der deutsche Rundfunk dient dem deutschen Volke. Seine Sendungen dringen unablässig in das deutsche Haus und werden in der ganzen Welt gehört. Dieser Einfluss auf Volk und Familie verpflichtet die Leiter und Mitarbeiter zu besonderer Verantwortung. (…) Die Pflege des Reichsgedankens ist Pflicht des deutschen Rundfunks.»[39] Daneben wurde der christliche Auftrag akzentuiert: «Der deutsche Rundfunk wahrt christliche Gesinnung und Gesittung und die Achtung vor der ehrlichen Überzeugung Andersdenkender. Was das Christentum entwürdigt und Sitte und Kultur des deutschen Volkes gefährdet, ist vom Rundfunk ausgeschlossen.»[40]

Die Zeit der Experimente war vorüber. Am 29. Januar 1933 lief Benjamins letzte Sendung in Frankfurt (ein Stück aus der «Berliner Kindheit») – und am folgenden Abend übertrug man live den Fackelzug von SA und SS aus Berlin, die Sendung wurde von Goebbels moderiert. Ernst Schoen wurde in Frankfurt ein Opfer der Verfolgung und verlor seine Stelle beim Südwestdeutschen Rundfunk.[41] Hans Flesch kam im August 1933 ins Konzentrationslager Oranienburg, danach ins Gefängnis Moabit. Im darauffolgenden Jahr veranstaltete das Regime den sogenannten Reichs-Rundfunk-Prozess, in dem die Spitzen des Rundfunks während der Weimarer Republik, unter ihnen auch Flesch, verurteilt wurden. Die Untersuchungshaft wurde angerechnet, und er kam frei – durfte allerdings, als «Halbjude» nach den Nürnberger Rassegesetzen, nicht mehr in seinem ursprünglichen Beruf als Arzt und nicht mehr kulturell tätig sein.

So viel wird deutlich: Das Jahr 1933 bedeutete für Benjamin auch insofern einen dramatischen Einschnitt, als das publizistische Netzwerk, das er sich aufgebaut hatte, fast von einem Tag auf den anderen zerschlagen worden war. Nur die «Frankfurter Zeitung» konnte ihn noch bis Mitte der dreißiger Jahre drucken – und dies nur pseudonym; zum letzten Mal am 30. Juni 1935.

Das «Schriftleitergesetz», das im Reichsgesetzblatt am 7. Oktober 1933 verkündet wurde, erklärte in Paragraph 5: «Schriftleiter kann nur sein, wer 1. die deutsche Reichsangehörigkeit besitzt, 2. die bürgerlichen Ehrenrechte und die Fähigkeit zur Bekleidung öffentlicher Ämter nicht verloren hat, 3. arischer Abstammung ist und nicht mit einer Person von nichtarischer Abstammung verheiratet ist, 4. das 21. Lebensjahr vollendet hat, 5. geschäftsfähig ist, 6. fachmännisch ausgebildet ist, 7. die Eigenschaften hat, die die Aufgabe der geistigen Einwirkung auf die Öffentlichkeit erfordert.»

Max Rychner (der in der von ihm herausgegebenen «Neuen Schweizer Rundschau» 1928 das kleine Stück «Weimar», 1929 das Städtebild «Marseille», ebenfalls 1929 «Kurze Schatten» und 1930 den Essay über Julien Green von Benjamin gedruckt hatte) kommentierte das Gesetz am 10. Oktober 1933 in der «Neuen Zürcher Zeitung». Der «bürgerlichen Presse» sei angesichts der Ereignisse der vergangenen Monate ein «so heilsamer Schreck» in die Glieder gefahren, «dass sie sich von selbst gleichschaltete, bevor diese Prozedur vom Staat aus an ihr vollzogen wurde». Die «Wandlung» habe «viel persönliche Tragik zur Folge» gehabt, «da die geistige Minderheit ihre Überzeugung verschweigen muss, die, so edel und wohlbegründet sie sein mag, als vaterlandsfeindlich gälte». Dem «ausgesprochen liberalen Begriff der absoluten Pressefreiheit» sei ein Ende gemacht worden. «Nicht nur die direkte Opposition ist fortan unmöglich, sondern ebenfalls ihre leisetretende Schwester: die Sabotage.» Die Aufgabe der Presse bestehe nun darin, «*nicht mehr zu diskutieren*, sondern zu *interpretieren* und die Entschlüsse der Regierung mit den Argumenten unterbauen zu helfen, die sie beizubringen vermag».[42]

KAPITEL XIII

WEIMARS ENDE:
DER INTELLEKTUELLE IM
KLEINEN BÜRGERKRIEG

Unlängst bat ich den deutschen Schriftsteller Walter
Benjamin, auf der Durchreise in Paris, um Aufklärungen
über die Swastika (die wir hier kürzer Hakenkreuz nennen),
Emblem des gegenwärtigen Deutschlands. Ob er wisse,
wer genau es vorgeschlagen oder aufgezwungen habe?

Adrienne Monnier, La Swastika, 1934

Vierzig ist Lebenswende», stellt Thomas Mann lakonisch in den
«Betrachtungen eines Unpolitischen» fest: «Vierzig Jahre sind
wohl ein kritisches Alter, man ist nicht mehr jung, man bemerkt,
dass die eigene Zukunft nicht mehr die allgemeine ist, sondern nur
noch – die eigene. Du hast dein Leben zu Ende zu führen, – ein vom
Weltlauf schon überholtes Leben.»[1] Mit vierzig hat man vielleicht
etwas erreicht – aber kann es schon alles gewesen sein? Wie man
sich auch stellt, man zieht Bilanz, und sie kann bitter ausfallen. Hermann Hesse dachte ähnlich und schrieb etwas allgemeiner an seinen
Sohn: «Das Jahrzehnt zwischen vierzig und fünfzig ist für Menschen
mit Temperament, für Künstler, immer ein kritisches, eine Zeit der
Unruhe und häufiger Unzufriedenheit, wo man sich mit dem Leben
und mit sich selber oft schwer abfinden kann.»[2]

Benjamin näherte sich diesem Alter, als er im Mai 1931 in Juan-
les-Pins notierte: «Die Bogen, die mir von diesem Papier noch bleiben, will ich einem Tagebuch vorbehalten. In der Annahme, dass das
Bevorstehende nicht vielen Aufhebens wert sei, soll es sich dem Ver-
gangnen zuwenden. Der Anlass, der mich bestimmt, ist vielfacher

Art. Das Wichtigste aber: ich bin müde. Müde vor allem den Kampf, den Kampf um das Geld, von dem ich nun noch einmal einige Reserven gesammelt habe, um hier sein zu können. Müde aber auch der Aspekte meines persönlichen Lebens, mit dem ich streng genommen gerade jetzt – wenn ich von meiner wirtschaftlichen Lage einmal absehe – nicht Grund habe, unzufrieden zu sein. Aber gerade der Friede, den ich innerlich in einem Grade habe, der bei mir immer selten gewesen ist, führt mich dazu, die Sonde tiefer in das Dasein zu senken, das ich jetzt führe.»[3]

Tatsächlich bilanzierte Benjamin nun sein Leben, und vor allem seine Verwandlungen, die er in der Liebe erfuhr. «Am Gewaltigsten war diese Erfahrung in meiner Verbindung mit Asja, so dass ich vieles in mir erstmals entdeckte. Im ganzen aber bestimmen die drei großen Liebeserlebnisse meines Lebens dieses nicht nur nach der Seite seines Ablaufs, seiner Periodisierung sondern auch nach der Seite des Erlebenden. Ich habe drei verschiedene Frauen im Leben kennen gelernt und drei verschiedene Männer in mir. Meine Lebensgeschichte schreiben, hieße Aufbau und Verfall dieser drei Männer darstellen und den Kompromiss zwischen ihnen – man könnte auch sagen: das Triumvirat, das mein Leben jetzt darstellt.»[4]

Wochen später begann Benjamin in Berlin sein «Tagebuch vom siebenten August neunzehnhunderteinunddreißig bis zum Todestag». Es setzt mit der folgenden Passage ein: «Sehr lang verspricht dieses Tagebuch nicht zu werden. Heute kam die ablehnende Antwort von [Anton] Kippenberg und damit gewinnt mein Plan die ganze Aktualität, die ihm die Ausweglosigkeit nur geben kann. ‹Ein Mittel, ebenso bequem aber etwas weniger endgültig› müsste ich finden – sagte ich heute zu I. Die Hoffnung darauf ist sehr klein geworden. Wenn aber etwas die Entschlossenheit, ja den Frieden, mit denen ich an mein Vorhaben denke, noch steigern kann, so ist es kluge, menschenwürdige Verwendung der letzten Tage oder Wochen. Die eben zurückliegenden ließen in dieser Hinsicht manches vermissen. Unfähig, etwas zu unternehmen lag ich auf dem Sofa und las. Oft verfiel ich, am Ende der Seiten, in so tiefe Abwesenheit, dass ich umzublättern vergaß; meist mit meinem Plan beschäftigt, ob er unumgänglich sei, ob besser hier im Atelier oder im Hotel ins Werk zu setzen u.s.w.»[5]

Die trübe Stimmung verging, aber sie kehrte mit aller Wucht zurück, als Benjamin im Juni 1932 gegenüber Scholem brieflich andeutete, er plane, seinen vierzigsten Geburtstag mit einem «ziemlich skurrilen Burschen» in Nizza zu verbringen, den er zu einem Glas Festwein einladen wolle.[6] Scholem vermutete sehr viel später, damit könnten der Tod und Gift gemeint gewesen sein. Der Plan jedenfalls war sehr konkret, Benjamin verfasste Abschiedsbriefe und ein Testament. An Jula Cohn schrieb er: «Du weißt dass ich Dich einmal sehr geliebt habe. Und selbst im Begriffe zu sterben, verfügt das Leben nicht über größere Gaben als die Augenblicke des Leidens um Dich ihm verliehen haben. Darum soll es mit diesem Gruß genug sein. Dein Walter.»[7] Vielleicht hatte auch die Ablehnung des Heiratsantrags, den Benjamin im Juni 1932 Olga (genannt Ola) Parem machte, den Selbstmordentschluss ausgelöst. Die «sehr anziehende und lebhafte Deutschrussin»[8] erzählte Scholem später, «er habe ihr das so übelgenommen, dass er ihren späteren Mann Philipp Schey, der sich in demselben Kreis um Brecht bewegte und mit dem Benjamin auch noch lange nachher in Paris verkehrte, niemals wieder nach ihr fragte».[9] Benjamin hatte sie durch Hessel kennengelernt.

Als Max Rychner im Jahr 1931 Benjamin in der Wohnung von Gustav Glück und im Beisein von Ernst Bloch traf, da war die gesellschaftliche Atmosphäre in Deutschland höchst angespannt. Millionen Männer, so Rychner, «standen in Deutschland tagsüber auf den Straßen herum, diskutierten, es war eine faule Stimmung, immer wieder musste die Polizei mit Überfallwagen eingreifen, wenn sich Keilereien entwickelten, und es gab bereits damals in gewissen Zeitungen eine Rubrik, die hieß ‹Der kleine Bürgerkrieg›, wo jeden Tag über die Geschehnisse des Vortags berichtet wurde».[10] Rychner untertreibt eher, wenn er von «Keilereien» spricht. Nach einer Übersicht des preußischen Innenministeriums waren von Januar bis Oktober 1931 allein als Opfer der Gewalt linksradikaler Verbände und Organisationen vierunddreißig Tote und hundertsechsundachtzig Schwerverletzte zu beklagen.[11] Der Reichskanzler Heinrich Brüning legte 1931 im Gespräch mit Herbert Hoover dar, die parteipolitische Lage habe sich so sehr zugespitzt, «dass man bereits von einem latenten Bürgerkrieg sprechen könne».[12]

Die Rede vom Bürgerkrieg war eine Propagandaparole, mit der man Leute panisch machen wollte, aber es steckte doch mehr dahinter. Der SA-Mann Horst Wessel war im Februar 1930 erschossen worden, und Benjamin musste an solchen Ereignissen einen umso größeren Anteil nehmen, als Hilde Benjamin, die Frau seines Bruders Georg, die Verteidigung der mitangeklagten Elisabeth Salm übernommen hatte. Die eigentlichen Täter waren ein Mitglied der KPD und mehrere Angehörige des verbotenen Roten Frontkämpferbundes gewesen. Am 9. August 1931 erschoss der Jungkommunist Erich Mielke, Mitglied des Parteiselbstschutzes der KPD, gemeinsam mit einem Genossen zwei Polizeioffiziere. Später, in der DDR, sollte er zeitweise ein Kabinettskollege von Hilde Benjamin sein.

Bereits 1930 hatte Benjamin selbst vom Bürgerkrieg gesprochen. In seiner Rezension «Theorien des deutschen Faschismus», die sich anlässlich des Buches «Krieg und Krieger» den Brüdern Ernst und Friedrich Georg Jünger und den ihnen Verbundenen widmete, schrieb er: «Von dieser ihrer Nüchternheit werden sie» – Benjamin meint die aufgeklärten Menschen – «den Beweis im Augenblick geben, da sie sich weigern werden, den nächsten Krieg als einen magischen Einschnitt anzuerkennen, vielmehr in ihm das Bild des Alltags entdecken und mit eben dieser Entdeckung seine Verwandlung in den Bürgerkrieg vollziehen werden in Ausführung des marxistischen Tricks, der allein diesem finsteren Runenzauber gewachsen ist.»[13]

Es war nicht nur ein marxistischer, es war, genauer gesagt, ein leninistischer Trick. Denn so hatte es der Führer der Bolschewiki 1914 ausgesprochen: «Die Bourgeoisie betrügt die Massen und be-

mäntelt den imperialistischen Raubzug mit der alten Ideologie des
‹nationalen Kriegs›. Das Proletariat entlarvt diesen Betrug und verkündet die Losung: Verwandlung des imperialistischen Kriegs in
den Bürgerkrieg.»[14] Will man aber einen Bürgerkrieg, dann darf
man ihn nicht erst beginnen, wenn der imperialistische Krieg da
ist. Man muss ihn vorbereiten. Das taten alle Seiten. Die Auflösung
der Weimarer Republik, so der Historiker Dirk Blasius, «hängt eng
mit Auflösungstendenzen der bürgerlichen Ordnung zusammen. In
der Bürgerkriegslage zu Beginn der dreißiger Jahre ging die Primär-
evidenz jeder staatlichen Ordnung, die Garantie innerstaatlichen
Rechtsfriedens, verloren.»[15]

Aus dem Sommer 1931 überliefert Benjamin ein Gespräch mit
Brecht in Le Lavandou: «Kollektivmaßnahmen bringt er, mit einer
sehr merkwürdigen Begründung, auch während unserer Unterhaltung über die deutsche Situation in Vorschlag. Wenn er in einem
berliner Exekutivkomitee säße: er würde einen Fünftageplan ausar-
beiten, auf Grund dessen in der genannten Frist wenigstens 200 000
Berliner zu beseitigen seien. Sei es auch nur, weil man damit ‹Leute
hineinzieht›. ‹Wenn das durchgeführt ist, so weiß ich, da sind mindestens 50 000 Proletarier, als Ausführende, beteiligt.›»[16] Im Sommer
1931 schrieb Benjamin an Scholem, es sei «überaus fraglich, ob der
Beginn des Bürgerkrieges länger als bis zum Herbst auf sich warten
lässt».[17]

Am 30. Januar 1933 siegte die andere Bürgerkriegspartei. Noch im
feinsten Überbau, marxistisch gesprochen, hörte man das Echo. Erinnern wir uns an Benjamins Lob des Literaten als Typus und an
seine Parole über Karl Kraus – «Das Literatentum ist das Dasein
im Zeichen des bloßen Geistes wie die Prostitution das Dasein im
Zeichen des bloßen Sexus» – dann müssen wir uns auch an Martin
Heidegger erinnern. 1933 notiert dieser in den «Schwarzen Heften»:
«Die literarische Existenz ist zu Ende.»[18]

Binnen weniger Wochen veränderte sich das Gesicht des Landes.

Zu den ersten Maßnahmen gehörte die «Gleichschaltung» der Länder. Die zweite entscheidende Maßnahme war die Einführung der Hakenkreuz-Fahne, die nach dem Wahlsieg vom 5. März noch ohne rechtliche Grundlage an allen öffentlichen Gebäuden gehisst wurde. Und schon am 11. März konnte Goebbels siegesgewiss verzeichnen: «Mittags bin ich beim Führer. Der Reichspräsident hat gerade einen Erlass unterzeichnet, demzufolge die schwarz-weiß-rote und die Hakenkreuzfahne zu den Fahnen des Reiches erhoben werden. Welch ein unausdenkbarer Triumph! Unsere verfemte, verlachte und verhöhnte Flagge geht als Symbol über dem ganzen Reich auf. Es ist die Fahne der deutschen Revolution!»[19]

Schwarz-Weiß-Rot, die Farben des Kaiserreichs, standen gegen Schwarz-Rot-Gold und für den erklärten Willen sowohl zur Revision des Versailler Vertrages wie zur Abschaffung der demokratischen Verfassung. Das Hakenkreuz, als «arisches» Symbol, zeigte den Willen zu einem völkischen Staat und zur Beendigung der Judenemanzipation. Und tatsächlich wurden fast gleichzeitig mit der symbolpolitischen Neuordnung der Flaggen auch die ersten judenfeindlichen Gesetze erlassen. Am 7. April notierte Goebbels: «In einer sechsstündigen Kabinettssitzung werden eine Reihe von einschneidenden Gesetzesentwürfen angenommen.» Dazu zählte der «Arierparagraph», das sogenannte «Gesetz zur Wiederherstellung des Berufsbeamtentums», das in Paragraph 3 bestimmte: «Beamte, die nicht arischer Abstammung sind, sind in den Ruhestand (§§ 8 ff.) zu versetzen; soweit es sich um Ehrenbeamte handelt, sind sie aus dem Arbeitsverhältnis zu entlassen.»

Mitte März 1933 verließ Benjamin Deutschland. Seine Freundin Kitty Marx-Steinschneider hatte noch Anfang März von seiner auffälligen Gelassenheit berichtet.[20] Die Abreise kam vergleichsweise spät, denn schon in der Nacht vom 27. auf den 28. Februar hatte der Reichstag gebrannt. Kracauer konnte gerade noch einen Bericht über die gespenstische Stimmung in Berlin an die «Frankfurter Zeitung» schicken, dann nahm er den Zug. Jean Selz erhielt Ende März 1933 einen Brief von Felix Noeggerath, in dem es hieß: «Alle unsere Gedanken drehen sich seit Monaten um die Ereignisse, die sich seit langem ankündigten und die seit einigen Wochen Wirklichkeit geworden sind. Sie wissen, dass ich von Deutschland spreche (…). Jeder Brief, der von dort kommt, bringt neuen Anlass zur Traurigkeit. Die letzten Nachrichten waren von unserem Freund Benjamin, der sich kaum mehr getraut, sein Haus zu verlassen – und er hat Grund genug, ein solches Abenteuer für gefährlich zu halten.»[21] Schon am 28. Februar wurden mit der «Notverordnung zum Schutz von Volk und Reich» entscheidende Grundrechte außer Kraft gesetzt. Linke waren mehr oder weniger vogelfrei, verhaftet wurde unter anderem Werner Scholem, der Bruder von Benjamins Freund Gershom. Georg Benjamin kam am 12. April in «Schutzhaft», nachdem er noch im März 1933 für die Kommunisten in die Bezirksverwaltung Wedding gewählt worden war.

Den in Deutschland gebliebenen Juden, soweit sie links standen, blieb nur die stille Revolutionshoffnung im Inneren der Seele, denn draußen in der Wirklichkeit war sie tot. Die Hoffnung nimmt nun ihrerseits die Züge des imaginierten, herbeigesehnten Gegenterrors an. Von Gertrud Kolmar, Benjamins Kusine, stammt das Gedicht «Bildnis Robespierres», sie verfasste es im Oktober 1933: «Gerne hielt er Blumen in der Hand, / Gern durchschritt er abendliche Gärten, / Sprach gemessen, freundlich, ohne Härten / Zu den Kindern, die am Weg er fand. // Er war gut. Mit leisem, sichrem Fang. / Und die Feinde raunten: Tigerkatze, / Und verspürten schreckhaft eine Tatze, / Wenn das Fallbeil schütternd niederklang.»[22] Am 10. Oktober 1934 schickte Gertrud Kolmar das Gedicht ihrem Cousin Benjamin: «Mir fällt eben ein, dass ich Dir als ‹kleine Zugabe› noch eins meiner neulich entstandenen Gedichte senden könnte: ‹Robespierre›, das ich ganz besonders liebe; ob es Dir ebenso gefallen wird, weiß ich freilich nicht.»[23]

Die regelrechte Verfolgung hatte im April 1933 mit dem Boykott jüdischer Geschäfte einen ersten Höhepunkt erreicht. Am 19. April

1933 schrieb Benjamin aus Ibiza an Scholem: «Gedanken über die Rückwirkung der deutschen Vorfälle auf die kommende Geschichte der Juden suchte ich mir auch zu machen. Mit sehr geringem Erfolg. Auf alle Fälle steht die Judenemanzipation in neuem Lichte da.»[24] Scholem, der für die Juden schon lange keine Zukunft mehr in Deutschland sah, hatte am 13. April über den Boykott geschrieben: «Das Schreckliche an der Sache ist aber, wenn man das überhaupt wagen darf zu sagen, dass es der menschlichen Sache des Judentums in Deutschland nur fruchtbar sein kann, wenn anstelle des kalten Pogroms, den man versuchen wird einzuhalten, ein echter träte. Es ist fast die einzige Chance, in solcher Explosion etwas Positives hervorzurufen.»[25]

Ein bedrückendes atmosphärisches Bild aus dem veränderten Deutschland zeichnete Elisabeth Hauptmann im Mai 1933, als sie Benjamin von einer geplanten Reise zu Verwandten berichtete, «die mich sehr moegen, und es gibt Zeiten, wo es wichtiger ist, mit Leuten zusammen zu sein, die einen moegen als mit Leuten, die einen nicht besonders moegen. Hier sind die Moeger sehr rar geworden, wenn sie nicht ganz ausgestorben sind (selbst die Anwesenden sind derart gestorben, ich muss mich manchmal darüber wundern, vielleicht wuerden Sie sich sogar darueber wundern). (…) Sowas, in welchem Tempo ich alle vergesse, fuer die wir heute Gestorbene sind, ist erschreckend! Dieses Vergessen scheint mir aber ganz gesund, ich fuehle mich nicht schlecht dabei, sondern denke nur nach vorn. Denn jetzt weiss ich genauer als ich es sonst wusste, was mit den Leuten los ist und dass es mitunter nicht schlecht ist, sich nach neuen umzusehen.»[26]

Schon im vorangegangenen Jahr hatte sich Benjamin auf die Emigration vorbereitet. Von April bis November 1932 hielt er sich im Ausland auf, zunächst auf Ibiza. Gegenüber Scholem sprach er am 10. Mai 1932 von dem «Gebot der Vernunft, die Eröffnungsfeierlichkeiten des Dritten Reichs durch Abwesenheit zu ehren».[27] Noch

Ruhe vor dem Sturm, manchmal durch Opium gefördert: Benjamin mit
Jean Selz, Paul René Gauguin und dem Fischer Tomàs Varó, Sant Antonio
1932/33.

war nichts entschieden, aber die Verhältnisse begannen zwielichtig
zu werden.

Benjamins nächster Freund war in diesen Monaten der Franzose
Jean Selz. Beide trafen sich in ihrer Hochschätzung für Odilon Redon,
den Maler der Zwischenexistenzen, dessen Kunst wie ein Symbol
dieses Jahres war. Selz übersetzte Stücke aus der im Entstehen begrif-
fenen «Berliner Kindheit» ins Französische; gemeinsam rauchte man
gelegentlich Opium. An den inzwischen nach Mallorca abgereisten
Selz meldete Benjamin Ende September 1932, mit einem «monsieur
Verspohl» auf Ibiza viele «bezaubernde Stätten» entdeckt zu haben.
Von Maximilian Verspohl haben sich drei Briefe an Benjamin von
Ende 1933 und Anfang 1934 erhalten. Einen Schock bekommt der
Leser, wenn er ein paar Zeilen weiter erfährt, dass Verspohl zu eben
jener Zeit SS-Scharführer wurde. 1932 war noch nichts entschieden,

245

aber man wusste immer weniger, mit wem man es eigentlich zu tun hatte.

Benjamin entdeckte in dieser Zeit die Kriminalromane Georges Simenons und die Spionagegeschichten Somerset Maughams. Man kann seine graphologischen Neigungen belächeln – das Buch «Der Mensch in der Handschrift» von Anja Mendelssohn erhält Benjamins höchstes Lob, mit dem intuitiv-hellseherischen Graphologen Rafael Schermann traf er sich persönlich –, die esoterische und geheimnisversponnene Atmosphäre aber, die er zeitlebens um sich zu schaffen wusste, erscheint plötzlich als adäquate Reaktion auf den objektiven historischen Zwischenmoment. Auf kaum etwas war Benjamin als Philosoph so vorbereitet wie auf die Zweideutigkeiten, die nun manifest wurden. Bereits zu Anfang der zwanziger Jahre hatte er eine Arbeit über die Lüge geplant. 1932 entsteht auf Ibiza die Kurzgeschichte «Die Pfeife», die ein winziges Experiment mit einer Lüge schildert. Und in einer Notiz über Johann Peter Hebel, die er im Sommer 1933 wieder auf Ibiza niederschreibt, spricht er von den «Tagen, in denen mehr zu einer kurzen Kameradschaft gehört als früher zu lebenslangen Freundschaften, in denen das Misstrauen eine notwendige und Verlässlichkeit die höchste Tugend geworden ist».[28]

Und noch einer wird von Benjamin als Rätselfigur ins Auge gefasst: der «Mann in der Menge», den Edgar Allan Poe zuerst als Typus der Moderne entdeckt hatte, der Passant. Im Zeitalter der Massenaufmärsche und der Straßenschlachten war es ein Lebensinteresse zu erfahren, wer der Mann in der Menge denn sei. Benjamin hatte Ende der zwanziger Jahre die Passagenarbeit begonnen, um das klassische Terrain des Passanten zu erkunden. Und auch hier der gleiche Befund: Die «Zweideutigkeit der Passagen»[29] hielt eine erste Notiz noch in leichtem Ton fest. Wenn Benjamin dann das «zweideutige Zwinkern von Nirvana herüber»[30] beschwört, das den undeutlichen und vieldeutigen Räumen eigen sei, dann denkt der Leser nicht ohne Beklommenheit an die Abschiedsbriefe, die Benjamin im Som-

mer 1932, als er seinen Selbstmord plante, für mehrere Freunde ab-
fasste.

Das Deutschland des Hakenkreuzes klingt an einer merkwürdigen Stelle an. Adrienne Monnier veröffentlichte 1934 in der «Nouvelle Revue Française» den kleinen Essay «La swastika». Darin gibt
sie ein Gespräch mit Benjamin über das Symbol wieder. Ob Benjamin wisse, wie es in die deutsche Politik gekommen sei? «Nein, er
wusste es nicht genau. Hindenburg hatte es schon ausgewählt, vor
Hitler.»[31] Die Gründe lägen «zweifellos im dort verbreiteten Kult
von allem, was als arisch gilt». Benjamin erklärt Adrienne Monnier, es gebe bei Bachofen – «ein Basler Philosoph, um die Mitte
des neunzehnten Jahrhunderts» – sehr interessante Gedanken über
die Swastika. Bachofen glaube, dass vor sehr langer Zeit die Arme
der Swastika nach links gedreht waren, als Zeichen der Dominanz
weiblicher Kräfte; der Mond stand damals höher im Ansehen als die
Sonne, und die Nacht genoss höhere Ehren als der Tag. Im Laufe
eines sehr großen Krieges, wie etwa jenem, von dem das Mahabha-
rata erzählt, hätten die Söhne der Sonne die männlichen Kräfte zum
Sieg geführt und die Arme der Swastika nach rechts gedreht. Und so
stehen die Dinge immer noch. Die Rechts-Swastika gilt als Trägerin
eines glücklichen Einflusses, die nach links gedrehte für unheilvoll
und unheimlich (ein Wortspiel mit «senestre», links, und «sinistre»,
unheimlich). «Rechts und das Recht sind identisch.» Monnier
schließt: «Ja, die Deutschen täten besser daran, sich nicht so viele
Swastikas anzuheften, Gott weiß, wohin sie das noch führen mag.
Aber Gott weiß, wohin wir alle gehen, mit oder ohne Swastika!»

Was Adrienne Monnier über das Gespräch berichtet, folgt den
Gedanken, die Benjamin damals in seinem Essay über Bachofen niederlegte, den er Anfang Juni 1934 begann. Er hoffte, ihn in der «Nouvelle Revue Française» veröffentlichen zu können, und ein wenig
mag seine Freundin versucht haben, ihm hier das Terrain zu bereiten – denn auch Benjamin wusste, dass in Frankreich, «wo niemand
Bachofen kennt» und seine Schriften nie übersetzt wurden, «Infor-

matorisches in den Vordergrund» zu rücken sei.[32] Wenn Monnier erklärt, ihrer Ansicht nach sei die Swastika das Feuerrad, so stimmt sie auch darin mit Benjamin überein, der das «alte arische Feuerrad» in dem Symbol erkannte.[33] Es war ein etwas esoterischer Umweg, sich auf das veränderte Deutschland einen Reim zu machen.

Gleichfalls aus dem Sommer 1934 dürften die knappen Aufzeichnungen stammen, die wie eine Vorwegnahme des «Großen Diktators» anmuten: «Hitlers herabgeminderte Männlichkeit – zu vergleichen mit dem femininen Einschlag des Verelendeten wie ihn Chaplin darstellt / soviel Glanz um so viel Schäbigkeit / Hitlers Gefolgschaft zu vergleichen mit Chaplins Publikum / Chaplin – die Pflugschar, die durch die Massen geht; das Gelächter lockert die Masse auf / der Boden des dritten Reiches wird festgestampft und da wächst kein Gras mehr / Verbot der Marionetten in Italien, der Chaplinfilme im dritten Reich – jede Marionette kann Mussolinis Kinn und jeder Zoll von Chaplin den Führer machen / Der arme Teufel will ernst genommen werden und sogleich muss er die ganze Hölle aufbieten / Chaplins Gefügigkeit liegt vor aller Augen, Hitlers nur vor denen seiner Auftraggeber / Chaplin zeigt die Komik von Hitlers Ernst; wenn er den feinen Mann spielt, dann wissen wir, welche Bewandtnis es mit dem Führer hat / Chaplin ist der größte Komiker geworden, weil er das tiefste Grauen der Zeitgenossen sich einverleibte.»[34]

Man merkt diesen Überlegungen aber auch eine gewisse Hilflosigkeit an. Die war für die Linke nicht ganz untypisch. Lion Feuchtwangers Roman «Erfolg» etwa setzte, was Hakenkreuz und Hitler anging, ganz auf komische Effekte. Dass Hitler von «Auftraggebern» abhängig sei, war auch ein Bildgedanke von John Heartfield gewesen, dessen Montage «Millionen stehen hinter mir» Hitler mit der für ihn typischen nach hinten geklappten Grußhand zeigt, in die ein Großkapitalist, auch physisch Hitler weit überragend, ein Bündel Geldscheine gibt. Hatte doch auch die Kommunistische Internationale vom Faschismus als der «terroristischen Diktatur der am meisten reaktionären, chauvinistischen und imperialistischen Elemente des Finanzkapitals» gesprochen. Fast scheint es, als hätte die Linke mit ihrem Einfluss damals auch ihre analytische Kraft eingebüßt. Aber Benjamins Stärke lag in der Deutung des Atmosphärischen und des künstlerisch-literarisch Vermittelten; auf die eigentliche Politik verstand er sich so wenig wie die meisten Intellektuellen.

Vierzig war das kritische Alter, und für Benjamin wurde es vom Donner einer historischen Wendung begleitet, die seine ganze Existenz in Frage stellte.

KAPITEL XIV

KAFKA, MESKALIN
UND SPRACHTHEORIE:
DAS JAHR 1934

Man muss in sich selbst leben und atmen und auf die
Imagination achten, indem sie zum Beispiel die Bedeutung
eines Wortes oder alle Implikationen einer Geste oder einer
zweckbezogenen Bewegung ausmalt, diese Ausdrücke neu
schafft. Ich habe das bei schöpferischen Menschen wie
Aldous Huxley, Walter Benjamin, André Breton und Paul
Éluard immer wieder in vollem Umfang beobachten können.

Charlotte Wolff, Innenwelt und Außenwelt.
Autobiographie eines Bewusstseins, 1971

B enjamins Produktion im Frühjahr 1934 erscheint auf den ersten
Blick eigentümlich disparat und zentrifugal. Da formt sich seit
Anfang des Jahres das «neue Gesicht»[1] der Passagenarbeit, die jahre-
lang geruht hatte, im April wird eine erste Fassung der Sammelrezension zur Sprachsoziologie abgeschlossen, dann entsteht der deutlich
von Brecht inspirierte Vortrag «Der Autor als Produzent»; dann Notizen für einen Vortrag über die deutschsprachige literarische Avantgarde: über Brecht, Karl Kraus, Ernst Bloch und Kafka. Am 8. Mai
erhält Benjamin von der «Jüdischen Rundschau» den Auftrag zu
einem Essay über Kafka (Anlass war der zehnte Todestag), der von
Gershom Scholem vermittelt worden war. Man mag diese neue und
stärkere Beschäftigung mit Kafka als Zeichen dafür nehmen, dass
Benjamin nun, nach dem Ende der Judenemanzipation in Deutschland, seine Nähe zu jüdischen Motiven stärker zur Geltung bringen
wollte. Unvermindert weiter geht daneben das tägliche Geschäft
der Rezensionen, die er zu diesem Zeitpunkt noch pseudonym in

Gisèle Freund (1908 bis 2000) fotografierte Benjamin 1934, als er an seinem Essay über Franz Kafka arbeitete.

Deutschland veröffentlichen kann; unter ihnen findet sich auch eine so gewichtige wie die zu Max Kommerells Jean-Paul-Buch. Eine immense Arbeitsleistung also, vor allem, wenn man sich vergegenwärtigt, dass sie unter ungemein schweren Bedingungen erbracht wurde: einem Leben an der Armutsgrenze bei geschwächter Gesundheit. Im Frühjahr 1934 nahm Benjamin Kontakt zu seiner Schwester Dora auf, die inzwischen ebenfalls geflohen war, und am 8. April zog er vorübergehend in ihre Pariser Wohnung; am 17. April wechselte er ins Hotel Floridor. Und: Am 22. Mai unternahm er einen Versuch mit Meskalin, der von dem befreundeten Arzt Fritz Fränkel protokolliert wurde. Juni 1934 berichtete er Margarete Karplus, er habe «eine Gelegenheit gehabt, Meskalin zu nehmen. Das ist das berühmte aus dem Kaktus anaholium levinii gewonnene Rauschgift der mexikanischen Indianer. Ihr sakraler Rauschtrank, der Pulche, beruht auf ihm. Wenn ihm mein Organismus nicht ganz so entgegenkam wie dem Haschisch, so verdanke ich einer langen

Nacht doch eine ganze Reihe höchst wichtige Aufschlüsse.»[2] Auch
Anna Maria Blaupot ten Cate muss er von dem Versuch berichtet
haben, sie schrieb ihm Anfang Juni, sie sei «sehr eifersüchtig wegen
des Kaktus».[3]

Aus der Zusammenstellung gewinnt man den Eindruck, dass
Benjamin in diesem Frühjahr entscheidende, an sich aber auseinan-
derstrebende Motive seines Denkens einer neuen Steigerung, einer
neuen Intensität zuführt: die marxistischen Ideen im Vortrag «Der
Autor als Produzent», die jüdischen im Kafka-Essay, das Sprachden-
ken in der Rezension zur Sprachsoziologie, die in einem weiteren
Sinn surrealistischen Motive in dem Drogenexperiment. Aber: All
diese Ideenrichtungen kann man auch als Aspekte eines einzigen
Forschungsinteresses sehen. So jedenfalls hat es Benjamin in seinem
Brief an Scholem vom 6. Mai 1934 angedeutet: «Du zwingst mich,
es auszusprechen, dass (…) Alternativen, die offenkundig Deiner
Besorgnis zu Grunde liegen, für mich nicht den Schatten von Le-
benskraft besitzen. (…) Wenn vielmehr etwas die Bedeutung kennzeichnet, die das Werk von Brecht (…) für mich besitzt, so ist es eben
dies: dass es nicht *eine* jener Alternativen aufstellt, die mich nicht
kümmern. Und wenn die nicht geringere Bedeutung des Werks von
Kafka für mich feststeht, so ist es nicht zum wenigsten, weil nicht
eine der Positionen, die der Kommunismus mit Recht bekämpft, von
ihm eingenommen wird.»[4]

An entscheidenden Kreuzungspunkten seiner Arbeit unternahm
Benjamin vergewissernde Rückgänge in die Sprachphilosophie. Er
holte gleichsam aus, um seinen Arbeiten eine maximale Tiefe zu ver-
leihen. Offenbar erkannte er um 1933/34 die erneute Reflexion auf
die Sprache als dringlich. Das eigentümlich Neue, das er zunächst
zwei sehr spekulativen Entwürfen anvertraute, ist das Gewicht, das
nun mimisch-gestischen Aspekten zugewiesen wird. Für individu-
elle wie gattungsgeschichtliche Prozesse wird ein «mimetisches Vermögen»[5] angenommen, eine Fähigkeit zur leiblichen Nachahmung,

zum Nachspielen von sozialen Vorgängen, aber auch von Dingen: «Das Kind spielt nicht nur Kaufmann oder Lehrer, sondern auch Windmühle und Eisenbahn.»[6] Bildungsprozesse dieser Art beschreibt auch die «Berliner Kindheit». Benjamin berichtet dort von den Spielen seiner Hand: «Bisweilen mischten sich die Finger ein und führten (…) einen Vorgang auf; oder sie machten ‹Kaufhaus› miteinander, und hinterm ‹Tisch›, der von den Mittelfingern gebildet wurde, nickten die zwei kleinen dem Kunden, der ich selbst war, eifrig zu.»[7] Ist es hier eine ökonomische Szene, die nachgespielt wird – und wie typisch ist das Kaufhaus für den Kaufmannssohn! –, so ist es ein andermal ein ästhetische: «Das Missverstehen verstellte mir die Welt. Jedoch auf gute Art; es wies mir die Wege, die in ihr Innerstes führen. Ein jeder Anstoß war im recht. So wollte der Zufall, dass in meinem Beisein einmal von Kupferstichen war gesprochen worden. Am Tag darauf steckte ich unterm Stuhl den Kopf hervor, das war ein ‹Kopf-verstich›.»[8]

Das Neue an dieser Theorie des mimetischen Vermögens ist, dass nun in das Verhältnis von Wort, Ding und Schrift – dem Problemkreis, aus dem Benjamins Werk geradezu definiert werden könnte – eine vermittelnde Aktivität der Physis eingeführt wird. Das Problem erweitert sich zur Gebärdensprache, brechtisch gesprochen: zum Gestus. Es gibt Gebärdensprache – wie ist die möglich? Von dieser Frage her öffnet sich die große Sammelrezension «Probleme der Sprachsoziologie» einer sinnvollen Lektüre. Die Chance lag bei diesem Auftrag der «Zeitschrift für Sozialforschung» für Benjamin darin, seine Spekulationen am aktuellen Stand der Sprachphilosophie und ihrer verwandten Disziplinen zu prüfen. Die Gebärdensprache, oder, wie er auch sagt, die «Handsprache» und ihr Verhältnis zur Lautsprache werden in der Rezension als ein «Punkt von besonderer Tragweite» festgehalten, ja als ein «Brennpunkt der gegenwärtigen Forschung».[9] Benjamin stellt vier mögliche Versionen einer Theorie der Gebärdensprache dar, vier zeitgenössische Positionen, die in verschiedener begrifflicher Dichte Sprache und Gebärde zu vermitteln suchen. Den Anfang machen vergleichsweise mechanische Formulierungen eines «zuerst» (Gebärde) – «dann» (Lautsprache) beziehungsweise deren Kritik; es folgt die Betrachtung tiefer angelegter Versuche, schließlich werden in den extremsten Positionen Laut und Gebärde fast nicht mehr unterschieden.

Eine erste Frage nach der Gebärde stellt sich im Anschluss an die ethnologischen Forschungen von Lucien Lévy-Bruhl. Benjamin referiert: «Es handelt sich um das Problem der Gebärdensprache. Ihr wichtigstes Vehikel ist die Hand: die Sprache der Hand ist die älteste, auf die wir stoßen.»[10] Er lässt die Einwände gegen diese Ansicht zu Wort kommen, gibt ihnen zum Teil recht, hält sich dann aber an die, wie er sagt, «einfachere und nüchternere Überlegung» des sowjetischen Historikers und Linguisten Nikolai Marr: «Tatsächlich war der Urmensch, der keine artikulierte Lautsprache besaß, froh, wenn er irgendwie auf einen Gegenstand hinweisen oder ihn vorzeigen konnte, und dazu verfügte er über ein besonders diesem Behufe angepasstes Werkzeug, über die Hand, die den Menschen so sehr vor der übrigen Tierwelt auszeichnet. Die Hand oder die Hände waren die Zunge des Menschen. Handbewegungen, Mienenspiel und in einigen Fällen überhaupt Körperbewegungen erschöpften die Mittel sprachlichen Schaffens.»[11]

Ein zweiter Hinweis auf die Aktualität gebärdensprachlicher Forschungen findet sich in Benjamins Referat der Sprachtheorie Karl Bühlers. Dessen Lehre von den Feldern der Sprache hatte das «Zeigfeld» geradezu von der «Arm- und Fingergeste des Menschen, der unser Zeigefinger den Namen verdankt», her definiert – hier also wird der Gebärde eine nicht nur zeitlich-genetische, sondern eine strukturbestimmende Bedeutung im Sprachgeschehen zugebilligt. Es folgt die Diskussion einer spezialisierten Studie des sowjetischen Psychologen Lew Wygotski, der, so Benjamin, «die Sprache im Schnittpunkt einer Intelligenz- und einer gestischen (Hand- oder Laut-) Koordinate»[12] lokalisierte.

Eine letzte Betrachtung gilt den Arbeiten des Briten Richard Pa-

get, eines adligen Autodidakten, der sich auch mit dem Zeichen-
system der Taubstummen befasst hatte. Dessen Überlegungen stellt
Benjamin mit deutlicher Sympathie vor. Bei Paget ist eine begriff-
liche Fassung des Problems erreicht, die jenseits der zeitlichen Evolution die Identität von Sprache und Gebärde behauptet. «Dieser Forscher», so Benjamin, «geht von einer zunächst recht überraschenden
Definition der Sprache aus. Er fasst sie als eine Gestikulation der
Sprachwerkzeuge. Primär ist hier der Gestus, nicht der Laut.»[13] Sprache ist an sich schon an die Gebärde gebunden. Und so schließe sich,
schreibt Benjamin, die «Artikulation als Gestus des Sprachapparates
dem großen Umkreis der körperlichen Mimik an. Ihr phonetisches
Element ist der Träger einer Mitteilung, deren ursprüngliches Sub-
strat eine Ausdrucksgebärde war.»[14]

In diesen Sätzen finden wir zugleich eine Leseanweisung. Benjamin
war jetzt im Stande, in der Deutung einer Dichtung die Bedeutung
von Gesten maximal auszuschöpfen – und hierin liegt die Leistung
des Essays «Franz Kafka», den er zwei Monate nach der ersten Fassung der «Sprachsoziologie» abschloss. «Primär», so heißt es in
jener früheren Arbeit, sei «der Gestus»; auf diese These macht der
Kafka-Essay die Probe, fast gleichlautend spricht nun eine Notiz vom
«Primat des Gestus».[15] Dass Kafka ein gestisch ungemein prägnan-
ter Schriftsteller ist, hat Benjamin als einer der Ersten registriert,
neuere Untersuchungen bestätigen ihn. Welchen Sinn hatte damals
die Gestus-Hypothese?
  Die Gefahr der frühen Kafka-Lektüren lag in der Versuchung, das
Werk bruchlos auf fertige Lehrgebäude zu beziehen – und das waren vor allem die Theologie und die Psychoanalyse. Benjamin dagegen vervielfachte die Bezüge: russische und norwegische Anekdote,
jüdische Legende, deutsches Volkslied und Märchen, griechischer
Mythos, indische Kosmogonie, schließlich Weisheit und Theater
Chinas bilden die weltliterarische Konstellation, in der Kafka hier
verortet wird. Benjamin war sehr daran gelegen, sich Möglichkeiten

der Interpretation offenzuhalten. Und niemals hatte er ein Werk so bewusst der Kritik geöffnet. Er führt umfangreiche Korrespondenzen über den Essay mit Scholem, Werner Kraft und Adorno; er führt lange Gespräche mit Brecht und Soma Morgenstern, die er in seine Schrift einarbeitet, er legt sich für eine spätere Überarbeitung ein Dossier mit den Einwänden seiner Freunde an. Hans Mayer hat daraus den Schluss gezogen, der Essay sei nicht gut komponiert.[16] Eher möchte man meinen, dass Benjamin eine Maxime aus «Der Autor als Produzent» mit Leben erfüllen wollte: Das Werk, so hieß es dort, solle im Sinne einer «organisierenden Funktion» angelegt werden, die «Kollektivbildung» fördern und «Solidarität mit (…) anderen Produzenten» herstellen.[17] Andererseits hat Benjamin psychoanalytische und theologische Lesarten nicht einfach abgewiesen – auch bei ihm finden sich Überlegungen etwa zur Bedeutung der Familie, zu Kafkas Frauenfiguren, zu Schuld, Gesetz und Erlösung. Er lässt sie aber nur da zu Wort kommen, wo sie sich in der Gebärde manifestieren. Diese Art der Lektüre charakterisiert er in den folgenden Sätzen: «Man tut gut, beim Lesen besonders auf den Gestus zu achten, vom schlichten, einfachen des kleinen Fingers über die Augenbrauen bis zum rätselhaften, mit dem K. eine Eingabe im Prozess auf seiner flachen Hand allmählich, während er selber aufsteht, zu den Herren heraufhebt.»[18]

Tatsächlich ist der Essay kompositorisch als eine interpretierende Entfaltung der Gebärden von Kafkas Figuren zu verstehen. An seinem Beginn steht die Potemkin-Anekdote, der erste Satz lautet: «Es wird erzählt: Potemkin litt an schweren mehr oder weniger wiederkehrenden Depressionen, während denen sich niemand ihm nähern durfte und der Zugang zu seinem Zimmer aufs strengste verboten war.»[19] Das Wort «Depression» stammt vom lateinischen «deprimere», niederdrücken, und aus der niedergedrückten Haltung erschließt sich für Benjamin eine ganze Figurenreihe in Kafkas Werk. «Unter den Gebärden Kafkascher Erzählungen», so Benjamin, «begegnet keine häufiger als die des Mannes, der den Kopf

tief auf die Brust herunterbeugt.»[20] Der Essay durchläuft diese Welt
des Aufliegens, Beladen-, Belastet- und Niedergedrücktseins durch
mythische Mächte – Benjamin fragt zu Anfang: «Sind sie [Kafkas
Figuren] Nachkommen der Atlanten, die die Weltkugel in ihrem
Nacken tragen?»[21] – bis zum Volkslied vom bucklichten Männlein
aus der Sammlung «Des Knaben Wunderhorn», bis zum «Urbild der
Entstellung, dem Buckligen».[22]

Im Bild des Rückens treffen die Gebärde und die – nun doch zu
ihrem Recht kommende – theologische Fragestellung zusammen.
Auch die Geschichte spielt dabei eine Rolle, denn die «Schuld» wird
bei Benjamin als eine des historischen Bewusstseins bestimmt, als
das Vergessen: «In der ‹Strafkolonie› (…) bedienen sich die Gewalt-
haber einer altertümlichen Maschine, die verschnörkelte Lettern in
den Rücken der Schuldigen eingraviert, die Stiche mehrt, die Orna-
mente häuft solange, bis der Rücken des Schuldigen hellsehend wird,
selber die Schrift entziffern kann, aus deren Lettern er den Namen
seiner unbekannten Schuld entnehmen muss. Es ist also der Rücken,
dem es aufliegt. Und ihm liegt es bei Kafka seit jeher auf. So in der
frühen Tagebuchnotiz: ‹Um möglichst schwer zu sein, was ich für
das Einschlafen für gut halte, hatte ich die Arme gekreuzt und die
Hände auf die Schulter gelegt, so dass ich dalag wie ein bepackter
Soldat.› Handgreiflich geht hier das Beladensein mit dem Vergessen – des Schlafenden – zusammen.»[23]

Von der «Sprachsoziologie» und vom Kafka-Essay her wird nun auch
Benjamins Meskalin-Versuch lesbar. Er unternimmt ihn, wie oben
erwähnt, am 22. Mai 1934, also mitten unter der Arbeit am «Kafka».
Im editorischen Apparat zum Kafka-Essay haben die Herausgeber
kommentarlos ein Stück des Meskalin-Protokolls abgedruckt, das
Benjamin auf die Rückseite eines zum Kafka-Konvolut gehörigen
Blattes notiert hatte. Auch in diesem Versuch kann man den «Primat
des Gestus» wiederfinden. Etwa in der Mitte des von Fritz Fränkel
angefertigten Protokolls heißt es: «Im Verlauf der nächsten Versuchs-

periode, die das tiefste Stadium des Rausches bezeichnet, treten eigentümliche Handstellungen auf. V.P. [Versuchsperson] hält die Unterarme von sich gestreckt, die Hand liegt gespreizt und die Finger etwas gekrümmt. Mitunter wechselt die Stellung, so dass die Hand nach oben gehalten wird. Die jeweiligen Stellungen werden oft lange Zeit, bis zu 10 min festgehalten.»[24] Auch hier scheint Benjamin einer «Handsprache» auf der Spur zu sein, der Meskalin-Versuch entpuppt sich als Moment jenes «Studiums», in das er Kafkas Figuren versunken sah – eines Studiums, das den «verlorenen Gestus» erhellen wollte, als, wiederum brechtisch gesprochen, eine «Versuchsanordnung».[25]

Ein gestisches Theater im Kleinen! Aber was bedeuten die Gesten? Manche erinnern tatsächlich an bestimmte Handstellungen bei Kafka, die Spreizung der Finger etwa an das Schlussbild aus dem «Prozess», nachdem die Gedanken von Josef K. geschildert wurden: «Wo war der Richter, den er nie gesehen hatte? Wo war das hohe Gericht, bis zu dem er nie gekommen war? Er hob die Hände und spreizte alle Finger.» Der Gestik der Hände widmen sich mehrere von Benjamins Notizen: «Vielfach und oft aus sonderbarem Anlass klatschen Kafkas Figuren in die Hände. Einmal jedoch wird beiläufig gesagt, dass diese Hände ‹eigentlich Dampfhämmer› sind.»[26] – «Der Kaufmann erklärt, er ‹gehe wie auf Wellen, klappere mit den Fingern beider Hände› (Betrachtung). Beim kranken Huld verweist der Autor auf die ‹Hände, die er wie kurze Flügel bewegte.›»[27] – «‹Wollte sich einer die Augen reiben, so hob er die Hand wie ein Hängegewicht.› Bericht für eine Akademie.»[28] – «Der Eilige, der sich seines lästigen Begleiters entledigen will, klatscht, um ihn zu entlassen, in die Hände.»[29] In solchen Gesten, in denen die Hände unscheinbare Aufgaben nur mit maximaler Anstrengung erfüllen können, erkennt Benjamin die übermäßige Schwere wieder, die «Weltlast»[30], die den Alltag von Kafkas Figuren prägt.

Schließlich muss Benjamins Deutung seines eigenen Verhaltens einbezogen werden, die er noch während des Meskalin-Versuchs un-

Ein Foto dieser Arm-Studie war bis zuletzt in Benjamins Besitz. Vermutlich handelt es sich um eine Arbeit von Jula Cohn über Benjamins Hände.

ternahm. Er spricht von Katatonie, einem damals verbreiteten, heute medikamentös beeinflussbaren Krankheitsbild, in dem der Körper exzentrische und dabei über lange Zeit starre Positionen einnimmt. Damit stellt er sich in die surrealistische Tradition der experimentellen Psychosen, wie sie Breton und Éluard begründet hatten.[31] «Die eigentliche Deutung der Katatonie», so Fränkels Protokoll, «ist nun folgende: Die V. P. vergleicht die fixierte Stellung ihrer Hand mit dem Umriss einer Zeichnung, den ein Zeichner ein für alle Mal festgelegt hat. Wie es nun diesem Zeichner möglich sei, durch unzählige Änderungen in der Schraffierung sein Bild immer wieder neu zu verändern oder neu zu nuancieren, so sei es auch dem Katatoniker möglich, durch winzige Änderungen in der Innervation, die mit der katatonischen Haltung verbundenen Vorstellungskreise zu verändern. Die außerordentliche Ökonomieersparnis dieses Verfahrens stellt einen Lustgewinn dar. Auf diesen Lustgewinn kommt es dem Katatoniker an.»[32]

Man erkennt ein Grundmotiv von Benjamins Geschichtskritik: Das Verhältnis zwischen dem Neuen und dem Immergleichen beschäftigte ihn zeitlebens, es handelt sich gleichsam um eine eingefrorene Geschichtszeit. Hier kann man zwanglos die Episode der Heidebilder aus dem «Prozess» anschließen. Josef K. begegnet einem Maler, der ihm eine Heidelandschaft anbietet, K. will sie kaufen. Da macht ihn der Maler auf ein «Gegenstück» zu dem Bild aufmerksam, das er noch in petto habe. «Es mochte als Gegenstück beabsichtigt sein, es war aber nicht der geringste Unterschied gegenüber dem ersten Bild zu merken.» K. gibt sich konziliant und will beide erwerben. «‹Das Motiv scheint Ihnen zu gefallen›, sagte der Maler und holte ein drittes Bild herauf, ‹es trifft sich, dass ich noch ein ähnliches Bild hier habe.› Es war aber nicht ähnlich, es war vielmehr die völlig gleiche Heidelandschaft.»[33] Schließlich bezahlt K. auch noch dieses dritte Bild. Solche Vorgänge sind es, die Benjamin im Mikrokosmos seiner katatonischen Hände inszeniert. «Versuch, die Episode mit den Heidebildern zu deuten: in der Zeit der Hölle ist das Neue (...) immer das ewig selbe.»[34] Die Deutung Kafkas und die der Handstellungen überschneiden sich.

Ganz anders die Gebärden einer Figurengruppe, der sich Benjamins Sympathie zuneigt: die der «Unfertigen und Ungeschickten».[35] Ihre Vertreter sind zumal die beiden Gehilfen aus Kafkas Schloss-Roman, die alles verkehrt machen und doch dem verirrten Landvermesser in der Nacht den Weg zeigen können, die so kindlich sind, dass sie Hilfe beim Anziehen brauchen, und deren Ausdruck doch an Studenten erinnert, wenngleich an solche, die eigentlich zu nichts zu gebrauchen sind. Sie machten, so heißt es im Roman, «immer freilich unter Lispeln und Kichern, verschiedene Versuche, verschränkten Arme und Beine, kauerten sich gemeinsam zusammen, in der Dämmerung sah man in ihrer Ecke nur ein großes Knäuel».[36] Von ihrem «fahrigen, unbeherrschten Wesen» spricht Kafka; Benjamin nennt sie – mit Hinweis auf die Gandharvas der indischen Sage – «unfertige Geschöpfe» und «Wesen im Nebelstadium».[37]

Auch an diese Figuren fühlt man sich in einer Sequenz zu Anfang des Meskalin-Versuchs erinnert: «In der folgenden Zeit verstärkt sich zunächst der Unmut sehr erheblich. Äußerlich kommt er zum Ausdruck in ziemlich regellosen motorischen Erscheinungen wie unruhiges Sich-umherwälzen, fahrige Bewegungen mit Armen und Beinen. B. gibt ein Knautschen von sich, jammert über sich und seinen Zustand, über die Unwürde dieses Zustands. Er spricht von ihm als ‹Ungezogenheit›. Versucht eine psychologische Ableitung der Ungezogenheit; bezeichnet sie als ‹Nebelwelt der Affekte› und will damit sagen, dass in einem früheren Lebensstadium die Affekte sich noch nicht scharf voneinander abgehoben haben.»[38] Dem schöpfungsgeschichtlichen «Nebelstadium» der Gandharvas und der Gehilfen entspricht eine sozialisationsgeschichtliche «Nebelwelt», die hier inszeniert wird.

Benjamins Theorie erwächst aus Köperbewegungen, befragt sie, nimmt gewissermaßen ihren Abdruck. Seine Sensibilität war nicht ausschließlich literarisch oder philosophisch, sondern ganz entscheidend mimisch und gestisch geprägt, sie entstammte der «Innervation»[39] und hat insofern eine gewisse Nähe zu künstlerischen Verfahrensweisen. Soweit wir wissen, hat Benjamin nach dem Meskalin-Versuch im Mai 1934 keine Drogen mehr konsumiert.

Scholem wird sich etwas dabei gedacht haben, als er dem Freund den Zugang zur «Jüdischen Rundschau» vermittelte – es war eine Möglichkeit, Benjamin fast zwanglos die Beschäftigung mit jüdischen Motiven wieder näherzubringen. Und darauf lief Benjamins Befund in der Tat hinaus, als er die Poetik der Erzählungen genauer betrachtete und bemerkte, «dass seine Stücke nicht gänzlich in die Prosaformen des Abendlandes eingehen und zur Lehre ähnlich wie die Haggadah zur Halacha stehen. Sie sind nicht Gleichnisse und wollen doch auch nicht für sich genommen sein; sie sind derart beschaffen, dass man sie zitieren, zur Erläuterung erzählen kann. Besitzen wir die Lehre aber, die von Kafkas Gleichnissen begleitet und in den Gesten K.s und den Gebärden [...] erläutert wird? Sie ist nicht da; wir können höchstens sagen, dass dies und jenes auf sie anspielt.»[40]

In einem späteren Aufsatz geht Benjamin näher auf das ein, was er hier meinte: Haggadah «heißen bei den Juden Geschichten und Anekdoten des rabbinischen Schrifttums, die der Erklärung und Bestätigung der Lehre – der Halacha – dienen. Wie die haggadischen Teile des Talmud so sind auch diese Bücher Erzählungen, eine Haggadah, die immerfort innehält, in den ausführlichsten Beschreibungen sich verweilt, immer in der Hoffnung und Angst zugleich, die halachische Order und Formel, die Lehre könnte ihr unterwegs zustoßen. Ja, die Verzögerung ist der eigentliche Sinn jener merkwürdigen, oft so frappanten Ausführlichkeit, von der Max Brod gesagt hat, dass sie in dem Wesen von Kafkas Vollkommenheit und seinem Suchen nach dem rechten Wege lag.»[41] Benjamin wird an keiner Stelle positiv-theologisch, aber die jüdische Lehre ist ihm der Horizont, vor dem überhaupt erst von Kafka gesprochen werden kann.

Auf der anderen Seite stand Brecht. Am 31. August 1934 notierte Benjamin in Svendborg: «Vorgestern eine lange und erregte Debatte über meinen Kafka. Ihr Fundament: die Anschuldigung, dass er dem jüdischen Faszismus Vorschub leiste.»[42] So feindlich Brecht dem Nationalsozialismus gegenüberstand, so wenig wollte er von einer spezifischen Bedrohungslage der Juden wissen. 1932 hatte er das Stück «Die Rundköpfe und die Spitzköpfe» geschrieben. Die Bevölkerung eines fernen Staates ist naturgemäß in Arm und Reich geteilt. Die Armen entschließen sich unter dem Zeichen der Sichel zur Revolte. In ihrer Angst übertragen die Reichen einem Abenteurer, Angelo Iberin, alle Staatsmacht. Er führt, demagogisch, nun eine quasi ethnische Trennung ein – die von Rund- und Spitzköpfen, Tschuchen und Tschichen; die Spitzköpfe werden zu Sündenböcken. Einer unter ihnen, ein reicher Tschiche, wird angeklagt und zum Tode verurteilt, aber dann kommt sozusagen das Happy End: Nach dem Sturz von Iberin treffen sich Rund und Spitz, soweit sie reich sind, bei einem gemeinsamen Festmahl. Der Klassenkampf ist die Wahrheit, die Ethnizität und der Rassenhass nur Schein, Manipulation.

Brecht äußerte sich in den Gesprächen mit Benjamin im Geist eines marxistischen Pragmatismus; tiefere metaphysische oder gar mystische Gedankengänge blieben ihm fremd, und so monierte er, der Essay des Freundes «vermehre und breite das Dunkel um diese Figur aus statt es zu zerteilen. Dem gegenüber komme alles darauf an, Kafka zu lichten, das heißt, die praktikablen Vorschläge zu formulieren, welche sich seinen Geschichten entnehmen ließen. Dass Vorschläge ihnen entnehmbar seien, das wäre zu vermuten und sei es nur der überlegenen Ruhe wegen, die die Haltung dieser Erzählungen ausmacht.»[43] Benjamins Essay «beschäftige sich mit Kafka lediglich von der phänomenalen Seite – nehme das Werk als etwas für sich Gewachsenes – den Mann auch – löse es aus allen Zusammenhängen – ja sogar aus dem mit dem Verfasser. Es sei eben immer wieder die Frage nach dem *Wesen*, auf die es bei mir herauskomme.»[44]

Kafka sei «ein Judenjunge – wie man auch den Begriff eines Arierjungen prägen könnte – ein dürftiges, unerfreuliches Geschöpf, eine Blase zunächst auf dem schillernden Sumpf der Kultur von Prag, sonst nichts. Aber dann gäbe es doch eben bestimmte, sehr interessante Seiten.»[45] Man müsse sich im Werk umsehen: «Man wird dann eine Anzahl sehr brauchbarer Sachen finden. Die Bilder sind ja gut. Der Rest ist eben Geheimniskrämerei. Der ist Unfug. Man muss ihn beiseite lassen. Mit der Tiefe kommt man nicht vorwärts. Die Tiefe ist eine Dimension für sich, eben Tiefe – worin dann garnichts zum Vorschein kommt.»[46]

Bedeutend ist es dennoch, was Brecht an Kafka auffiel. Und sei es nur, weil er in diesen Gesprächen erstmals die Praktiken der sowjetischen Geheimpolizei – erst «Tscheka», dann «GPU» genannt – als Menschheitsbedrohung erkannte: «Als Visionär aber hat Kafka, wie

Brecht sagt, das Kommende gesehen, ohne das zu sehen was ist. Er betont (...) die prophetische Seite an seinem Werk. Kafka habe ein, nur ein einziges Problem gehabt, und das sei das der Organisation. Was ihn gepackt habe, das sei die Angst vor dem Ameisenstaat gewesen: wie sich die Menschen durch die Formen ihres Zusammenlebens sich selbst entfremden. Und gewisse Formen dieser Entfremdung habe er vorhergesehen, wie z. B. das Verfahren der GPU. Eine Lösung aber habe er nicht gefunden und sei aus seinem Angsttraum nicht aufgewacht. Von der Genauigkeit Kafkas sagt Brecht, sie sei die eines Ungenauen, Träumenden.»[47] Wenige Tage später wird der Gesprächsfaden noch einmal aufgenommen: «Brecht nennt den ‹Prozess› ein prophetisches Buch. ‹Was aus der Tscheka werden kann, sieht man an der Gestapo.›»[48]

Von einer ganz anderen Seite her kam Adornos Kritik. Sie zeigt zum ersten Mal, dass der Schüler sich nun anschickte, den Lehrer zu belehren, und diese Konstellation wiederholte sich im Fall des Baudelaire-Essays und der Passagen. Wenn Adorno später festhält, dass Benjamins Denken im Gegensatz zu dem aller anderen Philosophen nicht eines war, «das, so paradox es klingt, im Bereich der Begriffe sich abspielte»[49], dann ist das ein versöhnlicher Rückblick auf ihre Debatten, die sich dem heutigen Leser sehr viel schärfer darstellen. In Adornos erster Reaktion auf den Essay hieß es unzweideutig, manches sei «noch nicht zum Begriff erhoben und das Gelingen einer Kafkainterpretation muss in letzter Instanz davon abhängen». Der Begriff des Weltalters sei «abstrakt im Hegelschen Sinne geblieben», «die Anamnesis – oder das ‹Vergessen› – der Urgeschichte bei Kafka» werde «im archaischen und nicht durchdialektisierten Sinne gedeutet» – womit «die Arbeit eben an den Eingang der Passagen rückt».[50]

Nicht durchdialektisiert – dem entspricht auf der anderen Seite der Vorhalt, bei Benjamin fänden sich «Symptome der archaischen Befangenheit, der Unausgeführtheit der mythischen Dialektik». Für

«Ermattungstaktik wars, was Dir behagte / Am Schachtisch sitzend in des Birnbaums Schatten / Der Feind, der dich von deinen Büchern jagte / Lässt sich durch unsereinen nicht ermatten.» (Bertolt Brecht über Benjamin als Schachspieler; hier im Sommer 1934 in Skovsbostrand)

Adorno war die Hegel'sche Logik der Maßstab der Philosophie überhaupt. In der Darstellung sollte ein Prozess der stetigen Vermittlung herrschen. Dass dies aber nicht Benjamins Verfahren war und der Vorhalt, so gesehen, auch sein Recht hatte, ist ebenso klar. Schließlich sah Adorno den Brecht'schen Pferdefuß in dem Ausdruck «Versuchsanordnung»: «So erschließt sie [Kafkas Welt] sich gewiss, wie Sie es sagen, der tiefen Besinnung oder dem Studium als Gebet – als ‹Versuchsanordnung› scheint sie mir nicht zu verstehen und das einzige, was mir an der Arbeit materialfremd dünkt ist die Hereinnahme von Kategorien des epischen Theaters.»[51]

Wir sehen im Essay und in der Debatte wie unter einem Mikroskop die starken Zugkräfte, denen Benjamin sich aus freien Stücken ausgesetzt hatte. Nur bewundern kann man die Ruhe, mit der er gegensätzliche Anliegen der Freunde – und seine eigenen – auszu tarieren verstand. «Mit nichts ist meine Geduld zu überwinden», hatte er im Sommer 1933 geschrieben.[52] In Benjamins Gesprächen mit Brecht fällt auf, wie selten er eine eigene Stellungnahme oder einen Widerspruch notiert. Damit lässt er sich Zeit. Auch daraus spricht die Geduld: Der Widerspruch kann viel später kommen, und dann nicht frontal wie bei einem Boxer, sondern eher wie im Jiu Jitsu, wo man scheinbar nachgibt, um die Kraft des Gegners gegen ihn selbst zu verwenden. «Siegen durch Nachgeben» ist die Maxime dieser japanischen Kampfkunst. So geschieht es in einem Gespräch über Dostojewski, in dem Brecht sehr grob wird. Benjamin berichtet: «Das, was er [Brecht] selbst die hetzerische Haltung seines Denkens nennt, macht sich jetzt im Gespräch viel deutlicher bemerkbar als früher. Ja, mir fällt ein besonderes, dieser Haltung entsprungnes Vokabular auf. Zumal den Begriff des ‹Würstchens› handhabt er gern in solchen Absichten. In Dragar las ich ‹Schuld und Sühne› von Dostojewski. Zunächst einmal gab er dieser Lektüre die Hauptschuld an meiner Krankheit. Und zur Bekräftigung erzählte er mir, wie in seiner Jugend der Ausbruch einer langwierigen und im Keim wohl längst bei ihm angelegten Krankheit erfolgt sei, als ihm eines Nachmittags ein Schulkamerad, gegen dessen Absichten Protest einzulegen er schon zu schwach war, am Klavier Chopin vorspielte. Chopin und Dostojewski schreibt Brecht besonders unheilvolle Einflüsse auf das Befinden zu. Aber er nahm auch sonst auf jede mögliche Weise zu meiner Lektüre Stellung, und da er selbst zu gleicher Zeit im ‹Schweyk› las, so ließ er sich nicht entgehen, den Wert der beiden Autoren zu vergleichen. Dabei konnte Dostojewski sich neben Hasek nicht sehen lassen, wurde vielmehr ohne Umstände zu den ‹Würstchen› gerechnet, und es hätte nicht viel gefehlt, so wäre wohl auch auf seine Werke die Bezeichnung ausgedehnt worden, die Brecht neuerdings für alle Arbeiten in Bereitschaft hält, denen ein aufklärender Charakter fehlt oder von ihm abgesprochen wird. Er nennt sie einen ‹Klump›.»[53]

In der Besprechung von Brechts «Dreigroschenroman», die Ben-

jamin der von Klaus Mann herausgegebenen Zeitschrift «Die Sammlung» zugedacht hatte (wo sie nicht erschien, weil Mann seine Ho-
norarvorstellungen nicht akzeptieren wollte), schrieb er 1935, Brecht
sei inzwischen ein «klassischer» Schriftsteller geworden. Vergleichen
könne man ihn überhaupt nur mit einem anderen Klassiker – mit
Dostojewski: «Der Kriminalroman, der in seiner Frühzeit bei Dostojewski viel für die Psychologie geleistet hat, stellt sich auf dem Höhepunkt seiner Entwicklung der Sozialkritik zur Verfügung. Wenn
Brechts Buch die Gattung erschöpfender verwertet als Dostojewski,
so kommt das unter anderem daher, dass darin – wie in der Wirklichkeit – der Verbrecher sein Auskommen in der Gesellschaft, die
Gesellschaft – wie in der Wirklichkeit – ihren Anteil an seinem Raub
hat. Dostojewski ging es um Psychologie; er brachte das Stück Verbrecher, das im Menschen steckt, zum Vorschein. Brecht geht es um
Politik; er bringt das Stück Verbrechen, das im Geschäft steckt, zum
Vorschein.»⁵⁴

In solchen Augenblicken kann man sich Benjamin so vorstellen,
wie ihn Charlotte Wolff geschildert hat: «Er gluckste vor Lachen, und
seine Augen, hinter Brillengläsern versteckt, glitzerten vor Vergnügen.»⁵⁵

KAPITEL XV

ÜBER DAS ALTERN:
BENJAMINS ERFAHRUNG
DES EXILS

Ich entwickelte meine Zweifel wegen des «Endziels».
Lehnt er als unter Briefmarkensammlern stehende
Beschäftigung ab. Verbotene Fragen. Man philosophiert
aus einer bestimmten historischen Situation heraus.

Werner Kraft über ein Gespräch mit Benjamin
am 20. Mai 1934

Benjamin veränderte sich in diesen Jahren, auch äußerlich. Am
26. Dezember 1933 notierte Werner Kraft nach einer Begegnung
in Paris: «Ich hätte ihn (…), dessen Gang mir sofort aufgefallen wäre,
dem Gesicht nach nicht unbedingt erkannt. Das Vergehen. Wirklich
scheint er auch über seine Jahre gealtert zu sein und irgendwie nicht
ganz gesund, voll Sorgen (…). Ich sehe mit Schmerz einen vom Leben gezeichneten Menschen.»[1] Edouard Roditi berichtet von jenem
Benjamin, den er in den dreißiger Jahren in Paris kennenlernte, sein
Aussehen sei das «eines abgehärmten Mannes, der seine Tage in
staubigen Büchereien mit schmutziger Luft verbringt und der viel zu
selten an die frische Luft und in die Sonne kommt».[2] Und Scholem
berichtet aus dem Jahr 1938: «Seine Erscheinung hatte sich einigermaßen verändert. Er war breiter geworden, trug sich etwas nachläs-
siger und sein Schnurrbart war viel buschiger geworden. Sein Haar
war stark graumeliert.»[3]

Etwas war mit ihm geschehen. Es war der Zerfall der Hoffnungen, der ihn angegriffen hatte. Diese Stimmung geht in die letzten
Passagenentwürfe ein, die von Auguste Blanquis Sternenspekulation
handeln: «‹Die gleiche Monotonie, die gleiche Unbeweglichkeit auf

den anderen Sternen. Das Universum wiederholt sich unendlich und tritt auf der Stelle. Unbeirrt spielt die Ewigkeit im Unendlichen stets und immer das gleiche Stück.› Diese hoffnungslose Resignation bildet das letzte Wort des großen Revolutionärs.»[4]

Kein prägendes persönliches Erlebnis von Benjamin blieb ohne metaphysische Überhöhung. So steht es auch mit der letzten Liebe, die ihn im Sommer 1933 auf Ibiza mit ungeheurer Wucht traf. Benjamin hatte die niederländische Malerin Anna Maria Blaupot ten Cate (1902 bis 2002) kennengelernt. Ein Selbstporträt im Besitz des Museums von Arnheim zeigt sie als blonde, groß- und blauäugige, sehr zurückgenommene, fast melancholische Schönheit mit vollen sinnlichen Lippen, allerdings ohne jeglichen Schmuck. Ihre Bilder bewegen sich, in eher pastellenen Tönen, sehr eigenwillig zwischen Kubismus und neuer Sachlichkeit. Leider hat Benjamin sie nicht schriftlich kommentiert. Diese Liebe aber beflügelte ihn und machte ihn produktiv. Die ganze Lebensform auf Ibiza, die Benjamin und Blaupot ten Cate teilten, hatte etwas, das schon auf die Hippies vorauszudeuten scheint; man liebt sich, raucht Opium, schreibt und malt, und wenn kein Geld da ist, werden Gürtel und Sandalen hergestellt, die man an Touristen verkaufen kann.

Für sie schreibt er das rätselhafte Prosastück «Agesilaus Santander», das in zwei Versionen existiert. Agesilaos war der Name von zwei spartanischen Königen, Santander ist eine Stadt in Spanien. Aber nicht um diese geht es. Gershom Scholem hat darauf aufmerksam gemacht, dass sich als Anagramm darin «Der Angelus Satanas» verbirgt, mit einem zusätzlichen «i». Das Satanische war Benjamin nicht fremd, bildete es doch die notwendige Kehrseite der Theologie. In einem Haschischprotokoll vom Dezember 1928 lesen wir: «Ich erinnere mich an eine satanische Phase. Das rot der Wände wurde bestimmend für mich. Mein Lächeln nahm satanische Züge: wenn auch mehr den Ausdruck satanischen Wissens, satanischen Genügens, satanischen Ruhens an als den satanischen, zerstörenden Wirkens. Das Eingelassensein der Anwesenden in den Raum steigerte sich; der Raum wurde samtner, flammender, dunkler. Ich nannte den Namen Delacroix.»[5] Es mag sein, dass sich diese Ruhe und das Dunkel-samtene in den Nächten mit der Geliebten wieder einstellte. «Agesilaus Santander» beginnt mit der Idee des «geheimen Namens». Die Söhne der Juden «erfuhren ihn nicht eher als am Tage des Mannbarwerdens. Weil aber ein solches sich im Leben mehr als einmal ereignen kann, vielleicht auch nicht jeder geheime Name sich stets gleich und unverwandelt bleibt, so kann sich seine Verwandlung wohl mit einem neuen Mannbarwerden offenbaren. Er bleibt darum nicht weniger der Name, der alle Lebenskräfte in sich fasst, bei welchem sie beschworen und vor Unberufenen behütet werden.»[6] Ein neues Mannbarwerden muss Benjamin in diesen Wochen erlebt haben, das ist die Botschaft an sie; dabei hat er etwas Neues über sich selbst erfahren, und deshalb wandelt sich auch der Name in seinem Sinn. In der zweiten Fassung des Prosastücks aber heißt es, unverwandelt bleibe der Name nur dem Frommen, und «so kann dem, der es nicht ist, dessen Wandel sich wohl mit einem neuen Mannbarwerden mit einem Schlage offenbaren. So mir.»[7] Benjamin nimmt sich von der Gemeinschaft der Frommen aus.

Nun wird das Wesen der Liebe als Erfahrung eines Blicks erläutert. Sie ist eins mit der Erfahrung der Aura, wie wir einem späteren Fragment über Baudelaire entnehmen: «Die Ferne, die, im Auge der Geliebten, den Liebenden nach sich zieht, ist der Traum von der besseren Natur. Der Verfall der Aura und die – durch die defensive Position im Klassenkampf bedingte – Verkümmerung der Phantasievorstellung von einer bessern Natur sind eines. Damit sind der Verfall der Aura und der Verfall der Potenz am Ende eines.»[8] In «Agesilaus Santander» ist von der Geduld die Rede, und fast gleichlautend hieß es schon hier: «Sie lernt vom Engel, wie er seinen Partner im Blick umfasst, dann aber stoßweise und unaufhaltsam weicht. Er zieht ihn nach auf jener Flucht in eine Zukunft, aus der er vorgestoßen ist. Er hofft von ihr nichts Neues mehr als nur den Blick des Menschen, dem er zugewandt bleibt. So fuhr ich, kaum dass ich zum ersten Male dich gesehen hatte, mit dir dahin zurück, woher ich kam.»[9] Eros und Sexus sind verbunden, im Auge, im Blick. Wo aber die Liebe fehlt, verkümmert der Blick, wie wir wiederum einer späten Äußerung zu Baudelaire und zur Prostitution entnehmen: «Es handelt sich darum, dass die Erwartung, die dem Blick des Menschen entgegendrängt, leer ausgeht. Baudelaire beschreibt Augen, von denen man sagen möchte, dass ihnen das Vermögen zu blicken verloren gegangen ist. In dieser Eigenschaft aber sind sie mit einem Reiz begabt, aus dem der Haushalt seiner Triebe zu einem großen, vielleicht überwiegenden Teile bestritten wird. Im Banne dieser Augen hat sich der Sexus in Baudelaire vom Eros losgesagt. (…) Blicke dürften um so bezwingender wirken, je tiefer die Abwesenheit des Schauenden, die in ihnen bewältigt wurde. In spiegelnden Augen bleibt sie unvermindert. Eben darum wissen diese Augen von Ferne nichts. (…) Er ist blicklosen Augen verfallen und begibt sich ohne Illusionen in ihren Machtbereich.»[10] Der Subtext der Aura-Diskussion bei Benjamin ist eine Erotologie.

An die Geliebte adressiert er im Sommer 1933 das letzte Sonett, das er schrieb, und merkwürdig ist es, wie sehr die Bilder des archaisch Harten und Festen überwiegen: «dein wort ist für die dauer wie dein leib / dein atem schmeckt nach stein und nach metall / dein blick rollt mir entgegen wie ein ball / das schweigen ist dein bester zeitvertreib // wie war dem ersten mann das erste weib / so standest du vor mir und überall / trifft dich nun meiner bitte widerhall / der tausend zungen hat. sie lautet: bleib // du bist die ungerufene unbekannte / und wohnst in mir im herzen einer stille / in die dich weder traum noch sehnsucht bannte // nichts mehr bewirken vorsatz oder wille / seitdem der erste blick in dir erkannte / die doppelherrin: hure und sybille».[11] Blaupot ten Cate wird Benjamin die Frau schlechthin, die Absolute, eine andere Eva. So lesen wir es auch in einem Briefentwurf: «Du bist, was ich in einer Frau je habe lieben können: Du hast es nicht, Du bist es vielmehr. Aus Deinen Zügen steigt alles, was

*Anna Marie Blaupot ten Cate, Benjamins letzte große Liebe,
in einem Selbstporträt. Der Engel, schreibt Benjamin in
«Agesilaus Santander», «will das Glück: den Widerstreit, in
dem die Verzückung des Einmaligen, Neuen, noch Ungelebten
mit jener Seligkeit des Nocheinmal, des Wiederhabens, des
Gelebten liegt. Darum hat er auf keinem Wege Neues zu hoffen als auf dem der Heimkehr, wenn er einen neuen Menschen
mit sich nimmt. So wie ich, kaum dass ich zum ersten Male
dich gesehen hatte, mit dir dahin zurückfuhr, woher ich kam.»*

die Frau zur Hüterin, zur Mutter, zur Hure macht. Eines verwandelst
Du ins andere und jedem gibst Du tausend Gestalten. In Deinem
Arm würde das Schicksal für immer aufhören, mir zu begegnen.
Mit keinem Schrecken und mit keinem Glück könnte es mich mehr

überraschen. Die ungeheure Stille, die um Dich ist, deutet nur an, wie weit von dem, was Dich am Tag beansprucht, Du entfernt bist.»[12]

Aber die Sommerwochen auf Ibiza gehen zu Ende; als er sie im Herbst in Paris wiedertrifft, ist sie mit Louis Sellier zusammen. Im Juni 1934 schreibt sie ihm Zeilen der höchsten Zuneigung, in denen sie ihm zugleich unüberhörbar deutlich macht, dass ihrer Liebe keine Zukunft beschieden ist: «Ich freue mich über Ihre Freundschaft und unsre schönen gemeinsamen Erinnerungen Ich möchte oft gern bei Ihnen sein und so still mit Ihnen reden mit wenigen Worten und auch glaube ich wir würden jetzt etwas anders zueinander stehen wie früher – Glauben Sie nicht dasz ich mich geändert habe Ihnen gegenüber – rein gar nicht – nur machen die Zeit und der Abstand die Dinge deutlicher im Umzug – die Verhältnisse sieht man dadurch besser – und sie zeichnen sich dann ab auf die Gegenwart – Verstehen Sie mein Geschwatz – ich meine dasz weder Sie noch ich sich spürbar geändert haben wird, dasz nun aber doch etwas neues entstanden ist – Sie sind für mich mehr – weit mehr wie ein guter Freund. Das wissen Sie auch wohl – vielleicht wohl mehr auch wie ein Mann für mich sein konnte bis jetzt. Sie verstehen mich bedingungslos – das ist es. Und ich mag Sie auch bedingungslos – obwohl ich Sie nicht immer verstehe – das heisst – nicht in jedem folgen kann Ich möchte dasz das was zwischen uns entstanden ist nun Anfang und Ende gefunden hätte – beständigt und bestätigt sei. Für mich war das schon immer so – von unserm ersten Gespräch ab – wissen Sie – unter der Casita – warum würden Sie etwas wollen was nicht ist und nicht sein wird und nicht sehen wie wunderbar gut das ist was ist? Für jedes Gefühl ist Platz – selbst unendlich viel.»[13]

Wenige Wochen später schreibt sie ihm: «Ja, ich fühle sehr wohl dasz Sie oft an mich denken und es hilft mir den Glauben an mich selbst aufrecht zu erhalten und weiter zu suchen und zu versuchen mich wieder zu finden – Wissen Sie – Sie kennen mich doch am allerbesten, obwohl Sie auch wohl vieles in mich hineinlegten oder noch legen was mir nicht zukommt – Immerhin fühle ich Gestalt und Gehalt wenn ich daran denke wie Sie mich sehen und kennen gelernt haben – Sie haben es verstanden aus mir zu holen was damals an Wesentliches vorhanden war und das ist etwas sehr seltenes, dasz jemand überhaupt versteht bei anderen zum Wesentlichen zu kommen zu wissen dasz Sie da sind – irgendwo im Norden und immer derselbe sind und dasz Ibiza in Ihnen lebt wie in mir – das ist gut. Es ist etwas festes und bleibendes woran ich Halt finde (…).»[14] Die Beziehung schläft ein.

Danach galt auch für Benjamin, was er über Baudelaire schrieb: «Seine einzige Geschlechtsgemeinschaft realisiert er mit einer Hure.»[15] Zur Hoffnungslosigkeit seiner Liebeswünsche passt ein Traum, den er im März 1938 notierte. Benjamin befindet sich in Gesellschaft, «man erwies mir Freundlichkeiten; ich glaube, sie bestanden vorwiegend darin, dass Frauen sich für mich interessierten, geradezu Vorteilhaftes über meine Erscheinung sagten. Ich glaube mich zu erinnern, laut bemerkt zu haben: nun würde ich wohl nicht mehr lange leben – als seien dies die letzten Freundschaftsbezeigungen Abschiednehmender.»[16]

Scheiternde Hoffnungen überall! Am 24. Oktober 1935 schreibt Benjamin an Scholem: «Manchmal träume ich den zerschlagenen Büchern nach – der Berliner Kindheit um neunzehnhundert und der Briefsammlung – und dann wundere ich mich, woher ich die Kraft nehme, ein neues ins Werk zu setzen.»[17] Am 2. Januar 1935 berichtet er Horkheimer von seinen Arbeitsvorhaben – dem Essay über Eduard Fuchs, den das Institut für Sozialforschung in Auftrag gegeben hatte, und seinen Forschungen des vergangenen Jahres, die der Kulturpolitik der alten Sozialdemokratie und ihrer Zeitschrift «Die Neue Zeit» gewidmet waren. Er wünsche, so Benjamin, diese umfangreichen Studien für neue Arbeiten verwerten zu können. «Nun sehe ich nicht, dass das ohne eine Besprechung zwischen uns geschehen könnte. Als ich die ‹Neue Zeit› in Angriff nahm, hoffte ich noch, sie sei bevorstehend. Ihr Brief spricht nun leider nicht mehr von einer Europareise.»[18] Und in dem Brief an Gershom Scholem vom 31. Dezember 1937 heißt es von Benjamins Sohn Stefan: «Wir haben die Hoffnung darauf aufgeben müssen, dass er das Abiturium macht.»[19]

Langsam beginnen die schwindenden Aussichten, ihre zersetzende Wirkung auszuüben: «In der sehr schlechten Lage, in der ich bin», schreibt er an seine frühere Geliebte Asja Lacis, «macht es den Leuten Spaß, billige Hoffnungen in mir zu wecken. Man wird daher gegen Hoffnungen so empfindlich wie ein Rheumatiker gegen Zugluft. Es ist sehr angenehm einen Menschen zu wissen, der unter solchen Umständen keine Hoffnungen macht und wäre es auch nur weil er zu faul zum Briefeschreiben ist.»[20] Nach Jahren der Unterbrechung hatte sich der Kontakt mit Asja Lacis erneuert. Im November 1935 schreibt sie ihm: «Ich verstehe nicht – weshalb man von dir nichts hört, sogar der Bloch hat einen Buch gegen Faschismus geschrieben – wenn auch schlecht (man sagt). Auf dem Schriftsteller Kongres in Paris hörte man auch nichts von dir – also immer noch *isoliert*. Nicht einmal der Faschismus könnte dich ans leben bringen, der hat manchen tauben hörend gemacht – gegen das mistische.»[21] Wie gern sie ihn ausschimpfte! Und dann doch wieder, fast im nächsten Atemzug, mit ihm kokettierte! Im September 1934 vertraut sie ihm an: «Ich mochte gerne, o! sehr gerne dich sehen. Schreibe mir sofort, was thust du und ob du ein nutzliches Leben angefangen hast?»[22]

Immer wieder kommt auch die Lockung aus Moskau: «Es wäre schön, wenn du hierherkämest. Du hast dich wohl ein wenig von mir abgewöhnt – aber wirst dich wieder schnell gewohnen. Mir scheint – ich bin die alte Asja – aber bin demokratischer geworden.»[23] Demokratischer – das heißt vermutlich: Sie wird seine Ansichten gelten lassen. Berührend auch diese Worte: «Walter erinnerst du noch Berlin, Capri, Napoli, Hamburg?»[24] Als der spanische Bürgerkrieg ausbricht, versucht sie wiederum, ihn zu politisieren, auf die Art, wie sie es versteht, mit Scheltreden: «Du bist in Ravenna ... da muss ja sehr schön sein ... aber ich dachte du wärest besser in Spanien: und von dort Artikeln schreiben ... die könnte man sehr gut verwenden. Das ist Dir wahrscheinlich nicht eingefallen ... Schade!»[25]

Selbst für einen Mann, der nicht, wie Benjamin, zeitlebens mit dem Gedanken an Selbstmord vertraut war, hätten die Lebensumstände im höchsten Maß demotivierend wirken müssen: Monate verbringt er in der Pension «Villa Verde» seiner geschiedenen Frau Dora in San Remo, bis die anreisende Ex-Schwiegermutter den Platz in Anspruch nimmt. Finanzielle Engpässe fordern dauernde Bittbriefe. Die wichtigsten Pläne des Frühjahrs 1935 – ein Porträt Bachofens in der «Nouvelle Revue Française», eine große Rezension von Brechts «Dreigroschenroman» in Klaus Manns Exil-Zeitschrift «Die Sammlung» – zerschlagen sich. Rezensionen für die Moskauer Zeitschrift «Das Wort» werden spät oder gar nicht honoriert. «Die Hoffnung auf Besserung ist hinausgerückt; was aber nicht auf sich warten lässt, ist die Teuerung», heißt es in einem Brief an den Theologen Fritz Lieb.[26] 1935 spielt Benjamin mit dem Gedanken, eine «Liste der Fehler und Fehlschläge der letzten beiden Jahre» anzulegen, und fügt in seinem Brief an Alfred Cohn hinzu: «Es hat sich der schwache Trost ergeben, dass die erstern durchaus nicht immer die Bedingung der letztern waren.»[27] Man mag sich an einen esoterischen Satz Benjamins aus der mehr als zwanzig Jahre zurückliegenden «Metaphysik der Jugend» erinnern: «Drohender noch erhob hinter der Alltäglichkeit sich der Tod. Jetzt erscheint er noch im Kleinen und tötet täglich, um weiter leben zu lassen.»[28] Eine Hermetik, die angesichts dieser Briefe zum puren Realismus wird.

Die Publikationsmöglichkeiten waren beschränkt. Natürlich ist da die «Zeitschrift für Sozialforschung», die seine großen Essays druckt. Und natürlich «Maß und Wert», die gediegene Zeitschrift von Thomas Mann, in der er im Juni 1938 das «deutsche Institut freier Forschung» feiert, just das Institut für Sozialforschung nämlich, seinen Arbeitgeber. Wie eng sind die Kreise geworden! In «Maß und Wert» erscheinen auch Teile der «Berliner Kindheit»; schließlich 1939 – endlich! – der Aufsatz über Brechts episches Theater in einer überarbeiteten Version, davor eine Besprechung des Buches von Albert Béguin über Romantik und Traum, zudem von Briefen aus dem Schlegel-Kreis. Hier und da ergibt sich eine Möglichkeit in der «Neuen Zürcher Zeitung». In Willy Haas' «Welt im Wort», in Prag erscheinend, kommt ein Essay über Hebel und der allerdings gewichtige Aufsatz «Erfahrung und Armut». Die Schweizerische Gewerkschaftszeitung «Der öffentliche Dienst. Zeitung des Schweizerischen Verbandes des Personals öffentlicher Dienste» bringt Texte von Benjamin, wie sie überhaupt deutschen Exilautoren, etwa Alfred Döblin, die Tür nicht verschließt.

Auch das «Prager Tagblatt» öffnet sich Benjamin. Thomas Steinfeld hat diese Zeitung beschrieben, so, wie sie sich in einem Schlüsselroman von Max Brod darstellt: Das Blatt erscheine hier als «wunderbare Einheit aus künstlerischem Eigensinn und journalistischem Ethos» und sei damit «Ausdruck einer solchen Minorität des Allgemeinen – einer Minorität übrigens, in der jüdische Autoren, weil deutschsprachig und meist zumindest liberal, wenn nicht sozialistisch gesonnen, eine besonders große Rolle spielten».[29] Die «Neue Weltbühne» war, nachdem der Trotzkist Willi Schlamm (später William S. Schlamm) gefeuert worden war, unter dem neuen Chef Hermann Budzislawski stramm stalinistisch. Kritik an den Moskauer Prozessen wurde nicht geduldet. 1938 erscheint hier Benjamins Besprechung des Romans «Die Rettung» von Anna Seghers, im gleichen Jahr «Brechts Einakter», schließlich die sehr freundliche Rezension von Stephan Lackners Roman «Jan Heimatlos».

Benjamins Besprechung von Rolland de Renévilles Buch über die dichterische Erfahrung, «L'expérience poétique», wird von der «Zeitschrift für freie deutsche Forschung» 1938 gedruckt. Diese gehörte Willi Münzenberg, dem legendären kommunistischen Medienunternehmer; verantwortlicher Redakteur war Johann Schmidt (eigentlich: László Radványi), der Mann von Anna Seghers. Erst der Volksfront nahestehend, später (nach dem Münchner Abkommen) ausgesprochen bellizistisch gestimmt war «Europe. Revue mensuelle». Benjamin kannte den Redakteur Jean Cassou. 1938 erscheint hier die Ausstellungsbesprechung «Peintures chinoises à la Bibliothèque Nationale», die zugleich eine kleine Kunsttheorie ist – nämlich eine Wiederaufnahme der Überlegungen zur Beziehung von Schrift und Bild, nun im Medium der chinesischen Kunst.

Eben wegen des entschiedenen Bellizismus kann hier 1939 Benjamins kleine Anthologie «Allemands de quatre-vingt-neuf» erscheinen, die deutschen Zeitgenossen der französischen Revolution das Wort gibt und den «Mars français» feiert, den Kriegsgott aus Frankreich. Für «Das Wort» (Moskau) schildert er 1936 die kunsttheoretischen Debatten um André Gide.

Es gab aber auch Stabilitätsanker. Da ist die Freundschaft mit Adrienne Monnier, mit den Fotografinnen Germaine Krull und Gisèle Freund. Aus Benjamins Briefwechseln ragen die mit Frauen durch ihren besonderen Charakter heraus, und aus diesen wiederum der mit Margarete Karplus, Adornos späterer Frau. Hier hatte sich eine Herzensfreundschaft gebildet. Benjamin nannte sie «Felicitas» (nach einer Figur aus dem Stück, das er mit Wilhelm Speyer verfasst hatte), sie nannte ihn «Detlef», nach seinem Autor-Pseudonym Detlef Holz. Beide waren per «Du», während es Adorno gegenüber immer beim «Sie» blieb. Noch aus Berlin unterstützte sie Benjamin finanziell. Vor allem aber: Hier herrschte keine Konkurrenz im Bereich der Theorie (wie sie im Briefwechsel mit Adorno spürbar wird), vielmehr ein wechselseitiges entspanntes Wohlwollen. Ähnlich wie die Rolle von Gretel Adorno als menschliche Zwischenstation in der Kommunikation mit dem Institut für Sozialforschung muss man die Rolle von Margarete Steffin zwischen Benjamin und Brecht beurteilen.

Nicht dass die beiden Frauen kritiklos gegenüber Benjamin gewesen wären – aber die Atmosphäre war nicht von vornherein die eines Kräftemessens, um nicht zu sagen: Fingerhakelns, wie sie unter den intellektuellen Männern vorherrschte. So erklären sich Briefe, die nur zwischen Menschen möglich sind, die einander bedingungslos vertrauen: «Was würdest Du dazu sagen», fragt Gretel Adorno Mitte der dreißiger Jahre, von gesundheitlichen Krisen geplagt, «wenn ich mich entschlösse katholisch zu werden? Walter Benjamin, ich muss heute die Regel durchbrechen und Dich bei Deinem Namen rufen, die Maskierung des Detlef und der Felicitas ist gut, aber mir ist es, als kenne ich Dich anders, besser als Deine Freunde, als wenn ich den richtigen Weg zu Dir gefunden hätte.» Und als sei sie schon katholisch, schickt sie ihm «zu Ostern viele Grüße».[30]

Eine neue Freundschaft war die zu Hannah Arendt, die in erster Ehe mit Benjamins Cousin Günther Anders verheiratet war. Eine bedeutende Philosophin und intellektuelle Schriftstellerin, vor allem eine geniale Zeitdiagnostikerin – nicht umsonst hatte sie von ihrem Lehrer Martin Heidegger die Idee aufgenommen, dass das «Ereignis» zur philosophischen Kategorie werden kann. Ihre jüdische Erfahrung, wenn man das so sagen darf, war eine der prekären Lage in Europa, des Paria-Seins, des Antisemitismus, der schwierigen Situation Rahel Varnhagens – all diesen Motiven widmete sie Bücher oder Essays. Die entschieden jüdische Wendung war schon vor 1933 gekommen. Mit dem Leiter der deutschen Zionisten, Kurt Blumenfeld, war sie seit 1926 eng befreundet, ohne selbst dem Zionismus anzuhängen. Eher sah sie ihn als ein Korrektiv der Assimilationshoffnungen, die sich als vergeblich herausgestellt hatten. Hannah Arendt ging es nicht um das Land Palästina, sondern darum, das Politische möglichst trennscharf von allen anderen Erwägungen zu sondern. Als politische Akte gelten ihr jene, in denen eine vorpolitische Kontinuität aufgekündigt wird: Gründung, Verfassungsgebung und Revolution. Der Ort wird unbedeutend; nicht zufällig spricht sie von ihrem Mann Heinrich Blücher und sich als Bohemiens, «das heißt Menschen, die in keinem Besitz verwurzelt sind, und darum ihr Milieu sozusagen immer mit sich herumtragen oder, richtiger darauf angewiesen sind, es immer neu zu produzieren».[31] Ihre politische Theorie war ganz auf die Begründung von demokratischer

*Die Philosophin Hannah Arendt war in erster Ehe mit Benjamins Cousin
Günther Stern verheiratet, der später unter dem Namen Günther Anders
bekannt wurde. In Paris wurden Benjamin und sie enge Freunde.*

Opposition und Dissidenz angelegt, und als Dissidentin trat sie auch
in der innerjüdischen Diskussion der vierziger Jahre auf.

Am 20. August 1936 schickte sie Benjamin aus Genf, wo sie an
der Gründung des Jüdischen Weltkongresses teilnahm, eine Karte,
die ein patriotisches Motiv zierte. Vor schneeigen Alpen und neben
einer Rütlischwur-Szene erhebt sich eine weibliche Gestalt in weißem Kleid, eine Allegorie des Friedens. «Eine Ihrer würdige Karte»
habe sie gefunden, schreibt sie: «Wie es sich für Genf schickt, eine
mehr ideologische Angelegenheit. Aber Sie werden zugeben müssen – sofern Sie meine Klaue überhaupt zu lesen imstande sind – ein
genaues Konterfei des Völkerbundes. – Der Jüdische Weltkongress
sah ein bisschen anders aus. Siehe Rassenmerkmale. Ein Photo von
ihm ließ sich nicht auftreiben.»[32] Sind die ersten Briefe an Benjamin noch von solcher lebhaften Keckheit geprägt, so wird seit dem

280

Herbst 1939 die Sorge um die von der französischen Regierung nach Kriegsbeginn summarisch internierten Deutschen, zu denen auch die Flüchtlinge gehörten, das beherrschende Thema.[33]

Eng verbunden war Benjamin dem exilierten Institut für Sozialforschung. «Die Gruppe, von der die Rede ist», schrieb er in Thomas Manns Exil-Zeitschrift «Maß und Wert», «hat sich in der deutschen Republik um das Frankfurter ‹Institut für Sozialforschung› zusammengefunden. Man kann nicht sagen, dass sie von Hause aus eine Fachschaft gebildet hätte. Der Leiter des Institutes, Max Horkheimer, ist ein Philosoph, ein Ökonom, Friedrich Pollock, sein nächster Mitarbeiter. Neben ihnen stehen als Psychoanalytiker Fromm, als Volkswirtschaftler Grossmann, als Philosophen Marcuse und Rottweiler, der letztere zugleich als Musikästhetiker, als Literarhistoriker Löwenthal, und einige andere.»[34] Keine Rede von Materialismus und Marxismus, in deren Zeichen das Institut sich gebildet hatte (inzwischen sprach man von «Kritischer Theorie», um die amerikanischen Freunde nicht zu verschrecken); adressiert wird von Benjamin ein bürgerliches Lesepublikum.

Max Horkheimer hatte 1931 die Leitung des Instituts übernommen. Dieses war 1923 durch eine Stiftung von Hermann Weil, einem der weltweit bedeutendsten Getreidehändler, ins Leben gerufen worden. Zunächst trug es den Namen Hermann-Weil-Stiftung. Mit Horkheimers Direktorat änderte sich der Charakter; nicht mehr als «Archiv für die Geschichte des Sozialismus und der Arbeiterbewegung» firmierte die Institutspublikation, sondern als «Zeitschrift für Sozialforschung». Eine Theorie der Gesellschaft, die zugleich Wirtschaftstheorie und philosophische Kritik sein wollte, die vor allem aber Anweisungen zur Selbstbeobachtung, auch Rezepte zum richtigen Hören von Musik aufstellte und bis zur Psychoanalyse weite Bereiche umspannte, war immer schon mehr als eine wissenschaftliche Hypothese unter anderen: Sie war ein Angebot integraler Selbsterkenntnis, ein intellektuelles Programm des Lebenssinns, ein Milieu.

An Stephan Lackner schrieb Benjamin im April 1939: «Die Leiter des Instituts gehören meiner Altersklasse an. Horkheimer und ich kennen einander aus dem philosophischen Seminar der Universität Frankfurt. Eine nähere persönliche Beziehung, die durch (…) Wiesengrund-Adorno (…) gestiftet wurde, ergab sich erst in der Emigration. (…) In den ersten Jahren dieser Bekanntschaft bekam ich eine kleine monatliche Unterstützung vom Institut und gelegentliche außerordentliche Zuwendungen. Was mich in dieser ersten Zeit der Emigration aufrecht erhalten hat, war die Hoffnung, auf Grund meiner Arbeiten die Stelle eines ordentlichen Mitarbeiters am Institut zu erhalten. Dieses Ziel erreichte ich im Spätherbst 1937.»

Die ersten Aufträge der Zeitschrift erhielt Benjamin nach dem April 1933, daraufhin entstanden die beiden Essays zum gesellschaftlichen Standort der französischen Schriftsteller und zur Sprachsoziologie. Seit dem Frühjahr 1934 erhielt Benjamin eine monatliche Zahlung von fünfhundert Francs.[35] 1936 wurde der Betrag auf tausend Francs erhöht. Im Februar 1939 aber kam von Horkheimer die Hiobspost, dass «trotz unserer Anstrengungen in nicht allzu ferner Zeit der Tag kommen könnte, an dem wir Ihnen mitteilen müssen, dass wir beim besten Willen nicht imstande sind, Ihren Forschungsauftrag zu verlängern».[36]

Scholem hatte in Bezug auf das Institut von einer der großen jüdischen Sekten gesprochen, die Deutschland hervorgebracht habe. Das wurde am Institut aber nur intern kommuniziert. Am 20. Mai 1940 war Theodor W. Adorno, damals noch in New York, in Sorge wegen der kommenden Ausgaben der Zeitschrift. Seinen Eltern meldete er: «Es ist uns nur darum zu tun, wenigstens in einem Heft, unseren eigenen Standpunkt so unverändert und reinlich wie nur möglich vorzutragen. Und dazu ist leider von den andern Mitgliedern des Instituts, Juden und Christen, nicht eben viel zu erwarten. Unser Goi Wittfogel schreibt das ödeste Zeug über China, von dem wir eh schon viel zu viel gedruckt haben, und Pollock kommt nicht zum Schreiben.»[37] Karl August Wittfogel (1896 bis 1988) war aus dem

Wandervogel gekommen und hatte sich später der KPD angeschlossen. Aus seinen China-Studien entstand eine höchst einflussreiche Theorie der «asiatischen Despotie», die von der zentral-bürokratisch gelenkten Wasserverteilung ihren Ausgang nahm. Dass Adorno ihn – leicht pejorativ und so, als sei er der Einzige – als «unseren Goi» vorstellte, wirft Licht auf Scholems These.

Martin Jay, der erste Historiograph der Frankfurter Schule, hat in der «möglichen Bedeutung des jüdischen Hintergrunds der meisten Institutsmitglieder für ihre Entwicklung» ein «heikles und sensibles Thema» erkannt.[38] Seine Pionierarbeit zur Geschichte des Instituts für Sozialforschung in seiner klassischen Ära erschien 1973, die deutsche Übersetzung 1976.[39] Während seiner Studien führte Jay lange Gespräche mit Max Horkheimer und anderen Mitarbeitern der Zeitschrift, die nicht immer reibungslos verliefen. Horkheimer und Felix Weil (der Sohn des Institutsmäzens Hermann Weil) wollten in den Gesprächen mit Jay vermeiden, «auf irgendeine Version des Jüdischen reduziert zu werden, die man für ihre Ideen verantwortlich machen könnte».[40] Felix Weil war dabei der Entschiedenere. Nehme man an, so meinte er, dass das Jüdische noch eine Rolle für die Arbeit des Instituts spiele, «gehe man rassistischen Definitionen jüdischer Mentalität auf den Leim».[41] Horkheimer dagegen wollte zugestehen, das monotheistische Bildverbot habe für die Weigerung der Kritischen Theorie, die Utopie auszumalen, eine gewisse Bedeutung gehabt.

Diese Tendenz des Arguments nahm Jay in seinem Buch dann auch auf. Und mit Befriedigung notierte er im Rückblick, dass Leo Löwenthal ihm in einem autobiographischen Gespräch nachträglich recht gab: «However much I once tried to convince Martin Jay that there were no Jewish motifs among us at the Institute, now, years later and after mature consideration, I must admit to a certain influence of Jewish traditions, which were codeterminative.»[42] Sicher wird der Messianismus unter diesen Motiven eine herausragende Stelle eingenommen haben. Nachdem Scholem 1938 Mitarbeiter des

Instituts in New York kennengelernt hatte, schrieb er an Benjamin: «Mit Wiesengrunds» – das sind Gretel und Theodor W. Adorno – «war ich einige Male zusammen, sonst habe ich niemand von der Sekte intimer gesprochen.»[43]

Ein Freund und Förderer, den Benjamin in den späten dreißiger Jahren neu gewann, war Stephan Lackner. Wenn es ein Gespür für das Schöpferische an sich gibt, jenseits seiner Verwirklichungen in Kunstwerken, wissenschaftlichen Entdeckungen oder philosophischen Systemen, dann muss dies die eigentliche Gabe gewesen sein, die Lackner besaß. Er, der Mitexilant und Mäzen, war dem vertriebenen Philosophen in Paris begegnet und hatte sogleich tätige finanzielle Hilfe folgen lassen. Auch nach seiner Auswanderung in die Vereinigten Staaten übernahm er seinen Teil an der nicht immer einfachen Diplomatie zwischen Benjamin, der in Paris sah, wie das Unheil sich zusammenbraute, und dem in New York ansässigen Institut für Sozialforschung: «Ich habe», schrieb er an Benjamin im Sommer 1939, «Kontakt mit den Herren vom Institut bekommen … immerhin war die psychologische Wirkung günstig und Ihr ‹Fall› wurde wieder in den Mittelpunkt der Aufmerksamkeit gerückt.»[44] Lackners Versuch allerdings, den «Angelus Novus» von Klee aus Benjamins Besitz in Amerika zu verkaufen, wurde durch den Kriegsausbruch vereitelt.

Zur Demoralisierung der exilierten deutschen Linken trug die weltpolitische Lage bei. Langsam begann sich abzuzeichnen, dass die kommunistische Option ein Fehler gewesen sein könnte. André Gide – ein von Benjamin hochgeschätzter Autor – wandte sich nach einer Reise in die Sowjetunion von der sozialistischen Utopie ab. Benjamin war enttäuscht. Gides Buch, meldete er im Dezember 1936 an Margarete Steffin, sei «in zahllosen Auszügen in der Presse der Faschisten verbreitet. Gelesen habe ich es noch nicht. (…) Was mich betrifft, so missbillige ich das Buch ohne es noch zu kennen.» Die Vorstellung, eine politische Position zu jeder Zeit öffentlich in Frage

Brechts Geliebte, die Schauspielerin und Schriftstellerin Margarete Steffin (1908 bis 1941), gehörte im Exil zu den Frauen, auf deren Loyalität sich Benjamin verlassen konnte.

zu stellen, lehnt er ab: «Der Anspruch darauf ist reiner Dilettantismus; das Ergebnis ist grober Unfug.»[45]

Tatsächlich war das, was Gide an Erfahrungen aus der Sowjetunion mitbrachte, für einen aus Deutschland Emigrierten starker Tobak: «Was man gegenwärtig verlangt, ist Zustimmung, Konformismus. Was man will und fordert, ist eine Billigung von allem, was sich in der UdSSR abspielt, was man erlangen will, ist, dass diese Billigung nicht resigniert ausgesprochen werde, sondern aufrichtig, selbst enthusiastisch. Das Erstaunlichste: dass man damit durchkommt. Auf der anderen Seite wird der leiseste Widerspruch, die leiseste Kritik empfindlich gestraft, und ansonsten erstickt. Ich zweifle, ob heute in irgendeinem Land, und sei es im Deutschland Hitlers, der Geist weniger frei, mehr verbogen, furchtsamer (weil terrorisiert) und geknechteter ist.»[46]

Asja Lacis schrieb Benjamin zu der Affäre, die bald um Gides Bericht aufflammte: «Mit dem Gide ist es aus. Ich wundere nicht mal so sehr das er gegen Sowjet geschrieben hat (…). Er ist zu schwach für so was. Ich verstehe nicht eins: weshalb er hier so viel Tränen vergossen hat … und so begeistert war und den Ostrovski geküsst hat und ganz für uns gesprochen hat. Er konnte doch seine Meinung uns offen sagen, aber nicht so schwindeln! Schade für ihn, dass er von seinem Zirkel nicht herauskommen kann! So wird er weiter drohen … und es wird aus Ihm nur Asche.»[47] Ende Juni 1938 notierte Benjamin ein Gespräch mit Brecht: «Ich möchte jemandem ein kleines Geschenk für Asja mitgeben; Handschuhe. Brecht meint, das sei schwierig. Es könnte die Ansicht entstehen, Jahnn habe ihr Spionagedienste mit zwei Handschuhen entgolten.»[48] Tatsächlich wurde sie 1938 verhaftet und verschwand bis 1948 im Gulag.

Zwar erwog Benjamin 1935 noch eine Zukunft in der Sowjetunion, wie sein Cousin, der Röntgenologe Egon Wissing. Wissing allerdings brach schon Ende 1935 seine Zelte in Moskau wieder ab und beklagte die zunehmende Unfreiheit. Die Schauprozesse des Jahres 1937 machten Benjamin ratlos: «Die zerstörende Wirkung der russischen Ereignisse wird notwendig immer weiter um sich greifen», heißt es in einem Brief an Fritz Lieb. «Und dabei ist das Schlimme nicht die schnellfertige Entrüstung der unentwegten Kämpfer für die ‹Gedankenfreiheit›; viel trauriger und viel notwendiger zugleich scheint mir das Verstummen der Denkenden, die sich, eben als Denkende, schwerlich für Wissende halten können. Das ist mein Fall, wohl auch der Deine.»[49] An Adorno meldet Benjamin, die «orthodoxe Intelligenz» sei angesichts der Prozesse «gelähmt», die freie Intelligenz dagegen neige unbewusst zum Faschismus.[50]

Am 25. Juli 1938 notiert er ein Gespräch mit Brecht vom Vortag: «Der russischen Entwicklung folge er; und den Schriften von Trotzki ebenso. Sie beweisen, dass ein Verdacht besteht; ein gerechtfertigter Verdacht, der eine skeptische Betrachtung der russischen Dinge fordert. Solcher Skeptizismus sei im Sinne der Klassiker. Sollte er eines Tages erwiesen werden, so müsste man das Regime bekämpfen – und zwar *öffentlich*. Aber ‹leider oder Gottseidank, wie Sie wollen›, sei dieser Verdacht heute noch nicht Gewissheit. Eine Politik wie die Trotzkische aus ihm abzuleiten sei nicht zu verantworten. ‹Dass auf der andern Seite, in Russland selbst, gewisse verbrecherische Cliquen am Werk sind, darin ist kein Zweifel. Man ersieht es von Zeit zu Zeit aus ihren Untaten.»[51] Einige Tage später, Anfang August, spricht Brecht von einer «Diktatur *über* das Proletariat», er nennt das Sowjetsystem eine «Arbeitermonarchie», und Benjamin vergleicht «diesen Organismus mit den grotesken Naturschauspielen, die in Gestalt eines gehörnten Fisches oder anderer Ungeheuer aus der Tiefsee zu Tage befördert werden».[52]

Das Klima des Verdachts, das sich in der Linken auszubreiten beginnt, lässt auch Benjamin nicht unbeeinflusst. Er liest in jenen Jahren viele Kriminalromane und entdeckt Georges Simenon, ja er entwirft gemeinsam mit Brecht eine eigene Kriminalgeschichte. Hinter der vollendeten Höflichkeit seiner Briefe mag eine zunehmend skeptische bis misstrauische Haltung der Umwelt gegenüber stecken. Alles, was zwischen Menschen geschieht, wird auf Verdacht und Gefahr umgestellt. Schon 1934 hatte Benjamin vier Geschichten publiziert, die die Möglichkeiten der Verstellung und der Lüge geradezu systematisch entwickelten.

Benjamins Position zu den russischen Vorgängen aber bleibt zweideutig; während sich seine Umgebung polarisiert, ist er zu einer begründeten Stellungnahme nicht mehr fähig. Gelegentlich hat man den Eindruck, dass seine Haltung vom Briefpartner abhing. Nachdem er Ernst Blochs Rechtfertigung des stalinistischen Terrors der Moskauer Schauprozesse gelesen hat, berichtet er, dass «eben der Aufsatz, der mich in die Folge eingeführt hat, auch andern einen sehr nachhaltigen Eindruck machte, nicht zum wenigsten der neuen Blickrichtung wegen, die er enthält».[53] Noch Anfang April 1939 berichtet er Gretel Adorno mit einiger Erbitterung, wie sehr sich die Position Bernard von Brentanos verändert habe, der acht Jahre zuvor für die Zeitschrift «Krise und Kritik» ins Auge gefasst war. Brentano brachte nun beim Verlag Grasset seinen Roman «Theodor Chindler» heraus: «Das reicht dem Autor offenbar nicht aus, um ihm seinen innern Frieden zu sichern, denn er bewies im Gespräch eine gewaltige Ranküne gegen Russland und alle andern Mächte, die dem Renner, auf den er gesetzt hatte, einen so schlechten weltgeschichtlichen Start verschafften. Ich hielt die Klangfarbe seiner Konfessionen nicht lange aus. Am nachdenklichsten an diesem Besuch machte mich, dass Brentano in naher Beziehung zu Silone steht. Es ist für mich nicht recht vorstellbar, dass ein politisches Ressentiment wie Brentanos zur täglichen Kost von Silone gehören kann. Dass es in Russland ‹tausendmal schlimmer› als in Deutschland sei, das wäre, wenn man Brentano glauben soll, das Leitmotiv dieser züricher Avantgarde.»[54]

Bald darauf, ebenfalls im April 1939 – die «Kristallnacht» lag erst wenige Monate zurück –, veröffentlichte Benjamin in der von seinem Freund Fitz Lieb geleiteten «Schweizer Zeitung am Sonntag» einen Brecht-Kommentar, in dem er auf das «Lesebuch für Städtebewohner» zu sprechen kam. «Die Vertreibung der Juden aus Deutschland wurde (bis zu den Pogromen von 1938) in der Haltung vollzogen, die in diesem Gedicht beschrieben wird. Die Juden wurden nicht erschlagen, wo man sie fand. Man verfuhr mit ihnen vielmehr nach dem Satz: Wir wollen den Ofen nicht einreißen / Wir wollen den Topf auf den Ofen setzen. / Haus, Ofen und Topf kann bleiben / Und du sollst verschwinden. Brechts Gedicht wird für den heutigen Leser aufschlussreich. Es zeigt haarscharf, wozu der Nationalsozialismus den Antisemitismus braucht. Er braucht ihn als eine Parodie. Die Haltung, die von den Herrschenden dem Juden gegenüber künstlich ins Leben gerufen wird, ist eben die, die der unterdrückten Klasse den Herrschenden gegenüber natürlich wäre. Der Jude soll – das will Hitler – so trätiert werden, wie der große Ausbeuter hätte trätiert werden müssen. Und eben weil es dem Juden gegenüber nicht wirklich ernst ist, weil es sich in seiner Behandlung um das Zerrbild eines echten revolutionären Verfahrens handelt, wird der Sadismus in dieses Spiel gemischt. Ihn kann die Parodie nicht entbehren – die Parodie, deren Zweck es ist, die historische Vorlage – die Expropriierung der Expropriateure – dem Gespött preiszugeben.»[55]

Die Nationalsozialisten, so glaubte Benjamin, manipulierten «künstlich» eine Praxis, die nur gegenüber den «großen» Ausbeutern «natürlich» gewesen wäre. Mit dem Antisemitismus sei es dem Regime «nicht wirklich ernst» – ein verhängnisvoller Fehlschluss, den Max Horkheimer im September 1939 wiederholte, wie wir sehen werden. Aber Benjamin gerät ins Schwanken, als er kurz darauf mit Heinrich Blücher spricht, dem zweiten Mann von Hannah Arendt: «Blücher wies sehr mit Recht darauf hin, dass bestimmte Momente des ‹Lesebuchs für Städtebewohner› nichts sind als eine Formulierung der GPU-Praxis. Das würde den prophetischen Charakter dieser Gedichte, auf den ich anspiele, von einer meiner Betrachtungsweise entgegengesetzten her, bestätigen. In Wahrheit schlägt sich in den gedachten Partien dieser Gedichte in der Tat eben diejenige Verfahrungsweise nieder, in der die schlechtesten Elemente der KP mit den skrupellosesten des Nationalsozialismus kommunizierten. Blücher hat recht, wenn er gegen meinen Kommentar zum dritten Gedicht des ‹Lesebuchs für Städtebewohner› einwendet, nicht erst Hitler habe in die hier dargestellte Praxis das sadistische Element hineingetragen indem er sie statt auf die Ausbeuter auf die Juden übertragen habe; sondern dieses sadistische Element sei schon von Hause aus in der ‹Expropriierung der Expropriateure› wie sie von Brecht beschrieben wird. Und der Zusatz ‹So sprechen wir zu unsern Vätern›, der das Gedicht abschließt, beweist denn auch strikt, dass es sich hier nicht um die Expropriierung der Expropriateure zugunsten des Proletariats sondern zugunsten stärkerer Exropriateure, nämlich der jungen, handelt. Dieser Zusatz verrät die Komplizität, die dieses Gedicht mit der Haltung der dubiosen expressionist(isch)en Clique um Arnolt Bronnen hat. – Vielleicht darf man annehmen, dass ein Kontakt mit revolutionären Arbeitern Brecht davor hätte bewahren können, die gefährlichen und folgenschweren Irrungen, die die GPU-Praxis für die Arbeiterbewegung zur Folge hatte, dichterisch zu verklären. – Jedenfalls ist der Kommentar, in der Gestalt, die ich ihm gegeben habe, eine fromme Fälschung; eine Vertuschung der Mitschuld, die Brecht an der gedachten Entwicklung hatte.»[56]

Aber die «Mitschuld» Brechts bleibt höchst fraglich. Denn die merkwürdige Pointe im «Lesebuch für Städtebewohner» hatte ja darin bestanden, dass von einer marxistischen «Expropriation der Expropriateure» gar nicht die Rede war – die Frage, *warum* hier Menschen enteignet und vertrieben wurden, stellt sich im ganzen Gedichtzyklus nicht; die jeweiligen Begründungen schienen Brecht austauschbar zu sein. Das war sein eigentlicher Radikalismus. Benjamin hatte etwas in Brechts Gedicht projiziert, was so nicht darin stand. Bei Heinrich Blücher aber, dem Mann von Hannah Arendt, hört man schon den Vorklang jener Überlegungen seiner Frau, die sie 1951 unter dem Titel «The Origins of Totalitarianism» veröffentlichte (deutsch 1955 unter dem Titel «Elemente und Ursprünge totaler Herrschaft»).

Entmutigend war schließlich auch das, was Benjamin vom literarisch-politischen Leben Frankreichs miterlebte und in regelmäßigen Briefen Max Horkheimer mitteilte. Die Diagnose lautete, für die letzten Vorkriegsjahre nicht überraschend, auf «Defaitismus». Nach der Enttäuschung, die die Linke mit dem Scheitern der Volksfrontregierung unter Léon Blum erfahren hatte, blieben nur mehr «schwankende Erscheinungen» wie Jean Cocteau und Denis de Rougemont, selbst in der Psychoanalyse sah Benjamin nun den «Obskurantismus» einkehren. Allerdings: Bei Horkheimer, der sich inzwischen in den Vereinigten Staaten niedergelassen hatte, war der Abschied von den Illusionen der Vergangenheit bestimmter ausgesprochen. Sein Essay «Egoismus und Freiheitsbewegung» von 1936 trennte den gedanklichen Zusammenhang von Freiheit und Revolution, den Ur-Irrtum der Linken, mit beeindruckender Konsequenz wieder auf. Horkheimer entwickelte hier, sozusagen pünktlich zum Beginn der Moskauer Schauprozesse, ein Panorama der europäischen Revolutionen, die im Tugendterror gipfeln und in der Schreckensherrschaft der Französischen Revolution ihr vorläufiges Ziel finden. Der Essay markierte einen Scheideweg der Emigration. Möglich geworden war er aus dem Abstand, den der amerikanische Standort zu den europäischen Ideologien bot.

Benjamin nahm Horkheimers Gedanken im Sommer 1939 auf, als er deutsche Briefe aus der Zeit der Französischen Revolution für ein Sonderheft der Revue «Europe» in einer kleinen Anthologie mit dem Titel «Allemands de quatre-vingt-neuf» zusammenstellte. Unter den Briefschreibern waren auch Novalis, dessen Kritik an der Französischen Revolution er für «reaktionär» hält, und Herder. «Der Nationalismus der französischen Revolutionsarmeen konnte (…) ein historisches Recht für sich geltend machen. Ihr Kriegsgott hieß ‹Mars français protecteur de la liberté du monde›. Aber die Keime der Entartung lagen bereit. Das spürte Herder, und er hat auch erkannt, wie er den Bund mit dem Terror einzugehen willig ist. Das was in der großen Revolution nur als Wetterleuchten am Horizont der Geschichte des Bürgertums aufleuchtet, entlädt sich überm Deutschland der Gegenwart in Gestalt des furchtbarsten Unwetters. Im Dritten Reiche wurde das wichtigste Instrument des Terrors der Nationalismus selbst. Ein Terror, der unmittelbar gegen das eigene, mittelbar gegen das internationale Proletariat gerichtet ist.» Und nun sieht Benjamin, unter Berufung auf Horkheimer, «Keime der heutigen Situation in der Praxis der Schreckensherrschaft». «Dass an die Stelle der Konjunktion des nationalen Ideals mit der Tugend, wie sie Robespierre vorgeschwebt hat, bei Hitler die des nationalen Ideals mit der Rasse getreten ist, das zeigt den Unterschied an, der zwischen dem bürgerlichen Führer der Heroenzeit und der Dekadence besteht. Nichts von der Mystik des Blutes im fr[anzösischen] Nationaltyp.»[57]

Wieder ist ein Stück des Revolutionsmythos weggebrochen, wenn auch die Diagnose der deutschen Ereignisse immer noch glauben machen will, der NS-Terror richte sich vornehmlich gegen das Proletariat. So, wie Benjamin den Mars der Franzosen beschwor, so äußerte sich auch sein Freund Fritz Lieb in der «Schweizer Zeitung am Sonntag» im Sinne des Bellizismus. «Die letzte Nummer ist sehr gut», schrieb ihm Benjamin im April 1939. «Deine Rede hat mir vorzüglich gefallen und der Vorschlag von Schwarz ist ausgezeichnet. Wenn ihr den durchsetzen würdet.»[58] Beide Artikel hatten zum bewaffneten Widerstand gegen Deutschland aufgerufen.[59] Den bevorstehenden Angriff Hitlers könne man, so Fritz Lieb, nur abwenden, wenn die freien Völker «zu einer ebenso totalen Verteidigung, ja zum *totalen Gegenangriff* auf der ganzen Linie» bereit seien.[60]

Zu den bedrückenden Schlussfolgerungen, die nach der Lektüre der Briefe bleiben, gehört es auch, dass man in Benjamin nicht mehr ausschließlich das Opfer der Demoralisierung erkennt. Als Werner Kraft ihm ein Konvolut von Prosaminiaturen sandte, zeigte sich Benjamin angetan. Und tatsächlich: Die kleine Sammlung mit dem harmlos klingenden Titel «Am stillen Herd» enthielt eine Moralistik der Emigration von höchstem Rang. Die Vignetten zu Carl Gustav Jochmann und dem Grafen Schlabrendorf sprachen Benjamin besonders an – so sehr, dass er sie kurz darauf, in einem Akt von extremer Illoyalität, als eigene Entdeckung ausgab, nachdem ihm Kraft mehrere Bände der verschollenen Schriften Jochmanns geliehen hatte.

1939, als die Freundschaft mit Kraft zu Bruch gegangen war, veröffentlichte Benjamin Jochmanns «Rückschritte der Poesie» in der «Zeitschrift für Sozialforschung». Seine Einleitung bediente sich frei aus den Texten Krafts: Bei diesem liest man von Schlabrendorf, er sei «‹amtlos Staatsmann, heimatfremd Bürger, begütert arm›, wie Varnhagen in lapidarer Kürze sagt».[61] Bei Benjamin heißt es: «Varnhagen, der von Schlabrendorf das taciteisch gefasste Porträt gegeben hat» – und es folgen die eben zitierten Sätze.[62] Eine bittere Ironie ist es, dass nun gerade Benjamins Essay, der seine Schuld bei Kraft vergessen hatte, sich mit den Bedingungen des Vergessens befasste. Immer schon waren es Unterbrechungen des Bewusstseinsverlaufs, die Benjamin als Theoretiker der Erkenntnis gereizt hatten. Allzu lange aber haben solche Techniken der Fragmentierung und der

«Diese Niederschrift, die von den pariser Passagen handelt, ist unter
freiem Himmel begonnen worden wolkenloser Bläue, die überm Laube
sich wölbte und doch von den Millionen von Blättern, in denen die frische
Brise des Fleißes, der schwerfällige Atem des Forschers, der Sturm des
jungen Eifers und das träge Lüftchen der Neugier rauschten, mit vielhun-
dertjährigem Staube bedeckt worden, Denn der gemalte Sommerhimmel,
der aus Arkaden in den Arbeitssaal der pariser Nationalbibliothek hinun-
tersieht, hat seine träumerische, lichtlose Decke über ihr ausgebreitet.»

Dissoziation einer entlasteten, postmodernen Literaturtheorie als
Spielmaterial gedient. Der Leser der Briefe erkennt sie dagegen als
philosophischen Ausdruck einer ausweglosen geschichtlichen und
persönlichen Lage. Bis zum Ende des Zweiten Weltkriegs bürgerte
Deutschland knapp vierzigtausend Emigranten aus, unter ihnen die
prominentesten Hitler-Gegner und aus Benjamins Freundeskreis
Hannah Arendt und Bertolt Brecht. Am 4. Juli 1939 traf es Benjamin – wegen einer Publikation in der Moskauer Zeitschrift «Das
Wort».

Für den Herbst 1939 war im Collège de Sociologie ein Vortrag Benjamins geplant, der dann nicht mehr stattfinden konnte, da Benjamin interniert wurde.[63] Zu diesem bedeutenden geistigen Kreis hatte er Zugang gefunden durch Pierre Klossowski (den Bruder des Malers Balthus), der den Aufsatz über das Kunstwerk im Zeitalter seiner technischen Reproduzierbarkeit übersetzt hatte. Das 1937 von Georges Bataille, Michel Leiris und Roger Caillois – alle drei standen zeitweise dem Surrealismus nahe – gegründete Collège war die nach außen gewandte Seite eines Geheimbunds namens «Acéphale» (ohne Kopf), den Bataille ins Leben gerufen hatte. Bataille stand für alles, was sich gegen die Aufklärung richtete, und zwar nicht, wie Horkheimer und Adorno in der «Dialektik der Aufklärung», mit dialektischen Volten, sondern unmittelbar. Er steuerte geradeheraus auf das Heilige zu, das in der französischen Soziologie seit Émile Durkheim und Marcel Mauss immer ein Hauptthema war, bei Bataille aber nun lebendige Erfahrung werden sollte (und vielleicht wurde). Das war der stärkste Gegensatz zum Institut für Sozialforschung, der sich denken lässt. Nicht der Klassenkonflikt, ja überhaupt keine marxistische Orientierung wurde hier angenommen, vielmehr wollte man über eine Soziologie des Heiligen zu den Grundlagen der sozialen Gemeinschaften vorstoßen. Man spürt, dass eine solche Theorie sowohl die Prägung durch einen starken Katholizismus voraussetzte als auch den Aufstand gegen diesen. Der Bezug auf Nietzsche, der vor der nationalsozialistischen Vereinnahmung gerettet werden sollte, lag von solchen Positionen aus nahe. Gemeinschaftsbildung also im Zeichen des Sakralen – und zwar in der Situation einer geistig-moralischen Krise der französischen Demokratie, die man sich nicht dramatisch genug vorstellen kann und die 1939/40 zum schnellen Zusammenbruch Frankreichs beitrug.

Folgt man Klossowski, dann nahm Benjamin nicht nur an den öffentlichen Sitzungen des Collège teil, sondern mitunter auch an den geheimen Treffen der Acéphale-Gruppe.[64] Klossowski erinnert sich: «Ich hatte ihn zu dem Zeitpunkt kennengelernt, als ich dem

Klüngel Breton-Bataille angehörte, kurz bevor ich mit letzterem die ‹Acéphale›-Riten praktizierte, Dinge, die Benjamin ebenso konsterniert wie neugierig verfolgte. Obwohl Bataille und ich damals mit ihm auf allen Ebenen in Opposition standen, hörten wir ihm leidenschaftlich zu.»[65] Verwirrt und fassungslos sei Benjamin gewesen angesichts der Zweideutigkeit der acephalen «A-Theologie», der er die Schlussfolgerungen entgegensetzte, die er aus der geistigen Entwicklung des deutschen Bürgertums gezogen hatte: Die metaphysische und politische Übertreibung des Nicht-Mitteilbaren als Funktion der kapitalistisch-industriellen Gesellschaft habe ein seelisches Terrain vorbereitet, das den Nazismus begünstigt. Diskret, so Klossowski weiter, habe Benjamin versucht, die Gruppe vor diesem gefährlichen Abhang zurückzuhalten, denn trotz der scheinbaren absoluten Unvereinbarkeit ihrer Theorien mit dem Faschismus riskiere sie ein Spiel mit dem, was er schlicht und einfach den «vorfaschistischen Ästhetizismus» nannte. Klossowski spricht von einer Prägung Benjamins durch die Analysen von Georg Lukács, in die er sich gleichsam eingeklinkt habe, um seine eigene Verwirrung zu überwinden – die Acéphale-Leute habe er in das gleiche Dilemma einschließen wollen. An diesem Punkt gab es keine Verständigung mehr. Benjamin versuchte aber, der Gruppe das Denken Fouriers über die gesellschaftliche Zukunft nicht mehr in sozialen, sondern in «affektiven» Klassen nahezubringen. Dies sei *seine* Esoterik gewesen.[66]

In der Zeitschrift für Sozialforschung besprach Benjamin 1938 den Essay «L'aridité» von Caillois. Dessen «namhafte Begabung» habe «einen Gegenstand, an dem sie sich nicht mehr anders bekunden kann als in der Gestalt der Frechheit. Es ist abstoßend, wie die historisch bedingten Charakterzüge des heutigen Bourgeois durch ihre metaphysische Hypostasierung zu einer mit elegantem Griffel umrissenen Remarque am Rande des Zeitalters zusammentreten. Die gedrängten Striche dieses Dessins tragen alle Merkmale pathologischer Grausamkeit. Sie gibt nun einmal die unabdingbare Grundlage für die Erschließung des ‹höheren Sinnes› ab, der der

Praxis des Monopolkapitals innewohnt, welches seine Mittel ‹lieber der Zerstörung verschreibt als sie dem Nutzen oder dem Glück zuzuwenden› (S. 9).»[67] Bei Caillois hatte es zynisch-machiavellistisch geheißen, man arbeite für die Befreiung der Wesen, die man sich untertan machen wolle und von denen man erwarte, dass sie niemand anderem gehorchen. Damit, so Benjamin, habe Caillois aber «ganz einfach die faschistische Praxis gekennzeichnet. – Es ist traurig, einen schlammigen breiten Strom aus hochgelegenen Quellen gespeist zu sehen.»[68] «L'aridité»: Der Titel deutet Trockenheit und Härte an – gegen das übermäßig Weiche. Er mag an die «Verhaltenslehren der Kälte» erinnern, die Helmut Lethen beschrieben hat.

Caillois verbrachte den Krieg in Argentinien mit seiner Frau, der Schriftstellerin Victoria Ocampo, übrigens als scharfer Gegner des Nationalsozialismus. Und Georges Bataille? Er versteckte Benjamins Passagen-Manuskripte in der Bibliothèque nationale und rettete sie damit.

KAPITEL XVI

VOM VERFALL DER AURA:
DER KUNSTWERKAUFSATZ

Sehr merkwürdig, dass gerade die bekanntesten meiner
Freunde kein so lebhaftes Interesse für Malerei hatten,
wie ich selber, Bloch nicht, auch Benjamin nicht, der wohl
durch seine schwere Kurzsichtigkeit sich etwas gehemmt
fühlte, über Bilder und Farben zu urteilen und nur eben
solche skurrilen graphischen Spielereien, illuminiert wie
seine Kinderbücher, wie die Paul Klees sich gefallen ließ.

I. M. Lange

Die «Schicksalsstunde der Kunst» habe geschlagen, schrieb Benjamin am 16. Oktober 1935 an Horkheimer, als er den Essay
«Das Kunstwerk im Zeitalter seiner technischen Reproduzierbarkeit» ankündigte.[1] Um die Mitte der dreißiger Jahre hatte der Welt-
bürgerkrieg definitiv auch die Kunst und die Kunsttheorie erreicht
und zu seinem Schlachtfeld gemacht. In Deutschland war der Kampf
gegen die «Entartete Kunst» ausgerufen worden. Die gleichnamige
berüchtigte Ausstellung wurde am 19. Juli 1937 eröffnet. Darin fand
sich ein eigener Raum für den Dadaismus; ein historisches Foto zeigt
Hitler vor einer Parole von George Grosz und einer Arbeit von Kurt
Schwitters; die Bilder waren absichtlich schief gehängt worden, um
geistige Zerrüttung zu signalisieren. Hans Richter, mit dem Benjamin befreundet war und in dessen Zeitschrift «G» er publiziert hatte,
war in der Ausstellung mit der Arbeit «Farbenordnung» vertreten.
Arbeiten von László Moholy-Nagy – auf den sich Benjamin in seiner «Kleinen Geschichte der Fotografie» berufen hatte –, wurden
1937 aus der Städtischen Kunsthalle Mannheim entfernt. In der Ausstellung hing sein Aquarell «Konstruktion».[2] Paul Klee war mit der

«Zwitscher-Maschine» (1922) und der «Sumpflegende» (1919) vertreten. Nicht nur das nationalsozialistische Deutschland fuhr einen harten Kurs. Der Altbolschewist Karl Radek hatte sich 1934 beim ersten Unionskongress der Sowjetschriftsteller über James Joyce ungemein abschätzig geäußert: Der Roman «Ulysses» fotografiere «einen Misthaufen durch ein Mikroskop».[3] Gegen alle modernistischen Formexperimente in der Literatur wurde auf dem Kongress der «sozialistische Realismus» für verbindlich erklärt. Vom Schriftsteller und Kritiker forderte man «wahrheitsgetreue, historisch konkrete Darstellung der Wirklichkeit in ihrer revolutionären Entwicklung». Wahrheitstreue und historische Konkretheit aber müssten «mit den Aufgaben der ideologischen Umformung und Erziehung der Werktätigen im Geiste des Sozialismus abgestimmt werden».[4] Sergei Tretjakow, auf den sich Benjamin gerade noch berufen hatte, wurde 1937 erschossen. Den Theaterregisseur Wsewolod Meyerhold liquidierte man im Februar 1940. Benjamin hatte ihn 1931 in seinem Essay über das epische Theater gefeiert. Als man Meyerhold in Berlin die Frage stellte, «worin denn seiner Meinung nach seine Schauspieler sich von den westeuropäischen unterschieden, hat er geantwortet: ‹Durch zwei Dinge. Erstens dadurch, dass sie denken können, zweitens dass sie materialistisch, nicht idealistisch denken.›»[5]

Alexei Tolstoi hingegen, von Benjamin einst der «Neuen Bourgeoisie» zugerechnet[6], war mit den patriotischen Sujets seiner historischen Romane inzwischen einer der Erfolgsschriftsteller der Stalin-Welt und stand im höchsten Ansehen. Isaak Babel wurde 1939 verhaftet, 1940 erschossen. 1930 hatte Benjamin von einem scharf polemischen Vortrag des sowjetischen Dichters Ossip Brik berichtet (er war der Schwager von Louis Aragon): «Babel hat Budjonnys Reiterarmee geschildert. ‹Aber›, hat Budjonny gesagt, als er das Buch zu lesen bekam, ‹in Wirklichkeit war das alles ganz anders. Meine Leute hatten mit denen, die Babel darstellt, gar nichts zu tun.› ‹Und›, fährt Brik fort, ‹was für einen Sinn hat es, eine historische Wirklichkeit, die wir alle erlebten und die kontrollierbar ist, auf ‹interessante› Art zu verwandeln?›»[7] Benjamin konnte ahnen, was sich im Osten tat. Sowjetische Diskussionen hatten stets drohende Untertöne. Aber die Wirklichkeit sickerte nur langsam ins Bewusstsein der exilierten Linken. 1938 wurden die Fragen der sowjetischen Kunstpolitik mit Brecht erörtert. Benjamin notierte am 1. Juli: «Sehr skeptische Antworten erfolgen, so oft ich russische Verhältnisse berühre. Als ich mich neulich erkundigte, ob ‹Ernst› Ottwalt noch sitzt, kam die Antwort ‹wenn der noch sitzen kann, sitzt er.› Gestern meinte die Steffin, Tretjakoff sei wohl nicht mehr am Leben.»[8] Die Verfolgungen wurden wenig später noch einmal zum Thema: «Brecht meint, die Autoren drüben haben es eben schwer. ‹Es wird schon als Vorsatz ausgelegt, wenn in einem Gedicht der Name Stalin nicht vorkommt.›»[9] Am 29. Juli sprach man über Georg Lukács, den Hauptvertreter der realistischen Doktrin: «Brecht liest mir mehrere polemische Auseinandersetzungen mit Lukács vor, Studien zu einem Aufsatze, den er im ‹Wort› veröffentlichen soll. Es sind getarnte, aber vehemente Angriffe. Brecht fragt mich, was ihre Publikation angeht, um Rat. Da er mir gleichzeitig erzählt, Lukács habe derzeit ‹drüben› eine große Stellung, so sage ich ihm, ich könne ihm keinen Rat geben. ‹Hier handelt es sich um Machtfragen. Dazu müsste sich jemand von drüben äußern. Sie haben doch Freunde dort.› Brecht: ‹Eigentlich habe ich dort keine Freunde. Und die Moskauer selber haben auch keine – wie die Toten.›»[10]

In dieser kunstpolitischen Spannung fand sich Benjamin am Ende völlig isoliert. Seine Position war radikal. Er suchte nach Praktiken, die *nach* der Kunst kommen würden. Darauf war der Neueinsatz des Passagenwerks 1935 angelegt: «Wie die Architektur in der Eisenkonstruktion der Kunst zu entwachsen beginnt, so tut das die Malerei ihrerseits in den Panoramen.»[11] Das ist es, was Benjamin nun interessiert – so, wie er im Trauerspielbuch nach einem «Korrektiv der Kunst» gesucht hatte. Diese Entwicklung des «Entwachsens» habe im neunzehnten Jahrhundert die «Gestaltungsformen von der Kunst emanzipiert wie im XVI. Jahrhundert sich die Wissenschaften von der Philosophie befreit haben. Den Anfang macht die Architektur als Ingenieurkonstruktion. Es folgt die Naturwiedergabe als Photographie. Die Phantasieschöpfung bereitet sich vor, als Werbegraphik praktisch zu werden. Die Dichtung unterwirft sich im Feuilleton der Montage. Alle diese Produkte sind im Begriff, sich als Ware auf den Markt zu begeben.»[12] Nach der Kunst würde vor allem das Barbarentum kommen. Seit langem schon bemühte sich Benjamin um einen positiven Begriff des Barbaren. Klees Figuren, so hatte er in dem Essay «Erfahrung und Armut» geschrieben, seien «gleichsam auf dem Reißbrett entworfen und gehorchen, wie ein gutes Auto auch in der Karosserie, vor allem den Notwendigkeiten des Motors, so im Ausdruck ihrer Mienen vor allem dem Innern. Dem Innern mehr als der Innerlichkeit: das macht sie barbarisch.»[13] Entscheidend an diesem neuen Barbarentum sei «der Zug zum willkürlichen Konstruktiven; im Gegensatz zum Organischen nämlich».[14]

Dann folgt ein eiserner, eisiger Satz, der klingt, als kämen die Namen direkt aus Aldous Huxleys dystopischem Roman «Schöne neue Welt». Dort werden die Jahre nach Henry Ford gezählt und die Figuren heißen Mustapha Mond (in der deutschen Fassung Mustafa Mannesmann), Lenina Crowne, Bernard Marx und Helmholtz Watson – Letzterer nach dem Naturwissenschaftler Hermann von Helmholtz. «Auch die Russen geben ihren Kindern gerne ‹entmenschte› Namen: sie nennen sie Oktober nach dem Revolutionsmonat oder ‹Pjatiletka›, nach dem Fünfjahrplan, oder ‹Awiachim› nach einer Gesellschaft für Luftfahrt. Keine technische Erneuerung der Sprache, sondern ihre Mobilisierung im Dienste des Kampfes oder der Arbeit; jedenfalls der Veränderung der Wirklichkeit, nicht ihrer Beschreibung.»[15]

Kann man glauben, dass der Autor dieser Zeilen noch der Mann war, der ein paar Jahre zuvor über Dantes «Divina Commedia» gesagt hatte, diese große Dichtung sei nichts als die «Aura um den Namen Beatrice»?[16] Es ist bitter in Benjamin geworden. Im Februar 1935 schreibt er an Margarete Karplus von seiner tiefsten Verstimmung: «Nicht von der Art eines Leidens, das es in erfüllten Lebensperioden gibt, sondern voll einer Bitterkeit, die ins Leere abfließt und von Nichtigkeiten gespeist wird.»[17]

Wenn Benjamin von Niedergangs- oder Verfallsepochen der Kunst, ja von Barbarisierung nicht abwertend, sondern in einem positiven Sinne sprach, dann war dies keine Improvisation. Vielmehr konnte er auf Gedanken des Kunsthistorikers Alois Riegl zurückgreifen. Riegl hatte die spätrömische Kunst neu gesehen; nicht mehr als das Ergebnis der Verkümmerung des klassisch-antiken plastischen Instinkts, die durch den Einfall neuer Völkerschaften ins römische Reich ausgelöst worden sei, sondern als erste Morgenröte einer neuen Raumauffassung: «Die antike Menschheit gieng eben in ihrem Kunstschaffen von bestimmten (…) Voraussetzungen aus, die es ihr schlechterdings unmöglich machten, für unsere moderne Auffassung von der Linienperspective ein Verständnis zu fassen. Die spätrömische Kunst zeigt nun allerdings noch nicht die moderne Art der Beobachtung der Linienperspective, ja sie scheint sich von dieser, gegenüber der vorangegangenen Antike, eher noch weiter zu entfernen; aber sie hat an Stelle jener antiken Voraussetzungen des Kunstschaffens neue gesetzt, auf Grund deren allmählich in der nachfolgenden Zeit sich die moderne Übung der Linienperspective entwickeln konnte.»[18] Der Goldgrund der byzantinischen Mosaiken sei «nicht mehr Grundebene, sondern idealer Raumgrund, welchen die abendländischen Völker in der Folge mit realen Dingen bevölkern und in die unendliche Tiefe ausdehnen konnten».[19] Verfall, optimistisch betrachtet, konnte bedeuten: Etwas Neues bereitete sich vor.

Nach der Kunst, so glaubte Benjamin, würden Gebilde ohne Aura kommen. Als Aura wird eine Ausstrahlung des Kunstwerks bezeichnet, der eine kultische, ergriffene Rezeptionshaltung entspricht. Das Wort stammt aus dem griechischen, *aura* kommt von *auo* (blasen), es meint zunächst «Luftzug, Luft, Wind», besonders «kühle Luft vom Wasser her» oder frische Morgenluft, ähnlich dem lateinischen *aura*, dann im weiteren Sinne Ausdünstung, Geruch und Lichtschein, Glanz. Das deutsche Wort «Hauch» scheint ihm ziemlich nahezukommen. Im neunzehnten Jahrhundert gewann der Ausdruck seinen modernen Sinn als Ensemble der Wirkungen, die von einem Wesen ausgehen. Häufig wird es, so auch in Benjamins Baudelaire-Kommentar, mit «Aureole», «Heiligenschein, Strahlenkranz» verbunden. In der Theosophie und der Anthroposophie meint Aura eine für den Hellseher wahrnehmbare, farbig vorgestellte feinstoffliche Hülle, die Aufschluss über das Wesen eines Menschen gibt. Um 1900 fand die Bezeichnung vor allem bei den Münchner «Kosmikern» und im George-Kreis Eingang in die deutsche Kulturkritik: In ihr artikulierte sich das Unbehagen an der Entzauberung der Welt, die empfunden wurde als Verlust an kultischer Autorität, den antike Kunstgegenstände durch ihre Musealisierung erfahren haben. Alfred Schuler, der bei Ausgrabungen gespürt haben wollte, dass von römischen Trümmern ein Hauch ausströmte, der sich bald verflüchtigte, sprach als Erster den Befund aus: «Es ist die Aura, die schwindet ...»[20]

Bei Stefan George findet sich zwar nicht das Wort, aber die Sache: ein frevelhaftes Betasten. Aufschlussreich ist Georges Vergleich der toten, modernen Stadt mit der alten, wo, wie es heißt, «das schweigen ihre weihebilder schützt».[21] Am Anfang war die Aura-Theorie nicht primär eine kunst-, sondern eine kulturtheoretische These. Bedingungen, Schicksale von Tradition wollten umschrieben sein. Der Übergang zur Moderne wird in Deutschland dramatisch erlebt, als Menschheitskrisis, und es ist dieses Pathos, das Benjamin mit George teilt. Nur dass er die Wertungen umkehrt.

Mit der Begriffsgeschichte war Benjamin vertraut. Er hatte im Umgang mit Schulers (und Stefan Georges) damaligem Freund Karl Wolfskehl diese Gedankenwelt kennengelernt. Im Juli 1929 dankte er Wolfskehl für den Essay «Lebensluft». Hier hatte Wolfskehl eine Definition der Aura versucht: «Jedes stoffliche Gebilde strahlt sie aus, hat gewissermaßen seine eigene nur ihm zugehörige Atmosphäre.»[22] Er glaubte, in der Aura einen kulturdiagnostischen Indikator zu besitzen, mit dem man sich auf feine atmosphärische Veränderungen einzustellen vermag. Die Aura sei «das gewisseste und feinste Kompassinstrument, in stetem Erzittern, und bei Lebendigem wie bei Leblosem auch ein Vorzeichen der Wandlung, lange bevor an ‹eigentlich› Stofflichem sich irgendwelche Umlagerung, Umbildung – zu welchem Ziele auch immer – erkennen lässt.» Wolfkehl spricht von einer «Seelenhülle der Erscheinungswelt». Sehr schön sagt es eines seiner Gedichte: «Die Seelen gehn um: / Ihr spürt im Hauche / An Strom und Strauche / das sicker-gesumm.»[23]

An den Verfall der Aura wurden im Kreis um George politische und kulturelle Unheilsprophezeiungen geknüpft. Dieses Unheil verwandelt sich für Benjamin in ein Heil der Entmagisierung. Doch hören wir zunächst seine eigene Umschreibung der Aura: «Es empfiehlt sich, den oben für geschichtliche Gegenstände vorgeschlagenen Begriff der Aura an dem Begriff einer Aura von natürlichen Gegenständen zu illustrieren. Diese letztere definieren wir als einmalige Erscheinung einer Ferne, so nah sie sein mag. An einem Sommernachmittag ruhend einem Gebirgszug am Horizont oder einem Zweig folgen, der seinen Schatten auf den Ruhenden wirft – das heißt die Aura dieser Berge, dieses Zweiges atmen.»[24] Auch hier also ist ein Abstand, ein Nicht-Betasten der Ausgangspunkt. Diese Haltung der freiwilligen, taktvollen Distanz sei im Niedergang: «Die Dinge sich ‹näherzubringen› ist nämlich ein genau so leidenschaftliches Anliegen der gegenwärtigen Massen wie es ihre Tendenz einer Überwindung des Einmaligen jeder Gegebenheit durch deren Reproduzierbarkeit darstellt. Tagtäglich macht sich unabweisbar das Bedürfnis geltend, des Gegenstands aus nächster Nähe im Bild, vielmehr im Abbild, in der Reproduktion habhaft zu werden.»[25]

Wesensmäßig fern, so Benjamin, sei das archaische Kultbild gewesen. «Die künstlerische Produktion beginnt mit Gebilden, die im Dienst der Magie stehen. Von diesen Gebilden ist einzig wichtig, dass sie vorhanden sind, nicht aber dass sie gesehen werden.» Und schon gewinnt der Gedankengang eine theologische Pointe: Die «Zertrümmerung der Aura» soll das Ende der Magie bedeuten. Die beiden Pole im Kunstwerk seien der «Kultwert» und sein «Ausstellungswert». So stellt sich das entauratisierte Werk in den großen Zusammenhang von Benjamins Entzauberungsbegriffen, von denen «Prosa» der erste war. Zu beobachten seien «Verschiebungen des Schwergewichts vom einen Pol des Kunstwerks zum anderen».[26] Andererseits erscheint die Aura als eine Art feinstofflicher Hülle. Ähnlich wie Wolfskehl von einer «Seelenhülle» gesprochen hatte, heißt es nun: *«Die Entschälung des Gegenstandes aus seiner Hülle, die Zertrümmerung der Aura, ist die Signatur einer Wahrnehmung, deren ‹Sinn für das Gleichartige in der Welt› (…) so gewachsen ist, dass sie es mittels der Reproduktion auch dem Einmaligen abgewinnt.»*[27] Schließlich geht es um eine Sprengung der Tradition: «Die Reproduktionstechnik, so lässt sich allgemein formulieren, löst das Reproduzierte aus dem Bereiche der Tradition ab. Indem sie die Reproduktion vervielfältigt, setzt sie an die Stelle seines einmaligen Vorkommens sein massenweises. Und indem sie der Reproduktion erlaubt, dem Beschauer in seiner jeweiligen Situation entgegenzukommen, aktualisiert sie das Reproduzierte.»[28] Was anstehe, so Benjamin, sei die «Liquidierung des Traditionswertes am Kulturerbe».[29] Die Realität der Reproduktion fordere auch manche Differenzierung im Begriff der Echtheit. «Solche Unterscheidungen auszubilden, war eine wichtige Funktion des Kunsthandels», schreibt er[30] – und wir sehen förmlich, wie ihm dabei der Kunsthändler Emil Benjamin über die Schulter schaut.

Monate vor der Abfassung des Kunstwerkessays hatte Benjamin Gretel Adorno, um deren Gesundheit es chronisch schlecht bestellt war, einen «sonderbaren Traum» mitgeteilt: Er sei Arzt geworden.

«Und zwar war es die Praxis der Heilung durch ein Auflegen der Hand, die ich zu lernen im Begriffe war.»[31] Im Kunstwerkessay wird der Gedanke um hundertachtzig Grad gedreht. «Die Haltung des Magiers, der einen Kranken durch Auflegen der Hand heilt, ist verschieden von der des Chirurgen, der einen Eingriff in den Kranken vornimmt. Der Magier erhält die natürliche Distanz zwischen sich und dem Behandelten aufrecht; genauer gesagt: er vermindert sie – kraft seiner aufgelegten Hand – nur wenig und steigert sie – kraft seiner Autorität – sehr. Der Chirurg verfährt umgekehrt: er vermindert die Distanz zu dem Behandelten sehr – indem er in dessen Inneres dringt – und er vermehrt sie nur wenig – durch die Behutsamkeit, mit der seine Hand sich unter den Organen bewegt. Mit einem Wort gesagt: zum Unterschied vom Magier (der auch noch im praktischen Arzte steckt) verzichtet der Chirurg im entscheidenden Augenblick darauf, seinem Kranken von Mensch zu Mensch sich gegenüberzustellen; er dringt vielmehr operativ in ihn ein. – Magier und Chirurg verhalten sich wie Maler und Kameramann.»[32]

Man erkennt eine ingenieurale Sicht des Sachverhalts. Der Vergleich geht nicht auf. Denn die Medizin kann, selbst in einer technisch-utopischen Zukunft, niemals ausschließlich aus Chirurgie bestehen. Der praktische Arzt (und sei es das Schwesterchen, das dem Brüderchen, das Bauchweh hat, die Hand auf die schmerzende Stelle legt) wird auf die «Magie» nicht verzichten können.

Aber die Gewaltmetaphern sind dem Essay nicht äußerlich. Ähnlich die Formulierung in einem späteren Abschnitt: Das Dada-Kunstwerk habe «vor allem einer Forderung Genüge zu leisten: öffentliches Ärgernis zu erregen. Aus einem lockenden Augenschein oder einem überredenden Klanggebilde wurde es zu einem Geschoss.»[33] Und dann tritt der Begriff des Schocks als Argument hinzu: «Dass alles Wahrgenommene, Sinnenfällige ein uns Zustoßendes ist (…), hat der Dadaismus von neuem in Kurs gesetzt. Damit hat er die Nachfrage nach dem Film begünstigt, dessen ablenkendes Element ebenfalls in erster Linie ein taktiles ist, nämlich auf dem Wechsel der

Schauplätze und Einstellungen beruht, welche stoßweise auf den Betrachter eindringen. Der Film hat also die physische Chockwirkung, welche der Dadaismus gleichsam in der moralischen noch verpackt hielt, aus dieser Emballage befreit. In seinen vorgeschrittensten Werken, vor allem bei Chaplin, hat er beide Chockwirkungen auf einer neuen Stufe vereinigt.»[34]

Chirurgische Operation, Geschoss, Schock – wenn man sich diese Umschreibungen vergegenwärtigt, dann kommt man nah an den Begriff der Kriegsneurose, des Kriegstraumas. Heute würde man von einer posttraumatischen Belastungsstörung sprechen. Das ist ein Symptomkomplex, der sich gleichzeitig mit Benjamins Theorie-Sozialisation im und nach dem Ersten Weltkrieg herausbildete. In den Worten des Kunstwerkaufsatzes entspricht das entauratisierte Werk denn auch «der betonten Lebensgefahr, in der die Heutigen leben».[35]

Drei große Arbeiten, die Mitte der dreißiger Jahre entstanden – der Kunstwerkaufsatz, der neue Entwurf des Passagenwerks und die Baudelaire-Studien –, sind in ihren Grundbegriffen verbunden. Sie gingen auseinander hervor. Aus dem Passagenplan folgte, als ästhetisch-theoretische Vergewisserung einer Epoche nach der Kunst, der Reproduktionsaufsatz. Und die beiden Baudelaire-Arbeiten – «Das Paris des Second Empire bei Baudelaire» und «Über einige Motive bei Baudelaire» – wurden aus dem Passagenkonvolut «Baudelaire» herausgelöst.

Aber wie sehr ist das Exposé «Paris, die Hauptstadt des XIX. Jahrhunderts» nun gegenüber den ersten Passagenentwürfen in seinem Gehalt eingeschrumpft, ausgekühlt, fast zwanghaft werden die Funde auf das *eine* Motiv des Kapitalismus projiziert. War etwa der Flaneur früher der Schwellenkundige, der Träger eines besonderen Wissens von der Stadt, so heißt es von ihm jetzt: «Grundsätzlich ist die Einfühlung in die Ware Einfühlung in den Tauschwert selbst. Der Flaneur ist der Virtuose dieser Einfühlung. Er führt den Begriff der Käuflichkeit selbst spazieren.»[36] Wie hatte Benjamin zuvor das «gefühlte Wissen»[37] des Flaneurs gerühmt! Jetzt ist ihm nur noch das Geschäft gegenwärtig: «Der Flaneur ist der Beobachter des Marktes. Sein Wissen steht der Geheimwissenschaft von der Konjunktur nahe. Er ist der in das Reich des Konsumenten ausgeschickte Kundschafter des Kapitalisten.»[38] Wie zauberhaft hatte Benjamin noch in der «Berliner Chronik» seine ersten labyrinthischen Gänge geschildert: «Diese Irrkünste hat mich Paris gelehrt; es hat den Traum erfüllt, dessen früheste Spuren die Labyrinthe auf den Löschblättern meiner Schulhefte waren»[39] – und wie entblößt stehen sie jetzt da: «Das Labyrinth ist der richtige Weg für den, der noch immer früh genug am Ziel ankommt. Dieses Ziel ist für den Flaneur der Markt.»[40] Ja, das Flanieren selbst bildet nichts als die «Fluktuationen der Ware nach».[41] Das Warenhaus sei «der letzte Strich des Flaneurs», glaubt Benjamin, und nicht mehr die entlegenen und träumerischen Stadtviertel wie für ihn selbst und Franz Hessel: «Im Flaneur begibt sich die Intelligenz auf den Markt. Wie sie meint, um ihn anzusehen und in Wahrheit doch schon, um einen Käufer zu finden.»[42]

Nicht anders verhält es sich bei der Figur des Sammlers, auch diesem war esoterische Kenntnis zugesprochen worden. «Man muss nämlich wissen: dem Sammler ist in jedem seiner Gegenstände die Welt präsent und zwar geordnet. Geordnet aber nach einem überraschenden, ja dem Profanen unverständlichen Zusammenhange. (…) Vorbesitzer, Erstehungspreis, Wert etc. (…), dies alles, die ‹sachlichen› Daten (…) rücken für den wahren Sammler in jedem einzelnen seiner Besitztümer zu einer ganzen magischen Enzyklopädie, zu einer Weltordnung zusammen, deren Abriss das Schicksal seines Gegenstandes ist. Hier also, auf diesem engen Felde lässt sich verstehen, wie die großen Physiognomiker (und Sammler sind Physiognomiker der Dingwelt) zu Schicksalsdeutern werden. Man hat nur einen Sammler zu verfolgen, der die Gegenstände seiner Vitrine handhabt. Kaum hält er sie in Händen, so scheint er inspiriert durch sie, scheint wie ein Magier durch sie hindurch in ihre Ferne zu schauen.»[43] Und nun? Nichts mehr von Magie! «Das Interieur ist die Zufluchtsstätte der Kunst. Der Sammler ist der wahre Insasse des Interieurs. Er macht die Verklärung der Dinge zu seiner Sache. Ihm fällt die Sisyphosaufgabe zu, durch seinen Besitz an den Dingen den Warencharakter von ihnen abzustreifen. Aber er verleiht ihnen nun den Liebhaberwert statt des Gebrauchswerts.»[44]

Maschinenhaft rastet die Deutung ein: «Die Weltausstellungen verklären den Tauschwert der Waren.» – «Grandvilles Phantasien übertragen den Warencharakter aufs Universum.» – «Die Photographie (…) dehnte seit der Jahrhundertmitte den Kreis der Warenwirtschaft gewaltig aus.»[45] Ein Traumbild wird aufgerufen, nur um sogleich dementiert zu werden, denn «ein solches Bild stellt die Ware schlechthin: als Fetisch. Ein solches Bild stellen die Passagen, die sowohl Haus sind wie Straße. Ein solches Bild stellt die Hure, die Verkäuferin und Ware in einem ist.»[46] Der «Kultus der Ware» befördere den sexuellen Fetischismus und den «Sex-Appeal des Anorganischen».[47] Selbst Richard Wagner hat in der Warenwirtschaft einen Auftritt: Das Gesamtkunstwerk versuche, «die Kunst gegen die Entwicklung der Technik abzudichten. Die Weihe, mit der es sich zelebriert, ist das Pendant der Zerstreuung, die die Ware verklärt». Die Presse «organisiert den Markt geistiger Werte».[48]

Nicht mehr mit einer Theorie hat man es zu tun, sondern mit einer gnadenlosen fixen Idee. Jetzt erst ist Paris zu einer Welt geworden, in der der Kaufmann absolut dominiert, unsichtbar hinter dem Paravent der Begriffe aus dem «Kapital» von Marx. Alle künstlerischen Praktiken und alle Typen werden in einem mechanischen Spiel der Begriffe und Assoziationen in die Warengeschichte eingetragen. Anmut und Beschwingtheit des ersten Passagenentwurfs waren dahin. Und man könnte vermuten, dass die ausführliche Kritik Adornos gar nicht so sehr auf die philosophischen Schwachstellen zielte (die es in der Tat gab), sondern auf das Abkippen der Stimmung ins Bittere. So jedenfalls ließe sich Gretel Adornos Reaktion nach der ersten Lektüre deuten: «Es ist für mich eine große Beruhigung, dass Du selbst vom ersten und anderen Entwurf schreibst und Dich sehr dagegen verwahrst, man könne meinen, der erste sei aufgegeben. Damit bist Du auch unserer Meinung, dass es mit dem 2. allein unter keinen Umständen getan ist, darin würde man nie die Hand WBs vermuten.»[49] Im Kreis des Instituts für Sozialforschung glaubte man an eine pathologische Unterwerfungslust Benjamins gegenüber Brecht. An Horkheimer schrieb Adorno im März 1936 drastisch, Benjamin schütte «erst das Kind mit dem Bade aus» und bete dann «die leere Wanne an».[50] Und weiter: «Ich bin gewiss mit ihm der Ansicht, dass die untersten Dinge durch und durch dialektisch sind – aber dazu bedürfte es ebensowohl einer Dialektik der obersten Produktionen (was ich schon lange so aussprach dass ich erklärte, in der Musik käme es auf Schönberg und die Schlager an). Sein Masochismus aber lässt ihn dies dialektische Gegenstück vergessen. Ich meine, für Masochismus ist ‹Sphinx› ein angemessenerer Ort als die marxistische Theorie.»[51] «Le Sphinx» war eines der bekanntesten Bordelle im Paris der dreißiger Jahre. Adorno monierte außerdem die «professoral romantischen Vorstellungen von der Technik». Benjamin habe «wirklich etwas von einem wahnsinnig gewordenen Wandervogel und die Emanzipation von Brecht ist ihm längst nicht gelungen.» Als Diskussionsbasis sei die Arbeit indes «trotz allem sehr brauchbar».[52]

Benjamin versuchte mehrfach, den Kunstwerk-Essay in der Sowjetunion zu veröffentlichen, wie er an Margarete Steffin schrieb, um Vermittlung bittend. «Ich denke mir darüber, unmaßgeblich, das Folgende: Die Fragestellung von der ich ausgehe müsste in Russland auf das größte Interesse stoßen. Gegen meine Methode sehe ich vom Standpunkt der materialistischen Dialektik keine Einwände. Dagegen lasse ich dahingestellt, wie weit man in den Schlussfolgerungen mit mir übereinstimmen wird. (…) Mir wäre daran gelegen, dass Tretjakow die Arbeit zu lesen bekommt. (…) Ich vermute, dass Sie Tretjakow gut kennen und ihm das Manuskript geben könnten. (…)

Was den deutschen Text betrifft, so würde ich ihn gern in der ‹Internationalen Literatur› gedruckt haben. Zu diesem Zweck werde ich ihn mehreren Genossen vorlesen, mit denen ich darüber diskutieren werde. Auf der Grundlage dieser Diskussion wird dann eine öffentliche Verhandlung im hiesigen Schriftstellerschutzverband anberaumt werden.»[53]

Berühmt wurden die Schlussworte des Essays über die «Ästhetisierung der Politik, welche der Faschismus betreibt. Der Kommunismus antwortet ihm mit der Politisierung der Kunst.»[54] Für die französischsprachige Veröffentlichung in der Zeitschrift für Sozialforschung wurden die Begriffe geändert, von «totalitären Doktrinen» war nun die Rede und von der Antwort der «konstruktiven Kräfte der Menschheit».[55] Der erste Teil des Aufsatzes, in dem Benjamin sein eigenes Anliegen in ein Verhältnis zu dem von Marx gesetzt hatte – während Marx die «Analyse der kapitalistischen Produktionsweise», des «Unterbaus», unternommen habe, gehe es hier um die «Umwälzung des Überbaus»[56] – war komplett gestrichen worden.

Deutschland stand außerhalb jeder Diskussion, weder Kommunist noch künstlerischer Modernist durfte man dort sein. In Russland konnte man Kommunist sein, nicht aber Avantgardist; Hannes Meyer vom Bauhaus und der Theaterregisseur Erwin Piscator hatten ihre Experimente bald aufgegeben und waren ausgereist. Die dennoch blieben – etwa der Expressionist Herwarth Walden und die Schauspielerin Carola Neher (die mit Brecht zusammengearbeitet hatte) –, bezahlten ihren Versuch mit dem Leben. Der Kommunismus, so wie ihn Benjamin sich ausmalte, war eine reine Fiktion, ein Pfeifen im Walde. Es blieb: Amerika. Dort konnte man Avantgardist sein, nicht aber ein Kommunist, allenfalls rosarot mit einem Schuss Freud. Das war die Lehre, die Benjamin aus den redaktionellen Bearbeitungen der Zeitschrift für Sozialforschung ziehen musste.

Brecht war dem Aura-Gedanken gegenüber in der üblichen Weise skeptisch. Am 15. August 1938 notierte er: «Merkwürdigerweise ermöglicht ein Spleen Benjamin, das zu schreiben. Er geht von etwas

*«Ich will um meinen
Strophenbau zu läutern /
Dicht unterm Himmel
ruhn gleich Sternedeutern /
Dass meine Türme ans
verträumte Ohr / Mit dem
Winde mir senden den
Glockenchor. / Dann werd
ich vom Sims meiner
luftigen Kammer / Überm
Werkvolk wie's schwatzet
und singet beim Hammer /
Auf Turm und Schlot, die
Masten von Paris / Und
die Himmel hinaussehn,
mein Traumparadies.»*
Baudelaire («Paysage»)
in Benjamins Übersetzung
(«Landschaft»).

aus, was er Aura nennt, was mit dem Träumen zusammenhängt (dem Wachträumen). Er sagt: wenn man einen Blick auf sich gerichtet fühlt, auch im Rücken, erwidert man ihn. (!) Die Erwartung, dass, was man anblickt, einen selber anblickt, verschafft die Aura. Diese soll in letzter Zeit im Zerfall sein, zusammen mit dem Kultischen. Benjamin hat das bei der Analyse des Films entdeckt, wo Aura zerfällt durch die Reproduzierbarkeit von Kunstwerken. Alles Mystik, bei einer Haltung gegen Mystik. In solcher Form wird die materialistische Geschichtsauffassung adaptiert! Es ist ziemlich grauenhaft.»[57] Das Neue in der Diskussion ist hier die Ableitung der Aura aus dem Blick, sie kommt *so* im Kunstwerkaufsatz nicht vor. Die Aura als *kommunikatives* Verhältnis tritt erst jetzt in den Vordergrund, und eine der Fragen lautet: Was geschieht mit Kommunikation, wenn die Aura «zertrümmert» wird, genauer: Was geschieht mit der Liebe?

Dies ist nur eine der Revisionen, die Benjamin in dem Aufsatz «Über einige Motive bei Baudelaire» an seiner Theorie vornahm. Hier geht es um Schocks. «Burschen begegneten mir, die mich stießen», hatte man in der «Berliner Kindheit» lesen können.[58] Stoß heißt auf Französisch *choc*, wir sind nah an der Aura-Theorie. Benjamin hatte die Arbeit an der «Berliner Kindheit» begonnen, als ihm klar wurde, dass er Deutschland verlassen musste. Was war es denn, das ihm in der Gegenwart von 1932 bis 1934 als das auffällig Andere der Zeit um 1900 erschien? Vor allem die Vielfalt der Schutzvorrichtungen, Hüllen und Schonbezüge, die das Leben damals konserviert hatten, das «unvordenkliche Gefühl von bürgerlicher Sicherheit».[59] Eine Summe der Schutzräume beschrieb die «Berliner Kindheit», und deren äußersten Ring bildete das Stadtviertel, das «Quartier der Besitzenden», das zugleich ein Ghetto war.[60] Es geht in diesem Buch um die im wilhelminischen Deutschland mindestens rechtlich geschützte Sphäre des jüdischen Lebens, gespiegelt in der Erfahrung eines bürgerlichen Kindes. Berichtet wird von der Sozialisation in geschützten Räumen gerade in dem Moment, da ihr Versprechen durch die politische Wirklichkeit dementiert wurde. Benjamins hochkomplizierte Theorien der dreißiger Jahre beschreiben den schlichten Sachverhalt, wie ein Wesen seiner «Hülle» verlustig gehen und in den Bezirk der Verletzbarkeit, der äußersten Schutzlosigkeit eintreten kann. Die Aura war eben auch die «ornamentale Umzirkung, in der das Ding oder Wesen fest wie in einem Futteral eingesenkt liegt».[61]

1939, als Benjamin die neue Fassung des «Baudelaire» schrieb, war ihm die triumphierend positive Sicht des Aura-Verfalls nicht mehr möglich. Gerade so, wie er gestoßen worden war, erging es Baudelaire: «Von der Menge mit Stößen bedacht worden zu sein, hebt Baudelaire unter allen Erfahrungen, die sein Leben zu dem gemacht haben, was es geworden ist, als die maßgebende heraus, als die unverwechselbare. Ihm ist der Schein einer in sich bewegten, in sich beseelten Menge, in den der Flaneur vergafft war, ausgegangen.»[62] Die «Zertrümmerung der Aura im Chockerlebnis»[63], von der Benja-

Walter Benjamin, wie man sich ihn in der «Berliner Kindheit um neunzehnhundert» vorstellen mag.

min nun spricht, ist mit einem Schmerz verbunden. Und der Ton, in dem hier von dem Verlust der Aura gesprochen wird, ist nicht mehr der siegreiche des Kunstwerk-Essays, sondern der elegische.

Die Aura als Blick-Erwiderung war es, die Benjamin auch in seinem persönlichen Leben verloren hatte. «Der Angesehene oder angesehen sich Glaubende schlägt den Blick auf», heißt es nun. «Die Aura einer Erscheinung erfahren, heißt, sie mit dem Vermögen belehnen, den Blick aufzuschlagen. (…) Diese Belehnung ist ein Quellpunkt der Poesie. Wo der Mensch, das Tier oder ein Unbeseeltes, vom Dichter so belehnt, seinen Blick aufschlägt, zieht es diesen in die Ferne; der Blick der dergestalt erweckten Natur träumt und zieht den Dichtenden seinem Traume nach.»[64]

Zum letzten Mal war Benjamin ein solcher Blick von Anna Maria Blaupot ten Cate geschenkt worden, und noch früher hatten ihn die langen Blicke von Asja Lacis ergriffen. Der Apparat, die Kamera, vermag vieles, aber nicht, den Blick zu erwidern: «Was an der Daguerreotypie als das Unmenschliche, man könnte sagen Tödliche musste empfunden werden, war das (übrigens anhaltende) Hereinblicken in den Apparat, da doch der Apparat das Bild des Menschen aufnimmt, ohne ihm dessen Blick zurückzugeben. Dem Blick wohnt aber die Erwartung inne, von dem erwidert zu werden, dem er sich schenkt. Wo diese Erwartung erwidert wird (die ebensowohl, im Denken, an einen intentionalen Blick der Aufmerksamkeit sich heften kann wie an einen Blick im schlichten Wortsinn), da fällt ihm die Erfahrung der Aura in ihrer Fülle zu.»[65] Es gibt am Ende keine Liebe ohne Aura – das ist die neue Formulierung, die Benjamin auf das berühmte Gedicht Goethes aus dem West-östlichen Divan zurückbezieht. Die Verse der «Seligen Sehnsucht» lauten: «Keine Ferne macht dich schwierig, / Kommst geflogen und gebannt» – und sie sind für Benjamin «die klassische Beschreibung der Liebe (…), die mit der Erfahrung der Aura gesättigt ist».[66]

Baudelaire aber geht in diesen Essay als der Herumgestoßene ein. «Er hat den Preis bezeichnet, um welchen die Sensation der Mo-

314

derne zu haben ist: die Zertrümmerung der Aura im Chockerlebnis. Das Einverständnis mit dieser Zertrümmerung ist ihn teuer zu stehen gekommen.»[67] «Aura» und «Aureole» – Strahlenkranz, Nimbus, auch Heiligenschein – sind benachbarte Begriffe. Baudelaire lässt in einem Prosagedicht einen Dichter auftreten, dem die Aureole abhandengekommen ist. «Eben überquerte ich eilig den Boulevard, und wie ich in diesem bewegten Chaos, wo der Tod von allen Seiten auf einmal im Galopp auf uns zustürmt, eine verkehrte Bewegung mache, löst sich die Aureole von meinem Haupt und fällt in den Schlamm des Asphalts. Ich hatte den Mut nicht, sie aufzuheben. Ich habe mir gesagt, dass es minder empfindlich ist, seine Insignien zu verlieren als sich die Knochen brechen zu lassen.»[68] Benjamin merkt dazu an: «Es ist nicht unmöglich, dass der Anlass dieser Aufzeichnung ein pathogener Chock gewesen ist. Desto aufschlussreicher die Gestaltung, die ihn dem Baudelaireschen Werk anverwandelt.»[69] Die verlorene Aureole als Schlüssel für Baudelaires Dichtung ist zugleich eine letzte Erinnerung an die schiefsitzende Krone des Königs in der Aufführung von Corneilles «Cid», die das Trauerspielbuch inspiriert hatte, und an die Lehre vom strahlenden Haupt beim jungen Benjamin.

KAPITEL XVII

ZERFALLENDE HOFFNUNGEN:
DAS LETZTE LEBENSJAHR

> Die Hoffnung der Juden, die sich an den
> Zweiten Weltkrieg heftet, ist armselig.
>
> *Max Horkheimer, Die Juden und Europa,*
> *verfasst in den ersten Septembertagen 1939*

Am 3. September 1939 erklärten Großbritannien und Frankreich dem Deutschen Reich den Krieg. Sie antworteten damit auf den deutschen Angriff auf Polen, mit dem sie durch einen Beistandsvertrag verbunden waren. Die Sowjetunion, die soeben einen Pakt mit Deutschland geschlossen hatte, überquerte am 17. September die polnische Ostgrenze. Damit war eine Situation entstanden, die für die Kommunisten und ihre Sympathisanten erschütternd sein musste.

Soma Morgenstern berichtete Scholem: «Nach dem Hitler-Stalin-Pakt war Benjamin so niedergeschlagen, dass er fast täglich zu mir kam, um Trost zu suchen, den ich ihm nicht geben konnte, vor allem, weil mich dieser Pakt nicht so entsetzt hat wie ihn. Ich habe so etwas zwar nicht Hitler, aber Stalin zugetraut.»[1] Und weiter: «Im Gegensatz zu den meisten Kommunisten (…), die vom Fleck weg Stalin verteidigten (…), glaubte Benjamin, dass die kommunistische Idee zuschanden gekommen war und sich nicht bald erholen wird. Mehrmals wiederholte er in Trauer: ‹Warum sollten wir es auch verdient haben, dass unsere Generation die Lösung der wichtigsten Fragen der Menschheit erleben sollte.›»[2]

Andere ließen sich nicht beirren. Johannes R. Becher, in dessen Moskauer Zeitschrift «Internationale Literatur» Benjamin den Kunstwerk-Essay hatte veröffentlichen wollen, schrieb nach dem Pakt das Gedicht «An Stalin»: «Du schützt mit deiner starken Hand / den Garten der Sowjetunion. / Und jedes Unkraut reißt du aus. / Du, Mutter Russlands größter Sohn, / nimm diesen Strauß mit Akelei / zum Zeichen für das Friedensband, / das fest sich spannt zur Reichskanzlei.»[3]

Der antifaschistische Kampfgeist der Nation, den Benjamin mit seiner Beschwörung des «Mars français» vertreten hatte, lag nicht mehr auf der Linie der französischen Kommunistischen Partei. Stalin ließ am 30. November eine Erklärung an die Nachrichtenagentur Havas lancieren. Unbestreitbar sei es, «dass a) nicht Deutschland Frankreich und England angegriffen hat, sondern Frankreich und England Deutschland angegriffen und damit die Verantwortung für den gegenwärtigen Krieg auf sich genommen haben; (…) c) die regierenden Kreise Englands und Frankreichs sowohl die Friedensvorschläge Deutschlands als auch die Versuche der Sowjetunion für eine schleunige Beendigung des Krieges auf grobe Weise zurückgewiesen haben.»[4] Entsprechend waren die französischen Kommunisten aus Moskau instruiert worden, die Propaganda vor allem gegen Großbritannien zu richten. Faktisch nahmen sie nun eine defätistische Haltung ein. Ihre Parteipresse war schon am 26. August verboten worden, die Mandate ihrer Parlamentsabgeordneten wurden kassiert, am 26. September wurde die Partei durch ein Regierungsdekret aufgelöst. Der Parteiführer Maurice Thorez, der am 3. September zum Heer eingezogen worden war, desertierte über Belgien und Schweden in die Sowjetunion. In Abwesenheit wurde er im November wegen Fahnenflucht zu sechs Jahren Haft verurteilt, im Februar 1940 erkannte man ihm die französische Staatsbürgerschaft ab. Dies alles gilt es zu berücksichtigen, wenn bei Benjamin nun von «Verrat» die Rede ist.

Benjamin wurde, wie alle deutschen und österreichischen Flüchtlinge, nach dem Kriegsausbruch als «feindlicher Ausländer» interniert, und zwar zunächst für zehn Tage im Pariser «Stade Olympique de Colombes», wo die Bedingungen schlechterdings menschenunwürdig waren. Die Internierten schliefen auf Betonbänken, die Lebensmittelversorgung war katastrophal. Dann ging es im plombierten Bahnwagen nach Nevers. Das Lager nannte sich offiziell «Camp des travailleurs volontaires du Clos St. Joseph» und befand sich in dem aufgegebenen Château de Vernuche. Hans Sahl, ein alter Bekannter aus dem Brecht-Umkreis, berichtete: «Benjamin, dem das Laufen schwerfiel, hatte einen jungen Mann getroffen, der ihm den Koffer abnahm und ihm auch später, während der Lagerzeit, dienend und helfend zur Seite stand, der Jünger dem Meister, den er verehrte.»[5]

Dieser junge Mann war Max Aron (geboren 1912, das Todesdatum ist unbekannt; er wanderte nach dem Krieg, den er in der Fremdenlegion verbrachte, nach Palästina aus). Aron war Pfadfinder gewesen, verstand sich also aufs Improvisieren in ungewohnten Situationen; nun war er Zionist und gläubiger Jude. Schon im Stadion, so berichtete er später, fiel ihm ein «älterer Mann» auf, «der still und unbeweglich auf einer Bank saß». Am nächsten Morgen sah er ihn wieder: «Es war etwas Würdevolles, sowohl in seiner Ruhe, wie in seiner Haltung.» Die Jungen im Stadion seien voller Sorgen gewesen, «und da saß dieser Mann, als ob das Ganze ihn nichts anginge».[6] Mit zwei anderen bildeten Aron und Benjamin eine «Viererschaft», um sich Essen zu organisieren, wofür Benjamin «sehr dankbar» war. Als das Stadion evakuiert wurde, bat Benjamin den jungen Aron und dessen Freund, ihn nicht alleinzulassen, und das, so Aron, «war ganz selbstverständlich, seine rührende Hilflosigkeit hatten wir ja schon kennengelernt».[7]

In Vernuche angekommen, richtete Aron unter einer Wendeltreppe eine Ecke für sich und Benjamin ein. Hans Sahl erinnerte sich: «Man kann sich kein unpassenderes Paar vorstellen, das nun für beinahe zwei Monate in dem improvisierten Zimmerchen beisammen wohnte. Der hochintellektuelle, schon ergraute, ruhige (beinahe unfassbar ruhige, wenn man die ganze Situation bedenkt)

*Benjamin wurde im aufgegebenen Château de Vernuche interniert, wenige
Stunden von Paris entfernt. Das Lager hieß offiziell «Camp des travailleurs
volontaires du Clos St. Joseph».*

Walter Benjamin, und der viel jüngere, dynamische, immer tätige,
jugendbündlerische Max Aron.»[8] Aron hielt die Gebetszeiten ein;
am Freitagabend entzündete er die Sabbatkerzen. «Walter Benjamin», so Aron, «war gar nicht religiös. Aber nicht nur, dass er mein
Tun respektierte, sondern er bat mich oft, ihm einige Midraschim
[rabbinische Auslegungen biblischer Passagen] zu erzählen, und re-
vanchierte sich mit entzückenden chinesischen Geschichten.»[9] Ein
Bündnis im Zeichen der Weisheit! Berührend hat es Hans Sahl geschildert: «Ein Heiliger in seiner Höhle, von einem Engel bewacht.»[10]

Mit Hans Sahl wiederum plante Benjamin eine Lagerzeitung –
«natürlich auf dem höchsten Niveau», wie er klarmachte.[11] Bei den
Redaktionssitzungen trank man aus Fingerhüten Schnaps, den Aron,
der «nunmehr als Sekretär amtierende Engel», von den Soldaten be-
schafft hatte. Sahl wollte eine Soziologie des Lagers beisteuern, die
«Entstehung einer Gesellschaft aus dem Nichts». Weil zwei ehema-
lige Filmleute eine Armbinde bekamen, die ihnen den Besuch der
Stadtbibliothek erlaubte, nachdem sie dem Lagerkommandanten

319

vorgeschlagen hatten, einen Film mit dem Titel «Vive la France» zu drehen, dachte Benjamin, Ähnliches erreichen zu können. «‹Es geht um die Armbinde›, flüsterte er. ‹Nein, lachen Sie nicht. Ich habe einen Plan.›»[12] Die Zeitschrift erschien nie, auch aus den Armbinden wurde nichts. Benjamin hielt einen philosophischen Kursus im Freien ab, «für Fortgeschrittene» natürlich, das Honorar bestand in drei Gauloises respektive einem Hosenknopf.[13] In einem Brief von Ende September teilte Benjamin Gretel Adorno mit, er habe nach einer gewissen Zeit nun sein Gleichgewicht wiedergefunden.[14] An Wäsche mangele es ihm, auch an einer warmen Decke. Dunkle Stunden erlebe er in der Ungewissheit über die nächste Zukunft. Das Leben in einer so großen und so unterschiedlichen Gemeinschaft fiel ihm schwer, allerdings notierte er auch den kameradschaftlichen Geist und die Loyalität der Lagerverwaltung.

Als Jacques Derrida 2001 den Adorno-Preis erhielt, sprach er in der Frankfurter Paulskirche von einem Traum Benjamins, von einer Korrespondenz, von einem Buchstaben. Der Buchstabe war ein kleines «d». Am Anfang steht ein rätselhaftes Bild, seine Mitteilung erfolgt in einer fremden Sprache, und sie geht nicht direkt an einen anderen Philosophen, sondern diplomatisch an dessen Frau. Die Theorie verwandelt sich aus einem Korpus durchsichtig zusammenhängender Sätze in ein Spannungsdiagramm, in eine Hieroglyphenfolge, deren Lektüre in jedem Moment einen Schwarm von Fragen aufstört. Was hatte Benjamin geträumt? An Gretel Adorno schrieb er den Satz, der inmitten der nächtlichen Bilder auftauchte: «Il's agissait de changer en fichu une poésie» – «Es handelte sich darum, aus einem Gedicht ein Halstuch zu machen.» Aber «fichu» bedeutet nicht nur «Halstuch». In dem Satz «Je suis fichu» heißt es so viel wie: «Ich bin fertig, mit mir ist es aus.» Und das kleine «d», das Benjamin im Traum las, wird für Derrida zum Kürzel von «Detlef» – wie in «Detlef Holz», Benjamins Pseudonym in den dreißiger Jahren, mit dem er auch seine Briefe an Gretel Adorno unterzeichnete. Der Traum entpuppt sich als realistische Botschaft eines Internierten.

Mitte November wurde Benjamin aus dem Lager entlassen.[15] Eine Intervention des französischen Pen-Clubs beim Innenministerium war erfolgreich gewesen. Am 17. Januar meldete er an Gretel eine Herzerkrankung (Myokarditis), lief er länger als drei oder vier Minuten, musste er eine Pause einlegen. Ein kleines Fest sei es gewesen, als er zum ersten Mal wieder die Bibliothèque nationale betreten habe. Er unterzeichnet als «Dein alter, auch alternder Detlef».[16]

Im Jahrgang VIII der «Zeitschrift für Sozialforschung» erschien nun Benjamins zweite Version des «Baudelaire» neben Adornos «Fragmenten über Wagner» und Horkheimers Essay «Die Juden und Europa». Erst jetzt wird der Antisemitismus für das Institut ausdrücklich zum Thema. So bei Adorno: «Der Widerspruch zwischen der Verhöhnung des Opfers und der Selbstdenunziation definiert den Wagnerschen Antisemitismus. Der Gold raffende, unsichtbar-anonyme, ausbeutende Alberich, der achselzuckende, geschwätzige, von Selbstlob und Tücke überfließende Mime, der impotente intellektuelle Kritiker Hanslick-Beckmesser, all die Zurückgewiesenen in Wagners Werk sind Judenkarikaturen.»[17]

Horkheimer nimmt das Thema auf. Und nun fällt der berühmte, tausendfach zitierte Satz: «Wer aber vom Kapitalismus nicht reden will, sollte auch vom Faschismus schweigen.»[18] Es klingt, als produziere der Kapitalismus den Antisemitismus aus sich selbst heraus. Aber wie selten wird dabei der Kontext erwähnt! Man fragt sich, wie das im Einzelnen vonstattengeht – und Horkheimer gibt darauf eine überraschende Antwort. Die Juden seien Händler gewesen, «Agenten der Zirkulation».[19] Indem aber die Sphäre der Zirkulation, des freien Marktes und Handels, im totalitären Staat mehr und mehr kontrolliert werde (1936 waren in Deutschland Lohn- und Preiskontrollen eingeführt worden) und damit ihre wirtschaftliche Bedeutung verliere, ja die Ökonomie «keine selbständige Dynamik mehr»[20] besitze, büße das Judentum seine angestammte Stellung ein: «Die Juden sind als Agenten der Zirkulation entmachtet, weil die moderne Struktur der Wirtschaft die ganze Sphäre weithin außer Kurs setzt.»[21] Dies ist nach Horkheimer der tiefere Sinn des Antisemitismus. «Die Sphäre, die für das Schicksal der Juden in doppelter Weise bestimmend war, als Ort ihres Erwerbs und als das Fundament der bürgerlichen Demokratie: die Sphäre der Zirkulation verliert ihre ökonomische Bedeutung.»[22] Mit der «zunehmenden Ausschaltung des Marktes fällt auch die Rolle des Geldes (…) weg».[23]

Judenfeindschaft ist demnach die bloße Überbau-Spiegelung der zunehmenden Steuerungstendenzen in der Wirtschaft. Und sie betrifft nicht einmal primär die Juden, vielmehr ist sie ein bloßes Instrument der Herrschenden für andere Zwecke: «Der Judenhass gehört der Phase des faschistischen Aufstiegs an. Ein Ventil ist der Antisemitismus in Deutschland höchstens noch für jüngere Jahrgänge der SA. Der Bevölkerung gegenüber wird er als Einschüchterung gebraucht. Man zeigt, dass das System vor nichts zurückschreckt. Die Pogrome visieren politisch eher die Zuschauer. Ob sich etwa einer rührt.»[24]

Scholem, den Benjamin um seine Ansicht zu Horkheimers Essay gebeten hatte, äußerte sich verständlicherweise mit großer Erbitterung. Benjamin aber schrieb am 17. Januar 1940 an Gretel, der Essay habe ihn tief beeindruckt[25] – was angesichts seiner völligen Abhängigkeit vom Institut auch kluge Diplomatie gewesen sein mochte. Immerhin stand ein Satz darin, der Benjamins Lage genau traf: «Die Juden werden sich ihrer Verzweiflung bewusst, wenigstens die, die es schon getroffen hat.»[26]

In seinen letzten Aufzeichnungen zu Baudelaire hatte sich Benjamin sehr angelegentlich mit der Prostitution beschäftigt. Er entwarf ein «Schema der Einfühlung»: «Die Ware fühlt sich in den Kunden ein / Die Einfühlung in den Kunden ist Einfühlung in das Geld / Virtuosen dieser Einfühlung: der Flaneur [gestrichen] die Dirne / Der Kunde fühlt sich in die Ware ein / Die Einfühlung in die Ware ist Einfühlung in den Tauschwert / Das heißt aber: Einfühlung in den Preis / Apotheose dieser Einfühlung: Liebe zur Dirne.»[27]

Benjamin spricht auch jetzt von sich selbst. Denn er hatte seit Mitte der dreißiger Jahre zwar keine eigentliche Liebesbeziehung mehr – allerdings eine anders akzentuierte, die ihm eine gewisse Nähe und Vertrautheit erlaubte und befriedigend gewesen sein muss. Wir wissen von diesem Verhältnis nur aus zwei Briefen, einem von Hélène Léger aus dem Januar 1940, und aus dem Entwurf einer Antwort, den Benjamin ebenfalls im Januar schrieb.[28] «Mein lieber Walter», so beginnt der Brief von Hélène Léger, und nun berichtet sie, dass sie im Geiste in das Pharaon zurückkehre, ein Restaurant in der Nähe der Oper. Aber «vielleicht würdest Du es vorziehen, mich wiederzusehen, leibhaftig [eigentlich: mit Knochen, ‹en os›] und vor allem im Fleisch?» Jetzt habe er nur ihren Geist, und das sei doch sehr wenig («et c'est peu n'est-ce pas?»). Freimütig schildert sie, wie sie auch weiterhin ihrem «sehr lukrativen Metier» nachgehe. «Bleib gesund, und such Dir keinen Ersatz, wenn ich mich beim Kommen verspäte!»

Benjamin denkt in seinem Entwurf einer Antwort an die Gespräche zurück, die er mit Hélène Léger führte, an die gemeinsamen Diners, und vor allem an das Kleid, das sie beim letzten Mal trug und das ihr so gut stand; und, so fügt er hinzu: Er sei ganz verzweifelt, weil er befürchte, sie vielleicht niemals wiederzusehen. «Wodurch könnte man solche Erinnerungen ‹ersetzen›, die häufig das sind, was im Leben am meisten zählt?» Er zeigt sich «bezaubert» durch das Horoskop ihres Tierkreiszeichens, das sie ihm aus dem Frauenmagazin «Marie Claire» mitgeteilt hatte, es habe nicht treffender ausfallen können, meint er, auch in Bezug auf das astrologisch passende Parfum. Und was die ideale Haarfarbe angehe, so sei er, seit langer Zeit, ebenfalls der Meinung des Astrologen (der zu Blond geraten hatte). Es dürfte in der Weltliteratur einen so zauberhaften Briefwechsel zwischen einer Prostituierten und einem Kunden nicht noch einmal geben. Man denkt sich die Szene wie aus einem Film jener Jahre mit Jean Gabin und einer jungen, hübschen, frechen und sehr zweideutigen Frau.

An Horkheimer schreibt Benjamin den letzten seiner Litera-
turbriefe aus Paris, darin geht er auf den Schweizer Schriftsteller
Charles-Ferdinand Ramuz und dessen Beobachtungen über die heimatlos – als Clochards – durch Paris Irrenden ein. Der Leser, so Benjamin, werde durch die Reflexionen in eine schmerzliche Träumerei
geleitet: «Diese irrende Truppe, die Ramuz evoziert, kann man sich
in Europa vermehrt denken durch das Faktum des Krieges, wie er in
Guernica, in Wyborg und in Warschau gewütet hat».[29]

Die Erwähnung der finnischen Stadt Wyborg, in einem Atemzug mit Guernica und Warschau, bringt einen völlig neuen Ton
in Benjamins Gedankenwelt. Wyborg wurde von der sowjetischen
Luftwaffe im sogenannten Winterkrieg in immer neuen Angriffen
seit dem 30. November 1939 mit Bomben belegt – ein ziviles Ziel
(was die sowjetische Presse standhaft dementierte). Am 3. Februar
1940 war der protestantische Dom getroffen worden. Der Großraum
Warschau war seit Kriegsbeginn Ziel von deutschen Bombenan-
griffen gewesen, die ihren ersten Höhepunkt am 17. September 1939
erreichten. Die Stadt Guernica war schon am 26. April 1937 durch
einen gemeinsamen Luftangriff der deutschen Legion Condor und
der italienischen Freiwilligen zerstört worden – Picassos Bild wurde
emblematisch für den Terror.

Benjamin unterschied nicht mehr zwischen nationalsozialis-
tischem, faschistischem und stalinistischem Terror – hier als Ter-
rorbombardierung von Städten aufgefasst –, den er im selben Brief
gegen Ende noch einmal in seinem innenpolitischen Aspekt zum
Thema macht.[30] Als ihm Karl Thieme im Januar 1940 berichtet, «mit
welchem Aufatmen der Befreiung» er die «gemeinsame Selbstent-
larvung der beiden Totalitarismen beim Bekanntwerden des bevorstehenden Hitler-Stalin-Pakts am 23. August begrüßt» habe, antwortet ihm Benjamin am 10. Februar, er verstehe dieses Aufatmen
nur zu gut, der apokalyptische Albtraum habe sich als solcher of-
fenbart.[31]

Im Februar 1940 begann Benjamin mit der Abfassung der Thesen «Über den Begriff der Geschichte». Wir müssen sie als Benjamins letztes Wort nehmen, ihr Extremismus stammt aus einer Lage *in extremis*. In der «Metaphysik der Jugend» hatte er das Tagebuch in seiner Form bestimmt: Es handele «gar nicht in der Zeit, die ist versunken. Sondern es ist ein Buch von der Zeit: Tagebuch.»[32] Nun also wieder ein Buch von der Zeit. An Gretel Adorno meldet Benjamin Anfang Mai: «Der Krieg und die Konstellation, die ihn mit sich brachte, hat mich dazu geführt, einige Gedanken niederzulegen, von denen ich sagen kann, dass ich sie an die zwanzig Jahre bei mir verwahrt, ja, verwahrt vor mir selber gehalten habe. (…) Noch heute händige ich sie Dir mehr als einen auf nachdenklichen Spaziergängen eingesammelten Strauß flüchtiger Gräser denn als eine Sammlung von Thesen aus.» Nichts liege ihm ferner als der Gedanke an eine Publikation: «Sie würde dem enthusiastischen Missverständnis Tor und Tür öffnen.»[33]

Der eine Hauptbegriff der Thesen ist der Klassenkampf. Der andere ist Erlösung. Jeder andere Gehalt ist abgefallen; sozialer Kampf und Theologie erscheinen gleichsam allein, als einzig relevante Gegenstände des Denkens, und sie sind durch einen Kunstgriff miteinander verbunden: «Bekanntlich soll es einen Automaten gegeben haben, der so konstruiert gewesen sei, dass er jeden Zug eines Schachspielers mit einem Gegenzuge erwidert habe, der ihm den Gewinn der Partie sicherte. Eine Puppe in türkischer Tracht, eine Wasserpfeife im Munde, saß vor dem Brett, das auf einem geräumigen Tisch aufruhte. Durch ein System von Spiegeln wurde die Illusion erweckt, dieser Tisch sei von allen Seiten durchsichtig. In Wahrheit saß ein buckliger Zwerg darin, der ein Meister im Schachspiel war und die Hand der Puppe an Schnüren lenkte. Zu dieser Apparatur kann man sich ein Gegenstück in der Philosophie vorstellen. Gewinnen soll immer die Puppe, die man ‹historischen Materialismus› nennt. Sie kann es ohne weiteres mit jedem aufnehmen, wenn sie die Theologie in ihren Dienst nimmt, die heute bekanntlich klein und hässlich ist und sich ohnehin nicht darf blicken lassen.»[34]

Eine wirkliche, innere Verbindung von historischem Materialismus und Theologie entsteht hier gerade nicht, die beiden Seiten erscheinen nur wie zusammengeleimt. Aber ein unheimlicher Gedanke drängt sich auf. Wenn der Akteur, den das Publikum sieht, nur eine Puppe ist, das Ganze als eine *Illusion* inszeniert wird und die wahre Initiative von ganz anderen kommt – dann entspricht Benjamins Bild sehr genau einer Verschwörungstheorie, wie sie die Nationalsozialisten für den «jüdischen Bolschewismus» behaupteten. Denn auch da herrschte die Vorstellung, die sichtbar Handelnden würden von einem verborgenen Meister *an Schnüren* gelenkt.[35]

Der Hauptgedanke der Thesen liegt in einer Unterbrechung des geschichtlichen Kontinuums. «Das Bewusstsein, das Kontinuum der Geschichte aufzusprengen, ist den revolutionären Klassen im Augenblick ihrer Aktion eigentümlich. Die Große Revolution führte einen neuen Kalender ein.»[36] Der neue Kalender der Französischen Revolution bedeutete einen Abbruch der bisherigen Kultur und ihrer Überlieferungen, die in die Lebenswelt hineinwirkten – es handelte sich um einen im strengen Sinn barbarischen Akt. Indes war die Nähe von Messianismus und Französischer Revolution schon der einleitende Gedanke des Essays «Das Leben der Studenten» gewesen: «Die Elemente des Endzustandes», hieß es da, «liegen nicht als gestaltlose Fortschrittstendenz zutage, sondern sind als gefährdetste, verrufenste und verlachte Schöpfungen und Gedanken tief in jeder Gegenwart eingebettet. Den immanenten Zustand der Vollkommenheit rein zum absoluten zu gestalten, ihn sichtbar und herrschend in der Gegenwart zu machen, ist die geschichtliche Aufgabe. Dieser Zustand ist aber nicht mit pragmatischer Schilderung von Einzelheiten (Institutionen, Sitten usw.) zu umschreiben, welcher er sich vielmehr entzieht, sondern er ist nur in seiner metaphysischen Struktur zu erfassen, wie das messianische Reich oder die französische Revolutionsidee.»[37]

Benjamins Gedankengang will «in einem Augenblick, da die Politiker, auf die die Gegner des Faschismus gehofft hatten, am Boden liegen und ihre Niederlage mit dem Verrat an der eigenen Sache bekräftigen, das politische Weltkind aus den Netzen (…) lösen, mit denen sie es umgarnt hatten. Die Betrachtung geht davon aus, dass der sture Fortschrittsglaube dieser Politiker, ihr Vertrauen in ihre ‹Massenbasis› und schließlich ihre servile Einordnung in einen unkontrollierbaren Apparat drei Seiten derselben Sache gewesen sind. Sie sucht einen Begriff davon zu geben, wie teuer unser gewohntes Denken eine Vorstellung von Geschichte zu stehen kommt, die jede Komplizität mit der vermeidet, an der diese Politiker weiter festhalten.»[38] Wir können jetzt ahnen, wer die Politiker sind, die den «Verrat an der eigenen Sache» begangen haben.

Die Thesen bilden indes nicht nur eine Folge von Sätzen der humanen Sensibilität für das Missglückte und für die Opfer in der Geschichte, nicht nur geben sie die Hoffnung an eine «*schwache* messianische Kraft» nicht auf – sie bieten zugleich ein Rezept dafür, wie der historische Prozess künftig glücken könnte. Und da stößt man nun doch wieder auf die allerhärtesten bolschewistischen Maximen, die Benjamin sich mit großer Verve zu eigen macht. «Das Subjekt historischer Erkenntnis ist die kämpfende, unterdrückte Klasse selbst. Bei Marx tritt sie als die letzte geknechtete, als die rächende Klasse auf, die das Werk der Befreiung im Namen von Generationen Geschlagener zu Ende führt. Dieses Bewusstsein, das für kurze Zeit im ‹Spartacus› noch einmal zur Geltung gekommen ist, war der Sozialdemokratie von jeher anstößig.»[39] So die zwölfte These der insgesamt achtzehn Thesen.

Dass die Befreiung die Gestalt der Rache annehme, ist indes kein Gedanke von Marx und auch der kommunistischen Ideengeschichte wohl fremd – jedenfalls findet man ihn nicht bei den großen Theoretikern. In der verzweifelten Lage, in der Benjamin sich Anfang 1940 fand, mochte er ihm als Ultima Ratio erschienen sein. In die philosophische Diskussion hat das Problem von Rache und Ressentiment der späte Nietzsche eingeführt, vor allem in der «Genealogie der Moral»: «Einen Rachegedanken haben und ihn ausführen, heißt

327

einen heftigen Fieberanfall bekommen, der aber vorübergeht: einen Rachegedanken aber haben, ohne Kraft und Mut ihn auszuführen, heißt eine Vergiftung an Leib und Seele mit sich herumtragen.»[40] In der «Götzen-Dämmerung» verbindet Nietzsche Rache und Revolution, aber anders als Benjamin in kritischer Absicht. Das Jüngste Gericht selbst sei «noch der süße Trost der Rache – die Revolution, wie sie auch der socialistische Arbeiter erwartet; nur etwas ferner gedacht»; der Leidende verordne sich gegen sein Leiden den «Honig der Rache».[41]

Zur Rache tritt der Hass. Die Sozialdemokratie, so Benjamin, «gefiel sich darin, der Arbeiterklasse die Rolle einer Erlöserin künftiger Generationen zuzuspielen. Sie durchschnitt ihr damit die Sehne der besten Kraft. Die Klasse verlernte in dieser Schule gleich sehr den Hass wie den Opferwillen. Denn beide nähren sich an dem Bild der geknechteten Vorfahren, nicht am Ideal der befreiten Enkel.»[42] Noch der Gedanke der Befreiung nimmt die allerfinstersten Züge an. «Kein Ruhm dem Sieger, kein Mitleid dem Besiegten!» Diese Maxime dient als methodische Anweisung zur revolutionären Erinnerungspolitik der Thesen. Benjamin ordnet sie der heroischen Periode des Kriegskommunismus zu, noch bevor die Bolschewiki zur «Neuen Ökonomischen Politik» gezwungen wurden und mit der begrenzten Zulassung privaten Handels die zerstörte Wirtschaft ankurbeln wollten.

Man kann sich angesichts dieser Rhetorik des Unpersönlichen, Ahumanistischen zwei Fragen stellen: War «Kein Ruhm dem Sieger» denn wirklich jemals eine Leitlinie des politischen Handelns und der Selbstinszenierung des Bolschewismus? Und zweitens: Kann «Kein Mitleid dem Besiegten» vor dem Hintergrund einer Ethik der Historiographie für den Geschichtsschreiber ein leitender Gesichtspunkt sein? Diese Frage lässt sich allgemein stellen, aber auch im Hinblick auf das terroristische Regime gerade in der Anfangsphase des Sowjetkommunismus. Man kann sie zudem vom Professionsethischen ins ganz Pragmatische wenden: Welche Erkenntnischancen vergibt ein Historiker, dem das Leid der Unterlegenen gleichgültig ist?

Der «Ruhm der Sieger» wuchs ja in der sowjetischen Wirklichkeit ins Unermessliche, bis auch sie von der nächsten Säuberung erfasst und zu Besiegten wurden. Aufschlussreich sind hier die revolutionären Umbenennungen von Städten: Aus Petrograd wurde Leningrad, die Stadt Elisabethgrad wurde nach Sinowjew, dem Chef der Kommunistischen Internationale, zu Sinowjewgrad. Dass es sich also bei der Parole «Kein Ruhm dem Sieger» um eine fromme Lüge handelte, konnte auch Benjamin nicht entgangen sein. Und wie steht es mit «Kein Mitleid dem Besiegten»? Es fällt schwerer, dieser Aufforderung zu folgen, wenn man die Tatsachen des Terrors auch nur an einem Beispiel ins Auge fasst. Schließlich stellt sich angesichts der Maxime Benjamins eine dritte, sehr simple Frage: Woher stammte dieser in der Geschichte des Bolschewismus ganz apokryphe Satz? Jedenfalls nicht aus der offiziellen Sowjethistoriographie. Die Antwort ist von erfreulicher Klarheit: Er findet sich eingebrannt auf einem Holzteller, den Benjamin 1927 aus Moskau mitgebracht hatte. Der Satz gehört zur Gattung des Revolutionskitsches. In jedem anderen Kontext hätte Benjamin eine solche Quelle mit dem gebotenen Abstand und vielleicht mit dem ironischen Blick für Skurrilitäten folkloristischer Kunstübung betrachtet, denn das Missverhältnis zwischen der Banalität des kunstgewerblichen Objekts und seiner inhumanen Botschaft schreit, wie man fast sagen möchte, zum Himmel. Vor allem aber steht die Maxime «Kein Mitleid dem Besiegten» schief zu einer anderen der Thesen: «Die jeweils Herrschenden sind aber die Erben aller, die je gesiegt haben. Die Einfühlung in den Sieger kommt (…) den jeweils Herrschenden allemal zugut. Damit ist dem historischen Materialisten genug gesagt. Wer immer bis zu diesem Tage den Sieg davontrug, der marschiert mit in dem Triumphzug, der die heute Herrschenden über die dahinführt, die heute am Boden liegen.»[43] Offenbar gibt es gute und schlechte Sieger. Den Abschluss macht der Legendenton: «Den Juden wurde die Zukunft (…) nicht zur homogenen und leeren Zeit. Denn in ihr war jede Sekunde die kleine Pforte, durch die der Messias treten konnte.»[44]

In einer Variante zu den Thesen heißt es, jeder geschichtliche Augenblick besitze seine eigene revolutionäre Chance, die sich dem «Denker» in der politischen Situation bestätige. «Aber sie bestätigt sich ihm nicht minder durch die Schlüsselgewalt dieses Augenblicks über ein ganz bestimmtes, bis dahin verschlossenes Gemach der Vergangenheit. Der Eintritt in dieses Gemach fällt mit der politischen Aktion strikt zusammen; und er ist es, durch den sie sich, wie vernichtend immer, als eine messianische zu erkennen gibt. (Die klassenlose Gesellschaft ist nicht das Endziel des Fortschritts in der Geschichte sondern dessen so oft missglückte, endlich bewerkstelligte Unterbrechung.)»[45] In der «Schlüsselgewalt» über das «Gemach» begegnet uns zum letzten Mal das Mädchen, das wir im ersten Kapitel kennengelernt hatten.

Und so kann man sich fragen, wie Benjamins geistige Existenz vorzustellen wäre, wenn er sich nicht das Leben genommen hätte. Sie ist nicht ohne Widersprüche denkbar. Er hatte eine logisch und historisch unmögliche Position bezogen. Denn einerseits hatte er mit dem Stalinismus gebrochen – das ist deutlich –, andererseits aber war ihm der Weg anderer Ex-Kommunisten verwehrt, die, wie Arthur Koestler oder Manès Sperber, ihren Frieden mit der bürgerlichen Demokratie schlossen. Just im Augenblick seines Bruches formuliert er noch einmal Thesen zum Klassenkampf mit einer unerhörten Härte. Es ist kaum auszudenken, dass Benjamin – wie Koestler und Sperber – in der Ära des Kalten Kriegs den antikommunistischen «Kongress für kulturelle Freiheit» (eine CIA-Gründung) unterstützt hätte. Allenfalls ein trotzkistisches Sektierertum wäre noch möglich gewesen.

Benjamin nahm mit seiner Schwester einen der letzten Züge, die von Paris aus in den Süden fuhren. Am 14. Juni marschierte die Wehrmacht kampflos in der Stadt ein; um den 15. Juni kamen die beiden Flüchtlinge in Lourdes an.[46] Über die darauffolgenden Wochen in Lourdes berichtete Hannah Arendt an Scholem: «Benji und ich spielten von morgens bis abends Schach und lasen in den Zeitungen, sofern es welche gab. Das alles ging ganz gut und schön bis zu dem Augenblick, wo der Waffenstillstandsvertrag mit der berühmten Auslieferungsklausel veröffentlicht wurde. Daraufhin war uns beiden natürlich noch erheblich unwohler, aber ich kann nicht sagen, dass Benji wirklich in Panik geriet. Immerhin erfuhren wir von den ersten Selbstmorden von Internierten auf der Flucht vor den Deutschen. Und Benjamin begann zum ersten Male zu mir und wiederholt von Selbstmord zu reden. Dass dieser Ausweg eben doch bliebe. Auf meine höchst energische Einsprache, dass man dazu immer noch Zeit habe, wiederholte er sehr stereotyp, dass man das nie wissen könne und dass man auf keinen Fall damit zu spät kommen dürfe.»[47]

Am 19. Juli schrieb Benjamin aus Lourdes an Gretel Adorno, die bergige Lage (allerdings liegt Lourdes nur in einer Höhe von vierhundertzwanzig Metern) habe ihn spüren lassen, wie schwach sein Herz geworden sei.[48] Die Ursache seien wohl die Empfindungen der vergangenen Monate, mit ihren von Stunde zu Stunde möglichen scharfen Wechselfällen. In diesem Brief hören wir auch von seiner letzten Lektüre: Es sind die Memoiren des französischen Kardinals Retz, der die politischen Wirren der «Fronde» Mitte des siebzehnten Jahrhunderts schildert – die Lebenserinnerungen eines Mannes, der selber interniert worden war.

Nach dem 9. August – so viel weiß man – traf Benjamin in Marseille ein. Über die Stimmung, die damals in der Stadt unter den Geflüchteten herrschte, hat Anna Seghers berichtet: «Ich kann Euch unser Leben nicht schildern. Dante, Dostojewski, Kafka – oh, das waren Bagatellen. Kleine Unannehmlichkeiten, die vorübergingen. Es ist ernst.»[49] In Marseille verschaffte sich Benjamin das Einreisevisum für die Vereinigen Staaten, Transitvisa für Spanien und Portugal – aber ein Ausreisevisum für Frankreich hatte er nicht. Er traf Hannah Arendt wieder, die später erzählte, er habe in diesen Tagen wieder von Selbstmordabsichten gesprochen.[50] Ähnlich überliefert es Soma Morgenstern: «Eines Tages fragte mich Benjamin, ob ich Gift bei mir habe.»[51]

Von Marseille aus machte sich Benjamin auf den Weg nach Port-Vendres, am Fuß der Pyrenäen am Mittelmeer gelegen. Dort traf er am 24. September Lisa Fittko (1909 bis 2005), seine Fluchthelferin. Sie nannte ihn später den «alten Benjamin» – «ich weiß nicht recht, warum, er war ungefähr achtundvierzig».[52] Lisa Fittko arbeitete für das Emergency Rescue Committee, ihr Mann Hans war mit Benjamin im Lager gewesen.[53] Benjamin klopfte am Morgen an Fittkos Tür: «‹Gnädige Frau›, sagte er, ‹entschuldigen Sie bitte die Störung, hoffentlich komme ich nicht ungelegen.› Die Welt gerät aus den Fugen, dachte ich, aber Benjamins Höflichkeit ist unerschütterlich. ‹Ihr Herr Gemahl›, fuhr er fort, ‹hat mir erklärt, wie ich Sie finden kann. Er sagte, Sie würden mich über die Grenze nach Spanien bringen.›»[54]

KAPITEL XVIII

AUSWEGLOS:
DIE LETZTE PASSAGE

Der also Verzweifelte entsann sich seiner Kindheit,
damals war noch Zeit ohne Flucht und Ich ohne Sterben.

Walter Benjamin, Metaphysik der Jugend, 1913/14

S ind wir Zeit?», hatte die «Metaphysik der Jugend» gefragt. Ein merkwürdiger Satz! Ihn als verstiegen abzuweisen wäre leicht. Was *könnte* er bedeuten? Man müsste sich mögliche Kontexte dieser Frage ausdenken, um ihren Sinn zu erfassen. Die banale Lesart wäre: Sofern wir leben, sind wir alle zeitliche Wesen. Aber was, wenn wir *nicht* Zeit «sind»? Würde das bedeuten, dass wir nicht intensiv in die Geschichte verwickelt wären, dass Geschichte nicht unser Sein wäre? Zeit ist Geschichtszeit, das ist ihr höchster Begriff. Und zugleich: Geschichte ragt in unser Sein hinein oder konstituiert es überhaupt erst. Die mikrokosmische Lebenszeit und die makrokosmische Geschichtszeit fallen für einen Augenblick ineinander.

Es gibt keinen Menschen, der, von heute aus gesehen, so sehr Zeit «ist» wie Benjamin. Werner Kraft notierte am 29. Dezember 1940, als er Einzelheiten von Benjamins Tod erfahren hatte: «Die Wegrasierung des Genies, wo es noch in Resten vorhanden wäre, ist doch der eigentliche Sinn dieses Krieges, der schwerlich durch die weiteren Ereignisse wird widerlegt werden können.»[1] Benjamin *war* Zeit und *ist* Zeit in noch einem anderen Sinne als etwa Adorno oder Horkheimer – denen eine solche Frage auch nie über die Lippen gekommen wäre. Er *ist* Zeit in dem Sinne, dass wir uns die Epoche ohne seinen Tod in Portbou nicht vorstellen können. Wer sich mit der Geschichte des zwanzigsten Jahrhunderts beschäftigt, dem wird *diese* Geschichte der Flucht über die Pyrenäen, *dieser* Tod in einem spanischen Hotel sich irgendwann aufdrängen, er ist emblematisch wie kaum ein anderes Ereignis, das einen einzelnen Menschen betrifft. In ihm verdichtet sich die Zeit.

Zeit *war* schon der König des Trauerspiels: «Der Souverän repräsentiert die Geschichte. Er hält das historische Geschehen in der Hand wie ein Szepter.»[2] Aber diese Figur liegt jetzt, im September 1940, weit zurück. Die «Metaphysik der Jugend» war im Sommer 1913 begonnen worden, als der Erste Weltkrieg noch ein Jahr auf sich warten ließ. Nun war der Zweite Weltkrieg schon ein Jahr alt. 1913 war Benjamin jung in einem emphatischen Sinne gewesen – darum die «Metaphysik» –, nun ist er ein «älterer Herr», so erscheint er einer Teilnehmerin des Marsches über die Pyrenäen.[3]

Die Geschichte hat, nach Benjamins Theorie, einen Schauplatz, und das ist die Landschaft. Geschichte ist immer *auch* Natur. «Im deutschen Trauerspiel drängt mehr und mehr der natürliche Schauplatz in das dramatische Geschehn sich ein», hieß es im Trauerspielbuch, die Geschichte wandert «in den Schauplatz hinein».[4] Die Geschichte – das sind jetzt Krieg und Verfolgung. Der Schauplatz ist das französisch-spanische Grenzgebiet.

Eine Gruppe macht sich auf den Weg über die Pyrenäen. Benjamin hat Herzbeschwerden. Lisa Fittko ist mit der Strecke nicht vertraut, sie folgt einer Zeichnung, Orientierungspunkt ist eine Hochebene mit sieben Pinien. Über Spanien und dann Portugal soll es in die Vereinigten Staaten gehen.

Die «Metaphysik der Jugend» hatte die Frage «Sind wir Zeit?» nicht unmittelbar beantworten wollen. Denn dann hieß es weiter: «Hochmut verlockt uns zum Ja – dann verschwände die Landschaft. Wir wären Bürger. (…) Einzige Antwort ist, dass wir einen Pfad beschreiten.»[5] Alles trifft ein wie in einer Prophezeiung – denn nur Texte, die sich einem unmittelbaren Verständnis verweigern, können später auf den Leser prophetisch wirken. Der Pfad wird von der Gruppe beschritten.

Lisa Fittko, die Führerin, erinnert sich: «Der Begriff ‹Weg› wurde nun mehr und mehr zu einer Übertreibung. Dann und wann war ein Pfad zu sehen, häufiger aber war es nur eine kaum merkbare Spur zwischen den Geröllblöcken.»[6] Dann erkennt man nicht einmal mehr den Pfad. Die Landschaft der «Metaphysik der Jugend» war auf eine große und abstrakte Weise bergig, von Tälern und Bäumen war die Rede: «Es gibt aber einen Ort jener Auferstehungen des Ich, wenn die Zeit in immer weitere und weitere Wellen es hinaussendet. Das ist die Landschaft. Als Landschaft umgibt uns alles Geschehen, denn wir, die Zeit der Dinge, kennen keine Zeit. Nur Neigungen der Bäume, Horizont und Schärfe der Bergrücken, die plötzlich voll Beziehung erwachen, indem sie uns in ihre Mitte stellen. Die Landschaft versetzt uns in ihre Mitte, es umzittern uns mit Fragen Wipfel, umdunkeln uns mit Nebel Täler, bedrängen uns mit Formen unbegreifliche Häuser. Diesem allen widerfahren wir, ihr Mittelpunkt.»

An das Bild kurz vor der spanischen Grenze erinnert sich Carina Birman: «Als wir eine bestimmte Höhe erreicht hatten, sahen wir ein tiefes Tal vor uns, das von Bergketten umgeben war.»[7] Man wandert zu viert los, wie wiederum Lisa Fittko erzählt, «langsam, wie Touristen, die die Landschaft genießen», und man erkennt eine «Hochebene mit sieben Pinien».[8] Wir hören von der «wilden Berggegend», und dass die Gruppe «auf einem schmalen Bergrücken Rast» macht.[9] «Und im Tal», sagt Lisa Fittko, «konnte ich, ganz nah, den Ort sehen.»[10] Die einzelnen Häuser werden erkennbar. Und so sagte es die «Metaphysik der Jugend» von der Landschaft: Es «bedrängen uns mit Formen unbegreifliche Häuser».[11]

Die Gruppe ist auf der Flucht. Es geht um Leben und Tod. Kommen die Flüchtenden nicht durch, werden sie nach Frankreich zurückgeschickt, dann wird man sie womöglich an die Deutschen ausliefern. Die sind zwar noch nicht im Süden, in der unbesetzten «Zone libre», aber der «Etat français» unter Marschall Pétain hat sich seit dem 10. Juli in Vichy eingerichtet und arbeitet mit den Deutschen zusammen. Man hat bereits Spanienkämpfer aus den Kriegsgefangenenlagern geholt und nach Mauthausen gebracht. Schon in der «Metaphysik der Jugend» war das Wort «Todesflucht» gefallen.[12] Die Frage «Sind wir Zeit?» hatte die «Metaphysik der Jugend» abgewiesen: «Der Bann des Buches lässt uns schweigen.»[13] Das Buch! Auf dem Fluchtweg hat Benjamin ein Manuskript bei sich, in einer Aktentasche, es ist ihm höchst wertvoll. Immer wieder kommt er gegenüber Lisa Fittko auf das Manuskript zurück. Schon bei einem Probegang war ihr Benjamins Aktentasche aufgefallen: «Sie schien sehr schwer zu sein, und ich fragte, ob ich ihm helfen könne. ‹Darin ist mein neues Manuskript›, erklärte er mir. ‹Aber warum haben Sie es denn auf diesen Kundschaftsgang mitgenommen?› ‹Wissen Sie, diese Aktentasche ist mir das Allerwichtigste›, sagte er. ‹Ich darf sie nicht verlieren. Das Manuskript muss gerettet werden. Es ist wichtiger als meine eigene Person.›»[14]

Die Aktentasche und das Manuskript sollten zu einem Mysterium werden. Vermutlich handelte es sich um die Thesen «Über den Begriff der Geschichte», denn das große Konvolut der Passagen-Papiere hatte Georges Bataille schon in der Bibliothèque nationale versteckt. Andererseits sagt Lisa Fittko ausdrücklich, die Aktentasche sei schwer gewesen. Lösen können wir das Rätsel nicht. Benjamin hatte noch ein anderes Papier bei sich, von dem wir durch Hannah Arendt wissen: «Die Dominikaner hatten ihm einen Empfehlungsbrief an irgendeinen spanischen Abt mitgegeben. Das hat uns allen damals mächtig imponiert, war aber vollkommen sinnlos.»[15]

Auch die Geschichtsthesen waren ein «Buch von der Zeit», wie das Tagebuch, zu dem die «Metaphysik der Jugend» eine Theorie hatte entwerfen wollen: «Zögernd tritt selten das Tagebuch heraus aus der Unsterblichkeit seines Abstandes und schreibt sich. Lautlos jubelt es auf und sieht über die Schicksale hin, die klar und zeitgewoben in ihm liegen. Durstend nach Bestimmtheit treten die Dinge auf ihn zu, erwartend Schicksal aus seiner Hand zu empfangen. Sie

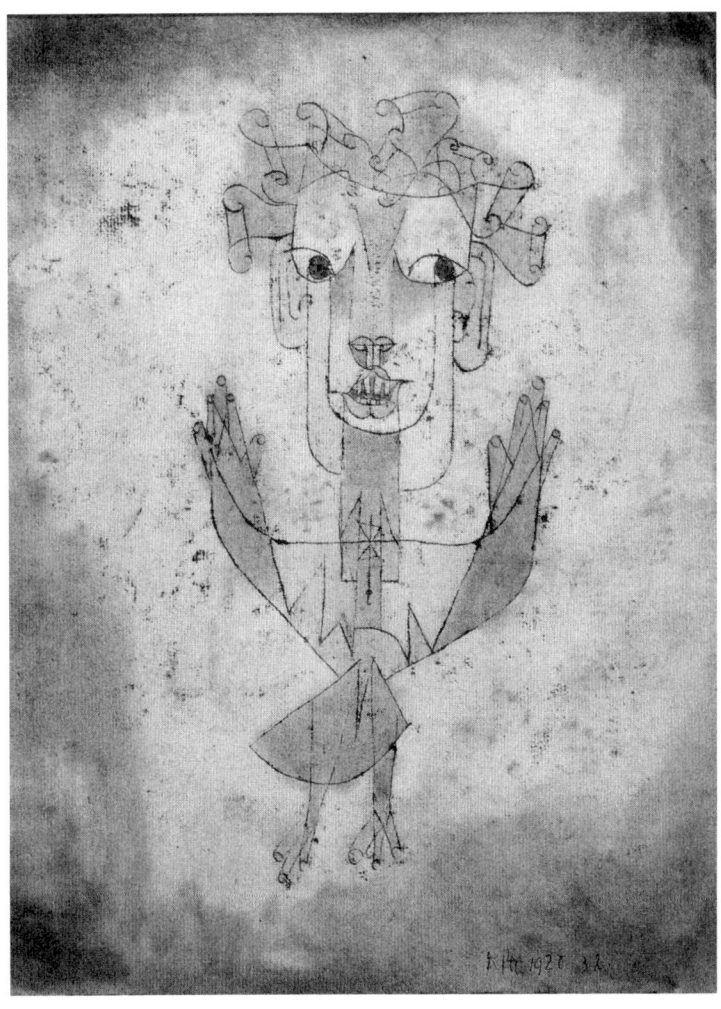

«Es gibt ein Bild von Klee, das Angelus Novus heißt. Ein Engel ist darauf dargestellt, der aussieht, als wäre er im Begriff, sich von etwas zu entfernen, worauf er starrt. Seine Augen sind aufgerissen, sein Mund steht offen und seine Flügel sind ausgespannt. Der Engel der Geschichte muss so aussehen. Er hat das Antlitz der Vergangenheit zugewendet. Wo eine Kette von Begebenheiten vor uns erscheint, da sieht er eine einzige Katastrophe, die unablässig Trümmer auf Trümmer häuft und sie ihm vor die Füße schleudert.»
(Über den Begriff der Geschichte, 1940)

senden ihr Ohnmächtigstes der Hoheit entgegen, ihr Unbestimm-
testes erfleht Bestimmung. Sie grenzen das menschliche Wesen ein
durch ihr fragendes Dasein, vertiefen Zeit; und indem sie selber auf
das Äußerste den Dingen geschieht, vibriert eine leise Unsicherheit
in ihr, welche fragend der Frage der Dinge Antwort gibt. Im Wechsel
solcher Vibrationen lebt das Ich. Dies ist der Inhalt unserer Tagebücher: zu uns bekennt sich unser Schicksal, weil wir es auf uns schon
längst nicht mehr bezogen – wir Verstorbenen, die wir auferstehen
in dem, was uns zustößt.»[16] Wir Verstorbenen! Die Unsterblichkeit!

Eine neue Figur taucht in der «Metaphysik der Jugend» auf, na-
menlos wie alle anderen Figuren, nur eines weiß man von ihr: Sie
ist der Feind. «Wie die Landschaft sich uns entgegenhob, sonderbar
von uns beseeligt, wie die Geliebte uns vorüberfloh, ehmals von uns
gefraut, steht inmitten des Stroms, aufrecht wie sie, der Feind. Aber
mächtiger. Er sendet Landschaft und Geliebte uns entgegen und
ist der unermüdliche Denker der Gedanken, die uns nur kommen.
Vollendet klar begegnet er uns, und während die Zeit sich in die
stumme Melodie der Abstände verbirgt, ist er am Werke. Plötzlich
erhebt er sich im Abstand wie die Fanfare und sendet uns dem Abenteuer entgegen.»[17] Immer schon war der Feind da. Die geschichtsphilosophischen Thesen kennen ihn ebenso, wie der junge Benjamin
ihn kannte oder erahnte: «Nur dem Geschichtsschreiber wohnt die
Gabe bei, im Vergangenen den Funken der Hoffnung anzufachen,
der davon durchdrungen ist: auch die Toten werden vor dem Feind,
wenn er siegt, nicht sicher sein. Und dieser Feind hat zu siegen nicht
aufgehört.»[18]

«Neigend erstrahlt in Zeit die Geliebte der Landschaft, / Aber ver-
dunkelt verharrt über der Mitte der Feind. / Seine Flügel schläfern.
Der schwarze Erlöser der Lande / Haucht sein kristallenes: Nein und
er beschließt unsern Tod.»[19] Damit hat in der «Metaphysik der Jugend» auch der letzte große Akteur seinen Auftritt. «Tod. Im Tode
widerfahren wir uns selbst, es löst sich unser Tot-sein aus den Dingen. Und die Zeit des Todes ist unsere eigene. Erlöst gewahren wir

die Erfüllung des Spieles, die Zeit des Todes war die Zeit unseres Tagebuches, der Tod der letzte Abstand, der Tod der erste liebende Feind, der Tod, der uns mit aller Größe und den Schicksalen unserer breiten Fläche in die unnennbare Mitte der Zeiten trägt.»[20]

Aber nun nichts mehr von Spiel, auch nicht von Trauer-Spiel. Die «Zeit des Todes» war da. Sie war die «Zeit des Tagebuches» gewesen, jetzt war sie die Zeit des Manuskripts. Die Spanier wollten die Gruppe zurück nach Frankreich schicken.

Völlig erschöpft trafen die Geflüchteten nachmittags in Portbou ein und gingen auf die Polizeistation, «um sich den Eingangsstempel für Spanien geben zu lassen. Auf der Polizeistation wurden sie sofort zu dem Vorsteher geschickt, der ihnen erklärte, dass seit ca. dem 22. September staatenlose Personen nicht durch Spanien reisen dürften, sie müssten sofort zur Grenze zurück. Der Vorsteher ging dann weg und überließ die weitere Behandlung der ganzen Angelegenheit seinem Stellvertreter. Dieser behandelte die sieben Personen sehr schlecht. Als die Frauen anfingen, zu weinen, erklärte er, hier gäbe es keine Sentiments, sie hätten zu wählen zwischen französischem Konzentrationslager oder spanischem Kerker. Es war mittlerweile sieben Uhr geworden und da eine Grenzüberstellung nicht möglich war, so wurde den sieben Personen gestattet, die Nacht bis sieben Uhr früh im Hotel Francia zuzubringen. Wie zufällig war der Wirt eben gekommen und übernahm die sieben Personen.»[21]

Benjamin schrieb am Abend des 25. September noch eine Karte an Julia Favez, die Genfer Sekretärin des Instituts für Sozialforschung, und führte mehrere Telefongespräche, möglicherweise mit dem amerikanischen Generalkonsulat in Barcelona.[22] Der Arzt Ramón Vila Moreno besuchte ihn im Hotel des angegriffenen Herzens wegen.[23] Von Arthur Koestler wissen wir, dass Benjamin fünfzig Morphiumtabletten besaß, «die er zu schlucken beabsichtigte, falls er gefasst werden sollte, er sagte mir, das sei genug, um ein Pferd umzubringen, und gab mir die Hälfte seiner Tabletten – ‹für alle Fälle›.»[24]

Carina Birman berichtet, dass sie noch im Hotelflur Benjamins Atems laut rasseln hören konnte. «Ich betrat das Zimmer und fand Prof. Benjamin in desolater geistiger und körperlicher Verfassung vor. Er teilte mir mit, dass er auf keinen Fall bereit sei, zur Grenze zurückzukehren oder das Hotel zu verlassen. Als ich anmerkte, dass es keine Alternative gäbe außer zu gehen, erklärte er mir, dass es für ihn eine gäbe. Er deutete an, dass er ein paar sehr wirksame Giftpillen bei sich trüge. Er lag halbnackt auf dem Bett und hatte seine wunderschöne große goldene Großvateruhr aufgeklappt neben sich auf dem Bett liegen und beobachtete ständig die Zeit.»[25]

Henny Gurland erzählt, was am nächsten Tag passierte (wobei ihre Schilderung in allen Zeitangaben derjenigen der anderen Zeuginnen widerspricht): «Morgens um sieben rief mich Frau Lippmann herunter, da Benjamin mich gerufen hätte. Er sagte mir, dass er abends zehn Uhr große Mengen an Morphium genommen hätte und ich versuchen solle, die Sache als Krankheit darzustellen, gab mir einen Brief an mich und an Adorno Th. W. Dann verlor er das Bewusstsein. Ich rief einen Arzt, der Gehirnschlag feststellte und auf mein dringendes Verlangen, Benjamin in ein Krankenhaus zu befördern, d. h. nach Figueres, alle Verantwortung dafür ablehnte, da Benjamin schon ein Sterbender sei.» In dem Brief, so Henny Gurland, standen fünf Zeilen, «die besagten, dass er, Benjamin, nicht weiterkönne, keinen Ausweg sehe und er [Adorno] sich von mir erzählen lassen solle, ebenso sein Sohn».[26]

Benjamin starb am Abend des 26. September, vierundzwanzig Stunden nach der Einnahme des Giftes; laut Totenbuch um zweiundzwanzig Uhr.[27]

Nun geschahen merkwürdige Dinge. Sie habe, so erinnert sich Henny Gurland, «den Tag mit Polizei, Maire und Juge zugebracht, die sämtliche Papiere einsahen und einen Brief an die Dominikaner in Spanien fanden. Ich musste den Curé [den katholischen Ortspfarrer] holen und habe mit ihm eine Stunde auf den Knien gebetet.»[28]

Eine anonyme Zeugin bestätigt das christliche Ende: «Da Professor Benjamin, der Jude war, Empfehlungsbriefe an einen Dominikaner in Spanien hatte, bestand der Priester von Portbou darauf, dass er ihm die letzte Ölung gebe, und Professor Benjamin wurde auch, da die Frauen keinen Einspruch wagten, auf dem katholischen Friedhof in Portbou beerdigt.»[29] Man hatte noch nicht mit dem Mahl begonnen, berichtet eine Zeugin, «als das Licht ausgeschaltet wurde und ein katholischer Priester als Kopf einer Prozession aus etwa zwanzig Mönchen in schwarzen und weißen Kutten eintrat, von denen jeder eine brennende Kerze trug. Sie durchquerten, eine religiöse Litanei singend, den Speiseraum und begaben sich ins obere Stockwerk. Uns wurde gesagt, dass sie aus einem benachbarten Kloster kämen, um am Totenbett von Prof. Benjamin eine Totenmesse zu halten und ihn anschließend zu begraben. Wir hatten die unglückseligen Ereignisse der letzten Nacht völlig vergessen, und obwohl wir wussten, dass Herr Benjamin ein Jude gewesen sein musste, sagten wir nichts und überließen seiner Begleiterin diese Erklärung. Sie sagte jedoch nichts Derartiges und ließ den Leichnam des Verstorbenen mitnehmen.»[30]

Das Schreiben der französischen Dominikaner war also nicht sinnlos gewesen, wie Hannah Arendt in ihrer kecken Art meinte. Und die spanischen Mönche müssen in der Tat Dominikaner gewesen sein, denn diese tragen eine weiße Tunika mit weißem Skapulier und einem schwarzen Mantel mit Kapuzenkragen. Die Szene ist so ergreifend wie das eine Stunde dauernde kniende Gebet von Henny Gurland mit dem Ortspfarrer. Wenigstens in diesen Augenblicken gab man dem Toten seine Würde. Man denkt an eine Filmphantasie von Luis Buñuel: Mönche, Litaneien singend, begleiten den mittellosen jüdischen Ex-Bolschewisten auf seinem letzten Weg.

Eine regelrechte Totenmesse kann es indes in diesem Augenblick nicht gewesen sein – die kam später. Der Ortspfarrer Andrés Freixa stellte eine Rechnung aus für das Begräbnis von «Herrn Benjamin Walter (er ruhe in Frieden)», in der unter anderem folgende Kosten aufgeführt wurden: zwölf Peseten für Sachleistungen der

Pfarrkirche, Pfarrgebühren, Messdiener und sechs Peseten für eine Messe, gelesen zum Andenken an den Verstorbenen – «Una mesa en sufragio del difunto».[31] Die Frauen berichten, dass sie im Hotel einen Wechselgesang hörten. Es muss das «Libera me» gewesen sein, an das Jüngste Gericht erinnernd: «Rette mich, Herr, vor dem ewigen Tod an jenem Tage des Schreckens, wo Himmel und Erde wanken, da du kommst, die Welt durch Feuer zu richten. Zittern befällt mich und Angst: denn die Rechenschaft naht und der drohende Zorn. O jener Tag! Tag des Zornes, des Unheils, des Elends! O Tag, so groß und so bitter, da du kommst, die Welt durch Feuer zu richten. Herr, gib ihnen ewige Ruhe, und das ewige Licht leuchte ihnen. Rette mich, Herr, vor dem ewigen Tod an jenem Tage des Schreckens, wo Himmel und Erde wanken, da du kommst, die Welt durch Feuer zu richten. Rette mich, Herr, vor dem ewigen Tod.»[32]

Auf die Beerdigung muss nach liturgischer Vorschrift das «In Paradisum» gefolgt sein: «Mögen die Engel dich im Paradies empfangen, bei deinem Kommen mögen die Märtyrer dich erwarten und dich geleiten in die heilige Stadt Jerusalem. Der Chor der Engel möge dich empfangen, und mit Lazarus, dem einst Armen, mögest du ewige Ruhe haben.»[33] Da warten die Engel, da ist die heilige, die nie betretene Stadt Jerusalem …

Und das Buch, das Tagebuch, das Manuskript, die Tasche? «Dieser Gläubige schreibt sein Tagebuch. Und er schreibt es in Abständen, und wird es nie beenden, denn er wird sterben», hieß es in der «Metaphysik der Jugend».[34] Lisa Fittko erzählt[35]: «Das Manuskript konnte nie gefunden werden, nicht in Port Bou, nicht in Figueres und nicht in Barcelona. Nur die schwarze Ledertasche wurde damals im Sterberegister eingetragen mit der Bemerkung: *unos papeles mas de contenido desconocido* – mit Papieren unbekannten Inhalts.»

ANHANG

ANMERKUNGEN

KAPITEL I

1 Benjamin: Gesammelte Schriften VII, S. 635 ff.
2 Handbuch der europäischen Geschichte. Bd. 2: Europa im Hoch- und Spätmittelalter. Hrsg. von Ferdinand Seibt. Stuttgart 1987, S. 155.
3 Benjamin: Gesammelte Schriften VI, S. 215.
4 Gershom Scholem: Ahnen und Verwandte Walter Benjamins. In: Ders.: Walter Benjamin und sein Engel. Vierzehn Aufsätze und kleine Beiträge. Hrsg. von Rolf Tiedemann. Frankfurt 1983, S. 131.
5 Ebd., S. 133.
6 Gershom Scholem: Zur Sozialpsychologie der Juden in Deutschland 1900–1930. In: Judaica 4. Frankfurt a. M. 1984, S. 233.
7 Berliner Chronik, Benjamin: Gesammelte Schriften VI.
8 Wizisla (Hrsg.): Begegnungen mit Walter Benjamin, S. 84 f.
9 Kapitalismus als Religion, Benjamin: Gesammelte Schriften VI, S. 102.
10 Ebd.
11 Jules Crépieux-Jamin (1859 bis 1940) war ein seinerzeit berühmter französischer Graphologe.
12 Günter Anders: Ketzereien. München 1996, S. 95.
13 Wizisla (Hrsg.): Begegnungen mit Walter Benjamin, S. 125.
14 Benjamin: Gesammelte Schriften IV, S. 301 f.
15 Ebd., S. 283.
16 Ludwig Bechstein: Das Märchen vom Ritter Blaubart. In: Ders.: Sämtliche Märchen Band 1. München 1988, S. 324.
17 Benjamin: Gesammelte Schriften I, S. 393.

KAPITEL II

1 Theodor W. Adorno: Über Walter Benjamin. Aufsätze, Artikel, Briefe. Frankfurt a. M. 1990, S. 81.

2 Wizisla (Hrsg.): Begegnungen mit Walter Benjamin, S. 187.

3 Benjamin: Gesammelte Schriften II, S. 10.

4 Ebd.

5 Ebd., S. 12.

6 Ebd., S. 836.

7 Benjamin: Gesammelte Schriften VII, S. 9.

8 Benjamin: Gesammelte Schriften VI, S. 504.

9 Ebd.

10 Benjamin: Gesammelte Schriften II, S. 75.

11 Benjamin: Gesammelte Schriften VI, S. 477.

12 Benjamin: Gesammelte Briefe I, S. 88.

13 Ebd., S. 96.

14 Ebd., S. 182.

15 Benjamin: Gesammelte Schriften VI, S. 478.

16 Benjamin: Gesammelte Schriften VII, S. 49, 38, 48.

17 Ebd., S. 28, 37, 50, 52, 37.

18 Ebd., S. 28.

19 Ebd.

20 Stefan George: Tage und Taten. Aufzeichnungen und Skizzen. Stuttgart 1998, S. 66.

21 Stefan George: Das Jahr der Seele. Stuttgart 1982, S. 36.

22 Benjamin: Gesammelte Schriften II, S. 624.

23 Ebd.

24 Stefan George: Dante. Göttliche Komödie. Berlin 1912, S. 26.

25 Benjamin: Gesammelte Schriften II, S. 624.

26 George: Dante, S. 28.

27 Ebd., S. 30.

28 Ebd., S. 31.

29 Wizisla (Hrsg.): Begegnungen mit Walter Benjamin, S. 130.

30 Vgl. Ludolf Stephani: Nimbus und Strahlenkrone in den Werken der alten Kunst. St. Petersburg 1859.

31 Benjamin: Gesammelte Briefe I, S. 348 f.

32 Benjamin: Gesammelte Schriften II, S. 130 f.

33 Benjamin: Gesammelte Schriften II, S. 28.

34 Für Hitler waren «Jude» und «Literat» meist synonym. Die russische Revolution habe «einem Haufen jüdischer Literaten und Börsenbanditen die Herrschaft über ein großes Volk» gesichert (Mein Kampf. München 1943, S. 358). Verach-

tungsvoll spricht er über die «limonadigen Ergüsse ästhetisierender Literaten und Salonhelden» (S. 116), an anderer Stelle nennt er die Literaten in einem Zug mit «einem Haufen von Straßenstrolchen, Deserteuren, Parteibonzen» (S. 423).

35 Thomas Mann: Der Künstler und der Literat. In: Ders.: Schriften und Reden zur Literatur, Kunst und Philosophie I. Frankfurt 1968, S. 78.

36 Benjamin: Gesammelte Schriften II, S. 352.

37 Ebd., S. 353.

38 Wizisla (Hrsg.): Begegnungen mit Walter Benjamin, S. 228.

39 Ebd., S. 23.

40 Benjamin: Gesammelte Schriften II, S. 73.

41 Scholem: Walter Benjamin, S. 23.

42 Benjamin: Gesammelte Schriften VI, S. 471 f.

43 Benjamin: Gesammelte Briefe I, S. 394.

44 Scholem: Walter Benjamin, S. 128.

45 Scholem: Walter Benjamin, S. 21.

46 Benjamin: Gesammelte Briefe I, S. 257.

47 Hans-Ulrich Wehler: Deutsche Gesellschaftsgeschichte. Band 4: Vom Beginn des Ersten Weltkrieges bis zur Gründung der beiden deutschen Staaten 1914–1949. München 2003, S. 69.

48 Benjamin: Gesammelte Briefe I, S. 302.

49 Scholem: Walter Benjamin, S. 71. Charlotte Wolff sah in Benjamins Augen gelegentlich «ein zynisches Glitzern». Wizisla (Hrsg.): Begegnungen mit Walter Benjamin, S. 111.

50 Benjamin: Gesammelte Briefe I, S. 302.

51 Zit. nach: Die Weißen Blätter, Jg. 1, Heft 11, November 1915, S. 1344.

52 Thomas Mann: Betrachtungen eines Unpolitischen. Frankfurt 1983, S. 395.

53 Benjamin: Gesammelte Briefe I, S. 303.

54 Wizisla (Hrsg.): Begegnungen mit Walter Benjamin, S. 69 f.

55 Wizisla (Hrsg.): Begegnungen mit Walter Benjamin, S. 233.

56 Ebd., S. 234.

57 Benjamin: Gesammelte Schriften II, 257 f.

58 Ebd., S. 258.

59 Benjamin: Gesammelte Briefe I, S. 296.

60 Ebd., S. 297.

61 Scholem: Walter Benjamin, S. 34.

62 Benjamin: Gesammelte Briefe I, S. 290.

63 Ebd., S. 290 f.

64 Benjamin: Gesammelte Schriften I, S. 225.

65 Benjamin: Gesammelte Briefe I, S. 216 f.

66 Benjamin: Gesammelte Briefe I, S. 222.

67 Wizisla (Hrsg.): Begegnungen mit Walter Benjamin, S. 69, 56.

68 Ebd., S. 26.
69 Benjamin: Gesammelte Schriften VII, S. 17.
70 Wizisla (Hrsg.): Begegnungen mit Walter Benjamin, S. 50.
71 Ebd., S. 117.
72 Ebd., S. 108.
73 Ebd., S. 117.
74 Benjamin: Gesammelte Schriften VI, S. 481.
75 Scholem: Walter Benjamin, S. 20.
76 Ebd., S. 27.
77 Ebd., S. 49.
78 Ebd., S. 50. Herbert Blumenthal formulierte es wieder missgünstig: Benjamin sei «auf eine sehr sonderbare Weise vor dem Kriege desertiert». Wizisla (Hrsg.): Begegnungen mit Walter Benjamin, S. 93. «Der sehr sensible Mensch hatte sich von seiner Frau, die einen merkwürdigen hexenhaften Einfluss auf ihn hatte, eine schwere Hüftgelenksverkrümmung suggerieren lassen, die ihn zu jeder soldatischen Verwendung völlig unfähig machte.» Ebd.
79 Scholem: Walter Benjamin, S. 50.
80 Benjamin: Gesammelte Briefe I, S. 366.
81 Ebd., S. 373 f.

KAPITEL III

1 Benjamin: Gesammelte Briefe III, S. 520.
2 Scholem: Walter Benjamin, S. 17.
3 Wizisla (Hrsg.): Begegnungen mit Walter Benjamin, S. 187.
4 Geret (Hrsg.): Zu Walter Benjamins Exil, S. 145.
5 Wizisla (Hrsg.): Begegnungen mit Walter Benjamin, S. 206, 99.
6 Scholem notierte im Tagebuch: «Dora Pollak (…) ist in einer zionistischen Atmosphäre aufgewachsen, in Wien, kannte Buber noch von seiner Wiener Zeit her; alle ihre Geschwister sind Zionisten, nur sie steht abseits. Jedenfalls abseits der Bewegung.» Wizisla (Hrsg.): Begegnungen mit Walter Benjamin, S. 46.
7 Max Weber: Gesammelte Aufsätze zur Religionssoziologie III: Die Wirtschaftsethik der Weltreligionen. Das antike Judentum. Tübingen 1988, S. 4 ff.
8 Gershom Scholem: Über einige Grundbegriffe des Judentums. Frankfurt 1970, S. 121.
9 Benjamin: Gesammelte Schriften II, S. 836.
10 Benjamin: Gesammelte Briefe I, S. 59.
11 Benjamin: Gesammelte Schriften II, S. 839.
12 Ebd., S. 838.
13 Ebd.
14 Benjamin: Gesammelte Briefe I, S. 72.

15 Benjamin: Gesammelte Briefe I, S. 83.

16 Benjamin: Gesammelte Schriften II, S. 842.

17 Benjamin: Gesammelte Schriften II, S. 891. Vgl. dazu Hitlers Aussage: «Erst wenn der – politisch durch den organisierten Marxismus geführten – internationalen Weltanschauung eine ebenso einheitlich organisierte und geleitete völkische gegenübertritt, wird sich bei gleicher Kampfesenergie der Erfolg auf die Seite der ewigen Wahrheit schlagen.» Mein Kampf, S. 422. «‹Jüdisch› und ‹international› sind für Hitler geradezu Synonyme; alles, was international ist, ist jüdisch» – so die Diagnose von Sebastian Haffner in seinen «Anmerkungen zu Hitler», Frankfurt 1981, S. 52.)

18 Wizisla (Hrsg.): Begegnungen mit Walter Benjamin, S. 34.

19 Ebd., S. 44.

20 Ebd., S. 52.

21 Ebd., S. 53 f.

22 Benjamin: Gesammelte Schriften I, S. 953 f.

23 Benjamin: Gesammelte Schriften II, S. 233.

24 Scholems kristallhelle Worte über seinen Bruder Werner lauteten: «Sie haben ihn sechs Jahre später als Trotzkisten ‹hinausgeworfen›, wie einen großen Teil der Juden in der kommunistischen Bewegung (in der Tat waren die führenden Trotzkisten zum überwiegenden Teil Juden, was man heute zu vertuschen sucht, wie man es immer tut mit unangenehmen Dingen).» Zit. nach «Berliner Ultralinker und jüdischer Märtyrer», Frankfurter Allgemeine Zeitung, 4. Oktober 2014.

25 Wizisla (Hrsg.): Begegnungen mit Walter Benjamin, S. 41 f.

26 Gershom Scholem: Tagebücher 1913–1917. Frankfurt a. M. 1995, S. 451.

27 Ebd., S. 272.

28 Ebd., S. 211.

29 Wizisla (Hrsg.): Begegnungen mit Walter Benjamin, S. 42.

30 Scholem: Tagebücher 1913–1917, S. 61.

31 Zit. nach «Unter Zauberern», Frankfurter Allgemeine Zeitung, 10. Oktober 1995.

32 Benjamin: Gesammelte Briefe II, S. 67.

33 Ebd., S. 434.

34 Fritz Stern: Gold und Eisen. Bismarck und sein Bankier Bleichröder. Berlin 1978, S. 573.

35 Benjamin: Gesammelte Briefe II, S. 209.

36 Oskar Goldberg: Die Wirklichkeit der Hebräer. Wissenschaftliche Neuausgabe. Mit einem Geleitwort von Elazar Benyoëtz und einem Nachwort von Roland Goetschel. Hrsg. von Manfred Voigts. Wiesbaden 2005, S. VII.

37 Scholem: Walter Benjamin, S. 123 f.

38 Goldberg: Die Wirklichkeit der Hebräer, S. 16.

39 Ebd., S. 14.

40 Ebd., S. 18.

41 Ebd., S. 183.

42 Ebd., S. 283.

43 Benjamin: Gesammelte Briefe II, S. 128.

44 Ebd., S. 124 f.

45 Gershom Scholem: Von Berlin nach Jerusalem. Frankfurt 2016, S. 105.

46 Volker [Erich Gutkind]: Siderische Geburt. Seraphische Wanderung vom Tode der Welt zur Taufe der Tat. Berlin 1910, S. 9, 221, 163, 238.

47 Scholem: Von Berlin nach Jerusalem, S. 106.

48 Jäger: Messianische Kritik, S. 54.

49 Scholem: Walter Benjamin, S. 48.

50 Scholem: Von Berlin nach Jerusalem, S. 167.

KAPITEL IV

1 Scholem: Walter Benjamin, S. 16.

2 Wizisla (Hrsg.): Begegnungen mit Walter Benjamin, S. 240.

3 Ebd., S. 331.

4 Ebd., S. 187.

5 Paul Zanker: Die Maske des Sokrates. Das Bild des Intellektuellen in der antiken Kunst. München 1995, S. 302.

6 Hans Förstl (Hrsg.): Frontalhirn. Funktionen und Erkrankungen. Berlin und Heidelberg 2002, S. 3. Vgl. auch Katharina Andres: Antike Physiognomik in Renaissanceporträts. Frankfurt a. M. 1990, S. 185.

7 Wizisla (Hrsg.): Begegnungen mit Walter Benjamin, S. 32

8 Ebd., S. 128 ff. Ähnlich Jean Selz: «Benjamins Reichtum war die durchdringende Kraft seiner Reflexion.» Ebd., S. 206.

9 Adorno: Über Walter Benjamin, S. 104.

10 Jürgen Habermas: Nachmetaphysisches Denken II. Aufsätze und Repliken. Frankfurt a. M. 2012, S. 7.

11 Wizisla (Hrsg.): Begegnungen mit Walter Benjamin, S. 37.

12 Ebd., S. 56.

13 Benjamin: Gesammelte Schriften II, S. 163, 161.

14 Martin Heidegger: Sein und Zeit. Tübingen 2006, S. 68.

15 Ebd., S. 84.

16 Ebd., S. 69.

17 Ebd., S. 71.

18 Benjamin: Gesammelte Schriften II, S. 175.

19 Ebd., S. 267.

20 Ebd., S. 262.

21 Ebd., S. 265.

22 Benjamin: Gesammelte Schriften VI, S. 604.

23 Benjamin: Gesammelte Schriften II, S. 158 f.

24 Ebd., S. 159.

25 Ebd., S. 168.

26 Ebd., S. 160.

27 Ebd., S. 147.

28 Ebd., S. 151.

29 Ebd., S. 621 f.

30 Wizisla (Hrsg.): Begegnungen mit Walter Benjamin, S. 187

31 Ebd., S. 111.

32 Ebd., S. 130.

33 Pierre Klossowski: Walter Benjamin. In: Der Pfahl. Jahrbuch aus dem Niemandsland zwischen Kunst und Wissenschaft I. München 1987, S. 314.

34 Benjamin: Gesammelte Schriften I, S. 699.

35 Benjamin: Gesammelte Schriften II, S. 203 f.

36 Friedrich Nietzsche: Also sprach Zarathustra. Ein Buch für Alle und Keinen. Hrsg. von Giorgio Colli und Mazzino Montinari. Berlin 1989, S. 13.

37 Jacob Talmon: Die Ursprünge der totalitären Demokratie. Opladen 1961, S. 9.

38 Gustav Schwab: Niobe. In: Märchen und Sagen. Eine Auswahl. Hrsg. von Heinrich Apel. London 1838, S. 359, 366.

39 Moses 4,16 f.

40 Benjamin: Gesammelte Schriften II, S. 199.

KAPITEL V

1 Benjamin: Gesammelte Schriften II, S. 862.

2 Martin Mittelmeier: Dada. Eine Jahrhundertgeschichte. München 2016, S. 63. Mittelmeiers hervorragender Darstellung bin ich auch sonst verpflichtet.

3 «Bei den Dadaisten und Futuristen wurde (…) die Reinfantilisierung auch berechnend als neue konstruierte Kunst eingesetzt. (…) ‹Dada› wurde aus der Kindersprache direkt abgeleitet. Kinder wurden gepriesen, weil sie noch spielen konnten. (…) Kinder repräsentierten noch die Einheit von Kunst und Leben, welche die Avantgarde erst wieder gewinnen wollte.» Klaus von Beyme: Das Zeitalter der Avantgarden. Kunst und Gesellschaft 1905 – 1955. München 2005, S. 466.

4 Benjamin: Gesammelte Schriften I, S. 582.

5 Scholem: Walter Benjamin, S. 101.

6 Walter Benjamin, Gesammelte Schriften Supplement I. Kleine Übersetzungen. Hrsg. von Rolf Tiedemann. Frankfurt a. M. 1999, S. 9, 11.

7 Ebd., S. 11. Hitler war ein erbitterter Gegner des Dadaismus: «Der Bolsche-

wismus der Kunst ist die einzig mögliche kulturelle Lebensform und geistige Äußerung des Bolschewismus überhaupt. Wem dieses befremdlich vorkommt, der braucht nur die Kunst der glücklich bolschewisierten Staaten einer Betrachtung zu unterziehen, und er wird mit Schrecken die krankhaften Auswüchse irrsinniger und verkommener Menschen, die wir unter den Sammelbegriffen des Kubismus und Dadaismus seit der Jahrhundertwende kennenlernten, dort als die offiziell staatlich anerkannte Kunst bewundern können. (…) Vor sechzig Jahren wäre eine Ausstellung von sogenannten dadaistischen ‹Erlebnissen› als einfach unmöglich erschienen, und die Veranstalter würden in das Narrenhaus gekommen sein, während sie heute sogar in Kunstverbänden präsidieren.» Mein Kampf. München 1943, S. 283. Am 3. September 1933 notiert Joseph Goebbels im Tagebuch: «Chef spricht über Kulturfragen. Scharf gegen Dadaisten und Konjunkturisten.» Elke Fröhlich (Hrsg.): Die Tagebücher von Joseph Goebbels. Hrsg. im Auftrag des Instituts für Zeitgeschichte. München 2006, S. 259.

8 Harry Graf Kessler: Das Tagebuch 1880–1937. Band 6: 1916–1918. Hrsg. von Günter Riederer und Roland S. Kamzelak. Stuttgart 2006, S. 402.

9 Wizisla (Hrsg.): Begegnungen mit Walter Benjamin, S. 79.

10 Ernst Bloch: Was schadet und was nützt Deutschland ein feindlicher Sieg? In: Ders.: Kampf, nicht Krieg. Politische Schriften 1917–1919. Hrsg. von Martin Korol. Frankfurt a. M. 1985, S. 77.

11 Wizisla (Hrsg.): Begegnungen mit Walter Benjamin, S. 37.

12 Arno Münster: Ernst Bloch. Eine politische Biographie. Berlin 2004, S. 33, 67.

13 Ernst Bloch: Geist der Utopie. [Erste Fassung.] Frankfurt a. M. 1969, S. 9.

14 Johann Wolfgang Goethe: Naturwissenschaftliche Schriften I. Hrsg. von Dorothea Kuhn und Erich Trunz. München 1981, S. 498.

15 Bloch: Geist der Utopie, S. 444.

16 Ebd., S. 122.

17 Benjamin: Gesammelte Briefe II, S. 73.

18 Gert Ueding: «Wo noch niemand war». Erinnerungen an Ernst Bloch. Tübingen 2016.

19 Gerd Irrlitz: «Ehrlich durchschreiten, was endlich ist, um zu wissen, was unendlich sein kann». Eine Erinnerung zu Ernst Blochs 125. Geburtstag am 8. Juli 2010. In: Deutsche Zeitschrift für Philosophie, Jg. 58, Heft 4, Berlin 2010.

20 Benjamin: Gesammelte Briefe II, S. 44 f.

21 Ebd., S. 46.

22 Scholem: Walter Benjamin, S. 119.

23 John Heartfield und George Grosz: Der Kunstlump. In: Der Gegner, Heft 1, Berlin 1920, S. 10 f.

1 Wizisla (Hrsg.): Begegnungen mit Walter Benjamin, S. 113. An anderer Stelle: «Walter war der geborene Poet, und es war unvergleichlich aufregend, sich mit ihm zu unterhalten.» Ebd., S. 108. Und noch einmal: «Für mich war er in erster Linie Dichter.» Ebd., S. 122.

2 Wizisla (Hrsg.): Begegnungen mit Walter Benjamin, S. 188.

3 Hannah Arendt: Benjamin Brecht. Zwei Essays. München 1971, S. 22.

4 Klossowski: Walter Benjamin, S. 314.

5 Heinrich von Treitschke: Deutsche Geschichte im Neunzehnten Jahrhundert. Band 3. Leipzig 1927, S. 689.

6 Benjamin: Gesammelte Schriften I, S. 108.

7 Ebd., S. 36.

8 Ebd., S. 105 f.

9 Ebd., S. 101.

10 Ebd., S. 102.

11 Ebd., S. 100.

12 Ebd., S. 109.

13 Ebd., S. 61.

14 Ebd., S. 119.

15 Benjamins Freund Ernst Schoen war ein Schüler von Busoni, ebenso Kurt Weill.

16 Hans Pfitzner: Über musikalische Inspiration. Berlin 1940, S. 86 f.

17 Ebd.

18 Tim Lörke: Die Verteidigung der Kultur. Mythos und Musik als Medien der Gegenmoderne. Würzburg 2010, S. 255. Goebbels' Verbot der Kunstkritik am 26. November 1936 war vom Gesichtspunkt des NS-Staates aus nur konsequent. Goebbels sprach von den Kunstkritikern als «getarnten Nachfahren» der «jüdischen Kulturaristokratie»; für die «jüdischen Literaten» sei die Zeit vorbei, sich «zum unfehlbaren Richter über fremde Leistungen aufzuspielen». Ich folge hier der Darstellung von Ralf Georg Reuth: Goebbels. Eine Biographie. München 2005.

19 Scholem: Walter Benjamin, S. 107.

20 Benjamin: Gesammelte Schriften IV, S. 153.

21 Benjamin: Gesammelte Schriften II, S. 277.

22 Ebd., S. 284.

23 Ebd., S. 288.

24 Ebd., S. 326.

25 Ebd., S. 453.

26 Benjamin: Gesammelte Schriften IV, S. 105.

27 Benjamin: Gesammelte Schriften I, S. 467.

28 Ebd.

29 Benjamin: Gesammelte Schriften II, S. 794.

30 Ebd., S. 695.

31 Ebd., S. 683.

32 Ebd., S. 700.

33 Gottfried Benn: Die neue literarische Saison, 1931. In: Ders.: Sämtliche Werke Band III. Stuttgart 1987, S. 331 f.

34 Ebd., S. 549.

35 Benjamin: Gesammelte Schriften II, S. 593.

36 Ebd., S. 591.

37 Ebd., S. 596.

38 Ebd., S. 597.

39 Ebd., S. 598.

40 Ebd.

KAPITEL VII

1 Wizisla (Hrsg.): Begegnungen mit Walter Benjamin, S. 188.

2 Ebd., S. 206.

3 Vgl. Kurt H. Stapf, Wolfgang Stroebe, Klaus Jonas: Amerikaner über Deutschland und die Deutschen. Urteile und Vorurteile. Opladen 1986, S. 40.

4 Wizisla (Hrsg.): Begegnungen mit Walter Benjamin, S. 172.

5 Scholem: Walter Benjamin und sein Engel, S. 191.

6 Benjamin: Gesammelte Briefe II, S. 368.

7 Ebd., S. 88.

8 Jäger: Messianische Kritik, S. 76.

9 Ebd., S. 76.

10 Benjamin: Gesammelte Briefe II, S. 88.

11 Jäger: Messianische Kritik, S. 43.

12 Joseph von Eichendorff: Geschichte der poetischen Literatur Deutschlands. In: Ders.: Literaturhistorische Schriften, Historische Schriften, Politische Schriften. Stuttgart 1958, S. 13.

13 Benjamin: Gesammelte Schriften IV, S. 763 ff.

14 Jäger: Messianische Kritik, S. 80.

15 Florens Christian Rang: Historische Psychologie des Karnevals. Berlin 1983, S. 16, 32, 36.

16 Ebd., S 45.

17 Benjamin: Gesammelte Schriften II, S. 242.

18 Ebd., S. 243.

19 Scholem: Walter Benjamin, S. 33.

20 Ebd., S. 90 ff.
21 Benjamin: Gesammelte Schriften II, S. 241.
22 Ebd., S. 244.
23 Ebd., S. 241, 244.
24 Ulrich Linse: Wanderpropheten der Zwanziger Jahre.
   In: Wohnsitz: Nirgendwo. Hrsg. vom Künstlerhaus Bethanien. Berlin 1982,
   S. 191.
25 Benjamin: Gesammelte Briefe II, S. 404.
26 Der Verlust dieser Arbeit ist besonders schmerzlich. Heinles Gedichte bildeten
   im engeren Freundeskreis einen Brennpunkt der Kommunikation.
27 Benjamin: Gesammelte Schriften II, S. 622.
28 Benjamin: Gesammelte Briefe II, S. 313.
29 Benjamin: Gesammelte Schriften II, S. 978.
30 Benjamin: Gesammelte Briefe II, S. 212.
31 Ebd., S. 200.
32 Ebd., S. 224.
33 Ebd., S. 203, 201.
34 Ebd., S. 282 f.
35 Scholem: Walter Benjamin, S. 120.
36 Wizisla (Hrsg.): Begegnungen mit Walter Benjamin, S. 120.
37 Ebd.
38 Ebd., S. 88.
39 Ebd., S. 88.
40 Ebd., S. 91.
41 Benjamin: Gesammelte Schriften I, S. 835 ff.
42 Ebd., S. 132.
43 Ebd.
44 Ebd.
45 Ebd., S. 134.
46 Ebd., S. 170.
47 Ebd., S. 169.
48 Ebd., S. 193, 194, 186, 192.
49 Ebd., S. 200.
50 Ebd., S. 186.
51 Benjamin: Gesammelte Schriften VII, S. 67.
52 Benjamin: Gesammelte Schriften I, S. 815.
53 Ebd.
54 Ebd., S. 817.
55 Benjamin: Gesammelte Briefe II, S. 376.
56 Ebd., S. 409.
57 Ebd., S. 305.

58 Florens Christian Rang: Deutsche Bauhütte. Ein Wort an uns Deutsche über mögliche Gerechtigkeit gegen Belgien und Frankreich und zur Philosophie der Politik. Sannerz und Leipzig 1924, S. 7.

59 Benjamin: Gesammelte Briefe II, S. 317.

60 Ebd., S. 320.

61 Ebd., S. 322.

62 Ebd., S. 352.

63 Rang: Deutsche Bauhütte, S. 19.

64 Ebd., S. 10.

65 Ebd., S. 11.

66 Ebd., S. 51.

67 Jäger: Messianische Kritik, S. 158.

68 Benjamin: Gesammelte Briefe II, S. 364.

69 Ebd., S. 368.

70 Ebd., S. 369.

71 Ebd., S. 378.

72 Ebd., S. 377.

73 Benjamin: Gesammelte Schriften IV, S. 386.

74 Ebd., S. 387.

75 Benjamin: Gesammelte Briefe II, S. 335.

76 Jäger: Messianische Kritik, S. 165.

77 Benjamin: Gesammelte Briefe II, S. 370.

78 Jäger: Messianische Kritik, S. 165.

79 Benjamin: Gesammelte Briefe II, S. 370.

80 Ebd., S. 369.

81 Jäger: Messianische Kritik, S. 173.

82 Ebd., S. 174.

83 Ebd., S. 175.

84 Benjamin: Gesammelte Briefe II, S. 466.

85 Ebd., S. 520.

86 Ebd., S. 454 f.

87 Ebd., S. 500.

KAPITEL VIII

1 Benjamin: Gesammelte Briefe II, S. 591.

2 Ebd., S. 472.

3 Ebd., S. 471.

4 Salomo Friedlaender: Schöpferische Indifferenz. Hrsg. von Hartmut Geerken und Detlef Thiel. Herrsching 2009, S. 131.

5 Benjamin: Gesammelte Briefe II, S. 128.

6 Ebd., S. 162.

7 Benjamin: Gesammelte Schriften I, S. 215.

8 Ebd., S. 228.

9 Ebd., S. 352.

10 Ebd., S. 951.

11 Ebd., S. 391 f.

12 Ebd., S. 392.

13 Ebd., S. 393.

14 Benjamin: Gesammelte Schriften VI, S. 522.

15 Wizisla (Hrsg.): Begegnungen mit Walter Benjamin, S. 206.

16 Ebd., S. 81.

17 Scholem: Walter Benjamin, S. 87.

18 Benjamin: Gesammelte Schriften I, S. 150.

19 Wizisla (Hrsg.): Begegnungen mit Walter Benjamin, S. 129.

20 Benjamin: Gesammelte Schriften II, S. 179.

21 Benjamin: Gesammelte Schriften I, S. 323.

22 Ebd., S. 318.

23 Ebd., S. 320 f.

24 Ebd., S. 326.

25 Ebd. S. 327.

26 Ebd., S. 326–329.

27 Ebd., S. 325–327.

28 Vgl. Erwin Panofsky, Fritz Saxl: Dürers «Melencolia I». Eine quellen- und typengeschichtliche Untersuchung. Leipzig, Berlin 1923; Karl Giehlow: Dürers Stich «Melencolia I» und der maximilianische Humanistenkreis. In: Mitteilungen der Gesellschaft für vervielfältigende Kunst 1904; Aby Warburg: Heidnisch-antike Weissagung in Wort und Bild zu Luthers Zeiten. Heidelberg 1920. Benjamins Kolumne «Die Lehre vom Saturn» – S. 326 bis 329 – ist eine reine Zitatenkompilation aus den erwähnten Schriften.

29 Benjamin: Gesammelte Schriften I, S. 238, 327.

30 Ebd., S. 327.

31 Ebd.

32 Ebd., S. 321.

33 Ebd., S. 332.

34 Ebd., S. 327.

35 Ebd., S. 253.

36 Ebd., S. 335.

37 Ebd., S. 319.

38 Ebd., S. 333.

39 Ebd., S. 329, 327, 320–223.

40 Ebd., S. 317.

41 Ebd.

42 Ebd., S. 335.

43 Adorno: Über Walter Benjamin, S. 66 f.

44 Scholem: Walter Benjamin, S. 101.

45 Benjamin: Gesammelte Schriften II, S. 99 – 102.

46 Benjamin: Gesammelte Schriften VI, S. 534.

47 Benjamin: Gesammelte Briefe I, S. 106.

48 Benjamin: Gesammelte Schriften I, S. 243.

49 Ebd., S. 249.

50 Vgl. Benjamin: Gesammelte Schriften VI, S. 420, über ein Königsporträt im Hanseatischen Museum: «Ein Kopf, der wie eine Zwiebel aus einer Krone scheint hervorgezogen zu sein, der vielleicht an dieser Krone nur ein Geschwulst ist. Zauberhafteste Harmonie zwischen der Unfähigkeit eines Malers und der Königstreue eines Untertanen.» Und Benjamin: Gesammelte Schriften II, S. 339: «Takt ist die Fähigkeit, gesellschaftliche Verhältnisse, doch ohne von ihnen abzugehen, als Naturverhältnisse, ja selbst als paradiesische zu behandeln und so nicht nur dem König, als wäre er mit der Krone auf der Stirne geboren, sondern auch dem Lakaien wie einem livrierten Adam entgegenzukommen.»

51 Benjamin: Gesammelte Schriften I, S. 319.

52 Adorno: Über Walter Benjamin, S. 62. In einer anderen Formulierung: «Ihn hatte die Vormacht des Geistes extrem seiner physischen und selbst psychologischen Existenz entfremdet.» Ebd., S. 49.

53 Benjamin: Gesammelte Schriften II, S. 161.

54 Benjamin: Gesammelte Schriften I, S. 323.

55 Ebd., S. 323.

56 Ebd., S. 237.

57 Benjamin: Gesammelte Schriften VI, S. 484.

58 Benjamin: Gesammelte Schriften I, S. 236. Zum «Volkstum» vgl. auch die Formulierung «Schlüssel des lebendigen Volkstums» (ebd., S. 243) und die Charakteristik der Barockschriftsteller: «So bedeutend in Wahrheit die Verdienste dieser Männer um Sprache und Volkstum, so bewusst ihr Anteil an der Bildung einer nationalen Literatur war – in ihrer Arbeit prägte die absolutistische Maxime: alles für, nichts durch das Volk zu leisten, zu deutlich sich aus als dass sie Philologen aus der Schule Grimms und Lachmanns hatte gewinnen können. Nicht zum wenigsten ein Geist, der ihnen, an dem Gerüst des deutschen Dramas Fronenden, verwehrte auf die Stoffschicht deutschen Volkstums irgendwo zurückzugreifen, macht die quälende Gewaltsamkeit ihrer Geste.» Ebd., S. 229.

59 Benjamin: Gesammelte Briefe III, S. 558. Schmitt replizierte 1956 in seinem Buch «Hamlet oder Hekuba. Der Einbruch der Zeit in das Spiel» mit einem ausführlichen Exkurs.

60 Hugo von Hofmannsthal: Reden und Aufsätze III. 1925–1929. Aufzeichungen. Frankfurt a. M. 1980, S. 586.

61 Benjamin: Gesammelte Briefe III, S. 27.

62 Ebd., S. 47, 49 f.

63 Hofmannsthal: Reden und Aufsätze III, S. 579 f.

64 Benjamin: Gesammelte Briefe III, S. 60 f.

65 Hugo von Hofmsnnsthal: Dramen III. 1893–1927. Frankfurt a. M. 1979, S. 170.

66 Benjamin: Gesammelte Schriften I, S. 306.

67 Ebd., S. 332.

68 Ebd., S. 320.

69 Ebd., S. 319.

70 Hofmannsthal: Dramen III, S. 609.

71 Benjamin: Gesammelte Briefe II, S. 37.

72 Ebd., S. 171.

73 Ebd., S. 291.

74 Ebd., S. 299.

75 Wolfgang Frühwald: Die Macht des Faktischen. Intellektuelle und ästhetische Kultur in der Weimarer Republik. In: Jahrbuch zur Literatur der Weimarer Republik. St. Ingbert 1995, S. 62.

76 Hans Heinz Holz: Philosophie der zersplitterten Welt. Reflexionen über Walter Benjamin. Köln 1992, S. 51.

77 Benjamin: Gesammelte Briefe II, 112.

78 Vgl. Frank Estelmann, Olaf Müller: Angepasster Alltag in der Germanistik und Romanistik. In: Jörn Kobes, Jan-Otmar Hesse (Hrsg.): Frankfurter Wissenschaftler zwischen 1933 und 1945. Göttingen 2008, S. 42.

79 Ebd., S. 43.

80 Zit. nach http://use.uni-frankfurt.de/literaturwissenschaftler/schultz/nachwelt/.

81 Benjamin: Gesammelte Briefe II, S. 384.

82 Ebd.

83 Ebd., S. 377.

84 Benjamin: Gesammelte Schriften VI, S. 770.

85 Ebd., S. 771.

86 Ebd.

87 Benjamin: Gesammelte Schriften I, S. 406

88 Hugo von Hofmannsthal, Hans Heinrich Schaeder: Die Briefe. Mitgeteilt von Rudolf Hirsch. In: Hofmannsthal-Blätter. Heft 31/32. Frankfurt a. M. 1985, S. 22 f.

89 Ebd., S. 902.

KAPITEL IX

1   Wizisla (Hrsg.): Begegnungen mit Walter Benjamin S. 118.
2   Ebd., S. 110. Und noch einmal: «Die rosigen Apfelbäckchen eines Kindes, das schwarz gelockte Haar und die feinen Augenbrauen ließen ihn reizvoll aussehen, doch manchmal war ein zynisches Glitzern in seinen Augen.» Ebd., S. 110–111. Benjamin hat sich das Blitzen in der Abhandlung «Metaphysik der Jugend» auch selbst zugeschrieben: «Aber ein Wort, hineingesprochen in die Nacht, ruft einen Menschen zu uns, wir gehen mit einander, die Musik war uns schon entbehrlich, ja im Dunklen konnten wir beieinander liegen, dennoch würden unsere Augen blitzen wie nur je ein blankes Schwert zwischen Menschen.» Benjamin: Gesammelte Schriften II, S. 104.
3   Wizisla (Hrsg.): Begegnungen mit Walter Benjamin, S. 129.
4   Benjamin: Gesammelte Briefe II, S. 208.
5   Benjamin: Gesammelte Briefe III, S. 331.
6   Benjamin: Gesammelte Briefe II, S. 331.
7   Ebd., S. 466.
8   Ebd., S. 473.
9   Wizisla (Hrsg.): Begegnungen mit Walter Benjamin, S. 134.
10 Wizisla (Hrsg.): Begegnungen mit Walter Benjamin, S. 134.
11 Benjamin: Gesammelte Briefe II, S. 473.
12 Ebd., S. 486.
13 Gershom Scholem: Das Hohe Lied. Alt-Hebräische Liebeslyrik. In: Ders.: Tagebücher 1913–1917, S. 489.
14 Oswald Spengler: Der Untergang des Abendlandes. Umrisse einer Morphologie der Weltgeschichte. Zweiter Band. München 1922, S. 632.
15 Benjamin: Gesammelte Schriften II, S. 216.
16 Zit. nach Frank Westermann: Ingenieure der Seele. Schriftsteller unter Stalin. Eine Erkundungsreise. Berlin 2003, S. 57.
17 Zit. nach Michael Mackenzie: Maschinenmenschen, Athleten und die Krise des Körpers in der Weimarer Republik. In: Moritz Föllner, Rüdiger Graf (Hrsg.): Die «Krise» der Weimarer Republik. Zur Kritik eines Deutungsmusters. Frankfurt a. M. 2005, S. 320.
18 Zit. nach Ute Harbusch: Gegenübersetzungen. Paul Celans Übertragungen französischer Symbolisten. Göttingen 2005, S. 414.
19 Benjamin: Gesammelte Schriften IV, S. 85.
20 Benjamin: Gesammelte Briefe II, S. 510.
21 Benjamin: Gesammelte Schriften II, S. 98
22 Benjamin: Gesammelte Schriften IV, S. 119.
23 Ebd., S. 109.
24 Ebd., S. 90.

25 Ebd., S. 106.

26 Ebd., S. 107.

27 Zit. nach Julius Höxter: Quellentexte zur jüdischen Geschichte und Literatur. Wiesbaden 2009, S. 82.

28 Benjamin: Gesammelte Schriften VI, S. 747 ff.

29 Ebd., S. 185.

30 Benjamin: Gesammelte Schriften IV, S. 421.

31 Ebd., S. 103.

32 Günter Metken (Hrsg.): Als die Surrealisten noch recht hatten. Texte und Dokumente. Stuttgart 1976, S. 30.

33 Benjamin: Gesammelte Schriften IV, S. 126 f.

34 Ebd., S. 127.

35 Ebd., S. 126 ff.

36 Ebd., S. 128 f.

37 Ebd., S. 129 f.

38 Ebd., S. 135.

39 Ebd., S. 135.

40 Ebd., S. 133.

41 Hierzu nur zwei Belege: «Unvergleichliche Sprache des Totenkopfes: völlige Ausdruckslosigkeit – das Schwarz seiner Augenhöhlen – vereint er mit wildestem Ausdruck – den grinsenden Zahnreihen.» Ebd., S. 112. «Wer eine Todesnachricht überbringt, erscheint sich sehr wichtig. Sein Gefühl macht ihn – selbst wider allen Verstand – zum Botschafter aus dem Reiche der Toten.» Ebd., S. 142.

42 Ebd., S. 89.

43 Zit. nach Charles Baudelaire: Die Blumen des Bösen. Übersetzt von Friedhelm Kemp. Frankfurt a. M. 1966, S. 73

44 Benjamin: Gesammelte Schriften IV, S. 119.

45 Benjamin: Gesammelte Schriften I, S. 1151.

46 Benjamin: Gesammelte Schriften IV, S. 313.

47 Ebd., S. 101.

48 Benjamin: Gesammelte Schriften V, S. 50.

49 Benjamin: Gesammelte Schriften IV, S. 110.

50 Benjamin: Gesammelte Schriften VI, S. 328.

51 Hans Ulrich Gumbrecht: In 1926. Living at the edge of time. Harvard University Press, Cambridge (MA) 1997.

52 Benjamin: Gesammelte Schriften VI, S. 311.

53 Ebd., S. 336.

54 Benjamin: Gesammelte Schriften IV, S. 334.

55 Zit. nach Friedrich-Georg Hermann: Der Kampf gegen Religion und Kirche in der Sowjetischen Besatzungszone. Frankfurt a. M. 1966, S. 47.

56 Benjamin: Gesammelte Schriften IV, S. 348.

57 Benjamin: Gesammelte Schriften VI, S. 309.

58 Ebd., S. 310.

59 Ebd., S. 315 f.

60 Ebd., S. 317.

61 Ebd., S. 318.

62 Ebd., S. 409.

KAPITEL X

1 Wizisla (Hrsg.): Begegnungen mit Walter Benjamin, S. 193.

2 Ebd., S. 197. In einem Brief an Scholem sagt Rychner, die Brieftasche sei «beinahe wurstförmig vor Fülle an Geldscheinen» gewesen. Zit. nach Gershom Scholem: Briefe Band II. Hrsg. von Thomas Sparr. München 1995, S. 60.

3 Karl Marx: Das Kapital. Marx Engels Werke Band 23. Berlin 2014, S. 49.

4 Ebd., S. 161.

5 Karl Marx: Grundrisse der Kritik der politischen Ökonomie. Frankfurt a. M. 1967, S. 878.

6 Ebd., S. 107.

7 Ebd., S. 84.

8 Benjamin: Gesammelte Schriften V, S. 83.

9 Ebd., S. 1041.

10 Ebd., S. 1057.

11 Ebd., S. 1045 f.

12 Ebd., S. 993.

13 Ebd., S. 84.

14 Ebd., S. 574.

15 Benjamin: Gesammelte Schriften VI, S. 469.

16 Benjamin: Gesammelte Schriften V, S. 427.

17 Ebd., S. 96 f.

18 Benjamin: Gesammelte Schriften Supplement I, S. 25.

19 Benjamin: Gesammelte Schriften V, S. 1057.

20 Ebd., S. 571.

21 Ebd., S. 525.

22 An Scholem schrieb Benjamin nach seiner Lektüre von Friedrich Wolters' Geschichte des George-Kreises, «das einzig Verwertbare» seien ihm «aus freilich sehr besonderen Konstellationen – die Mitteilungen (…), die da über Schuler zu finden sind. Ich habe mir auch ein Bändchen nachgelassener Bruchstücke zum verborgnenen Anstaunen kommen lassen.» Benjamin: Gesammelte Briefe III, S. 538.

23 Alfred Schuler: Fragmente und Vorträge aus dem Nachlass. Mit Einführung von Ludwig Klages. Leipzig 1940, S. 16.

24 Benjamin: Gesammelte Schriften III, S. 195.

25 Benjamin: Gesammelte Schriften VI, S. 469.

26 Benjamin: Gesammelte Schriften III, S. 196.

27 Benjamin: Gesammelte Schriften V, S. 537.

28 Ebd., S. 516.

29 Benjamin: Gesammelte Schriften VI, S. 501.

30 Scholem: Walter Benjamin, S. 79 f.

31 Ebd., S. 63.

32 Benjamin: Gesammelte Schriften V, S. 528.

33 Benjamin: Gesammelte Schriften VI, S. 559.

34 Benjamin: Gesammelte Schriften V, S. 1009

35 Benjamin: Gesammelte Schriften VI, S. 559.

36 Benjamin: Gesammelte Schriften V, S. 1001

37 Ebd., S. 286.

38 Benjamin: Gesammelte Briefe III, S. 345.

39 Hugo von Hofmannsthal: Sämtliche Werke XXIX. Erzählungen. Hrsg. von Ellen Ritter. Frankfurt a. M. 1978. S. 204.

40 Ebd., S. 382.

41 Hofmannsthal: Dramen III, S. 590.

42 Ebd., S. 588.

43 Benjamin: Gesammelte Briefe III, S. 373.

44 Benjamin: Gesammelte Schriften V, S. 679.

45 Ebd., S. 1010.

46 Ebd., S. 492.

47 Ebd., S. 491. Vgl. auch: «Der Zustand des von Schlaf und Wachen vielfach gemusterten, gewürfelten Bewusstseins ist nur vom Individuum auf das Kollektiv zu übertragen.» Ebd., S. 492.

48 Ebd., S. 493.

49 Ebd., S. 533. Vgl. auch S. 993.

50 Ebd., S. 669.

51 Ludwig Klages: Der Geist als Widersacher der Seele. Bonn 1972, S. 614 f.

52 Ebd., S. 815.

53 Benjamin: Gesammelte Briefe III, S. 110.

54 Benjamin: Gesammelte Schriften V, S. 1058.

55 Benjamin: Gesammelte Briefe V, S. 97.

56 Wizisla (Hrsg.): Begegnungen mit Walter Benjamin, S. 141.

57 Ebd., S. 142.

58 Ebd., S. 135.

59 Benjamin: Gesammelte Schriften II, S. 768.

60 Hildegard Brenner (Hrsg.): Asja Lacis, Revolutionär im Beruf. Berichte über proletarisches Theater, über Meyerhold, Brecht, Benjamin und Piscator. München 1971, S. 30.

61 Scholem: Walter Benjamin und sein Engel, S. 200.

62 Scholem: Walter Benjamin, S. 172.

63 Ebd., S. 173.

64 Ebd., S. 172 f.

65 Scholem: Walter Benjamin, S. 186.

66 Benjamin: Gesammelte Briefe III, S. 463.

67 Ebd., S. 464.

68 Wizisla (Hrsg.): Begegnungen mit Walter Benjamin, S. 137.

69 Scholem: Walter Benjamin, S. 193.

70 Benjamin: Gesammelte Briefe III, S. 503.

71 Ebd., S. 489.

KAPITEL XI

1 Benjamin: Gesammelte Schriften II, S. 1455.

2 Johann Wolfgang von Goethe: Werke. Band 12: Schriften zur Kunst, Schriften zur Literatur, Maximen und Reflexionen. Hrsg. von Erich Trunz und Hans Joachim Schrimpf. München 1994, S. 10.

3 Wizisla (Hrsg.): Begegnungen mit Walter Benjamin, S. 376.

4 Erdmut Wizisla (Hrsg.): Begegnungen mit Brecht. Leipzig 2009, S. 323.

5 Vgl. Felix Philipp Ingold: Aktion Philosophenschiff. Wie sich die Sowjetmacht der «bourgeoisen» Intelligenz entledigte. Frankfurter Allgemeine Zeitung, 19. Dezember 2003.

6 Benjamin: Gesammelte Schriften III, S. 426.

7 Bertolt Brecht: Große kommentierte Berliner und Frankfurter Ausgabe. Hrsg. von Werner Hecht u. a. Band 19: Prosa 4. Geschichten, Filmgeschichten, Drehbücher 1913–1939. Berlin und Frankfurt a. M. 1997.

8 Wizisla (Hrsg.): Begegnungen mit Walter Benjamin, S. 141.

9 Benjamin: Gesammelte Briefe III, S. 469.

10 Ebd., S. 522.

11 Wizisla (Hrsg.): Begegnungen mit Walter Benjamin, S. 319.

12 Benjamin: Gesammelte Schriften II, S. 662.

13 Ebd., S. 663 f.

14 Den damaligen Vorsitzenden der KPD, Ernst Thälmann, nannte man «Führer der deutschen Arbeiterklasse»; vgl. das gleichnamige Buch, das 1973 im FDJ-Verlag Junge Welt erschien.

15 Benjamin: Gesammelte Schriften II, S. 665.

16 Ian Kershaw: Der Hitler-Mythos. Volksmeinung und Propaganda im Dritten Reich. München 1999, S. 232.

17 Brecht: Große kommentierte Berliner und Frankfurter Ausgabe. Band 17, S. 997.

18 Ebd., Band 9, S. 778.

19 Benjamins Leidenschaft für das Theater begann früh. Sein Jugendfreund Herbert Blumenthal hat darüber berichtet: «Wir bildeten schon bald einen Lesezirkel, der sich einmal in der Woche traf, um die Theaterstücke klassischer deutscher Autoren zu lesen wie auch moderne Stücke von Sudermann, Arno Holz und Hauptmann und Übersetzungen von Shakespeare, Molière, Maeterlinck, außerdem einige griechische Tragödien. Auf die Lesungen folgten lebhafte Diskussionen, bei denen Benjamin stets die anerkannte Autorität und der Diskussionsführer war.» Wizisla (Hrsg.): Begegnungen mit Walter Benjamin, S. 22.

20 Benjamin: Gesammelte Schriften II, S. 520.

21 Ebd., S. 519–531.

22 Eine zweite Version erschien erst im Exil in Thomas Manns Zeitschrift «Maß und Wert».

23 Benjamin: Gesammelte Schriften II, S. 520, 528.

24 Benjamin: Gesammelte Schriften VI, S. 595.

25 Brecht: Große kommentierte Berliner und Frankfurter Ausgabe. Band 9, S. 172–176; 189–192; 192–195.

26 Ebd., S. 171, 199.

27 Ebd., S. 207.

28 Benjamin: Gesammelte Schriften II, S. 530.

29 Ebd., S. 766.

30 Ebd., S. 521.

31 Benjamin: Gesammelte Schriften II, S. 522.

32 Ebd., S. 529.

33 Benjamin: Gesammelte Schriften VI, S. 592.

34 Ebd., S. 593.

35 Benjamin: Gesammelte Schriften II, S. 673.

36 Benjamin: Gesammelte Schriften IV, S. 771 ff.

37 Benjamin: Gesammelte Schriften II, S. 464.

38 Benjamin: Gesammelte Schriften VI, S. 179.

39 Theodor W. Adorno: Gesammelte Schriften. Band 17. Frankfurt a. M. 1982, S. 67.

40 Ernst Bloch: Erbschaft dieser Zeit. Frankfurt a. M. 1973, S. 380.

41 Benjamin: Gesammelte Schriften IV, S. 515 f.

42 Ebd., S. 517.

43 Benjamin: Gesammelte Schriften II, S. 1101.

44 Benjamin: Gesammelte Schriften IV, S. 9–21.

45 Ebd., S. 18.

KAPITEL XII

1 Benjamin: Gesammelte Schriften II, S. 842.

2 Oron J. Hale schreibt in seinem Standardwerk «Presse in der Zwangsjacke 1933–1945», Düsseldorf 1965, S. 13: «In ihrer Propaganda versuchten die Nazis stets den Eindruck zu erwecken, als befinde sich die deutsche Presse in überwiegend jüdischem Besitz. Diese Behauptung war weit von der Wahrheit entfernt. Wohl war das Haus Ullstein in Berlin einer der größten Verlage für Zeitungen, Zeitschriften und Bücher, betrieb Mosse in Berlin das größte Anzeigenhaus und brachte zugleich das liberale Berliner Tageblatt heraus, eine Zeitung von internationalem Rang, während die Frankfurter Zeitung, ein führendes liberal-demokratisches Blatt, von der Familie Sonnemann-Simon verlegt wurde. Aber diese Unternehmen waren keineswegs größer oder mächtiger als der Hugenberg-Konzern oder die mit Nebenausgaben und Kopfblättern operierenden Verlage Huck und Girardet. Von Ullstein, Mosse und Sonnemann-Simon abgesehen, war im Zeitungsgewerbe nur wenig jüdisches Kapital vertreten.»

3 Zit. nach Reinhard Wittmann: Geschichte des deutschen Buchhandels. München 2010, S. 343.

4 Vgl. Michael A. Meyer u. a. (Hrsg.): Deutsch-jüdische Geschichte in der Neuzeit. 4 Bände. Band 4: Aufbruch und Zerstörung 1918–1945. München 1996, S. 17.

5 Benjamin: Gesammelte Schriften IV, S. 725.

6 Peter Sprengel: Geschichte der deutschsprachigen Literatur 1900–1918. Von der Jahrhundertwende bis zum Ende des Ersten Weltkriegs. München 2004, S. 132.

7 Scholem: Briefe III, S. 120.

8 Benjamin: Gesammelte Briefe III, S. 28. Vgl. auch die weitere Meldung an Scholem: «Ein gewisser Dr Wiegand, ein vornehmer und sympathischer Goi.» Ebd., S. 38.

9 Ebd., S. 31.

10 Benjamin: Gesammelte Briefe III, S. 53.

11 Ebd.

12 Ebd., S. 51.

13 Benjamin: Gesammelte Briefe III, S. 548.

14 Benjamin: Gesammelte Schriften VI, S. 619.

15 Ebd.

16 Benjamin: Gesammelte Schriften VI, S. 621.

17 Ebd., S. 825.

18 Ebd., S. 826.

19 Benjamin: Gesammelte Schriften VI, S. 434.

20 Geschichte des deutschen Buchhandels im 19. und 20. Jahrhundert. Band 2: Die Weimarer Republik. Teilband 1. Hrsg. von Ernst Fischer und Stephan Füssel. Berlin 2007, S. 181.

21 Margarita Pazi: Staub und Sterne. Aufsätze zur deutsch-jüdischen Literatur. Göttingen 2001, S. 11.

22 Heinz Schlaffer: Denkbilder. Eine kleine Prosaform zwischen Dichtung und Gesellschaftstheorie. In: Theo Elm, Hans Helmut Hiebel (Hrsg.): Die Parabel. Frankfurt a. M. 1986, S. 184.

23 Almut Todorow: Das Feuilleton der «Frankfurter Zeitung» in der Weimarer Republik. Zur Grundlegung einer rhetorischen Medienforschung. Tübingen 1996, S. 93.

24 Der «Frankfurter Zeitung» galt Hitlers heftigste Verachtung: Er spricht in «Mein Kampf» von «Hohlköpfen» und erläutert dann: «Für diese Leute war und ist freilich die ‹Frankfurter Zeitung› der Inbegriff aller Anständigkeit. Verwendet sie doch niemals rohe Ausdrücke, lehnt jede körperliche Brutalität ab und appelliert immer an den Kampf mit den ‹geistigen› Waffen, der eigentümlicherweise gerade den geistlosesten Menschen am meisten am Herzen liegt. Das ist ein Ergebnis unserer Halbbildung, die die Menschen von dem Instinkt der Natur loslöst, ihnen ein gewisses Wissen einpumpt, ohne sie aber zur letzten Erkenntnis führen zu können, da hierzu Fleiß und guter Wille allein nichts zu nützen vermögen, sondern der nötige Verstand, und zwar als angeboren, da sein muss. Die letzte Erkenntnis aber ist immer das Verstehen der Instinktursachen.» Dann schließt Hitler noch das «Berliner Tageblatt» in seine Anwürfe ein: «Gerade für unsere geistige Halbwelt aber schreibt der Jude seine sogenannte Intelligenzpresse. Für sie sind die ‹Frankfurter Zeitung› und das ‹Berliner Tageblatt› gemacht, für sie ist ihr Ton abgestimmt, und auf diese üben sie ihre Wirkung aus.» Mein Kampf. München 1943, 267 f.

25 Todorow, Feuilleton, S. 201.

26 Todorow: Das Feuilleton der «Frankfurter Zeitung» in der Weimarer Republik, S. 261.

27 Benjamin: Gesammelte Schriften IV, S. 364–366, 366–368, 374–381.

28 Ebd., S. 381–383.

29 Ebd., S. 383–397.

30 Ebd., S. 395–398.

31 Ebd., S. 397.

32 Zit. nach Manfred Pohl: M. DuMont Schauberg. Der Kampf um die Unabhängigkeit des Zeitungsverlags unter der NS-Diktatur. Frankfurt a. M. 2009, S. 321.

33 Benjamin: Gesammelte Schriften II, S. 630.

34 Benjamin: Gesammelte Schriften IV, S. 95–101.

35 Benjamin: Gesammelte Schriften II, S. 306.

36 Gershom Scholem: Zur Neuauflage des «Stern der Erlösung». In: Judaica 1. Frankfurt a.M. 1977, S. 233.

37 Wizisla (Hrsg.): Begegnungen mit Walter Benjamin, S. 147.

38 Ich folge hier und im Weiteren der vorzüglichen Darstellung von Wolfgang Hagen: «Die Stimme als Gast». Benjamins Sendungen. In: Wladimir Velminski (Hrsg.): Sendungen. Mediale Konturen zwischen Botschaft und Fernsicht. Bielefeld 2009, S. 25–50.

39 Zit. nach Wolf Kittler: Kurt Schwitters, 1887–1948. In: Fernand Hörner, Harald Neumeyer, Bernd Stiegler (Hrsg.): Praktizierte Intermedialität. Deutsch-französische Porträts von Schiller bis Goscinny / Uderzo. Bielefeld 2015, S. 128.

40 Zit. nach Daniel Gilfillan: Pieces of Sound. German Experimental Radio. University of Minnesota Press 2009, S. 191.

41 Vgl. Joachim Carlos Martini: Musik als Form des geistigen Widerstands. In: Karl E. Grözinger (Hrsg.): Jüdische Kultur in Frankfurt am Main von den Anfängen bis zur Gegenwart. Ein internationales Symposium der Johann Wolfgang Goethe-Universität. Wiesbaden 1998, S. 376.

42 Max Rychner: Bemerkungen zum deutschen Schriftleitergesetz. Neue Zürcher Zeitung, 10. Oktober 1933.

KAPITEL XIII

1 Thomas Mann: Gesammelte Werke Band XII. Hrsg. von Peter de Mendelssohn. Frankfurt a.M. 1990, S. 14.

2 Hermann Hesse: Mit der Reife wird man immer jünger. Betrachtungen und Gedichte über das Alter. Hrsg. von Volker Michels. Frankfurt a.M. 1990, S. 33.

3 Benjamin: Gesammelte Schriften VI, S. 422.

4 Ebd., S. 427.

5 Ebd., S. 441.

6 Benjamin: Gesammelte Briefe IV, S. 98.

7 Scholem: Walter Benjamin, S. 234f.

8 Ebd., S. 235.

9 Ebd., S. 236.

10 Wizisla (Hrsg.): Begegnungen mit Walter Benjamin, S. 195.

11 Dirk Blasius: Weimars Ende. Bürgerkrieg und Politik 1930–1933. Göttingen 2005, S. 31.

12 Ebd., S. 29.

13 Benjamin: Gesammelte Schriften III, S. 250.

14 Wladimir Iljitsch Lenin: Sämtliche Werke Band 18. Wien und Berlin 1929, S. 85ff.

15 Blasius: Weimars Ende, S. 7.

16 Benjamin: Gesammelte Schriften VI, S. 439. Brecht wusste sehr gut, wie man Menschen sprachlos macht. Sidney Hook, ein früher Abtrünniger der kommunistischen Idee, ist der Repräsentant einer ganzen Gruppe von Zeugen, die auf Brecht nur noch mit Empörung antworteten, ohne seine Paradoxa wirklich auszuloten. Als in Moskau die Prozesse gegen die alten Bolschewiken begannen und in der Linken das große Grübeln einsetzte, antwortete Brecht auf eine Frage von Hook nach den Angeklagten kalt: «Was die betrifft, je unschuldiger sie sind, um so mehr verdienen sie zu sterben.» Zit. nach Wizisla (Hrsg.): Begegnungen mit Brecht, S. 155.

17 Benjamin: Gesammelte Briefe IV, S. 47.

18 Martin Heidegger: Gesamtausgabe Band 94. Hrsg. von Peter Trawny. Frankfurt a. M. 2014, S. 111.

19 Joseph Goebbels: Vom Kaiserhof zur Reichskanzlei. Eine historische Darstellung in Tagebuchblättern. München 1934, S. 278.

20 Scholem: Walter Benjamin, S. 243.

21 Wizisla (Hrsg.): Begegnungen mit Walter Benjamin, S. 211 f.

22 Zit. nach Johanna Woltmann: Gertrud Kolmar – Leben und Werk. Göttingen 1995, S. 189.

23 Getrud Kolmar: Briefe. Hrsg. von Regina Nörtemann und Johanna Egger. Göttingen 2014. Es könnte sich aber auch um ein anderes Gedicht aus dem Zyklus gehandelt haben, vgl. Vollmann: Gertud Kolmar, S. 187 ff.

24 Benjamin: Gesammelte Briefe IV, S. 183.

25 Walter Benjamin, Gershom Scholem: Briefwechsel 1933 bis 1940. Frankfurt a. M. 1980, S. 55.

26 Geret (Hrsg.): Zu Walter Benjamins Exil, S. 97.

27 Scholem: Walter Benjamin, S. 228.

28 Benjamin: Gesammelte Schriften IV, S. 628.

29 Benjamin: Gesammelte Schriften V, S. 672.

30 Ebd., 1050.

31 Das ist ein Irrtum, Hindenburg hatte als Reichspräsident den Gesetzesentwurf der neuen Regierung unterzeichnet, aber selbst keine Initiative dazu ergriffen, vor allem nicht «vor Hitler»; siehe oben.

32 Benjamin: Gesammelte Schriften II, S. 965.

33 Ebd., S. 228.

34 Benjamin: Gesammelte Schriften VI, S. 103.

KAPITEL XIV

1 Benjamin: Gesammelte Schriften V, S. 1096.

2 Benjamin: Gesammelte Briefe IV, S. 442.

3 Geret (Hrsg.): Zu Walter Benjamins Exil, S. 150.

4 Benjamin: Gesammelte Schriften II, S. 1159.

5 Ebd., S. 210.

6 Ebd., S. 205.

7 Benjamin: Gesammelte Schriften IV, S. 271.

8 Ebd., S. 260 f.

9 Benjamin: Gesammelte Schriften III, S. 452 u. ö., 461, 477.

10 Ebd., S. 461.

11 Ebd.

12 Ebd., S. 473.

13 Ebd., S. 476.

14 Ebd., S. 478.

15 Benjamin: Gesammelte Schriften II, S. 1206.

16 «Das ist kein gut komponierter Versuch, vergleichbar den Arbeiten dieses großen Essayisten über Proust, Schestow (sic!), Kraus oder Brecht», so Mayer in
seinem Beitrag «Walter Benjamin und Franz Kafka. Bericht über eine Konstellation», in: Literatur und Kritik, Heft 14, 1979, S. 590.

17 Benjamin: Gesammelte Schriften II, S. 696, 694.

18 Ebd., S. 1228.

19 Ebd., S. 409.

20 Ebd., S. 431.

21 Ebd., S. 410.

22 Ebd., S. 431.

23 Ebd., S. 432.

24 Benjamin: Gesammelte Schriften VI, S. 610.

25 Benjamin: Gesammelte Schriften II, S. 436, 418.

26 Ebd., S. 410.

27 Ebd., S. 106.

28 Ebd., S. 1222.

29 Ebd., S. 1267.

30 Ebd., S. 411.

31 André Breton, Paul Éluard: L'immaculée conception / Die unbefleckte Empfängnis. Zweisprachige Ausgabe. München 1974, S. 31 – 79.

32 Benjamin: Gesammelte Schriften VI, S. 612 f.

33 Franz Kafka: Der Proceß. Mit Kommentaren von Detlef Kremer und Jörg
Tenckhoff. Berlin 2006, S. 106.

34 Benjamin: Gesammelte Schriften II, S. 2013.

35 Ebd., S. 415.

36 Franz Kafka: Das Schloss. In der Fassung der Handschrift hrsg. von Malcolm Pasley. Frankfurt a. M. 1982, S. 73.

37 Benjamin: Gesammelte Schriften II, S. 414.

38 Benjamin: Gesammelte Schriften VI, S. 607 f.

39 Benjamin: Gesammelte Schriften VI, S. 189.

40 Benjamin: Gesammelte Schriften II, S. 420.

41 Ebd., S. 679.

42 Benjamin: Gesammelte Schriften VI, S. 528. Man hat diese Äußerung Brechts in der Literatur vielfach skandalisiert. Aber auch Brecht könnte – gerade damals – von der engen Kooperation zwischen dem rechten Flügel der Zionisten unter Ze'ev Jabotinsky und dem faschistischen Italien gelesen haben. Aus Jabotinskys militanter Gruppierung ging später die israelische Likud-Partei hervor, Menachem Begin war einer von Jabotinskys engsten Mitarbeitern. 1934 führte die antibritische Gemeinsamkeit mit Mussolini (der im Mittelmeer eigene Interessen hatte) zur Gründung einer Marineschule der Rechts-Zionisten im italienischen Civitavecchia. Vgl. Eran Kaplan: The Jewish Radical Right. Revisionist Zionism and Its Ideological Legacy. University of Wisconsin Press 2005.

43 Benjamin: Gesammelte Schriften VI, S. 528.

44 Ebd., S. 527.

45 Ebd.

46 Ebd., S. 527 f.

47 Ebd., S. 526.

48 Ebd., S. 529.

49 Wizisla (Hrsg.): Begegnungen mit Walter Benjamin, S. 130.

50 Benjamin: Gesammelte Schriften II, S. 1175.

51 Ebd., S. 1177.

52 Benjamin: Gesammelte Schriften VI, S. 521.

53 Ebd., S. 531 f.

54 Benjamin: Gesammelte Schriften III, S. 447.

55 Wizisla (Hrsg.): Begegnungen mit Walter Benjamin, S. 110.

KAPITEL XV

1 Wizisla (Hrsg.): Begegnungen mit Walter Benjamin, S. 220 f.

2 Ebd., S. 200.

3 Scholem: Walter Benjamin, S. 255.

4 Benjamin: Gesammelte Schriften V, S. 1257.

5 Benjamin: Gesammelte Schriften VI, S. 560.

6 Ebd., S. 520.

7   Ebd., S. 522.

8   Benjamin: Gesammelte Schriften V, S. 457.

9   Benjamin: Gesammelte Schriften VI, S. 521.

10   Benjamin: Gesammelte Schriften I, S. 648 f.

11   Benjamin: Gesammelte Schriften VI, S. 810 f.

12   Ebd.

13   Geret (Hrsg.): Zu Walter Benjamins Exil, S. 151 f.

14   Ebd., S. 157 f.

15   Benjamin: Gesammelte Schriften V, S. 1150.

16   Benjamin: Gesammelte Schriften VI, S. 532 f.

17   Benjamin: Gesammelte Briefe V, S. 189.

18   Ebd., S. 9.

19   Benjamin: Gesammelte Briefe V, S. 639.

20   Ebd., S. 54.

21   Benjamin: Gesammelte Schriften, S. 209.

22   Ebd., S. 207.

23   Geret (Hrsg.): Zu Walter Benjamins Exil, S. 209.

24   Ebd.

25   Ebd., S. 213.

26   Benjamin: Gesammelte Briefe V, S. 549.

27   Ebd., S. 36.

28   Benjamin: Gesammelte Schriften II, S. 97.

29   Max Brod: Prager Tagblatt: Roman einer Redaktion. Hrsg. von Thomas Stein-
     feld. Göttingen 2014.

30   Gretel Adorno, Walter Benjamin: Briefwechsel 1930–1940. Frankfurt a. M.
     2005, S. 132.

31   Hannah Arendt, Kurt Blumenfeld: In keinem Besitz verwurzelt. Die Kor-
     respondenz. Hrsg. von Ingeborg Nordmann und Iris Pilling. Berlin 1995,
     S. 134.

32   Detlev Schöttker, Erdmut Wizisla (Hrsg.): Arendt und Benjamin. Texte, Briefe,
     Dokumente. Frankfurt a. M. 2006, S. 123.

33   Ausgerechnet aus Anlass ihres Benjamin-Vortrags traf die Philosophin 1967
     ihren alten Meister Heidegger wieder – mit ihm hatte sie Benjamin verglichen.
     Und just mit dieser Darstellung, die angesichts der philosophischen Fronten
     der sechziger Jahre erneut etwas Kühnes und Keckes hatte, traf sie, so Detlev
     Schöttker und Erdmut Wizisla, bei Heidegger auf erstaunliches Wohlwollen.
     «Liebe Hannah», schrieb er ihr, «am Tage nach unserem Zusammensein, am
     Freitag, d. 28. Juli, fand ich die Stelle, an die das Mallarmé-Zitat bei Benjamin
     gehörte.» Heidegger als Leser Benjamins – da war wohl auch alte Liebe zu Han-
     nah Arendt im Spiel. Ebd., S. 26

34   Benjamin: Gesammelte Schriften III, S. 518.

35 Benjamin: Gesammelte Schriften II, S. 1343.

36 Chryssoula Kambas: Walter Benjamin im Exil. Zum Verhältnis von Literatur-
    politik und Ästhetik. Berlin 2012, S. 192.

37 Theodor W. Adorno: Briefe an die Eltern 1939–1951. Hrsg. von Christoph
    Gödde und Henri Lonitz. Frankfurt a. M. 2003, S. 80.

38 Martin Jay: «Die Hoffnung, irdisches Grauen möge nicht das letzte Wort ha-
    ben». Max Horkheimer und die Dialektische Phantasie. In: Westend. Neue
    Zeitschrift für Sozialforschung, Jg. 12, Heft 1, 2015.

39 Martin Jay: The Dialectical Imagination. A History of the Frankfurt School
    and the Institute of Social Research, 1923–50. Deutsch: Dialektische Phantasie.
    Die Geschichte der Frankfurter Schule und des Instituts für Sozialforschung
    1923–1950. Frankfurt a. M. 1976.

40 Jay: Max Horkheimer und die Dialektische Phantasie, S. 87.

41 Ebd., S. 86.

42 Zit. nach Jack Jacobs: The Frankfurt School, Jewish Lives, and Antisemitism.
    New York 2015, S. 41.

43 Benjamin, Scholem: Briefwechsel 1933–1940, S. 276.

44 Benjamin: Gesammelte Briefe VI, S. 289.

45 Benjamin: Gesammelte Briefe V, 438 f.

46 Zit. nach Jocelyn Van Tuyl: Andre Gide and the Second World War. A Novelist's
    Occupation. State University of New York Press 2006, S. 166.

47 Geret (Hrsg.): Zu Walter Benjamins Exil, S. 202 f.

48 Benjamin: Gesammelte Schriften VI, S. 535.

49 Benjamin: Gesammelte Briefe V, S. 550.

50 Ebd., S. 554.

51 Benjamin: Gesammelte Schriften VI, S. 536 f.

52 Ebd., S. 539.

53 Benjamin: Gesammelte Briefe V, S. 498.

54 Gretel Adorno, Benjamin: Briefwechsel 1930–1940, S. 367 f.

55 Benjamin: Gesammelte Schriften II, S. 558.

56 Benjamin: Gesammelte Schriften VI, S. 540.

57 Benjamin: Gesammelte Schriften IV, S. 1096 f.

58 Benjamin: Gesammelte Briefe VI, S. 260.

59 Kambas: Walter Benjamin im Exil, S. 213.

60 Ebd.

61 Werner Kraft: Carl Gustav Jochmann und sein Kreis. Zur deutschen Geistesge-
    schichte zwischen Aufklärung und Vormärz. München 1972, S. 37.

62 Nachdem sich Kraft schlimm betrogen sah, erinnerte er sich an frühe Vorbe-
    halte, die sein Vater ihm zu Benjamins Persönlichkeit angedeutet hatte: «Erst
    heute, nach 24 Jahren, muss ich zugeben, dass er völlig Recht hatte. Mir selber
    war schon damals an Benjamins Gesicht ein hässlicher Zug, den ich als ‹jüdisch›

agnoszierte, aufgefallen. Ich unterdrückte diesen Eindruck.» Wizisla (Hrsg.): Begegnungen mit Walter Benjamin, S. 235.

63 Denis Hollier: Le Collège de Sociologie. Paris 1970, S. 447, der sich hier auf einen Brief von Hans Mayer beruft.

64 Ebd., S. 585.

65 Klossowski: Walter Benjamin, S. 313.

66 Hollier: Le Collège de Sociologie, S. 586.

67 Benjamin: Gesammelte Schriften III, S. 549.

68 Ebd., S. 549 f.

KAPITEL XVI

1 Benjamin: Gesammelte Briefe V, S. 179.

2 Vgl. Gottfried Jäger, Gudrun Wessing (Hrsg.): Über Moholy-Nagy. Berlin und Bielefeld 2002, S. 20. Benjamin hatte Moholy-Nagy 1929 kennengelernt und in ihm eine «durchaus erfreuende Physiognomie» erkannt, wie er an Scholem berichtete. Benjamin: Gesammelte Briefe III, S. 441.

3 Vgl. Wilhelm Füger (Hrsg.): Kritisches Erbe. Dokumente zur Rezeption von James Joyce im deutschen Sprachbereich zu Lebzeiten des Autors. Amsterdam 2000, S. 329. 1928 hatte Benjamin in einem Lebenslauf geschrieben: «Daneben besteht der Plan eines Buches über die drei großen Metaphysiker unter den Dichtern der Gegenwart: Franz Kafka, James Joyce und Marcel Proust.» Benjamin: Gesammelte Schriften VI, S. 219.

4 Zit. nach Matthias Stadelmann: Isaak Dunaevskij, Sänger des Volkes. Eine Karriere unter Stalin. Köln 2003, S. 147.

5 Benjamin: Gesammelte Schriften II, S. 528. Vgl. auch den Bericht Benjamins über eine Inszenierung von Gogols «Revisor» 1926, die heftige Dispute ausgelöst hatte: «Ohne Zweifel ist Meyerhold Russlands bedeutendster Regisseur. Aber er ist eine unglückliche Natur.» Benjamin: Gesammelte Schriften IV, S. 480.

6 Benjamin: Gesammelte Schriften II, S. 746.

7 Benjamin: Gesammelte Schriften IV, S. 591.

8 Benjamin: Gesammelte Schriften VI, S. 535.

9 Ebd., S. 534.

10 Ebd., S. 538.

11 Benjamin: Gesammelte Schriften V, S. 48.

12 Ebd., S. 59.

13 Benjamin: Gesammelte Schriften II, S. 216.

14 Ebd., S. 215.

15 Ebd., S. 216 f.

16 Benjamin: Gesammelte Schriften IV, S. 368.

17 Benjamin: Gesammelte Briefe V, S. 42.

18 Alois Riegl: Spätrömische Kunstindustrie. Nach den Funden in Österreich-Ungarn im Zusammenhange mit der Gesamtentwicklung der bildenden Künste bei den Mittelmeervölkern. Wien 1901, S. 7.

19 Ebd., S. 8.

20 Alfred Schuler: Fragmente und Vorträge aus dem Nachlass. Hrsg. von Ludwig Klages. Leipzig 1940, S. 261.

21 Stefan George: Der siebente Ring. Hrsg. von Ute Oelmann. Stuttgart 2011, S. 30.

22 Karl Wolfskehl: Gesammelte Werke. Band 2: Übertragungen, Prosa. Düsseldorf 1960, S. 419 ff.

23 Blätter für die Kunst 1910, S. 46.

24 Benjamin: Gesammelte Schriften I, S. 479.

25 Ebd., S. 440.

26 Ebd., S. 443.

27 Ebd., S. 440. Kursiv im Text.

28 Ebd., S. 438.

29 Ebd., S. 439.

30 Ebd., S. 476.

31 Gretel Adorno, Benjamin: Briefwechsel 1930–1940, S. 135. Vgl. dazu: «Noeggerath frappierte mich, indem er bei dem Bericht über die Heilkräfte, die in den Händen seiner zweiten Frau gewohnt hätten die Bewegungen dieser schmerzstillenden, heilenden Hände mit den Worten kennzeichnete: Diese Bewegungen waren höchst ausdrucksvoll. Man hätte aber ihren Ausdruck nicht beschreiben können – es war als ob sie eine Geschichte erzählten.» Benjamin: Gesammelte Schriften IV, S. 1007.

32 Benjamin: Gesammelte Schriften I, S. 458 f.

33 Ebd., S. 463.

34 Ebd., S. 464.

35 Ebd.

36 Benjamin: Gesammelte Schriften V, S. 562.

37 Ebd., S. 525.

38 Ebd., S. 537.

39 Benjamin: Gesammelte Schriften VI, S. 469.

40 Benjamin: Gesammelte Schriften V, S. 427.

41 Ebd., S. 454.

42 Ebd., S. 54.

43 Ebd., S. 1027.

44 Ebd., S. 53.

45 Ebd., S. 50, 51, 49.

46 Ebd., S. 55.

47 Ebd., S. 51.

48 Ebd., S. 56.

49 Benjamin: Gesammelte Briefe V, S. 154.

50 Theodor W. Adorno, Max Horkheimer: Briefwechsel. Band I: 1927 bis 1937. Hrsg. von Christoph Gödde und Henri Lonitz, Frankfurt a. M. 2003, S. 131.

51 Ebd., S. 131 f.

52 Ebd., S. 132.

53 Benjamin: Gesammelte Briefe V, S. 438 (4. März 1936, an Margarete Steffin).

54 Benjamin: Gesammelte Schriften I, S. 469.

55 Ebd., S. 738 f.

56 Ebd., S. 435.

57 Wizisla (Hrsg.): Begegnungen mit Walter Benjamin, S. 254.

58 Benjamin: Gesammelte Schriften IV, S. 297.

59 Ebd., S. 258.

60 Ebd., S. 287.

61 Benjamin: Gesammelte Schriften VI, S. 588.

62 Benjamin: Gesammelte Schriften I, S. 652.

63 Ebd., S. 653.

64 Ebd., S. 646 f.

65 Ebd., S. 646.

66 Ebd., S. 648.

67 Ebd., S. 653.

68 Ebd., S. 651.

69 Ebd., S. 652.

KAPITEL XVII

1 Wizisla (Hrsg.): Begegnungen mit Walter Benjamin, S. 274.

2 Ebd., S. 278.

3 Zit. nach Peter Stolle: Linker Schlemihl. Der Spiegel, 11. Januar 1999.

4 Sergej Slutsch: Stalins «Kriegsszenario 1939». Eine Rede, die es nie gab. Geschichte einer Fälschung. In: Vierteljahreshefte für Zeitgeschichte, Jg. 52, Heft 4, 2004. S. 606.

5 Wizisla (Hrsg.): Begegnungen mit Walter Benjamin, S. 257.

6 Ebd., S. 265.

7 Ebd., S. 266.

8 Ebd., S. 268.

9 Ebd.

10 Ebd., S. 260.

11 Ebd.

12 Ebd.

13 Ebd.

14 Gretel Adorno, Benjamin: Briefwechsel 1930 – 1940, S. 387.

15 Wizisla (Hrsg.): Begegnungen mit Walter Benjamin, S. 270.

16 Gretel Adorno, Benjamin: Briefwechsel 1930 – 1940, S. 411.

17 Zeitschrift für Sozialforschung / Studies in Philosophy and Social Science. Hrsg. von Max Horkheimer. Jg. 8. New York City 1940, 1939 – 1940, S. 7.

18 Ebd., S. 115.

19 Ebd., S. 133

20 Ebd., S. 122.

21 Ebd., S. 131.

22 Ebd., S. 130.

23 Ebd.

24 Ebd., S. 133.

25 Gretel Adorno, Benjamin: Briefwechsel 1930 – 1940, S. 401 f.

26 Zeitschrift für Sozialforschung, Jg. 8, S. 131.

27   Benjamin: Gesammelte Schriften I, S. 1159.

28 Vgl. Nathalie Raoux: Walter Benjamin, Gisèle Freund, Germaine Krull et Hélène Léger. Deutschland-Frankreich; Mann-Weib. Eine Folge von Briefen. In: Revue Germanique Internationale, Heft 5, 1996, S. 223 – 253.

29 Benjamin: Gesammelte Briefe VI, S. 406.

30 Benjamin: Gesammelte Briefe VI, S. 396.

31 Ebd., S. 395.

32 Benjamin: Gesammelte Schriften II, S. 98.

33 Gretel Adorno, Benjamin: Briefwechsel 1930 – 1940, S. 410.

34 Benjamin: Gesammelte Schriften I, S. 603.

35 Vgl. Hitlers zentrale Formulierung: «Siegt der Jude mit Hilfe seines marxistischen Glaubensbekenntnisses über die Völker dieser Welt, dann wird seine Krone der Totentanz der Menschheit sein, dann wird dieser Planet wie einst vor Jahrmillionen menschenleer durch den Äther ziehen.» Mein Kampf. München 1943, S. 69.

36 Benjamin: Gesammelte Schriften I, S. 702.

37 Benjamin: Gesammelte Schriften II, S. 75.

38 Benjamin: Gesammelte Schriften I, S. 698.

39 Ebd., S. 700.

40 Friedrich Nietzsche: Zur Genealogie der Moral (1887). Götzendämmerung (1889). Hrsg. von Claus-Artur Scheier. Hamburg 2013, S. 27.

41 Ebd., S. 248. Max Weber hat diesen Gedanken Nietzsches religionssoziologisch umformuliert: «Es ist in Nietzsches Sinn Begleiterscheinung der religiösen Ethik der negativ Privilegierten, die sich, in direkter Umkehrung des alten Glaubens, dessen getrösten, dass die ungleiche Verteilung der irdischen Lose auf Sünde

und Unrecht der positiv Privilegierten beruhe, also früher oder später gegen jene die Rache Gottes herbeiführen müsse. In Gestalt dieser Theodizee der negativ Privilegierten dient dann der Moralismus als Mittel der Legitimierung bewussten oder unbewussten Rachedurstes. Das knüpft zunächst an die ‹Vergeltungsreligiosität› an. Besteht einmal die religiöse Vergeltungsvorstellung, so kann gerade das ‹Leiden› als solches, da es ja gewaltige Vergeltungshoffnungen mit sich führt, die Färbung von etwas rein an sich religiös Wertvollem annehmen. Allein den spezifischen Ressentimentcharakter erlangt die Leidensreligiosität nur unter sehr bestimmten Voraussetzungen: z. B. nicht bei den Hindus und Buddhisten. Denn dort ist das eigene Leiden auch individuell verdient. Anders beim Juden. Die Psalmenreligiosität ist erfüllt von Rachebedürfnis, und in den priesterlichen Überarbeitungen der alten israelitischen Überlieferungen findet sich der gleiche Einschlag: Die Mehrzahl aller Psalmen enthält – einerlei, ob die betreffenden Bestandteile vielleicht in eine ältere, davon freie Fassung erst nachträglich hineingekommen sind – die moralistische Befriedigung und Legitimierung offenen oder mühsam verhaltenen Rachebedürfnisses eines Pariavolkes ganz handgreiflich.» Max Weber: Wirtschaft und Gesellschaft. Religiöse Gemeinschaften. Hrsg. von Hans G. Kippenberg und Petra Schilm. Tübingen 2005, S. 65.

42 Benjamin: Gesammelte Schriften I, S. 700.

43 Ebd., S. 696.

44 Ebd., S. 704.

45 Benjamin: Gesammelte Schriften I, S. 1231.

46 Benjamin: Gesammelte Schriften V, S. 1181.

47 Hannah Arendt, Gershom Scholem: Der Briefwechsel. Hrsg. von Marie Luise Knott. Frankfurt a. M. 2010, S. 17.

48 Gretel Adorno, Benjamin: Briefwechsel 1930–1940, S. 414.

49 Anna Seghers in einem Brief vom 23. November 1940 aus Marseille, zit. nach Ariane Neuhaus-Koch: Krisen des Exils. Anna Seghers' Exilroman «Transit». In: Gerhard Rupp, Bernd Witte (Hrsg.): Klassiker der deutschen Literatur. Epochen-Signaturen von der Aufklärung bis zur Gegenwart. Würzburg 1999, S. 236. Über Benjamin vermerkt Seghers, «wie kauzig er immer war». Zit. nach Helen Fehrvary: Anna Seghers. The Mythic Dimension. University of Michigan Press 2001, S. 167.

50 Arendt, Scholem: Der Briefwechsel S. 18.

51 Wizisla (Hrsg.): Begegnungen mit Walter Benjamin, S. 282.

52 Ebd., S. 329.

53 Ebd., S. 328.

54 Ebd., S. 329.

1 Wizisla (Hrsg.): Begegnungen mit Walter Benjamin, S. 238.

2 Benjamin: Gesammelte Schriften I, S. 245.

3 Wizisla (Hrsg.): Begegnungen mit Walter Benjamin, S. 360.

4 Benjamin: Gesammelte Schriften I, S. 271.

5 Benjamin: Gesammelte Schriften II, S. 99.

6 Wizisla (Hrsg.): Begegnungen mit Walter Benjamin, S. 336.

7 Ebd., S. 359.

8 Ebd., S. 330, 332.

9 Ebd., S. 338, 333.

10 Ebd., S. 340.

11 Benjamin: Gesammelte Schriften II, S. 99.

12 Ebd., S. 101.

13 Ebd.

14 Wizisla (Hrsg.): Begegnungen mit Walter Benjamin, S. 332 f.

15 Ebd., S. 326 f.

16 Benjamin: Gesammelte Schriften II, S. 99.

17 Ebd., S. 101.

18 Benjamin: Gesammelte Schriften I, S. 695.

19 Benjamin: Gesammelte Schriften II, S. 98.

20 Ebd., S. 103.

21 Wizisla (Hrsg.): Begegnungen mit Walter Benjamin, S. 345 f.

22 Ingrid Scheurmann: Neue Dokumente zum Tode Walter Benjamins. Kassel 1992, S. 11.

23 Ebd., S. 12.

24 Ebd.

25 Wizisla (Hrsg.): Begegnungen mit Walter Benjamin, S. 362.

26 Ebd., S. 353. «Dans une situation sans issue, je n'ai d'autre choix que d'en finir. C'est dans une petite village dans les Pyrénées ou personne ne me connait ma vie va s'chever. Je vous prie de transmettre mes pensées à mon ami Adorno et de lui expliquer la situation où je me suis vu placée. Il ne me reste pas assez de temps pour écrire toutes des lettres que j'eusse voulu ecrire.» Benjamin: Gesammelte Briefe VI, S. 483. Über den «Destruktiven Charakter» hatte Benjamin 1931 geschrieben: «Für ihn ist keine Situation ohne Ausweg, daher kommt Selbstmord nicht für ihn in Frage.» Benjamin: Gesammelte Schriften IV, S. 1001.

27 Scheurmann: Neue Dokumente zum Tode Walter Benjamins, S. 13.

28 Wizisla (Hrsg.): Begegnungen mit Walter Benjamin, S. 352. Henny Gurland hatte als Fotografin für den sozialdemokratischen «Vorwärts» gearbeitet, sie war die Frau von Rafael Gurland, der am Frankfurter Institut für Sozialforschung studiert hatte. Später heiratete sie Erich Fromm. Dass sie auf Knien

betete, ist nicht so merkwürdig, wie es scheinen mag. Ihre Mutter war katholisch, ihr Vater ein jüdischer Optiker in Aachen. Vgl. Lawrence J. Friedman: Loves Prophet. The Lives of Erich Fromm. Columbia University Press 2013, S. 134.

29 Wizisla (Hrsg.): Begegnungen mit Walter Benjamin, S. 346. Dass Benjamin das Sterbesakrament gespendet wurde, bekräftigt auch das Sterberegister der Pfarrei Santa María: «Am 28. September 1940 verstarb hier in Port-Bou, Bistum und Provinz Gerona, im Alter von 48 Jahren Herr Benjamin Walter, gebürtig aus Berlin, aus Frankreich kommend, verheiratet mit Frau Dora Kellner. Er empfing die letzte Ölung.» Scheurmann: Neue Dokumente zum Tode Walter Benjamins, S. 16.

30 Wizisla (Hrsg.): Begegnungen mit Walter Benjamin, S. 367.

31 Scheurmann: Neue Dokumente zum Tode Walter Benjamins, S. 50.

32 Libera me, Domine, de morte aeterna, in die illa tremenda: Quando coeli movendi sunt et terra. Dum veneris iudicare saeculum per ignem. Tremens factus sum ego, et timeo, dum discussio venerit, atque ventura ira. Dies illa, dies irae, calamitatis et miseriae, dies illa, dies magna et amara valde. Dum veneris iudicare saeculum per ignem. Requiem aeternam dona eis, Domine, et lux perpetua luceat eis. Libera me, Domine, de morte aeterna, in die illa tremenda: Quando coeli movendi sunt et terra. Dum veneris iudicare saeculum per ignem. Libera me, Domine, de morte aeterna.

33 In Paradisum deducant te angeli; in tuo adventu suscipiant te marthyres et perducant te in civitatem sanctum Jerusalem. Chorus angelorum te suscipiat, et cum Lazaro quondam paupere, aeternum habeas requiem.

34 Benjamin: Gesammelte Schriften II, S. 98.

35 Wizisla (Hrsg.): Begegnungen mit Walter Benjamin, S. 343.

LITERATUR

Adorno, Gretel, Walter Benjamin: Briefwechsel 1930–1940. Frankfurt a. M. 2005.

Adorno, Theodor W.: Briefe an die Eltern 1939–1951. Hrsg. von Christoph Gödde und Henri Lonitz. Frankfurt a. M. 2003.

Adorno, Theodor W.: Über Walter Benjamin. Aufsätze, Artikel, Briefe. Frankfurt a. M. 1990.

Adorno, Theodor W., Max Horkheimer: Briefwechsel. Band I: 1927 bis 1937. Hrsg. von Christoph Gödde und Henri Lonitz. Frankfurt a. M. 2003.

Anders, Günther: Ketzereien. München 1996.

Arendt, Hannah: Benjamin Brecht. Zwei Essays. München 1971.

Arendt, Hannah, Gershom Scholem: Der Briefwechsel. Hrsg. von Marie Luise Knott. Frankfurt a. M. 2010.

Arendt, Hannah, Kurt Blumenfeld: In keinem Besitz verwurzelt. Die Korrespondenz. Hrsg. von Ingeborg Nordmann und Iris Pilling. Berlin 1995.

Arnold, Heinz Ludwig (Hrsg.): Walter Benjamin. Text + Kritik, Heft 31/32. München 2009.

Baudelaire, Charles: Die Blumen des Bösen. Übersetzt von Friedhelm Kemp. Frankfurt a. M. 1966.

Benjamin, Walter: Gesammelte Briefe. 6 Bände. Hrsg. vom Theodor-W.-Adorno-Archiv, Christoph Gödde und Henri Lonitz. Frankfurt a. M. 1995–2000.

Benjamin, Walter: Gesammelte Schriften. Band I: Abhandlungen. Unter Mitwirkung von Theodor W. Adorno und Gershom Scholem hrsg. von Rolf Tiedemann und Hermann Schweppenhäuser. Frankfurt a. M. 1974.

Benjamin, Walter: Gesammelte Schriften. Band II: Aufsätze, Essays, Vorträge. Hrsg. von Hermann Schweppenhäuser und Rolf Tiedemann. Frankfurt a. M. 1977.

Benjamin, Walter: Gesammelte Schriften. Band III: Kritiken und Rezensionen. Hrsg. von Hella Tiedemann-Bartels, Hermann Schweppenhäuser und Rolf Tiedemann. Frankfurt a. M. 1972.

Benjamin, Walter: Gesammelte Schriften. Band IV: Kleine Prosa. Baudelaire-Übertragungen. Hrsg. von Tillman Rexroth, Hermann Schweppenhäuser und Rolf Tiedemann. Frankfurt a. M. 1972.

Benjamin, Walter: Gesammelte Schriften. Band V: Das Passagen-Werk. Hrsg. von Hermann Schweppenhäuser und Rolf Tiedemann. Frankfurt a. M. 1991.

Benjamin, Walter: Gesammelte Schriften. Band VI: Fragmente vermischten Inhalts. Autobiographische Schriften. Hrsg. von Hermann Schweppenhäuser und Rolf Tiedemann. Frankfurt a. M. 1985.

Benjamin, Walter: Gesammelte Schriften. Band VII: Nachträge. Hrsg. von Hermann Schweppenhäuser und Rolf Tiedemann. Frankfurt a. M. 1989.

Benjamin, Walter, Gershom Scholem: Briefwechsel 1933 bis 1940. Frankfurt a. M. 1980.

Beyme, Klaus von: Das Zeitalter der Avantgarden. Kunst und Gesellschaft 1905 – 1955. München 2005.

Blasius, Dirk: Weimars Ende. Bürgerkrieg und Politik 1930 – 1933. Göttingen 2005.

Bloch, Ernst: Erbschaft dieser Zeit. Frankfurt a. M. 1973.

Bloch, Ernst: Geist der Utopie. [Erste Fassung.] Frankfurt a. M. 1969.

Bloch, Ernst: Was schadet und was nützt Deutschland ein feindlicher Sieg? In: Ders.: Kampf, nicht Krieg. Politische Schriften 1917 – 1919. Hrsg. von Martin Korol. Frankfurt a. M. 1985.

Brecht, Bertolt: Große kommentierte Berliner und Frankfurter Ausgabe. Hrsg. von Werner Hecht u. a. Band 19: Prosa 4. Geschichten, Filmgeschichten, Drehbücher 1913 – 1939. Berlin und Frankfurt a. M. 1997.

Brenner, Hildegard (Hrsg.): Asja Lacis, Revolutionär im Beruf. Berichte über proletarisches Theater, über Meyerhold, Brecht, Benjamin und Piscator. München 1971.

Breton, André, Paul Éluard: L'immaculée conception / Die unbefleckte Empfängnis. Zweisprachige Ausgabe. München 1974.

Brodersen, Momme: Klassenbild mit Walter Benjamin. Eine Spurensuche. München 2012.

Brodersen, Momme: Walter Benjamin. Leben, Werk, Wirkung. Frankfurt a. M. 2005.

Brüggemann, Heinz, Günter Oesterle (Hrsg.): Walter Benjamin und die romantische Moderne. Würzburg 2009.

Buck-Morss, Susan, Joachim Schulte: Dialektik des Sehens. Walter Benjamin und das Passagen-Werk. Frankfurt a. M. 1993.

Bulthaup, Peter (Hrsg.): Materialien zu Benjamins Thesen «Über den Begriff der Geschichte». Beiträge und Interpretationen. Frankfurt a. M. 1975.

Eiland, Howard, Michael W. Jennings: Walter Benjamin. A critical life. Harvard University Press, Cambridge (MA) 2014.

Fischer-Defoy, Christine (Hrsg.): «… wie überall hin die Leute verstreut sind …» Walter Benjamin – das Adressbuch des Exils 1933 – 1940. Leipzig 2006.

Fittko, Lisa: Mein Weg über die Pyrenäen. Erinnerungen 1940/41. München 1985.

Friedlaender, Salomo: Schöpferische Indifferenz. Hrsg. von Hartmut Geerken und Detlef Thiel. Herrsching 2009.

Friedlander, Eli: Walter Benjamin. Ein philosophisches Portrait. München 2013.

Frühwald, Wolfgang: Die Macht des Faktischen. Intellektuelle und ästhetische Kultur in der Weimarer Republik. In: Jahrbuch zur Literatur der Weimarer Republik. St. Ingbert 1995.

Fuld, Werner: Walter Benjamin. Eine Biographie. Reinbek bei Hamburg 1990.

Gandler, Stefan: Materialismus und Messianismus. Zu Walter Benjamins Thesen «Über den Begriff der Geschichte». Bielefeld 2008.

George, Stefan: Dante. Göttliche Komödie. Berlin 1912.

George, Stefan: Das Jahr der Seele. Stuttgart 1982.

George, Stefan: Tage und Taten. Aufzeichnungen und Skizzen. Stuttgart 1998.

Gilfillan, Daniel: Pieces of Sound. German Experimental Radio. University of Minnesota Press 2009.

Goldberg, Oskar: Die Wirklichkeit der Hebräer. Wissenschaftliche Neuausgabe. Mit einem Geleitwort von Elazar Benyoëtz und einem Nachwort von Roland Goetschel. Hrsg. von Manfred Voigts. Wiesbaden 2005.

Gumbrecht, Hans Ulrich: In 1926. Living at the edge of time. Harvard University Press, Cambridge (MA) 1997.

Haas, Claude, Daniel Weidner (Hrsg.): Benjamins Trauerspiel. Theorie – Lektüren – Nachleben. Berlin 2014.

Habermas, Jürgen: Bewußtmachende oder rettende Kritik. Die Aktualität Walter Benjamins (1972). In: Ders.: Politik, Kunst und Religion. Essays über zeitgenössische Philosophen. Stuttgart 1978, S. 48 – 95.

Habermas, Jürgen: Nachmetaphysisches Denken II. Aufsätze und Repliken. Frankfurt a. M. 2012.

Hagen, Wolfgang: «Die Stimme als Gast». Benjamins Sendungen. In: Wladimir Velminski (Hrsg.): Sendungen. Mediale Konturen zwischen Botschaft und Fernsicht. Bielefeld 2009.

Hale, Oron J.: Presse in der Zwangsjacke 1933 – 1945. Düsseldorf 1965.

Hamacher, Werner: Die Geste im Namen. Benjamin und Kafka. In: Ders.: Entferntes Verstehen. Frankfurt a. M. 1998, S. 280 – 323.

Haverkamp, Anselm (Hrsg.): Gewalt und Gerechtigkeit. Derrida – Benjamin. Frankfurt a. M. 1993.

Heidegger, Martin: Sein und Zeit. Tübingen 2006.

Heißenbüttel, Helmut: Über Benjamin. Frankfurt a. M. 2008.

Hermann, Friedrich-Georg: Der Kampf gegen Religion und Kirche in der Sowjetischen Besatzungszone. Frankfurt a. M. 1966.

Heye, Uwe-Karsten: Die Benjamins. Eine deutsche Familie. Berlin 2014.

Hofmannsthal, Hugo von: Dramen III. 1893 – 1927. Frankfurt a. M. 1979.

Hofmannsthal, Hugo von: Reden und Aufsätze III. 1925 – 1929. Aufzeichnungen. Frankfurt a. M. 1980.

Hofmannsthal, Hugo von: Sämtliche Werke. Band XXIX: Erzählungen. Hrsg. von Ellen Ritter. Frankfurt a. M. 1978.

Hollier, Denis: Le Collège de Sociologie. Paris 1970.

Holz, Hans Heinz: Philosophie der zersplitterten Welt. Reflexionen über Walter Benjamin. Köln 1992.

Höxter, Julius: Quellentexte zur jüdischen Geschichte und Literatur. Wiesbaden 2009.

Hühn, Helmut, Jan Urbich, Uwe Steiner (Hrsg.): Benjamins Wahlverwandtschaften. Zur Kritik einer programmatischen Interpretation. Berlin 2015.

Irrlitz, Gerd: «Ehrlich durchschreiten, was endlich ist, um zu wissen, was unendlich sein kann». Eine Erinnerung zu Ernst Blochs 125. Geburtstag am 8. Juli 2010. In: Deutsche Zeitschrift für Philosophie, Jg. 58, Heft 4, Berlin 2010.

Jacobs, Jack: The Frankfurt School, Jewish Lives, and Antisemitism. New York 2015.

Jäger, Lorenz: Messianische Kritik. Studien zu Leben und Werk von Florens Christian Rang. Köln 1998.

Jäger, Lorenz, Thomas Regehly (Hrsg.): «Was nie geschrieben wurde, lesen». Frankfurter Benjamin-Vorträge. Bielefeld 1992.

Jay, Martin: «Die Hoffnung, irdisches Grauen möge nicht das letzte Wort haben». Max Horkheimer und die Dialektische Phantasie. In: Westend. Neue Zeitschrift für Sozialforschung, Jg. 12, Heft 1, 2015.

Jay, Martin: The Dialectical Imagination. A History of the Frankfurt School and the Institute of Social Research, 1923–50. Deutsch: Dialektische Phantasie. Die Geschichte der Frankfurter Schule und des Instituts für Sozialforschung 1923–1950. Frankfurt a.M. 1976.

Kambas, Chryssoula: Walter Benjamin im Exil. Zum Verhältnis von Literaturpolitik und Ästhetik. Berlin 2012.

Kershaw, Ian: Der Hitler-Mythos. Volksmeinung und Propaganda im Dritten Reich. München 1999.

Kessler, Harry Graf: Das Tagebuch 1880–1937. Band 6: 1916–1918. Hrsg. von Günter Riederer und Roland S. Kamzelak. Stuttgart 2006.

Klages, Ludwig: Der Geist als Widersacher der Seele. Bonn 1972.

Klossowski, Pierre: Walter Benjamin. In: Der Pfahl. Jahrbuch aus dem Niemandsland zwischen Kunst und Wissenschaft I. München 1987.

Knopf, Jan: Bertolt Brecht. Lebenskunst in finsteren Zeiten. München 2012.

Kolmar, Gertrud: Briefe. Hrsg. von Regina Nörtemann und Johanna Egger. Göttingen 2014.

Konersmann, Ralf: Erstarrte Unruhe. Walter Benjamins Begriff der Geschichte. Frankfurt a.M. 1991.

Kraft, Werner: Carl Gustav Jochmann und sein Kreis. Zur deutschen Geistesgeschichte zwischen Aufklärung und Vormärz. München 1972.

Kramer, Sven: Walter Benjamin zur Einführung. Hamburg 2003.

Kranz, Isabel: Raumgewordene Vergangenheit. Walter Benjamins Poetologie der Geschichte. Paderborn 2011.

Lindner, Burkhardt (Hrsg.): Benjamin-Handbuch. Leben – Werk – Wirkung. Stuttgart 2006.

Lörke, Tim: Die Verteidigung der Kultur. Mythos und Musik als Medien der Gegenmoderne. Würzburg 2010.

Luhr, Geret (Hrsg.): «Was noch begraben lag.» Zu Walter Benjamins Exil. Briefe und Dokumente. Berlin 2000.

Mackenzie, Michael: Maschinenmenschen, Athleten und die Krise des Körpers in der Weimarer Republik. In: Moritz Föllner, Rüdiger Graf (Hrsg.): Die «Krise» der Weimarer Republik. Zur Kritik eines Deutungsmusters. Frankfurt a. M. 2005.

Mann, Thomas: Betrachtungen eines Unpolitischen. Frankfurt a. M. 1983.

Mann, Thomas: Der Künstler und der Literat. In: Ders.: Schriften und Reden zur Literatur, Kunst und Philosophie I. Frankfurt a. M. 1968.

Marx, Karl: Das Kapital. Marx Engels Werke Band 23. Berlin 2014.

Marx, Karl: Grundrisse der Kritik der politischen Ökonomie. Frankfurt a. M. 1967.

Mayer, Hans: Walter Benjamin und Franz Kafka. Bericht über eine Konstellation. In: Literatur und Kritik, Heft 14, 1979.

Menninghaus, Winfried: Schwellenkunde. Walter Benjamins Passage des Mythos. Frankfurt a. M. 1986.

Menninghaus, Winfried: Walter Benjamins Theorie der Sprachmagie. Frankfurt a. M. 1995.

Metken, Günter (Hrsg.): Als die Surrealisten noch recht hatten. Texte und Dokumente. Stuttgart 1976.

Meyer, Michael A. u. a. (Hrsg.): Deutsch-jüdische Geschichte in der Neuzeit. 4 Bände. München 1996.

Missac, Pierre: Walter Benjamins Passage. Übersetzt von Ulrike Bischoff. Frankfurt a. M. 1991.

Mittelmeier, Martin: Dada. Eine Jahrhundertgeschichte. München 2016.

Münster, Arno: Ernst Bloch. Eine politische Biographie. Berlin 2004.

Nietzsche, Friedrich: Also sprach Zarathustra. Ein Buch für Alle und Keinen. Hrsg. von Giorgio Colli und Mazzino Montinari. Berlin 1989.

Opitz, Michael, Erdmut Wizisla (Hrsg.): Benjamins Begriffe. 2 Bände. Frankfurt a. M. 2000.

Palmier, Jean-Michel: Walter Benjamin. Lumpensammler, Engel und bucklicht Männlein. Ästhetik und Politik bei Walter Benjamin. Übersetzt von Horst Brühmann. Frankfurt a. M. 2009.

Pazi, Margarita: Staub und Sterne. Aufsätze zur deutsch-jüdischen Literatur. Göttingen 2001.

Pethes, Nicolas: Mnemographie. Poetiken der Erinnerung und Destruktion nach Walter Benjamin. Berlin 1999.

Pfitzner, Hans: Über musikalische Inspiration. Berlin 1940.

Pignotti, Sandro: Walter Benjamin – Judentum und Literatur. Tradition, Ursprung, Lehre mit einer kurzen Geschichte des Zionismus. Freiburg 2009.

Pohl, Manfred: M. DuMont Schauberg. Der Kampf um die Unabhängigkeit des Zeitungsverlags unter der NS-Diktatur. Frankfurt a. M. 2009.

Rang, Florens Christian: Deutsche Bauhütte. Ein Wort an uns Deutsche über mögliche Gerechtigkeit gegen Belgien und Frankreich und zur Philosophie der Politik. Sannerz und Leipzig 1924.

Rang, Florens Christian: Historische Psychologie des Karnevals. Berlin 1983.

Raoux, Nathalie: Walter Benjamin, Gisèle Freund, Germaine Krull et Hélène Léger. Deutschland-Frankreich; Mann-Weib. Eine Folge von Briefen. In: Revue Germanique Internationale, Heft 5, 1996.

Recki, Birgit: Aura und Autonomie. Zur Subjektivität der Kunst bei Walter Benjamin und Theodor W. Adorno. Würzburg 1988.

Scheurmann, Ingrid: Neue Dokumente zum Tode Walter Benjamins. Kassel 1992.

Schlaffer, Heinz: Denkbilder. Eine kleine Prosaform zwischen Dichtung und Gesellschaftstheorie. In: Theo Elm, Hans Helmut Hiebel (Hrsg.): Die Parabel. Frankfurt a. M. 1986.

Scholem, Gershom: Briefe. 3 Bände. Hrsg. von Itta Shedletzky und Thomas Sparr. München 1994 – 1999.

Scholem, Gershom: Erlösung durch Sünde. In: Judaica 5. Frankfurt a. M. 1992.

Scholem, Gershom: Tagebücher 1913 – 1917. Frankfurt a. M. 1995.

Scholem, Gershom: Über einige Grundbegriffe des Judentums. Frankfurt a. M. 1970.

Scholem, Gershom: Von Berlin nach Jerusalem. Frankfurt a. M. 2016.

Scholem, Gershom: Walter Benjamin – die Geschichte einer Freundschaft. Frankfurt a. M. 1975.

Scholem, Gershom: Walter Benjamin und sein Engel. Vierzehn Aufsätze und kleine Beiträge. Hrsg. von Rolf Tiedemann. Frankfurt a. M. 1983.

Scholem, Gershom: Zur Sozialpsychologie der Juden in Deutschland 1900 – 1930. In: Judaica 4. Frankfurt a. M. 1984.

Schöttker, Detlev, Erdmut Wizisla (Hrsg.): Arendt und Benjamin. Texte, Briefe, Dokumente. Frankfurt a. M. 2006.

Schuler, Alfred: Fragmente und Vorträge aus dem Nachlass. Hrsg. von Ludwig Klages. Leipzig 1940.

Spengler, Oswald: Der Untergang des Abendlandes. Umrisse einer Morphologie der Weltgeschichte. Zweiter Band. München 1922.

Steiner, Uwe: Walter Benjamin. Stuttgart 2004.

Talmon, Jacob: Die Ursprünge der totalitären Demokratie. Opladen 1961.

Tiedemann, Rolf: Dialektik im Stillstand. Versuche zum Spätwerk Walter Benjamins. Frankfurt a. M. 1983.

Tiedemann, Rolf: Mystik und Aufklärung. Studien zur Philosophie Walter Benjamins. München 2002.

Tiedemann, Rolf: Studien zur Philosophie Walter Benjamins. Mit einer Vorrede von Theodor W. Adorno. Frankfurt a. M. 1965.

Todorow, Almut: Das Feuilleton der «Frankfurter Zeitung» in der Weimarer Republik. Zur Grundlegung einer rhetorischen Medienforschung. Tübingen 1996.

Ueding, Gert: «Wo noch niemand war». Erinnerungen an Ernst Bloch. Tübingen 2016.

Volker [Erich Gutkind]: Siderische Geburt. Seraphische Wanderung vom Tode der Welt zur Taufe der Tat. Berlin 1910.

Walter Benjamin Archiv (Hrsg.): Walter Benjamins Archive. Bilder, Texte, Zeichen. Frankfurt a. M. 2006.

Walter Benjamin 1892–1940. Eine Ausstellung des Theodor W. Adorno Archivs. Mit einem Pharus-Plan von Berlin als Beilage. Marbacher Magazin 55. Hrsg. von Rolf Tiedemann, Christoph Gödde und Henri Lonitz. Marbach 1990.

Weber, Max: Gesammelte Aufsätze zur Religionssoziologie III: Die Wirtschaftsethik der Weltreligionen. Das antike Judentum. Tübingen 1988.

Weber, Max: Wirtschaft und Gesellschaft. Religiöse Gemeinschaften. Hrsg. von Hans G. Kippenberg und Petra Schilm. Tübingen 2005.

Wehler, Hans-Ulrich: Deutsche Gesellschaftsgeschichte. Band 4: Vom Beginn des Ersten Weltkrieges bis zur Gründung der beiden deutschen Staaten 1914–1949. München 2003.

Weigel, Sigrid: Walter Benjamin. Die Kreatur, das Heilige, die Bilder. Frankfurt a. M. 2008.

Weigel, Sigrid, Daniel Weidner (Hrsg.): Benjamin-Studien. 3 Bände. München 2008–2014.

Westermann, Frank: Ingenieure der Seele. Schriftsteller unter Stalin. Eine Erkundungsreise. Berlin 2003.

Wittmann, Reinhard: Geschichte des deutschen Buchhandels. München 2010.

Wizisla, Erdmut (Hrsg.): Begegnungen mit Brecht. Leipzig 2009.

Wizisla, Erdmut (Hrsg.): Begegnungen mit Walter Benjamin. Leipzig 2015.

Wizisla, Erdmut: Benjamin und Brecht. Die Geschichte einer Freundschaft. Frankfurt a. M. 2004.

PERSONENVERZEICHNIS

Adorno, Margarete (Gretel, geb.
 Karplus) 196, 198, 251, 278,
 284, 287, 301, 304, 308, 320, 325,
 331
Adorno, Theodor W. 16, 22, 29, 67,
 75, 96, 136, 141, 143, 153, 156, 185,
 196–198, 204, 216, 224, 228, 230,
 256, 264 f., 278, 281–284, 286, 294,
 309, 321, 333, 340
Agnon, Samuel Joseph 108
Albert I. (belgischer König) 173
Anders, Günther 16, 228, 279 f.
Aragon, Louis 185–187, 298
Arendt, Hannah 67, 90, 279 f., 289 f.,
 293, 330 f., 336, 341
Aretin, Erwein von 41
Arndt, Ernst Moritz 58
Aron, Max 318 f.
Arp, Hans 81, 84
Artaud, Antonin 211
Auerbach, Erich 20
Ayrer, Jakob 134

Baader, Johannes 81 f., 109
Babel, Isaak 298
Bachofen, Johann Jakob 247, 276
Ball, Hugo 81–85

Ball-Hennings, Emmy 82
Balthus 294
Balzac, Honoré de 39, 182
Barlach, Ernst 62
Bataille, Georges 294–296
Baudelaire, Charles 16, 29, 32 f., 90 f.,
 134, 169–171, 192, 264, 270 f., 274,
 306, 311 f., 314 f., 322
Baum, Vicky 220
Becher, Johannes R. 199, 316
Bechstein, Ludwig 20
Beethoven, Ludwig van 66
Béguin, Albert 277
Behne, Adolf 224
Benda, Julien 232
Benjamin, Bendix 13
Benjamin, Dora (Schwester von
 Walter Benjamin) 18, 251
Benjamin, Dora (geb. Kellner) 25, 35,
 42–45, 48, 85, 96, 111–115, 117, 160,
 185, 201 f., 220, 276
Benjamin, Elias 13
Benjamin, Emil 13–17, 304
Benjamin, Georg 15, 18, 240
Benjamin, Hilde 240
Benjamin, Pauline (geb. Schoenflies)
 13, 15

Benjamin, Stefan Rafael 58, 117, 275
Benn, Gottfried 100, 219
Benyoëtz, Elazar 59
Bidermann, Jakob 148
Birman, Carina 340
Bjerre, Poul 63
Blanqui, Auguste 268
Blasius, Dirk 241
Blass, Ernst 221
Blaupot ten Cate, Anna Maria 48, 114, 252, 269, 271–273, 314
Blei, Franz 221
Bloch, Ernst 16, 85–88, 108, 135, 204, 217, 221, 226, 228, 232, 239, 250, 275, 287, 297
Blücher, Heinrich 279, 289 f.
Blum, Léon 290
Blumenfeld, Kurt 279
Blumenthal, Herbert (später Belmore) 25, 29, 32, 42, 50
Bockelson, Johann 203
Böhme, Jakob 64
Boll, Franz 136
Borchardt, Rudolf 37 f., 221 f.
Borel, Emile 128
Börne, Ludwig 91
Brecht, Bertolt 142, 203 f., 206–212, 214, 216 f., 223, 225, 229, 234, 241, 250, 252, 256, 262–267, 276, 278, 284, 286 f., 289 f., 293, 299, 309 f.
Brentano, Bernard von 223, 225, 287 f., 318
Breton, André 143, 166, 186 f., 250, 259, 295
Breysig, Kurt 40
Brik, Ossip 298
Brod, Max 226, 262, 277
Bronnen, Arnolt 289
Brüning, Heinrich 240
Brust, Alfred 211

Buber, Eva 50
Buber, Martin 54, 57, 63 f.
Buber, Paula 57
Budzislawski, Hermann 277
Bühler, Karl 254
Bunin, Iwan 206
Buñuel, Luis 341
Burchartz, Max 233
Busoni, Ferruccio 95

Caillois, Roger 294–296
Calderón, Pedro 71, 145, 211
Cassou, Jean 278
Chagall, Marc 34
Chaplin, Charlie 248, 306
Chopin, Frédéric 266
Cocteau, Jean 211, 290
Cohn-Wiener, Ernst 232
Cohn, Alfred 28 f., 110, 112, 276
Cohn, Jula 25, 28 f., 112–116, 160, 221, 239, 259
Cohrs, Ferdinand 108
Corneille, Pierre 315
Cornelius, Hans 153

D'Annunzio, Gabriele 220
Dante Alighieri 28, 300, 331
Däubler, Theodor 62 f.
Derrida, Jacques 320
Descartes, René 69
Dilthey, Wilhelm 150
Döblin, Alfred 228, 231, 277
Dollfuß, Engelbert 19
Dostojewski, Fjodor 53, 266 f., 331
Dürer, Albrecht 34, 135, 137, 139
Durkheim, Émile 294

Eeden, Frederik van 63 f., 105
Eichendorff, Joseph von 106
Eisler, Gerhart 199
Eisler, Hanns 54, 199, 224

Eliade, Mircea 59
Éluard, Nusch 187
Éluard, Paul 143, 187, 250, 259
Ernst, Max 143
Evola, Julius 59

Faktor, Emil 231
Favez, Julia 339
Feuchtwanger, Lion 209, 248
Ficino, Marsilio 139
Fischer, Ruth 54
Fittko, Hans 332
Fittko, Lisa 66, 332, 334–336, 342
Flattau, Dow 128
Flechtheim, Alfred 220
Flesch, Hans 28, 234 f.
Ford, Henry 300
Förstl, Hans 66
Fourier, Charles 75
Franco, Francisco 19
Fränkel, Fritz 251, 259
Freixa, Andrés 341
Freud, Sigmund 14, 65, 195
Freund, Gisèle 66, 114, 251, 278
Friedlaender, Salomo 131
Fromm, Erich 281
Frühwald, Wolfgang 150
Fuchs, Eduard 274
Furtwängler, Adolf 188

Gabin, Jean 323
Gabo, Naum 233
Garbo, Greta 213
Gaugin, Paul René 245
Gauß, Carl Friedrich 57
Geiger, Moritz 41
Gelb, Adhémar 153
Gelbblum, Chawa 128
George, Stefan 26–28, 33, 38, 40, 91,
    110, 234, 302 f.
Gide, André 211, 234, 278, 284 f.

Giedion, Siegfrid 224
Giraudoux, Jean 220
Glück, Franz 230
Glück, Gustav (geb. 1871) 230
Glück, Gustav (geb. 1902) 229 f., 239
Goebbels, Joseph 242
Goethe, Johann Wolfgang von 25,
    66, 86, 91, 94, 111 f., 115 f., 131, 136,
    151, 165, 203, 314
Gogh, Vincent van 143
Gogol, Nikolai Wassiljewitsch 217
Goldberg, Oskar 59–62, 65, 79, 108
Goldstein, Kurt 197
Goldstein, Ludwig 233
Gomes da Costa, Manuel de
    Oliveira 173
Granach, Alexander 213
Green, Julien 232
Grillparzer, Franz 211
Grimm, Jacob 18
Grimm, Wilhelm 18
Grossmann, Henryk 281
Grossmann, Stefan 233
Grosz, George 81 f., 89, 162, 297
Grünewald, Matthias 29 f.
Gryphius, Andreas 134
Guénon, René 59
Gumbel, Hermann 152
Gumbrecht, Hans Ulrich 173
Gumpert, Martin 22
Gundolf, Friedrich 150
Gurland, Henny 340 f.
Gutkind, Erich 62 f., 64, 105, 108 f.,
    124, 126–128, 157
Gutkind, Lucie 63, 128

Haas, Willy 277
Häberlin, Paul 96, 150
Habermas, Jürgen 68
Hagen, Wolfgang 234
Hallmann, Johann Christian 134

391

Hardt, Ludwig 208
Harsdörffer, Georg Philipp 147
Hašek, Jaroslav 266
Haugwitz, August Adolph von 133
Hauptmann, Elisabeth 244
Hauptmann, Gerhart 211
Hausmann, Raoul 81, 233
Heartfield, John 82, 89, 219, 248
Hebbel, Friedrich 71, 211
Hebel, Johann Peter 97, 231, 246, 277
Hegel, Georg Wilhelm Friedrich 43
Hegemann, Werner 233
Heidegger, Martin 67–70, 72, 171, 207, 241, 279
Heinle, Fritz 25–27, 50, 81, 107, 109, 150
Heinle, Wolf 107, 110
Heinrich IV. (römisch-deutscher Kaiser) 192
Heinz, Wolfgang 213
Helmholtz, Hermann von 300
Herbertz, Richard 96
Herder, Johann Gottfried 290
Herzfelde, Wieland 31, 82
Herzl, Theodor 48
Herzmanovsky-Orlando, Fritz von 108
Hesse, Hermann 103, 128, 237
Hessel, Franz 181, 185 f., 189, 191, 202, 221, 307
Hilferding, Rudolf 231
Hiller, Kurt 52 f., 61
Hindemith, Paul 224, 234
Hindenburg, Paul von 210, 247
Hirsch, Arnold 151
Hitler, Adolf 20, 121, 173, 247 f., 285, 288, 291 f., 297, 316
Höch, Hannah 81
Hoddis, Jakob van 61
Hoernle, Edwin 232

Hofmannsthal, Hugo von 39, 119 f., 122, 128, 145–149, 154, 157, 179, 192 f., 211, 222 f., 229
Holz, Hans Heinz 151
Hoover, Herbert 240
Horkheimer, Max 65, 153, 196, 274, 281–283, 289–291, 294, 297, 309, 321 f., 324, 333
Huelsenbeck, Richard 20, 80
Hugenberg, Alfred 220
Huxley, Aldous 250, 300

Ihering, Herbert 224
Irrlitz, Gerd 88

Jackson, Robert H. 19
Jaspers, Karl 143, 150
Jay, Martin 283
Jezower, Ignaz 231
Jochmann, Carl Gustav 39, 100 f., 292
Joel, Hans Theodor 232
Joseephi, Friederike (geb. Benjamin) 16
Joyce, James 298
Jung, Franz 81
Jünger, Ernst 231, 240
Jünger, Friedrich Georg 231, 240

Kafka, Franz 38, 104, 226, 234, 250, 252, 255–258, 260, 262–264, 331
Kandinsky, Wassily 34, 62
Kant, Immanuel 68 f., 72 f.
Karl der Große 192
Kästner, Erich 231
Keller, Gottfried 97
Kershaw, Ian 210
Kesser, Armin 203
Kessler, Harry Graf 85
Kierkegaard, Søren 230

Kipling, Rudyard 213
Kippenberg, Anton 238
Klages, Ludwig 188, 195
Klee, Paul 19, 34, 58, 284, 297, 300, 337
Kleist, Heinrich von 211
Klossowski, Pierre 75, 91, 294 f.
Koestler, Arthur 220, 330, 339
Kokoschka, Oskar 89
Kolbe, Georg 110
Kolmar, Gertrud 243
Kommerell, Max 251
Korol, Martin 85
Korsch, Karl 208
Kracauer, Siegfried 226, 228, 242
Kraft, Caspar 39
Kraft, Erna 39
Kraft, Werner 32, 37–40, 42, 151, 256, 268, 333
Kraus, Karl 32, 38, 217, 230, 232, 241, 250
Kronberger, Maximilian 27
Kronfeld, Arthur 221
Krull, Germaine 183, 278
Kubin, Alfred 62, 191
Kurella, Alfred 224 f.

Lacis, Asja 25, 114, 131, 157, 160 f., 163, 167, 171–177, 196–199, 201 f., 206, 211, 275, 285 f., 314
Lackner, Stephan 277, 282, 284
Landau, Luise von 24, 160
Landauer, Gustav 64
Lange, Johann Melchior (I. M. Lange) 48, 297
Lasker-Schüler, Else 31
Lavater, Johann Caspar 156
Le Corbusier 228
Léger, Hélène 323
Lehmann, Walter 41
Leiris, Michel 294

Lenin, Wladimir Iljitsch 176
Lepke, Nathan Levi 13 f.
Lessing, Gotthold Ephraim 97
Lévy-Bruhl, Lucien 254
Lewy, Ernst 40, 107
Lichtenberg, Georg Christoph 97
Lieb, Fritz 276, 286, 288, 291 f.
Liliencron, Rochus von 141
Lingen, Theo 213
Linse, Ulrich 109
Lohenstein, Daniel Caspar von 133
Loos, Adolf 228, 230
Lörke, Tim 95
Lorre, Peter 213
Löwenthal, Leo 281, 283
Lukács, Georg 144, 224, 295, 299
Luther, Martin 16
Luxemburg, Rosa 56

Magnes, Judah Leon 200
Maistre, Joseph de 192
Man Ray 84, 186
Mann, Heinrich 36
Mann, Klaus 267, 276
Mann, Thomas 32, 36 f., 95, 237, 276, 281
Marcuse, Ludwig 224, 281
Marinetti, Filippo 80
Marr, Nikolai 254
Marx, Karl 65, 179, 181, 310, 327
Marx-Steinschneider, Kitty 242
Maslow, Arkadi 54
Maugham, Somerset 246
Mauss, Marcel 294
Mauthner, Fritz 91
Mayer, Hans 256
Mayer, Max 201
Maync, Harry 96
Mell, Max 146
Mendelsohn, Anja 246
Meyer, Hannes 224, 310

Meyerhold, Wsewolod 298
Mielke, Erich 240
Mies van der Rohe, Ludwig 233
Miller, Henry 65
Moholy-Nagy, László 233, 297
Molière 211
Monnier, Adrienne 20, 22, 47, 66, 74,
   90, 103, 237, 247 f., 278
Moreno, Jonathan D. 221
Moreno, Ramón Vila 339
Morgenstern, Soma 208, 256, 316,
   332
Mosès, Stéphane 165
Mosse, Rudolf 231
Müller, Hermann 210
Müller-Lehning, Arthur 232 f.
Munch, Edvard 135
Münster, Arno 86
Münther, Gabriele 62
Münzenberg, Willi 219, 277
Musil, Robert 224

Nadler, Josef 146, 148
Napoleon III. 36
Neher, Carola 310
Niemöller, Martin 19
Nietzsche, Friedrich 26, 31, 76, 105,
   123, 195, 294, 328
Noeggerath, Felix 243
Noth, Ernst Erich 152
Novalis 85, 90, 93, 291

Ocampo, Victoria 296
Offenbach, Jacques 217
Opitz, Martin 133
Ostrovski, Nikolai Alexejewitsch
   286
Otto II. (römisch-deutscher
   Kaiser) 192
Ottwalt, Ernst 299

Paget, Richard 254
Panofsky, Erwin 20, 65, 139 f.
Papen, Franz von 234
Parem, Ola 239
Paul, Jean 251
Pétain, Philippe 335
Pfemfert, Franz 24, 80
Pfitzner, Hans 94 f., 98
Pflaum, Heinz 114
Picabia, Francis 84, 186
Picasso, Pablo 324
Pilsudski, Jozef 173
Pirckheimer, Willibald 139
Piscator, Erwin 224, 310
Plessner, Helmuth 20
Plievier, Theodor 20
Poe, Edgar Allan 162, 246
Pohl, Oswald 20
Polgar, Alfred 232
Pollak, Max 41
Pollock, Friedrich 281 f.
Pozner, Vladimir 204
Proust, Marcel 185

Radek, Karl 298
Radt, Fritz 28 f., 35, 41
Radt, Grete 28 f., 35–37, 42
Ramuz, Charles-Ferdinand 324
Rang, Florens Christian 63 f.,
   104–107, 109–112, 118 f., 122–124,
   126–129, 131, 152, 157, 174, 199,
   211
Rathenau, Walther 63, 105
Redon, Odilon 245
Reich, Bernhard 173, 176 f., 220
Reich-Ranicki, Marcel 91
Renéville, Rolland de 277
Richter-Gabo, Elisabeth 62
Richter, Hans 62, 84, 232 f., 297
Riegl, Alois 301
Rilke, Rainer Maria 41, 189

Robespierre, Maximilien de 291
Roditi, Edouard 268
Roethe, Gustav 170
Rosenberg, Arthur 54
Rosenzweig, Franz 54f., 144, 165
Rost, Nico 100
Roth, Joseph 173f.
Rothacker, Erich 150
Rougemont, Denis de 290
Rowohlt, Ernst 226
Rychner, Max 179, 181, 235, 239

Sachs, Franz 34
Sahl, Hans 318f.
Salm, Elisabeth 240
Salomon-Delatour, Gottfried 124,
130, 150, 152, 222
Saxl, Fritz 65, 139f.
Schaeder, Hans Heinrich 154
Scherl, August 220
Schermann, Rafael 246
Schey, Philipp 239
Schiller, Friedrich 211
Schklowski, Wiktor 232
Schlabrendorf, Gustav Graf von
292
Schlaffer, Heinz 226
Schlamm, Willi 277
Schlegel, Friedrich 91, 93f.
Schmid, Carlo 135
Schmidt, Johann 277
Schmitt, Carl 144
Schoen, Ernst 28, 40, 45, 88, 110,
112f., 115, 234f.
Schoenflies, Georg 13
Scholem, Elsa 58
Scholem, Erich 54
Scholem, Gershom 14, 16, 34f., 36,
42–45, 47f., 52f., 54–58, 62, 64, 66,
84, 88, 96, 105, 107f., 110f., 112,
124, 128–130, 135, 141, 146, 154,

161, 163, 190, 192, 196, 199–202,
204, 221, 223, 225, 233, 239, 241,
243f., 252, 256, 274f., 282f., 316,
322, 330
Scholem, Walter 54, 243
Schopenhauer, Arthur 85
Schuler, Alfred 186, 188, 190, 302
Schulz, Bruno 20
Schulz, Ella (geb. Lekebusch) 151
Schulz, Franz 151f.
Schütt-Hennings, Annemarie 82
Schwarzschild, Leopold 233
Schwitters, Kurt 81, 297
Scipio Africanus 161
Seghers, Anna 277, 331
Seligson, Carla 26
Seligson, Rika 26f.
Sellier, Louis 273
Selz, Jean 48, 103, 134, 242, 245
Seyß-Inquart, Arthur 19
Shakespeare, William 106, 111, 148,
211, 217
Shaw, George Bernard 211
Silone, Ignazio 288
Simenon, Georges 246
Simmel, Georg 53
Simon, Heinrich 228
Smetona, Antanas 173
Sohn-Rethel, Alfred 86
Sommerfeld, Martin 151
Sonnemann, Leopold 228
Speer, Albert 82
Spengler, Oswald 161
Sperber, Manès 330
Speyer, Maria 215
Speyer, Wilhelm 215
Stalin, Josef 162, 173, 208, 299, 316f.
Steffin, Margarete 278, 284f., 299,
309
Steinfeld, Thomas 277
Stern, Fritz 58

Sternberg, Fritz 208
Sternheim, Carl 221
Stieler, Kaspar von 134
Stone, Sasha 114, 158
Strasser, Gregor 20
Strauss, Ludwig 50
Strindberg, August 143, 211

Taeuber-Arp, Sophie 81
Talmon, Jacob 77
Thälmann, Ernst 121
Theophano 192
Thieme, Karl 324
Thorez, Maurice 317
Tieck, Ludwig 222
Tito, Josip Broz 19
Todorow, Almut 228
Tolstoi, Alexei 298
Trakl, Georg 130
Treitschke, Heinrich von 91
Tretjakow, Sergei 99 f., 298 f.,
  309
Triolet, Elsa 187
Trotzki, Leo 173, 208
Tuchler, Kurt 49
Tzara, Tristan 81, 84, 186, 232

Ueding, Gert 87
Unger, Erich 61 f., 108

Valéry, Paul 98, 162
Varó, Tomàs 245

Verspohl, Maximilian 245
Voigts, Manfred 61

Wagner, Richard 308
Walden, Herwarth 310
Walser, Robert 97, 233
Warburg, Aby 65, 139, 144
Weber, Alfred 86
Weber, Marianne 150
Weber, Max 48 f.
Wedekind, Franz 211
Wehler, Hans-Ulrich 35
Weil, Felix 283
Weil, Hermann 281, 283
Weill, Kurt 224
Weinheber, Josef 19
Weissbach, Richard 33, 111, 221
Werfel, Franz 221
Wessel, Horst 240
Wiegand, Willy 222 f.
Wiertz, Antoine 233
Wissing, Egon 212, 215 f., 286
Wissing, Gert 215
Wittfogel, Karl August 282
Wolff, Charlotte 43, 75, 90, 113 f.,
  117, 156, 250, 266
Wolff, Theodor 231
Wölfflin, Heinrich 40
Wolfskehl, Karl 188, 229, 302 f.,
  304
Wygotski, Lew 254
Wyneken, Gustav 23 f., 35, 42, 49

DANK

Mein Dank gilt zunächst dem Walter-Benjamin-Archiv, das Fotografien zur Verfügung gestellt hat und bei der Recherche behilflich war, namentlich Nadine Werner. Auch den Gesprächen mit Tilman Allert, Klaus Garber, Eckardt Köhn, Helmut Lethen, Martin Mosebach, Thomas Regehly, Detlev Schöttker, Erhard Schütz und Erdmut Wizisla – und nicht zuletzt mit meinem verstorbenen Kollegen Henning Ritter – verdanke ich viel. Über meine Begegnung mit Gershom Scholem habe ich an anderer Stelle berichtet (Prägungen. Wien und Leipzig 2013); seit ich ihn kennenlernte, weiß ich, was mündliche Überlieferung wert ist. Und wieder war es mein lieber Hans Imhoff, der die Entstehung auch dieses Buches kritisch begleitet hat.

BILDNACHWEIS